DAS BÜRGERHAUS IN AUGSBURG

Das deutsche Bürgerhaus

BEGRÜNDET VON ADOLF BERNT

HERAUSGEGEBEN VON GÜNTHER BINDING

XXIV

VERLAG ERNST WASMUTH TÜBINGEN

Das Bürgerhaus
in Augsburg

VON ROBERT PFAUD

VERLAG ERNST WASMUTH TÜBINGEN

Gedruckt mit Unterstützung der Deutschen Forschungsgemeinschaft

Zweite Auflage 1985

© 1976 by Verlag Ernst Wasmuth Tübingen. Alle Rechte vorbehalten
Reproduktionen: Künstle, Tübingen
Druck und Einband: Passavia Passau
Printed in Germany

ISBN 3803000262

INHALT

ZUM GELEIT 7

VORWORT 9

DIE ENTWICKLUNG
DER MITTELALTERLICHEN STADT . . . 11
Landschaftliche Gegebenheiten und Lage
der Stadt 11
Die historische Entwicklung 11
Stadtteile – Straßenführung – Stadtplätze . . . 13
Das Grundstück des Bürgerhauses 25
Die Ansicht des Bürgerhauses 27

BAUFORMEN UND ENTWICKLUNGEN . . 47
Frühe Häuser, Fachwerkbauten 47
Großbürgerhäuser 53
Handwerkerbauten 72
Zinshäuser 83
Hausgruppen 96
Fuggerei 96
Herrenhäuser 98

Schlossermauer und Schmiedgasse 101
Häuser der Geistlichkeit. 103
Gartenhäuser 107

FASSADENMALEREI 110

AUFBAU DER HÄUSER 113
Einzelne Bauteile 122
Innenhöfe 138

BAUSTOFFE 141

BAUVORSCHRIFTEN 142

ÖFFENTLICHE VERSORGUNGSANLAGEN . 143

HÄUSERVERZEICHNIS 145

NACHWEISE 147

LITERATURNACHWEIS 149

ZUM GELEIT

Augsburg war von Anfang an eine Stadt großzügigen Zuschnitts, europäischer Aufgeschlossenheit und Neuerungen zugeneigt. Nicht malerische „romantische" Winkel machen den Reiz dieser auf römischer Grundlage gebauten mittelalterlichen Bischofsstadt aus, sondern bequeme breite Straßen, herrliche bewunderungswürdige Brunnen, herrschaftliche Häuser und weiträumige Kirchen bestimmen auch heute noch das Bild dieser fast strengen formalen weltoffenen Stadt, zu allen Zeiten von hoher handelspolitischer und künstlerischer Bedeutung, die sich heute vornehmlich in den Werken des 16. Jahrhunderts widerspiegelt. Die Eigenart der bürgerlichen Bauwerke dieser Stadt darzustellen war kein anderer so hervorragend geeignet wie der Baudirektor i. R. und langjährige Dozent am Polytechnikum, Robert Pfaud, der heute als Heimatpfleger der Stadt Augsburg sich um die pflegliche Erhaltung bemüht.

Die kraftvollen, so ganz von der Person des Verfassers bestimmten Zeichnungen mögen diesem Band in der Reihe „Das deutsche Bürgerhaus" einen wirksamen Platz und der Erhaltung des Stadtbildes von Augsburg eine erfolgreiche Wirkung geben. Es ist das Werk eines um die Erhaltung Augsburgs engagierten Architekten, dem ich einen interessierten Leserkreis wünsche.

1963 begann Robert Pfaud, den Dr.-Ing. habil. Adolf Bernt für das Bürgerhaus-Unternehmen gewinnen konnte, mit der zeichnerischen Aufnahme der Bauten, die 1967 vorläufig abgeschlossen war; das Manuskript wurde in einer ersten Fassung bis 1970 erstellt, Überarbeitungen und Ergänzungen von Frank Kretzschmar und Ulrike Wirtler zogen sich bis 1974 hin. Die Deutsche Forschungsgemeinschaft finanzierte die Bauaufnahmen und das Manuskript, die Fürstl. und Gräfl. Fuggersche Stiftung gab einen Zuschuß, um Ergänzungen vornehmen zu können. Die Stadt Augsburg und die Alt-Augsburg-Gesellschaft haben die Arbeitsstelle von Dr.-Ing. habil. A. Bernt in Marburg und der Zentralverband der deutschen Haus-, Wohnungs- und Grundeigentümer, der Zentralverband des deutschen Baugewerbes und der Kanzler der Universität zu Köln haben die Arbeitsstelle in Köln unterstützt. Die Deutsche Forschungsgemeinschaft bewilligte einen großzügig bemessenen Druckkostenzuschuß. Allen Geldgebern und Mitarbeitern danke ich sehr herzlich für ihre umfangreichen Hilfestellungen. Das von Manfred Heinrich, Verlag Wasmuth, gestaltete Werk möge Anklang finden.

Köln, im Januar 1976 GÜNTHER BINDING

Augsburg
Hafnerberg / im Thäle

VORWORT

Die Möglichkeit, eine Übersicht über die Entwicklung des Bürgerhauses in Augsburg seit dem Mittelalter zu gewinnen, bieten frühe Stadtpläne und Bauaufnahmen bis in unsere Tage. Der ausführlichste Plan zeigt die westliche Stadtaufsicht von „Georgius Seld" von 1521 *(T 2)*. Noch stärker auf Einzelheiten in der Darstellung eingehend ist die aus dem Jahre 1628 stammende östliche Aufsicht von Wolfgang Kilian *(T 4)*. Zwischen beiden liegt, ebenfalls mit Sicht von Osten, der Plan von Hanns Rogel von 1558 *(T 3)*, von dem noch ein kleines Stadtmodell erhalten ist, und der Plan von „CHRISTOPHORUS SCHISSLER GEOMETRA ET ALEXANDER MAIR CHALCOGRAPHUS" aus dem Jahre 1602. Die Vergleichsmöglichkeiten für die bauliche Entwicklung und Veränderung der Stadt werden noch erweitert durch Straßenbilder eines Simon Grimm von 1683 und zahlreiche Stiche des 18. Jahrhunderts, jene von Karl Remshard (1678–1735), Martin Engelbrecht (1684–1756), Matthäus Seytter (1678–1757). Die Durchführung von Maßaufnahmen an bestehenden Bürgerhäusern wurde nach Anregung der Regierung von Schwaben (1882) und durch Mittelgenehmigung des Stadtmagistrates (1886) möglich. Einen entscheidenden Anstoß gab 1905 der Denkmalpflegetag mit einem Aufruf zur Herausgabe eines „Deutschen Bürgerhauswerkes". Nach neuerlichem Magistratsbeschluß wurde 1908 durch Oberbaurat Steinhäuser der Regierungsbaumeister Adolf Kunst und ab 1909 Dr.-Ing. Joseph Weidenbacher mit den Technikern Lederle, Wilhelm und Vogel mit der Durchführung von Maßaufnahmen der Bürgerhäuser beauftragt. Deren zeichnerische Arbeitsleistung, ergänzt durch Notizen von Dr. Weidenbacher, bildeten das Fundament für die Erfassung Augsburger Bürgerhäuser und hier besonders des für Augsburg bestimmenden Patrizier- und Kaufmannshauses. Ergänzend hierzu kamen Bauaufnahmen von Studierenden der Bauschule Augsburg – der Hochbauabteilung am heutigen Rudolf-Diesel-Polytechnikum –, begonnen etwa 1895 unter Leitung des in der Bauforschung tätigen Direktors Rudolf Kempf und weitergeführt durch die Oberbauräte Ludwig Hecker, Cornelius Kurz und bis heute durch den Verfasser. Wertvolle Detailaufnahmen und Maßskizzen stammen von Regierungsbaumeister Edward Fackler und Bauingenieur Eduard Denzel. Allen, die so mitgeholfen haben, das bauliche Erbe zeichnerisch zu sichern, sei hier besonderer Dank ausgesprochen. Daran reiht sich auch der Dank an all die Institute, deren Leiter in großzügiger und freundlicher Weise ihre Archive geöffnet haben, so das Bayerische Nationalmuseum München, das Germanische Nationalmuseum Nürnberg, das Bayerische Landesamt für Denkmalpflege München, die Kunstsammlungen der Stadt Augsburg, sowie das Stadtarchiv, die Stadtbibliothek und die Stadtbildstelle Augsburg. Hier sei für seinen persönlichen Einsatz dem Photographen Herrn Scherer mit seinem Mitarbeiter Herrn Bommer für die Erfüllung zahlloser Fotowünsche besonders gedankt. Herrn Assessor Dr. Joachim Wild des Staatsarchivs München danke ich für weitgehenden Rat und Hilfe bei der Sichtung der Archivunterlagen und der Festlegung geschichtlicher Daten. Die Besprechung siedlungsgeschichtlicher Zusammenhänge und Entwicklungen im bürgerlichen Raum war möglich geworden durch das dankenswerte Entgegenkommen des Herrn Dipl.-Ing. Walter Groos, der das Manuskript und einschlägige Kartenaufzeichnungen seiner noch nicht veröffentlichten Studie über die mittelalterliche Stadtstruktur und die Zinslehen sowie über die bau- und wasserwirtschaftlichen Verhältnisse Augsburgs zur Auswertung zur Verfügung stellte.

Der große Dank des Verfassers gilt dem Anreger zu diesem Buch, Herrn Dr.-Ing. habil. Adolf Bernt, der das Werden jahrelang ermunternd betreute und dem es nicht mehr vergönnt war, die Herausgabe zu erleben.

Augsburg, im Mai 1976 ROBERT PFAUD

DIE ENTWICKLUNG DER MITTELALTERLICHEN STADT

LANDSCHAFTLICHE GEGEBENHEITEN UND LAGE DER STADT

An der Stadtgründung und an der Art der Besiedlung sind die landschaftlichen Gegebenheiten im Falle Augsburgs grundlegend beteiligt. Zwischen den beiden aus den Alpen von Süden nach Norden zur Donau ziehenden Alpenflüssen, dem Lech und der Wertach, zieht eine Schotterzunge der Rißeiszeit, die mit Lößlehm überdeckt ist, bis an die Mündungsspitze der beiden Flüsse (T 1 a, b; Abb. 1). Diese Hochterrasse bildet das Rückgrat späterer Besiedlung. Die Erhebung beträgt am Nord-Ostende bis zu 25 Meter über der Flußniederung des Lechs. An diese Hochterrasse lehnt sich östlich und etwa 2 km vor der Nordspitze des höheren Rückens endend eine Geländestufe der Würmeiszeit an, die als sogenannte „Haunstetter Niederterrasse" sich nur einige Meter über der Schotterebene des Lechs erhebt. Sie bietet durch diese Höhenlage über den wechselnden Wasserständen des Flusses eine Schutzzone, auf der sich später die hochwassergeschützte Süd-Nordstraße der Römer, die „Via Claudia", bilden konnte. Eine letzte Formänderung der Hochterrasse muß noch in geschichtlicher Zeit an ihrem Nord-Ostabhang durch Abriß in das Lechtal erfolgt sein, da nach den Ausgrabungsergebnissen von Ludwig Ohlenroth zwar eine südliche und westliche Begrenzung der Römerstadt, nicht aber eine genaue Nord-Ostgrenze gefunden wurde. In deren vermutetem Bereich fanden sich am Ostabhang abgerissene Hausfundamente sichtlich unterspülter Bauanlagen. Diese und ähnliche Ereignisse werden dazu geführt haben, das Stadtgebiet vor Hochwasser zu schützen. Einzelne solcher Wehranlagen, die als sogenannte „Schöpfköpfe" sich dem Fluß entgegenstellen und dabei kanalartige Abzweige zur Stadt führen, sind von Walter Groos im Auenwald des Lechs, im Siebentischwald, festgestellt worden. Wo heute noch der „Lochbach" die Niederterrasse begleitet, dürfte im frühen Mittelalter das Westufer des Lechs gelegen haben. Der letzte existierende „Schöpfkopf", der die Wasserverteilung und die Zuleitung der zur gewerblichen Nutzung in der Stadt notwendigen Gewässer vornimmt, besteht im sogenannten „Hochablaß", der diese Aufgabe schon seit etwa tausend Jahren erfüllt.

Die geologische Vorbedingung für eine ausreichende Ernährungsmöglichkeit einer großen Stadt ist für Augsburg dadurch gegeben, daß im Süden und Norden weite, große und zusammenhängende Lößgebiete mit gutem Ackerboden liegen. Der hier anstehende Lehm hat in seiner Eignung als Ziegelton bei dem Fehlen von gewachsenem Fels in der Umgebung Augsburgs auch dazu beigetragen, daß der Ziegel-Putzbau entscheidend das Baugesicht der Stadt seit dem frühen Mittelalter bestimmt hat.

Für die wirtschaftliche Entwicklung ist der Lech als Floßweg zur Beförderung von Massengütern wie Holz, Kohle, Kalk und Sandstein aus dem Alpen- und Voralpenraum von großer Bedeutung. Der Wasserreichtum im Nahbereich der Besiedlung hat die Wasserversorgung selbst für eine große Stadt gesichert und bei starkem Gefälle der die Stadt um- und durchfließenden Gewässer die Abführung der Verbrauchswässer leicht ermöglicht.

DIE HISTORISCHE ENTWICKLUNG

Nach Funden zu schließen, bestand am Zusammenfluß von Lech und Wertach auf der Oberhauser Niederterrasse ein Militärlager „Augusta Vindelicum", aus der Zeit 15 v. Chr. unter Kaiser Augustus. Über die Rechtsstellung des Ortes ist lediglich bekannt, daß Kaiser Hadrian (117–138) die Siedlung zum „Municipium" erhoben hat. Von den Alpenpässen herführend bauten die Römer noch im ersten Jahrhundert die Via Claudia entlang des Lechs, die sich bis an die Donau fortsetzte. Das Tal der Wertach stellt in gleicher Weise die Verbindung nach Kempten her und von hier zum Bodensee, zu den Schweizer Pässen und nach dem Rhônetal (Abb. 1). So faßte Augsburg die für Rom wichtigen Alpenpforten zwischen Bodensee und dem Inn zusammen. Dazu fügt sich sowohl eine Ost-West-Verbindung zwischen Norikum (östlich des Inns) zum württembergischen Unterland und ins Seinebecken, als auch eine Nord-West-Verbindung der Straßen nördlich und südlich der Vogesen und des Schwarzwaldes. Der Zug der römischen Fernstraßen innerhalb der Stadt ist nicht festzustellen gewesen. Lediglich am römischen Westtor bei Hl. Kreuz unter dem Gebäude der heutigen Oberforstdirektion konnte eine Fernstraße am Stadtrand gefaßt und einige hundert Meter in westlicher Richtung, im Zuge der heutigen Frölichstraße, verfolgt werden.

Spuren frühen Christentums sind aus dem 4. Jahrhundert durch die Märtyrerin Afra bezeugt, an deren Grab sich in der Folgezeit eine Wallfahrtsstätte entwickelte. Ob zwischen dem römischen Augusta Vindelicum und dem mittelalterlichen Augsburg ein Siedlungs-

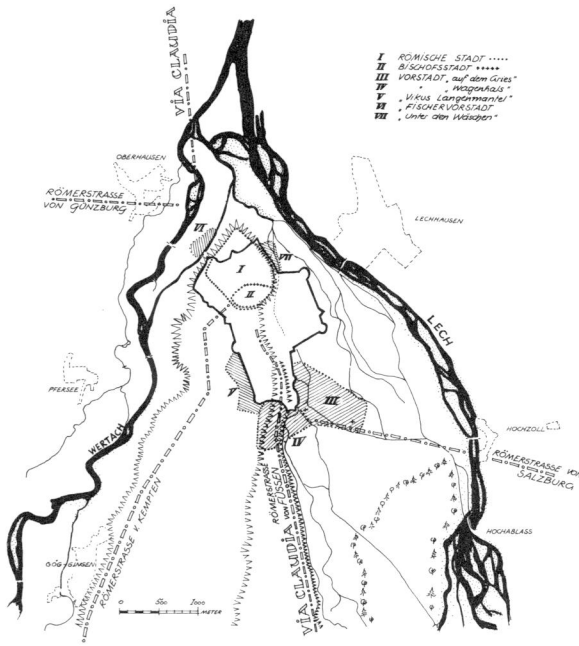

Abb. 1 Lageplan zur Topographie.

zusammenhang besteht, ist nicht geklärt. Erst seit 739 sind in Augsburg Bischöfe überliefert. Im Jahre 832 erscheint erstmals der Name „Augustburc". Zunächst steht die Stadt ganz unter bischöflicher Herrschaft. Bischof Ulrich (923–973) umgibt Augsburg mit einer Befestigung. Sie wird im wesentlichen aus Wall, Graben und Palisaden bestanden haben. Im 11. Jahrhundert entwickelt sich südlich der Domstadt, entlang der alten Römerstraße – der Via Claudia –, eine eigene Kaufleutesiedlung, an deren Spitze der bischöfliche Burggraf steht. Im jahrhundertelangen Ringen des aufstrebenden Bürgertums gegen die Rechte des Bischofs erhält die Stadt einen frühen sichtbaren Erfolg durch eine Stadtrechtsurkunde von Kaiser Friedrich I. Barbarossa im Jahre 1156, wodurch die Machtbefugnisse des Bischofs eingeschränkt werden. Im Jahre 1168 erwirbt Barbarossa die Vogtei über das Hochstift für das staufische Haus und damit auch Einfluß auf die bischöfliche Stadt. Domstadt, Bürgerstadt und Klosterbezirke (St. Moritz und St. Ulrich und Afra) werden um 1200 durch eine gemeinsame Befestigung vereinigt. Im Laufe des 13. Jahrhunderts erzwingt die Bürgerschaft im Kampf mit dem Bischof als Stadtherrn den Besitz der Stadtbefestigung und das Besteuerungsrecht. 1266 werden erstmals Bürgermeister und Konsuln der Stadt erwähnt.

Wesentliche Marksteine auf dem Weg zur Reichsstadt sind die Verleihung des Stadtrechtsbuches von König Rudolf von Habsburg 1276 und der Beurkundung der unveräußerlichen Rechte reichsstädtischer Stellung durch Kaiser Ludwig den Bayern 1316. Obwohl der Bischof in der Domstadt ansässig bleibt, ist damit im wesentlichen die bischöfliche Herrschaft beseitigt. 1368 erzwingen die inzwischen mächtiger gewordenen Zünfte in einem Aufruhr gegen das die Stadt lenkende Patriziat eine Verfassung, nach der ihnen das Übergewicht zufällt. 1439 wird die jüdische Bevölkerung für dauernd aus der Stadt verwiesen, in der sie bis dahin südlich der Domstadt, an der heutigen Karlstraße und an der Pfladergasse/Judenberg, ihren Wohnsitz hatte. Im 15. Jahrhundert erlebt die Reichsstadt durch ihre Handwerker und Künstler, durch zahlreiche große Handelsfamilien und Bankhäuser neben und mit den Fuggern und Welsern großen wirtschaftlichen Aufschwung und erringt durch sie Weltgeltung. Die beiden in Augsburg 1530 und 1555 abgehaltenen Reichstage bilden entscheidende Marksteine in der Reformationsgeschichte. Erst 1534/37 führt die Reichsstadt Augsburg die Reformation durch. Aus diesem Grunde verlassen Bischof und Domkapitel die Stadt und ziehen sich nach Dillingen an der Donau zurück. Im Jahre 1548 ersetzt Kaiser Karl V. die Zunftverfassung durch eine neuerliche Patriziatsherrschaft und führt den Bischof wieder in die Stadt zurück. Von nun an pendelt sich, bis in die Gegenwart spürbar, eine genau gehandhabte Parität zwischen Katholiken und Protestanten ein, die durch den Westfälischen Frieden noch gefestigt wird. Der Dreißigjährige Krieg schlägt der Stadt durch wechselnde Besetzungen, Zerstörungen oder Kontributionen schwere Wunden. Geschicklichkeit im Auswerten persönlicher Beziehungen und handwerkliches Können führen in Handel und Gewerbe dazu, daß Augsburg schon zum Ende des 17. Jahrhunderts erneuten wirtschftlichen und kulturellen Aufschwung erfährt. Im 18. Jahrhundert erhält Augsburg in Kunst und Kunsthandel durch bedeutende Kupferstecher und Verleger hohen Rang. An einer von Joachim Sandrart d. Ä. um 1670 gegründeten privaten Akademie und an der späteren Reichsstädtischen Kunstakademie wirken namhafte Maler und Kupferstecher.

Eine politische Wende erfolgt für Augsburg 1802/03 mit der Säkularisation, Auflösung der Klöster und Zerstreuung ihres Besitzes, und 1805 mit dem Verlust der Souveränität als Reichsstadt im Preßburger Frieden und Eingliederung in das Königreich Bayern. 1817 wird die Stadt regionaler Verwaltungsmittelpunkt des Bayerischen Regierungsbezirks Schwaben und Neuburg. Das aufsteigende Industriezeitalter macht Augsburg zum Sitz bedeutender Textilfabriken, die sich an den Wasseradern des Lechs außerhalb der Altstadt im Osten und Südosten niederlassen.

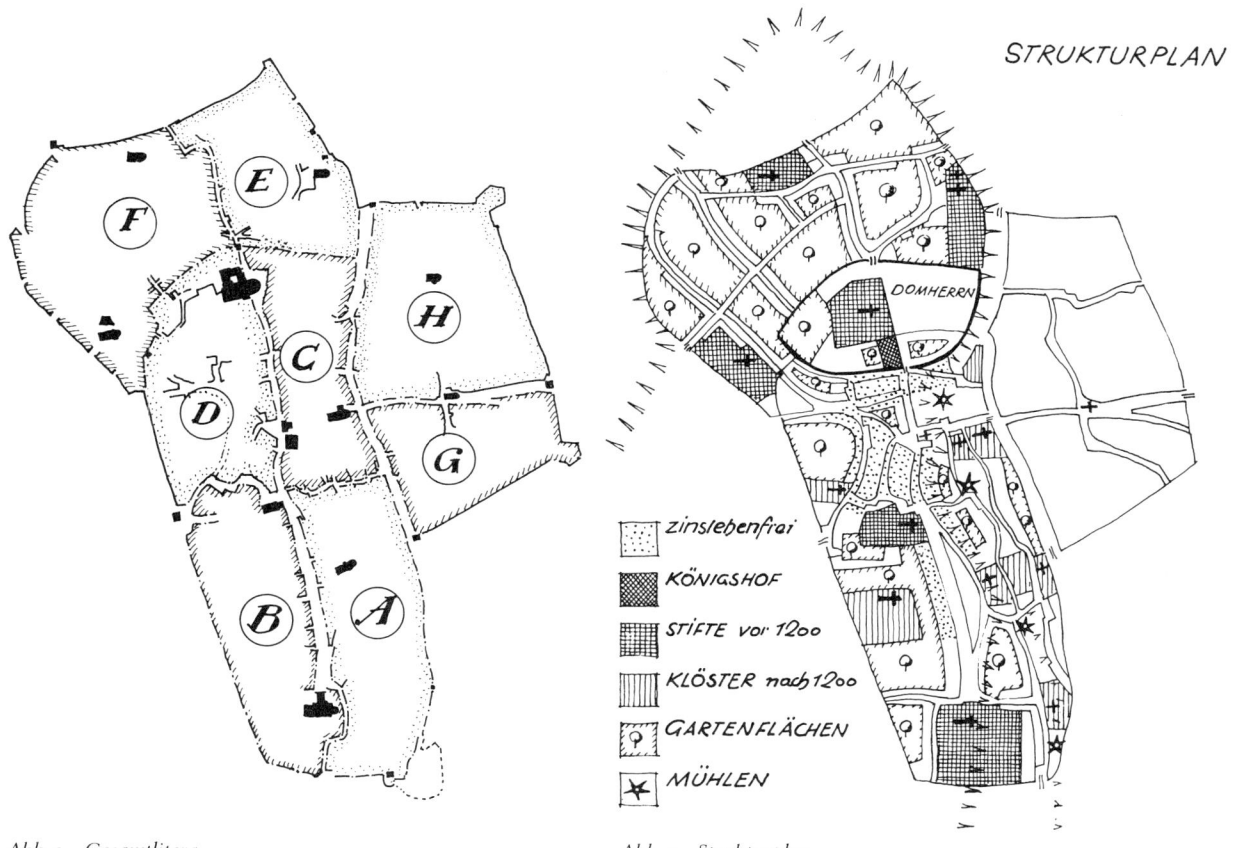

Abb. 2 Gesamtlitera.   *Abb. 3 Strukturplan.*

STADTTEILE – STRASSENFÜHRUNG – STADTPLÄTZE

Ausgangspunkte für eine Besiedlung waren in der Zeit nach der Völkerwanderung und Alemannenbesetzung kultische Mittelpunkte und politische Machtzentren, an die sich bürgerliches Leben mit Markt, Gewerbe und Wohnung anschlossen. So sieht Erich Herzog für das Augsburg des 11./12. Jahrhunderts die Merkmale einer ottonischen Stadt, in der Kirchen, Kapellen sowie Klöster und Stifte, über den Stadtraum verteilt, die Ausgangspunkte für eine weitere freiere Besiedlung ergaben.

Der Stadtumriß, wie ihn die Altstadt Augsburgs heute noch erkennen läßt, besteht fast unverändert seit dem Anfang des 14. Jahrhunderts *(Abb. 2)*. Die Stadtform, die gekennzeichnet ist durch die ausgesprochene Längsrichtung von Süden nach Norden vom ROTEN TOR bis „Lueg ins Land" WERTACHBRUCKERTOR bei einer mittleren Breite von etwa 600 m und einer Länge von zwei Kilometern, umfaßt die Bebauung auf dem Höhenrücken und an den Lechkanälen. Hierzu tritt als Ausweitung nach Osten bis nahe an den Lech reichend die Jakobervorstadt. In dieser Umrißform zeigen sich auch die Schaubilder durch Jahrhunderte von Jörg Seld (1521), von Hans Rogel (1563), von Christoph Schissler (1602) und von Wolfgang Kilian (1626). Maßstäblich genaue Anhaltspunkte über Grundstücksformen und -größen geben die Vermessungspläne der Jahre 1814, 1839 und 1852 *(T 9)*. Eine Übersicht vermittelt auch der Strukturplan nach Walter Groos *(Abb. 3)*, in dem die frühen Hauptpunkte mit Bischofssitz und anschließendem Königshof, Stifte St. Stephan, St. Georg und Hl. Kreuz im Norden und St. Moritz, sowie Kloster St. Ulrich besonders bezeichnet sind. Zu ihnen gehören an den Lechwassern im östlichen tieferliegenden Stadtteil Güter und dazugehörige Mühlen, die wiederum siedlungsbildend sich auswirkten. Am Ende der Stauferzeit entstehen in franziskanischem Geiste Klöster der Bettelorden, die sich in den sozial tiefer stehenden Wohnbereichen ansiedeln. So entsteht eine weitere Verdichtung mit dem St. Annakloster und St. Katharinen im Westen der oberen Stadt und durch das Dominikanerkloster und dessen Frauenkloster St. Ursula im Osten,

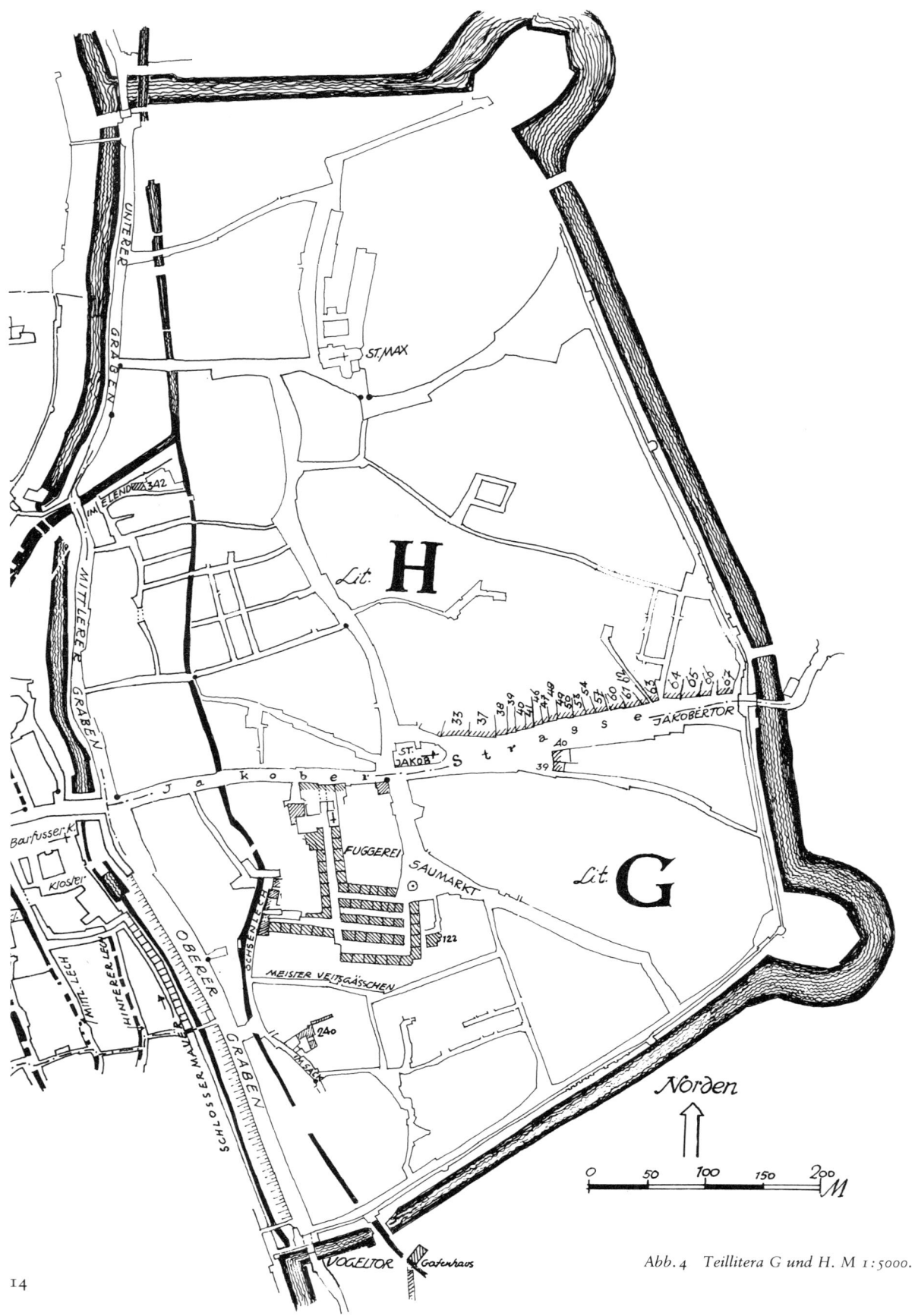

Abb. 4 Teillitera G und H. M 1:5000.

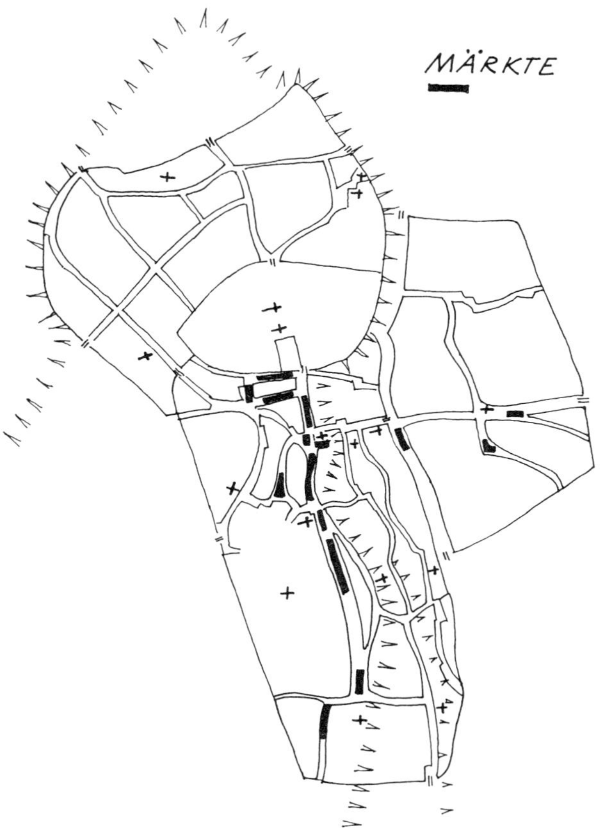

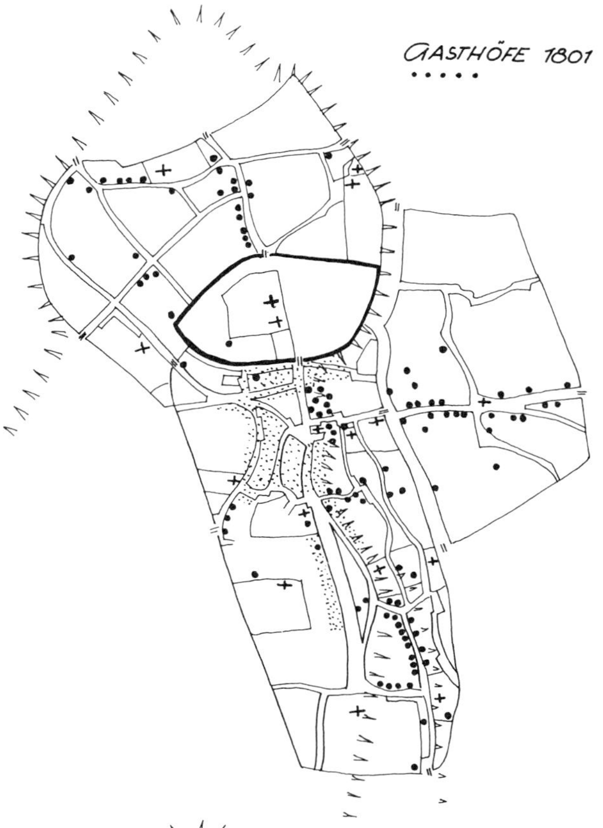

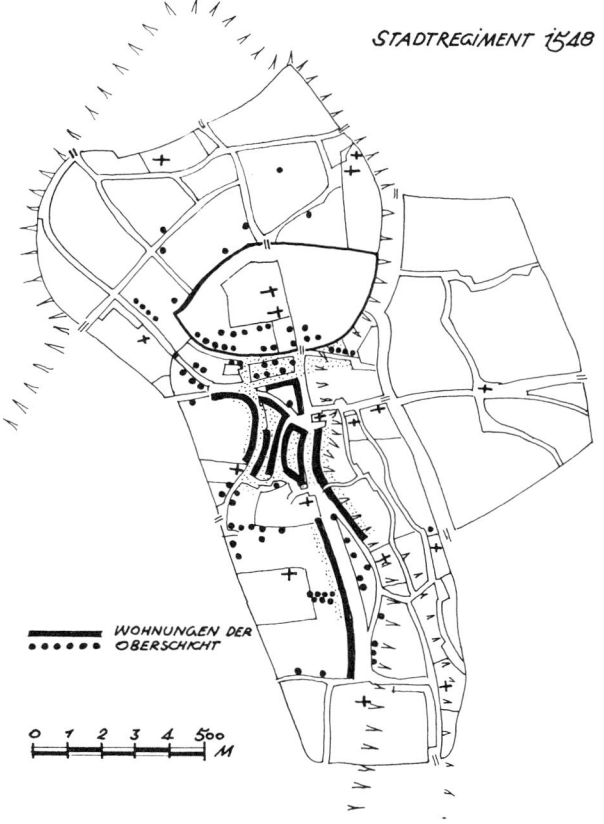

Abb. 5 Märkte.
Abb. 6 Gasthöfe.
Abb. 7 Stadtregiment.

sowie durch die pflegenden Klöster der Barfüßer, der Franziskanerinnen von St. Maria Stern und der Karmeliterinnen von St. Margareth.

Die bürgerliche Bebauung wird enger und führt im Laufe des 14. Jahrhunderts dazu, daß Wirtschaftshöfe und Gärten der Klöster weitgehend für Wohnbebauung geopfert werden, zumal mit dem Schließen der Stadtbefestigung, wobei die sogenannte „Untere Stadt" hinter dem Frauentor auch umschlossen wurde, außenliegende gefährdete Siedlungen wie am „Wagenhals" und am „Gries" (siehe *Abb. 1*) abgebrochen und die Bewohner innerhalb des Mauergürtels eingesiedelt werden. Die um diese Zeit mit Mauern umschlossene Jakobervorstadt (siehe *Abb. 4*) ist an der Formung der langsam von Süden nach Norden gewachsenen Stadt als spätere nach Osten geschobene Erweiterung unmittelbar nicht beteiligt. Mittelbar nur dadurch, daß die ursprüngliche östliche Stadtmauer verteidigungsmäßig an Bedeutung verloren hat und im Zuge von „Schlossermauer" und „Schmiedegasse" bebaut werden kann, da sie nun im Schutze dieser neuen Vorstadt steht.

Einen Überblick über die Schwerpunktverteilung der Stände, Berufszweige und sozial verschieden gestellten Bevölkerungsgruppen vermitteln drei Karten aus der Topographie von Walter Groos *(Abb. 5, 6, 7)*. Sie tragen die Standorte der Märkte im 16. Jahrhundert, der Gasthöfe und Brauereien bis 1800 und der Wohnstätten der Oberschicht um 1548, also zu dem Zeitpunkt, da Karl V. die demokratische Zunftverfassung umstößt und die Stadtregierung wieder in die Hände des Patriziats legt. Wenn auch die Kartenangaben nicht für denselben Zeitpunkt gelten, so sind sie dennoch bei der schwerfälligen Veränderlichkeit solcher Ortssitze aufschlußreich. Die Märkte kleinerer, bevorzugt für den Tagesbedarf benötigter Güter wie Obst, Gemüse, Brot, Eier, Fisch, Fleisch u. a. drängen sich in dichter Folge südlich der Domstadt bis gegen St. Moritz weiter. Südlich schließt sich noch der Weinmarkt an. Das Gebiet zu Füßen der Bischofsstadt war nachweisbar mit der JUDENGASSE, dem PLATZ AM PERLACH und der Marktkirche St. Peter frühestes Marktgelände. Nach neueren Erkenntnissen in der Erforschung römischer Stadtanlagen, die später von germanischen Volksstämmen besetzt wurden, z. B. Augst bei Basel, kommt der Name Perlach wohl von Berleig(h). So haben germanische Völker vielfach an der Stelle römischer Amphitheater ihre Volkstanzplätze errichtet mit Eberhatz und Volkstanz. Tanz im gotischen Sprachgebrauch ist „leika" („balalaika"), somit berleik (gh) also „Ebertanz".

Die raumaufwendigen Märkte wie ROSSMARKT, SAUMARKT und HOLZMARKT lagen in der Jakobervorstadt ohne Berührung mit der oberen Kernstadt oder in eine ruhige Ecke verschoben wie der KITZENMARKT. Völlig marktfrei blieb die Domstadt. Ferner waren frei die Stadtbereiche nördlich der Domstadt hinter dem FRAUENTOR (Lit. E und F; siehe *Abb. 8*), die erst im 14. Jahrhundert wieder dichter besiedelt wurden, und der an den Lechadern dichtest besiedelte Teil der alten Handwerker- und Gewerbestadt, bei dem der Mangel an Straßen- und Platzraum einen Marktbetrieb ausschloß. Die Hauptbereiche der einflußreichen Bürger waren die Marktstraßen und Marktplätze der oberen Stadt von Dom bis St. Ulrich und die STEINGASSE, PHILIPPINE WELSERSTRASSE (HEUMARKT sowie RINDERMARKT), die ANNA- und die LUDWIGSTRASSE. Völlig frei von Wohnsitzen der gehobenen Bürgerschicht bleibt bis an das Ende des 18. Jahrhunderts die Lechvorstadt *(Abb. 4, 8)*, die Jakobervorstadt und größtenteils die sogenannte „Untere Stadt", nördlich der Domstadt. Um diese Zeit wird die handwerklich-kleinbürgerliche Welt durch ein frühindustrielles Bürgertum mit Häusern in Spätbarock und Rokoko an einigen Stellen verändert.

Gänzlich anders geartet ist die Besiedlungstätigkeit der Gaststätten und Brauereien. In den Wohnbereichen der gehobenen Bürger sind Gaststätten Einzelerschei-

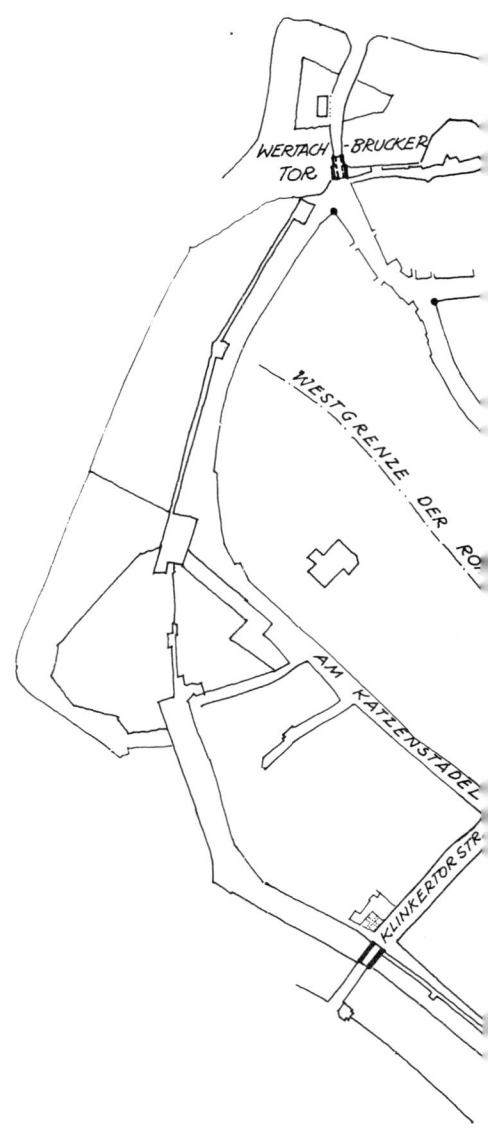

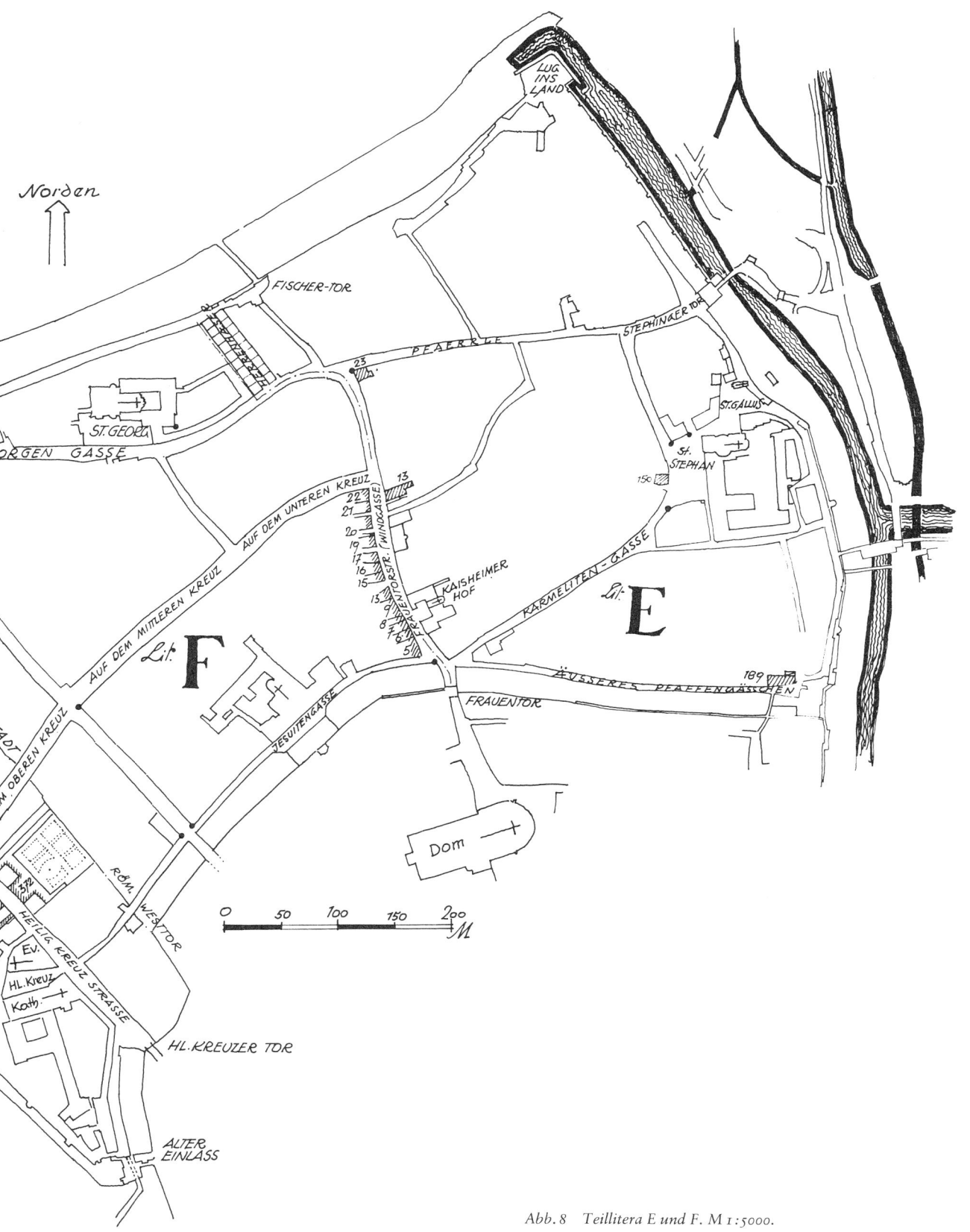

Abb. 8   Teillitera E und F. M 1:5000.

nungen. Das gesellschaftliche Leben dieser Schicht vollzog sich in Feststuben des eigenen Hauses oder in den Ständeshäusern, so in der Kaufleutestube und in den führenden Zunfthäusern. Die engste Tuchfühlung mit dem höherstehenden Bürgerhausgebiet besteht am Ostabfall der heutigen KAROLINENSTRASSE und am PERLACH- und JUDENBERG, also am Abstieg in die Handwerkerstadt. Dicht aneinandergereiht sind die Gaststätten in Richtung der Stadttore und unmittelbar an ihnen. An den vier wichtigsten Toren ist diese Erscheinung besonders deutlich. Am Zugang in die Stadt vom ROTEN TOR aus drängt sich bis auf die Hochterrasse am MILCHBERG und PREDIGERBERG, nachdem das Stiftungs- und Klostergebiet von Hl.-Geist-Spital und St. Margareth im Rücken liegt, Gaststätte an Gaststätte. Ähnlich ist die Anordnung auf dem Wege vom WERTACHBRUCKERTOR zum FRAUENTOR. Am GÖGGINGERTOR war die Ausbreitungsmöglichkeit gering, da der Grundbesitz sehr früh beim Stift St. Moritz und beim Patriziat lag, das ihn vom Stift erwarb. Die Jakobervorstadt hingegen war stark von Brauereien und Gastwirtschaften durchsetzt. Dieses Strukturbild bürgerlicher gemischter Besiedlung war in den vorgenannten Stadttorbereichen Augsburgs deutlich ausgeprägt. Es hat sich bis in die Jahre vor dem Weltkrieg 1914 in der Jakobervorstadt noch rein erhalten. Die Straßenabwicklung der Nordseite der Jakobervorstadt von der Jakoberkirche bis zum JAKOBERTOR zeigt deutlich das aus verschiedenen Möglichkeiten gewordene Ortsbild um 1870 (siehe *Faltt. 1*). An den anderen Toren und ihrer Umgebung ist eine ähnliche Entwicklung festzustellen. Zwischen den breitgelagerten und tiefen Hausstellen der Gastwirte und Brauer steht – schmal bei geringer Haustiefe – in diesem Teil der JAKOBERSTRASSE noch das Kleingewerbe. Gänzlich anders geartet, jedoch auch noch gemischt, ist die Bevölkerungszusammensetzung an der MAXIMILIANSTRASSE *(Faltt. 1)*, wo das Haus des reichen Bürgers, das im 18. Jahrhundert sich bis zu einer repräsentativen Palastarchitektur emporhebt, noch einzeln unterbrochen ist vom Anwesen kleinerer Handelsleute. Völlig geschlossene Reihung von Patriziatssitzen ohne Unterbrechung und Einsprengung kleinerer Besitztümer findet sich an der Westseite der ANNASTRASSE *(Abb. 9)* und an der LUDWIGSTRASSE von St. Annakirche bis zum HEILIG KREUZERTOR *(Faltt. 2)*. Die kleinen Häuser der Versorgungsbetriebe liegen hier mit den Gaststätten nur zwischen GÖGGINGERTOR und Annakirche. Geschlossenes Patriziat ebenfalls mit überwiegend traufseitigen Straßenfronten weist die PHILIPPINE WELSERSTRASSE auf *(Faltt. 3)*. Der Giebel gehört zum Hausbild des kleineren Bürgers. Das Gassenbild am ELIAS-HOLL-PLATZ verdeutlicht dies *(Faltt. 1)*.

Für eine Einzelbetrachtung dieser sehr großen Altstadt ergeben sich fünf Stadtbereiche, die städtebaulich ein bestimmtes, voneinander verschiedenes Bild aufweisen:

a) Die Domstadt, der von der Bischofsmauer umschlossene Stadtteil vom Südtor am SCHWALBENECK bis FRAUENTOR im Norden, vom HEILIG KREUZERTOR im Westen bis zum Steilabfall im Osten am MAUERBERG *(Abb. 10)*.

b) Der westlich des Straßenzuges Dom – Rathaus – St. Ulrich liegende Bebauungsraum mit Lit. B und D sowie die östliche Randbebauung dieses Straßenzuges, soweit sie auf der Hochterrasse liegt aus Lit. A und C *(Abb. 10, 11)*.

c) Die östlichen Teile von Lit. A und C im Bereich der Lechkanäle vom ROTEN TOR bis SCHMIEDBERG, somit die ausgesprochenen Handwerkergassen *(Abb. 10, 11)*.

d) Die sog. „Untere Stadt" hinter dem FRAUENTOR von Hl. Kreuz bis St. Stephan, somit Lit. E und F *(Abb. 8)*.

e) Die Jakobervorstadt mit Lit. G und H *(Abb. 4)*.

zu a) Die Domstadt, den südlichen Teil der alten Römerstadt einnehmend, belegt eine Fläche von etwa 600 m von West nach Ost und 300 m von Süd nach Nord. Diese von Mauern umschlossene Domimmunität hatte am SCHWALBENECK ein Südtor an der Stelle des römischen Südtors, und ein Nordtor, das 1885 abgebrochene FRAUENTOR. Die Verbindungsstraße dieser Tore teilt die Immunität dem Zug der Römerstraße folgend in einen West- und einen Ostteil. Wenn man die älteste südliche Immunitätsgrenze im Zuge PEUTINGERSTRASSE und SPENGLERGÄSSCHEN als west-östlich verlaufende, entwicklungsbedingte Trennung hinzunimmt, ist sie in vier Teile geteilt, die in Nutzung und baulicher Gestaltung verschiedenartig nebeneinanderstehen.

Der nordwestliche Teil mit dem Dom und seinen Nebenkirchen, mit ehemaligem Friedhof, bischöflicher Residenz, mit Gärten und Wirtschaftsbauten, weist nur eine hohe, schmale Wohnzeile mit eng aneinandergerückten bürgerlichen Wohnbauten auf, die ohne Hof traufseitig zwischen Fronhof und PEUTINGERSTRASSE stehen. Den westlichen Abschluß bildet der Burggrafenturm, die östliche Begrenzung stellte ein Kapellenbau her.

Der nordöstliche Teil vom Dom bis zum Steilabfall der Hochterrasse im Osten hat sich durch die Jahrhunderte als Wohngebiet besonderer Art erhalten. Hinter Mauern mit Eingangstoren, mit Innenhöfen und von Hausgärten umgeben, stehen in lockerer Folge hochgiebelige Häuser der niederen und höheren Geistlichkeit. Die letzteren weisen umfangreiche Nebenanlagen für Ställe, Holzlegen, Waschküche und Gesinderäume auf. Eine Hausabwicklung der Nordseite des MITTLEREN PFAFFENGÄSSCHENS soll das Besondere dieser Gassen- und Gartenarchitektur zeigen *(Faltt. 3)*. Die südlich dieser PFAFFENGÄSSCHEN liegende Süd-

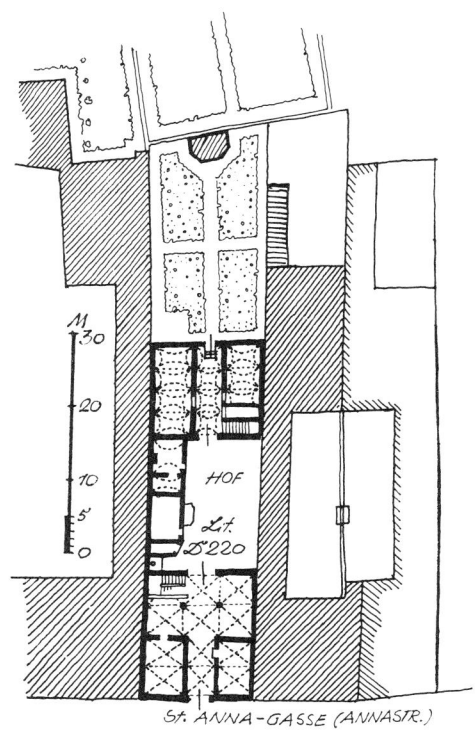

Abb. 9 Annastraße 12, Aufsicht und Lageplan. M 1:1000.

ostecke der Bischofsstadt hat eine gänzlich anders geartete Bebauung. Hier ist sie geschlossen, mit Innenhöfen oder rückenliegenden kleinen Gärten. Sie sind nachweislich im Besitz von Adelsfamilien gewesen. Ein heute noch sichtbares Beispiel dieser Gattung ist das sogenannte KELLERHAUS AM HOHEN WEG, KAROLINENSTRASSE 34 (C 44). An Bürgerhäusern der Mittelschicht sind hier nur wenige am SPENGLERGÄSSCHEN vorhanden. Sie waren ebenso wie die im Verlauf der südlichen Bischofsmauer als bauliche Begrenzung dieses Gevierts vier- bis fünfgeschossige Zeile von Handwerkshäusern und als Zinslehen nicht freies Eigentum.

Das verbleibende südwestlich liegende Baugebiet mit PEUTINGERSTRASSE im Norden, HOHER WEG im Osten, OBSTMARKT im Süden und SCHÖNEFELDERGASSE-KUHGÄSSCHEN im Westen gibt über die ursprüngliche Bedeutung Rätsel auf. Vermutlich ist der in ihm liegende Königsturm, das burgartige Imhofhaus und die Nordwand des Hauses Ecke HOHER WEG – PEUTINGERSTRASSE 1 (D 90) – Umgrenzung des Königshofs. In D 90 sind, neben Innenwandbemalung, Außenmauerstärken festgestellt worden, die im zweiten Obergeschoß teilweise noch Stärken von einem Meter aufweisen. Auch Größe und Aufwand der folgenden Häuser lassen darauf schließen, daß hier in Verbindung mit dem Königshof Reichsministerialen ihren Sitz hatten *(Abb. 12).*

zu b) Für die folgenden Stadtbereiche waren bei der Bebauung andersgeartete Verhältnisse maßgebend als in der Domstadt, wo im ummauerten Schutzbereich der geistlichen und weltlichen Obrigkeit für freie bürgerliche Besitznahme geringe Möglichkeiten bestanden. Unmittelbar südlich an die Domstadt anschließend und bis St. Ulrich ausgreifend waren es die Märkte und die zu ihnen führenden Straßen, die siedlungsbildend wirkten *(Abb. 11).* Aus dem Strukturplan, aus den Aufzeichnungen über Wohnsitze der Führungsschicht und aus dem Plan der Märkte und der Gasthäuser sind deutlich die Zusammensetzung der Bevölkerungsschichten und ihre bevorzugten Wohngebiete abzulesen. Alle hochrangigen Märkte liegen auf der Hochterrasse zwischen Dom und St. Ulrich und an ihnen wohnt die reichere Oberschicht.

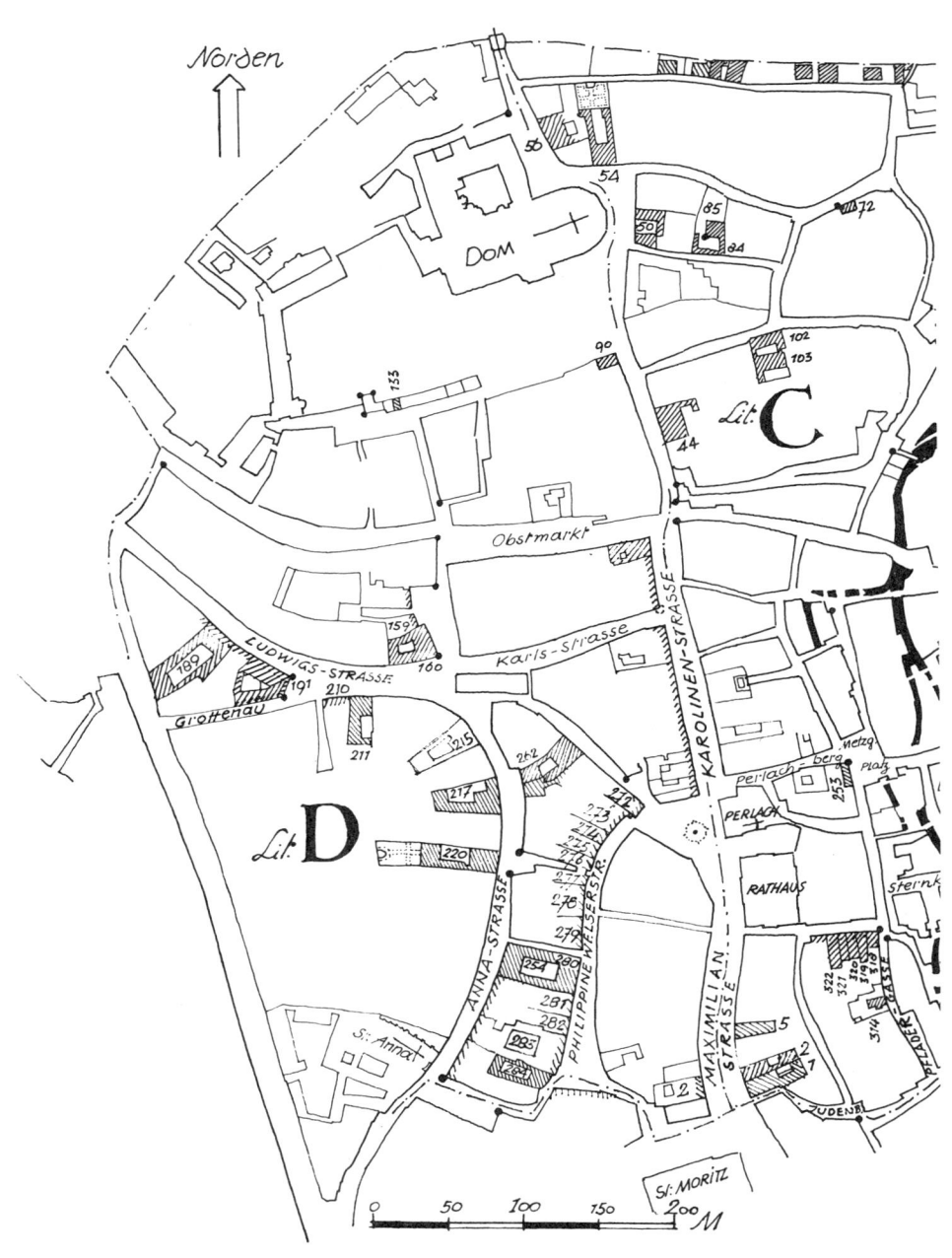

Abb. 10   Teillitera C und D. M 1:5000.

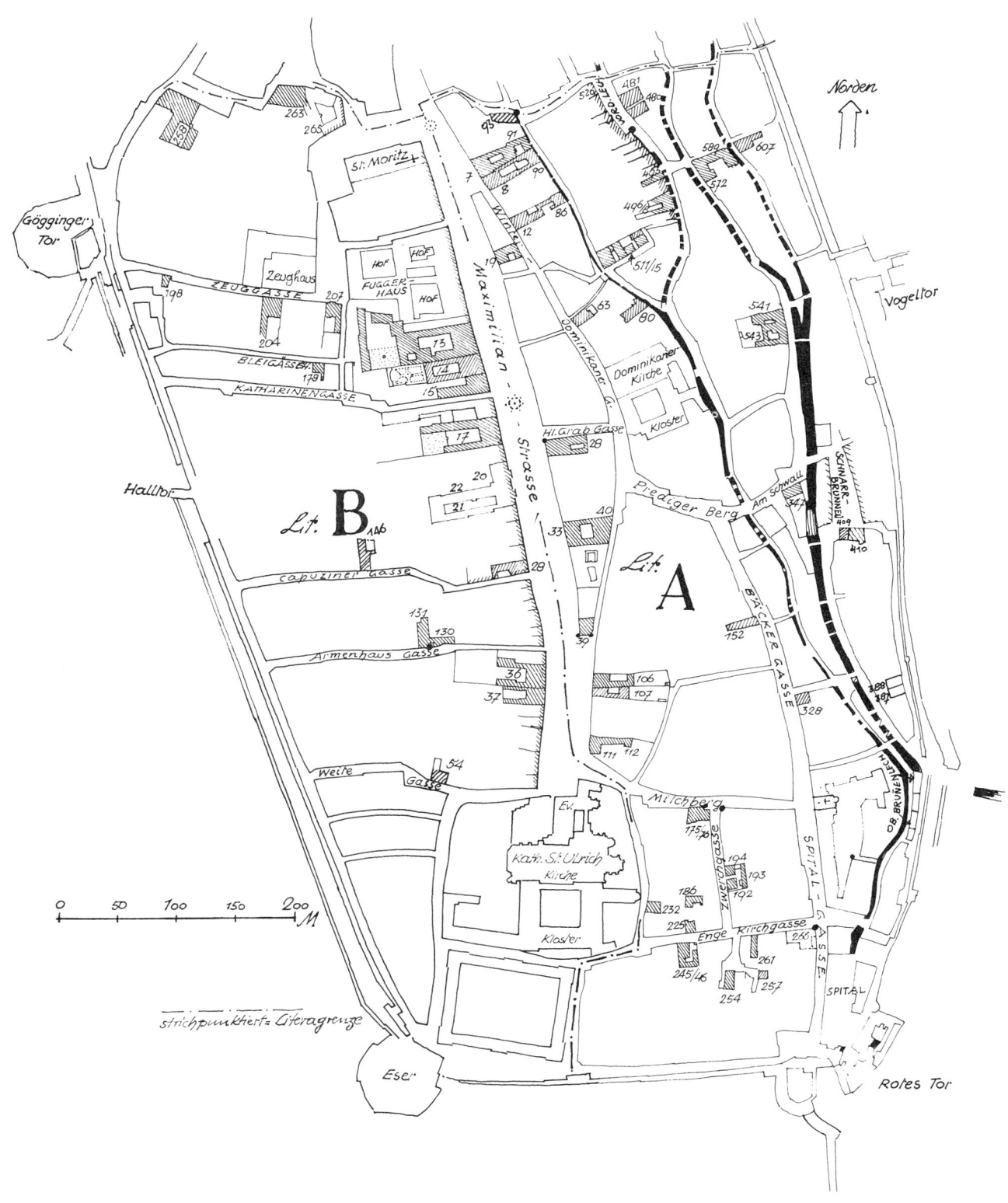

Abb. 11   Teillitera A und B. M 1:5000.

So ist die gesamte Westseite dieser von Norden nach Süden führenden Straße (die heutige KAROLINEN-STRASSE – UNTERE und OBERE MAXIMILIANSTRASSE) von der Oberschicht bewohnt und ebenso die Ostseite der Maximilianstraße. Ganz im Besitz der oberen Schichten sind ANNASTRASSE, PHILIPPINE WELSER-STRASSE, KARLSTRASSE, LUDWIGSTRASSE bis HEILIG KREUZERTOR und bis an die Domstadt. Eine Ausnahme ist die Ostseite der KAROLINENSTRASSE vom Rathaus bis SCHMIEDBERG mit einfach bürgerlichem Gepräge und mit einigen Gaststätten. Diese Stadträume der Oberschicht sind jedoch in der Anlage und Gestaltung ihrer Häuser aus der örtlichen Gegebenheit, weniger aus wirtschaftlichen Möglichkeiten der Bewohner heraus, stark unterschiedlich. Im Süden vom Platz vor St. Ulrich beginnend und die Hauszeilen der MAXIMILIANSTRASSE östlich bis AFRAWALL und dann bis DOMINIKANER-WINTERGASSE betrachtend, stellt man in der Mehrzahl Hausformen mit umbauten Innenhöfen fest, die aneinandergereiht stehen. Die östliche Hauszeile am Steilabfall zu den Lechkanälen hat bei meist schmalen Hausbreiten tiefe, schmale Höfe und dahinter, so am Platz vor St. Ulrich, noch Gärten. Von der Dominikanerkirche ab sind auch bei geringen Hausbreiten vielfach zwei Höfe hintereinander angeordnet, wovon der erstere auf der Hochterrasse liegt, anschließend an den Hauptbau, während der andere unten in Verbindung steht mit einem auf dem tiefen Niveau der Gassen der Lechkanäle errichteten Rückgebäude. Das aus abwägender Sicht vollkommenste bürgerliche Wohn- und Handelshaus mit betont Augsburger Prägung liegt westlich der MAXIMILIANSTRASSE, westlich der ANNA- und LUDWIGSTRASSE und mit Einschränkung (da ohne Gärten) auch westlich der PHILIPPINE WELSERSTRASSE. Diese Hausform zeigt *Abb. 9* (D 220) ANNASTRASSE 12, da sie alle Vorteile im Bereich bürgerlichen Lebens in der Verbindung von Handelssitz, gepflegtem Wohnen und Erholung im Hausgarten vereinigt. Die Hausstellen etwa gleicher sozialer Gruppierung wie die eben erwähnten sind im dichten Bebauungsgebiet westlich der UNTEREN MAXIMILIAN-, der KAROLINENSTRASSE und an der STEINGASSE und KARLSTRASSE wesentlich beengter und damit in ihrer Entfaltungsmöglichkeit eingeschränkt *(Abb. 10)*. Schließlich hat der besprochene Siedlungsraum im Anschluß an die gartenreichen Anwesen westlich der MAXIMILIANSTRASSE an den von ihr nach Westen laufenden Gassen ein mehr kleinbürgerliches Gesicht. Hier liegen Pfründe, Stiftungen und Erwerbungen als Witwensitze, sowie Abfindungen für Verwandte wohlhabender Familien. Im 18. Jahrhundert werden als Besitzer von Anwesen dieser Gassen auffallend zahlreich Kupferstecher, die zu dieser Zeit in Augsburg hohes Ansehen und sogar Geltung in Europa hatten, erwähnt.

zu c) Der am Fuß der Hochterrasse an sie östlich anschließende und durch Oberen, Mittleren und Unteren Graben begrenzte Siedlungsraum verläuft in seinen schmalen Gassen, wie die sie begleitenden Lechkanäle von Süd nach Nord (Ostteile der *Abb. 10* und *11*). Die bauliche Erscheinung ist nur einheitlich in der Vielfalt der wechselnden kleinen und größeren Handwerkerstellen. Plätze fehlen, lediglich Gassenausweitungen, wie am Schnarrbrunnen, am Vorderen Lech und vor der Metzg schaffen bescheidene Platzwirkungen. Die Gassenführung ist schmal, da die offenen Lechkanäle eine Gassenseite einnehmen. Schmale Brücken führen zu jedem Haus. Vorherrschend sind hier die Mühlen, die Häuser der Gerber, Tuchmacher und Färber mit ihren Werkanbauten oder -aufbauten.

Bei Einbeziehung der Jakobervorstadt in den befestigten Stadtbereich entsteht eine geschlossene Baueinheit durch beidseitigen Anbau an die aufgelassene Stadtmauer in den Reihenhausstellen für Handwerker an SCHLOSSERMAUER und SCHMIEDGASSE. Gegenüber den anderen Stadtteilen trägt dieser Altstadtteil (Ostteil der Lit. A und C) in seiner Vielfalt, seiner Ausrichtung nach den Lechbächen ein selbständiges, unvergleichliches Baugesicht. Die bescheidene, schmucklose, schlanke und giebelreiche Hausarchitektur des Stadtgebietes wurde zu Ende des 18. Jahrhunderts durch Einbeziehung mehrerer Anwesen, breitgelagerte Hausfronten bereichert, wie z. B. VORDERER LECH 47 (A 451/453) und VORDERER LECH 8 (A 485) (BLAUES KRÜGLE) *(Faltt. 4)* und das Wohnhaus der SCHWALLMÜHLE.

zu d) Ein Stadtgebiet eigener Prägung und erst im Spätmittelalter zu einer Einheit gewachsen, ist die „Untere Stadt" *(Abb. 8)*. Sie liegt auf der Hochterrasse nördlich des FRAUENTORS. Im frühen Mittelalter war der Straßenzug vom HEILIG KREUZERTOR über KATZENSTADEL zum WERTACHBRUCKERTOR als Umgehungsweg der Domstadt vom GÖGGINGERTOR – ANNASTRASSE – LUDWIGSTRASSE von Bedeutung. Ihr entsprechend lagen auch Pilgerherberge und -spital beim Kloster Hl. Kreuz. Erst mit dem Wachsen bürgerlicher Freiheit, nachdem die Bürger dem Bischof gegenüber nach langem Kampf freien Durchgang durch die Bischofsstadt abgerungen hatten, schwindet ihr Rang und wird von der „Windgasse", der heutigen FRAUENTORSTRASSE, übernommen, welche den Verkehr zu FISCHERTOR und über die GEORGENSTRASSE zum WERTACHBRUCKERTOR weiterleitet. Die Siedlungstätigkeit beginnt im 12. Jahrhundert, nachdem die teils vor der Jahrtausendwende gegründeten Klöster und Stifte Pfarrrechte erhalten, so 1135 St. Georg, 1169 St. Stephan, 1199 Hl. Kreuz. Um diese Anlagen entfaltet sich das bürgerliche Bauen. Grundstückgeber war im wesentlichen die Kirche, die dieses Gebiet der verlassenen Römerstadt übernommen hatte und noch im 14. Jahrhundert bei St. Georg und an der

Abb. 12   Ausschnittsskizze aus dem Seldplan von 1521. Bereich des vermutlichen Königshofes.

LANGEN GASSE Eigentümer war. In diesem Stadterweiterungsgebiet haben Handwerker, Brauer und Gastwirte, kleinere und mittlere Handelstreibende, sowie Gärtner Besitz erworben. Im 18. Jahrhundert sind hier zahlreiche Weber nachzuweisen, deren Hausstellen dicht den Straßenzug PFÄRRLE/GEORGENGASSE begleiten. Im übrigen Stadtgebiet war eine bevorzugte Webersiedlung noch südöstlich von St. Ulrich um PETER KÖTZER-, KIRCH- und ZWERCHGASSE.

Adel und Großkaufleute waren hier am Landerwerb und am Bauen wenig beteiligt. Vereinzelt ragen hohe Baukörper über die Kleinbürgerhäuser empor, so ein mächtiges ehemaliges Geschäftshaus der Fugger, der Stadthof der Reichsabtei Kaisheim, sowie der Reichsposthof, alle an der FRAUENTORSTRASSE. An den großen, fast quadratischen Baugevierten bleibt es bei einer Randbebauung mit geschlossenen inneren Grünflächen. Die mitunter vermutete Übernahme der Quadrierung aus dem römischen Straßennetz ist durch die Grabungen von Ludwig Olenroth widerlegt. Die ältesten Bürgerhäuser dieses Stadtteils, hochgiebelig an der HEILIG KREUZSTRASSE, stehen an der KOHLER- und JESUITENGASSE von Hl. Kreuz bis zum FRAUENTOR. Dort sind noch mittelalterliche Steinwendeltreppen vorhanden. Als Bauerweiterungsland fehlt diesem Gebiet eine städtebauliche, verbindende Ausrichtung. Eine bescheidene Planungseinheit bilden zwei parallele Wohnzeilen als Reihenhausstellen, die sog. „Herrenhäuser", im 18. Jahrhundert überwiegend von Webern bewohnt und eine Wohnhauszeile am DOKTORGÄSSCHEN *(Abb. 155)*.

zu e) Der letzte, weil jüngste bürgerliche Siedlungsraum und erst nach der „Unteren Stadt" in die Umwallung einbezogen, ist die im Osten an den Lech reichende Jakobervorstadt. Es ist eine rein handwerkliche, klein- und mittelgewerbliche Bürgerstadt, bei der das bäuerliche Element des östlichen Umlandes stark spürbar ist

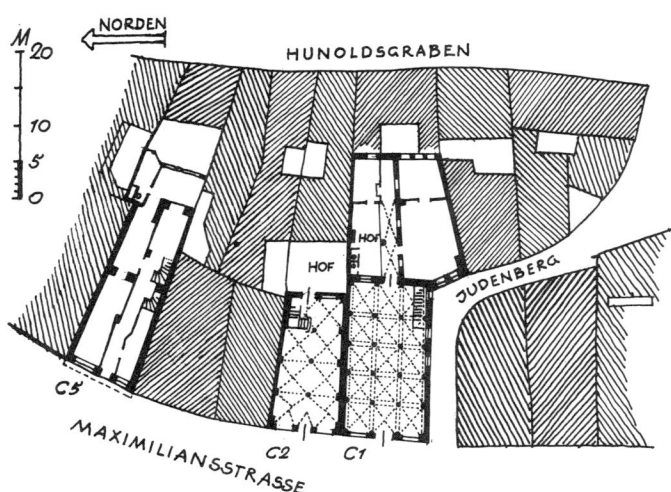

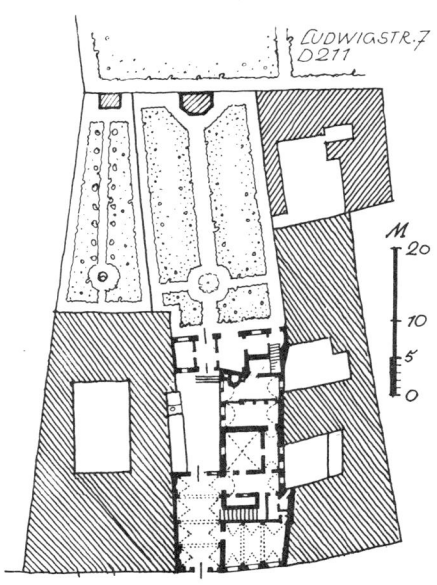

Abb. 13 Maximilianstraße 23, 21, 15. Lageplan. M 1:1000.

Abb. 14 Ludwigstraße 7. Lageplan. M 1:1000.

(*Abb. 4*). In ihr liegen auch die bestimmenden ländlichen Märkte, wie ROSS-, RINDER-, SAU- und HOLZMARKT. Hier reihen sich Brauer und Gastwirte, Fuhrunternehmer und Schmiede und alle dem Marktvolk dienende Berufe, wie z.B. Bäcker, Metzger, Krämer, Bader, Schmiede, Wagner und Sattler, dicht aneinander. Demgemäß ist auch das Straßenbild vielfältig und, wie die Straßenabwicklung der Nordseite des Straßenraumes vom JAKOBERTOR zur Jakobskirche zeigen soll, gänzlich anders geartet, als die Straßenbilder im Wohnbereich der Großbürger. Im Schwerpunkt des bebauten Bereiches liegt als optischer Mittelpunkt die Jakobskirche. Der nach Osten zum JAKOBERTOR ausgreifende, angerartige Straßenraum mit einer zusätzlichen Ausweitung zwischen St. Jakob und der Einführung der ROSENGASSE, hat seine raumbestimmende Kraft bis heute erhalten können, obwohl, wie die Nachzeichnung nach Seld (1521) (*Faltt. 5*) und der Ausschnitt aus dem Kilian-Plan (1626) deutlich machen, sich über die Jahrhunderte hinweg die Architektur der Platzwände entscheidend gewandelt hat. In der Jakobervorstadt ist noch sichtbar, daß Feldwege, die aus frühesten Zeiten von allen Richtungen in die Stadt führten, durch den Bau der Stadtbefestigung abgeschnitten wurden und an irgendeiner Stelle des Stadtgrabens oder Wallweges anscheinend sinnlos enden, wie beispielsweise die ROSENGASSE. Auch Wasserläufe, die in die Stadt zogen, wurden dabei teilweise totgelegt. Hier lag das Dorf Sträffingen.

Der SAUMARKT mit dem Neptunbrunnen, als Platz kleinbürgerlicher Prägung, wie er in schwäbischen Kleinstädten von Handwerker- und Stadtbauernhäusern gebildet wird, ist von maßstäblich einheitlicher Wirkung. Eine Saumarktsiedlung ist dort schon früh bekannt; sie trug, wie der Name sagt, immer bäuerlichen Charakter und war vom Lauterlech durchflossen. Die ruhige, verkehrsgeschützte Ecke dieses Platzes ist besonders maßstabgebend gekennzeichnet durch die drei Giebel und die zwei Tore der FUGGEREI, welche äußerlich sonst kaum in Erscheinung tritt, da sie in das rückwärtige Hof- und Gartenland einer bestehenden älteren Randbebauung als reine Zeilenhaussiedlung eingeplant wurde. Der Vergleich Seld-Kilian-Plan läßt erkennen, daß das Gebiet südlich der FUGGEREI – MEISTER VEIT-, KURZES und LANGES LOCHGÄSSCHEN, PARADIESGÄSSCHEN, IM SACK und VOGELMAUER – sich aus einzelnen Hofanlagen zu einer Zone mit kleinbürgerlichen Plätzen und Gassen innerhalb eines Zeitraums von etwa 100 Jahren entwickelt hat. Die dichteste bürgerliche Bebauung in der Jakobervorstadt finden wir im Bereich der verschiedenen Quergäßchen, früher „im Elend" genannt. Walter Groos deutet wohl mit Recht diese Bezeichnung als von „Anlände" kommend, da hier der Floßbach wieder zum Lech abgeleitet wird. Das Gebiet um das Franziskanerkloster St. Max blieb bis in unsere Tage dünn bebaut und stand wesentlich unter der Nutzung von Erwerbsgärtnern.

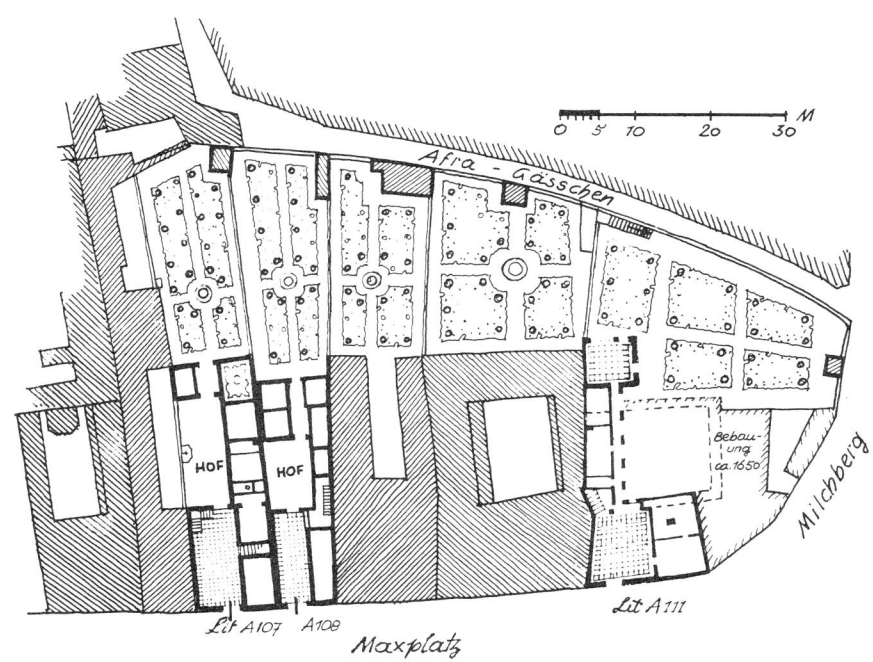

Abb. 15 Lageplan.
M 1:1000.

DAS GRUNDSTÜCK DES BÜRGERHAUSES

In Augsburg gibt es keine einheitlichen Maße für das Grundstück des Bürgerhauses, weder für das Anwesen des Patriziers noch für das des Handwerkers. In einem langen und stets sich wandelnden Wachstum haben sich die verschiedensten Grundstücksgrößen und Grundstücksformen herausgebildet *(Abb. 13)*; ein nach einheitlichen Normen gesteuertes oder befohlenes Ansiedeln hat offenbar nicht stattgefunden *(Abb. 14)*. Trotzdem herrscht eine Grundstücksform vor, das handtuchartige Anwesen, das mit seiner Schmalseite an der Straße liegt und mit seinen Längsseiten zwischen die Nachbarn eingespannt ist *(Abb. 9)*. Grundstücke an Ecken und Straßengabelungen bilden oft geschlossene Blöcke, die vorwiegend in der Hand angesehener und reicher Bürger sind *(Abb. 15)*. In manchen Stadtlagen sind Rückgebäude nach einem eigenen oder mit den Nachbarn geteilten Hof die Regel. Schmale Verbindungsbauten vom Vorderhaus zum Rückgebäude sind ein besonderes Merkmal Augsburger Bürgerhäuser – sie werden hier „Abseiten" genannt. Im Westteil der MAXIMILIANSTRASSE und in der ANNASTRASSE kommt zu dem Rückgebäude mit den Abseiten noch ein rückliegender Garten. An der Ostseite der MAXIMILIANSTRASSE wird diese Bebauungsform sogar noch vertikal gestaffelt. An der Stelle des vorhin erwähnten Gartens folgt ein weiterer Hof mit einem abschließenden zweiten Rückgebäude, das auf eine 8–10 m tiefer liegende Gasse stößt, die auf der Ebene der Lechkanäle liegt *(Abb. 16; Faltt. 4)*. Manche Beispiele belegen das Bestehen von Wohngemeinschaften, wobei mehrere Hausbesitzer um einen Hof mit gemeinsamem Tor zusammenleben oder wo die Hofgemeinschaft einem Eigentümer zinspflichtig ist. Die schmalen Hausstellen haben im Laufe der Jahrhunderte abgenommen, da durch Ankäufe der Nachbarhäuser zwei und mehr Anwesen zu einem größeren zusammengewachsen sind. Die Keller der schmalen Vorgängerbauten sind oft dort noch erhalten; erst Erd- und Obergeschosse sind der neuen Hausbreite angepaßt worden.

Eine besondere Gattung von Grundstücksformen stellen die sog. „Durchhäuser" dar *(Abb. 16)*, ein Begriff, der vielerorts für Hausformen in mittelalterlichen Städten anwendbar ist. Es sind Anwesen, die zwischen zwei Straßen liegen. Sind diese Grundstücke tief, so entstehen zwei Gebäude mit Straßenseiten und einem Hof dazwischen. Ob Abseiten möglich sind, hängt von der Grundstücksbreite ab. Augsburg hat besonders an der Ostseite der MAXIMILIANSTRASSE solche Beispiele in verschiedenen Spielarten *(Abb. 17)*. Wo bei straßenseitig sehr schmalen Grundstücken ein Hauseingang an der Straßenseite keine Nutzung des Erdgeschosses mehr erlauben würde, erfolgt der Zugang über die schmale, tiefe Reihe als Eingangshof *(Abb. 18)*. Beispiele dieser Art sind heute noch in der nördlichen Vorstadt in HEILIG

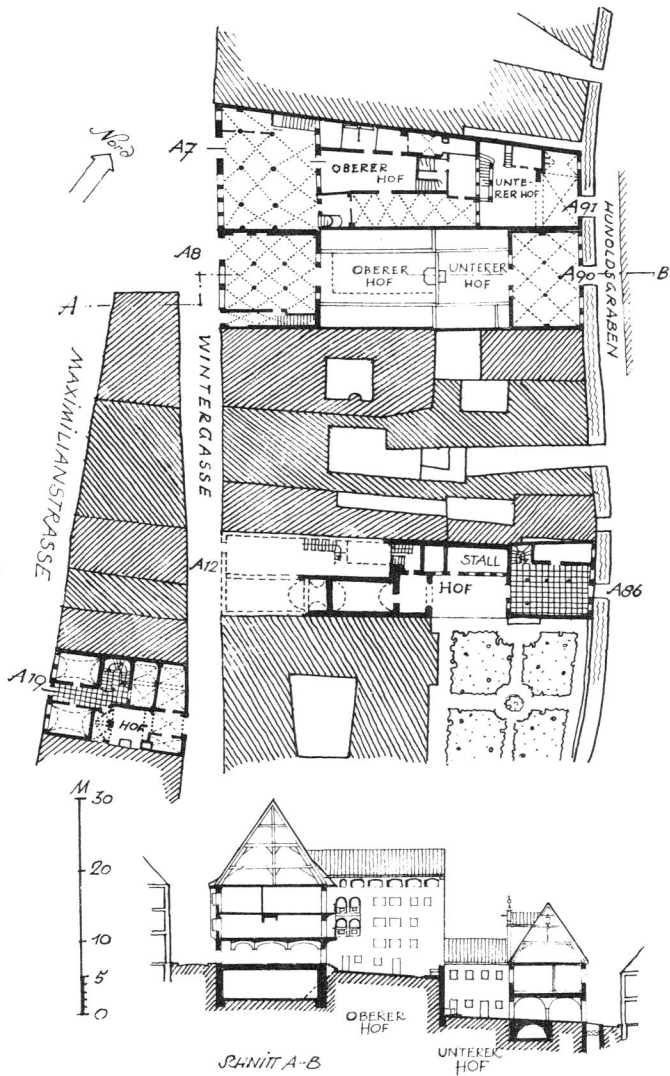

Abb. 16 Maximilianstraße 37, 39, 51, Wintergasse 14. Lageplan, Schnitt. M 1:1000.

KREUZSTRASSE 13 (F 201) als Kleinstform eines Anwesens und in der FRAUENTORSTRASSE 30 (E 15), im Geburtshaus Leopold Mozarts, nachweisbar. Eng eingebaut in die Nachbarschaft ist das Haus eines Goldschmiedes, MAUERBERG 10 (C 126). Ein Haus mit Hof und Garten entspricht zweifellos dem Wunschbild der Bauherren der vergangenen Zeit *(Abb. 19)*. Wo dies erreichbar war, wurde es auch in Augsburg verwirklicht *(Abb. 20)*. Die Bindung an die bedeutenden Märkte ließ dies aber in den verdichteten Stadtgebieten kaum zu *(Abb. 21)*. Für die wohlhabenden Kreise an KAROLINENSTRASSE, PHILIPPINE WELSERSTRASSE, östlicher ANNASTRASSE, an KARL- und LUDWIGSTRASSE und manchen Gassen ähnlicher Art konnte dieser Wunsch nicht verwirklicht werden. Ein Ausgleich wurde sichtbar auf dem Plan von Kilian und auch urkundlich feststellbar durch Ankauf von Grundstücken für Stall, Gesinde, Wirtschaftsraum und Garten dieser Bevölkerungsschicht in den weniger dicht bebauten Stadtteilen von Jakobervorstadt und hinter dem FRAUENTOR. Hier war somit die Möglichkeit gegeben, Unterkunft für Pferde, für Wagen und Lagergüter und für Gesinde zu schaffen, wofür die Innenstadt keinen Platz bot. Die bei Kilian an die Gärten angeschlossenen Laubenanlagen, wie sie nur mehr eine im Anwesen IM SACK 3 a (G 240) erhalten ist, zeigen, daß hier für Erholung und gesellschaftliches Leben Raum geboten war. Es handelt sich somit meist um größere Grundstücke. Schmale Wohnzeilen, wie sie am FRONHOF – JOHANNISGASSE – PEUTINGERSTRASSE bestehen, waren nicht von in Handel und Gewerbe tätigen Bürgern, sondern von Geistlichen und Beamten von Feudalherren bewohnt. Hier steht das Haus ohne Hof eingespannt zwischen zwei Fronten an Gasse und Platz *(Abb. 22)*.

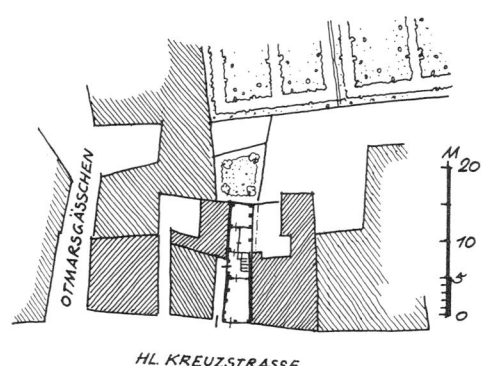

Abb. 17 Heilig Kreuzstraße 13. Lageplan. M 1:1000.

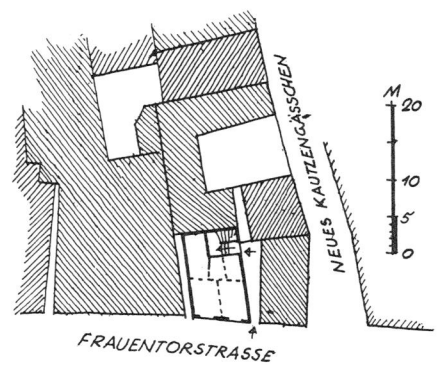

Abb. 18 Frauentorstraße 30. Lageplan. M 1:1000.

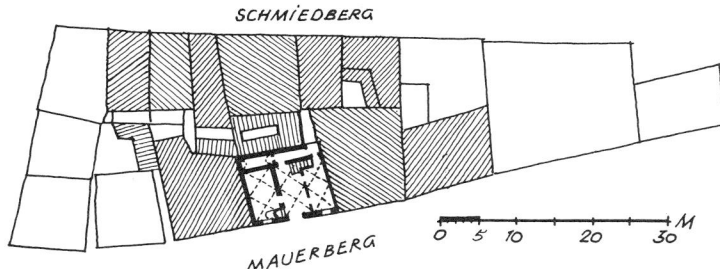

Abb. 19 Mauerberg 10. Lageplan. M 1:1000.

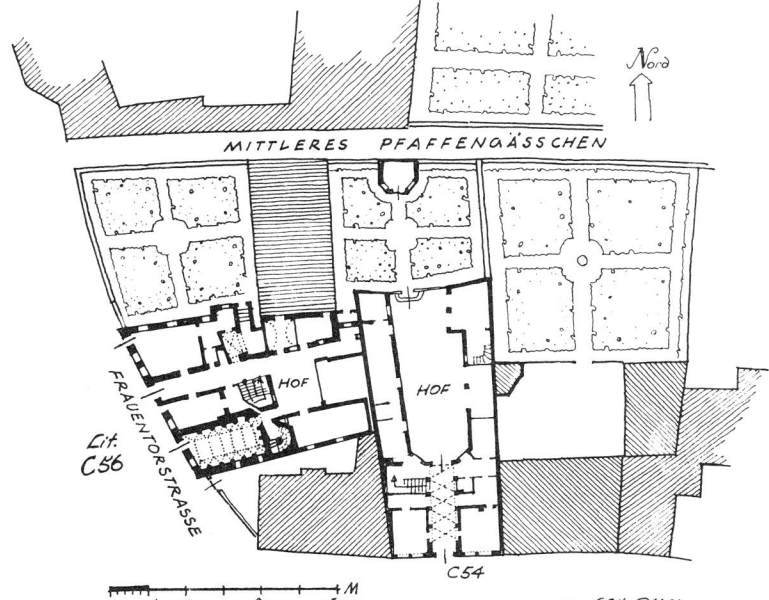

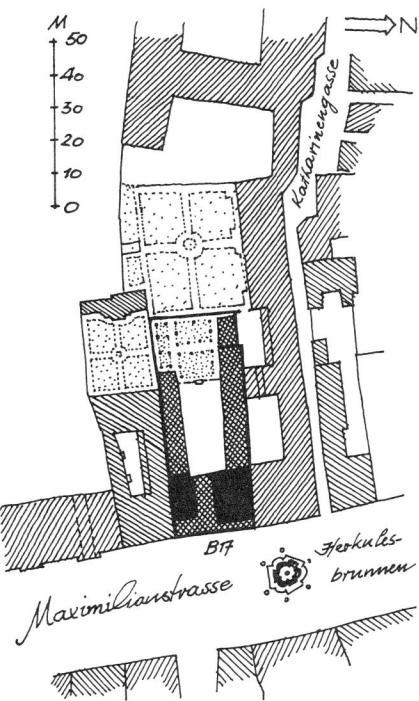

Abb. 20 Maximilianstraße 48. Lageplan.

Abb. 21 Karolinenstraße 50, Frauentorstraße 4. Lageplan. M 1:1000.

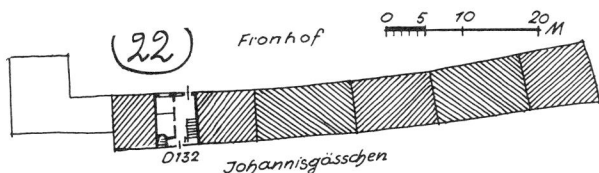

Abb. 22 Peutingerstraße 20. Lageplan. M 1:1000.

DIE ANSICHT DES BÜRGERHAUSES

Im Straßenbild Augsburgs wechseln sich straßenseitige Giebel- und Traufenhäuser regellos ab und stehen auch in der Größenordnung in bunter Folge nebeneinander. Eine Ausnahme als nahezu einheitlich traufseitig bekannte Straße macht die Westseite der ST. ANNAGASSE, von der Kirche St. Anna nach Nordwesten sich über die HEILIG KREUZERGASSE zum HEILIG KREUZERTOR ziehend. Hier sind bei Kilian noch als Ausnahme zwei Giebelhäuser zu sehen. In die Gegenwart überkommen ist nur ein Giebelhaus zwischen 24 bzw. 25 Traufenhäusern. Daß im Laufe der Bauentwicklung das Traufenhaus den Giebel immer mehr verdrängte, durch Ankauf mehrerer kleinerer Anwesen, größere Gebäude mit Breitentendenz zur Straße entstanden, ist eine Entwicklung aus dem steigenden Wohlstand des Bürgertums. Trotzdem blieb der Giebel im Straßen- und Stadtbild von Bedeutung und hat sich dem Zeitgeschmack folgend vielfach gewandelt. Im Tafelbild von 1500

Abb. 23 Nachzeichnung aus dem Plan von Bodenehr (1704).

(T 69a) mit der Darstellung des Geschlechtertanzes zeigt der Durchblick auf die Stadt, durch die Fenster des Tanzhauses, die starke Wirkung hochgiebeliger Bürgerhäuser auf die Stadtsilhouette. Sie ist am Großbürgerhaus auch im Straßenbild dann bestimmend geworden, wenn bei gemischter Bauweise von Giebel- und Traufenhäusern, der breitgelagerte und tiefe Baukörper mit hohem, die Nachbarschaft überragendem Giebel versehen war. So sind heute noch das „Kellerhaus" – HOHER WEG 8 (C 44), das ehemalige FUGGERHAUS am FRAUENTOR, der gotische Giebel am FRONHOF (heutiges Finanzamt Land) neben einigen Giebeln in der engbebauten Altstadt, wie SPITALGASSE 6 (A 207) entscheidend wirksam. Die auf diesem Durchblick noch sichtbaren zinnern bekrönten Hausfronten waren nur mehr am IMHOFHAUS am HOHEN WEG bis zu dessen Abbruch von 1900 vertreten, als Rest einer mittelalterlichen Stadtburg. Die klare geometrisch faßbare Form des Steilgiebels gegen das Licht des Himmels gestellt, tritt besonders stark ins Bewußtsein. So bleiben bei einer reinen Traufenhaussiedlung wie der FUGGEREI, die wenigen die Zeilen abschließenden Giebel für sie kennzeichnend und in der Vorstellung haften. Der Straßengiebel ist vorherrschend bei dem Handwerkhaus und bei dem kleineren und mittleren Handelsmann. So sind die Häuser an den Alltagsmärkten von der Domstadt bis zum WEINMARKT bei St. Moritz und in den Handwerkgassen an den Lechkanälen vorwiegend Giebelhäuser im Gegensatz zu den Hausstellen im Besitze des Patriziats und des Großhandels. Die Giebelformen verändern sich mit dem Wechsel von verwendeten Baustoffen und mit stilgebundenem Zeitgeschmack. Eine Frühform, die bei Seld noch zahlreich und bei den Nachfolgern noch vereinzelt erscheint, ist die Giebelfront mit Schopfwalmabschluß, wobei die Traufe des Schopfwalms stark ausladend haubenartig die darunterliegende Giebelwand schützt und die Giebelsparren von der Traufe schräg zur Schopfwalmtraufe ziehend diese Schutzwirkung auch noch seitlich rahmend unterstützen. Die Darstellungen in den Stadtaufsichten sind zu klein, um Genaueres aus ihnen entnehmen zu können. Besseren Aufschluß darüber geben die Straßenbilder von Simon Grimm, wo besonders deutlich auf seiner Ansicht des Rathauses vom BRODMARKT her am Abgang zum EISENBERG ein über das Erdgeschoß zwei Geschosse hoch vorkragender, sichtlich verschalter Holzgiebel von einem Schopfwalm überdeckt ist. Noch deutlicher bringt diese Ausführung der das Bild mit dem Blick zum BARFÜSSERTOR rechts begrenzende Bau, bei dem unter dem Schopfwalm nur das Dachtrapez holzverschalt vorkragt. Der Stich von Bodenehr (Abb. 23), der den Bauzustand am Lueg ins Land beim Bau der Citadelle durch die Franzosen 1704 schildert, bringt neben kleinbürgerlichen Giebel- und Traufhäusern auch solche mit Schopfwalm, davon zwei erdgeschossige und ein zweigeschossiges Haus. Die Dachtrapeze sind leicht als Fachwerk angedeutet. In die Gegenwart überkommen sind das 1944 zerstörte Haus neben der Galluskirche am GALLUSBERG (T 37a) und noch bestehend der große Stadel der Fa. Schneeweis-Seiler am MITTLEREN PFAFFENGÄSSCHEN, der in gleicher Form als Schopfwalm auch bei Kilian so gezeichnet ist. Die äußerliche Verwandtschaft mit den Schopfwalmhäusern in Kärnten und im östlichen Alpenraum ist auffallend. Inwieweit hier baugeschichtliche und handwerksgleiche Zusammenhänge bestehen, kann durch das frühe Verschwinden der Zeugen dieser Bauart nicht mehr untersucht werden. Zeitlich mit ihnen vor 1500 einzuordnen sind die Giebel mit „Überschutz" *(T 36, 37 b, c, d)*, einer stockwerksmäßigen *(Abb. 24, 26)* Auskragung bis etwa 80 cm über ein gemauertes Sockelgeschoß. Trotz des seit 1500 auch im bürgerlichen Bauen beherrschend einsetzenden Steinbaues bleiben Reste von Fachwerkbauten bis in die Gegenwart erhalten und sind in den Stadt- und Straßenansichten der Kupferstecher in allen Stadtteilen anzutreffen. Generell sind diese Bauten mit einem ziegelgemauerten Erdgeschoß versehen. Darauf steht ein vorkragendes Obergeschoß aus Holzfachwerk mit Lehmausfachung *(Abb. 25)*. Das Wohnhaus des Jörg Seld an der MAXIMILIANSTRASSE 15 (C 5) zählte mit zwei Obergeschossen und hohem Dreiecksgiebel zu den größten dieser Art. Die vorkragenden Geschosse aus Fachwerk mit Bohlenausstufung, Lehmausstabung und Kalkputz sind schlicht und noch ohne architektonische Schmuckglieder. Reste ornamentaler Malerei – farbiges Rankenwerk – wurde beim Abbruch des SELD-HAUSES um 1900

Abb. 24   Sauren Greinswinkel 10. Giebelfassade. M 1:200.

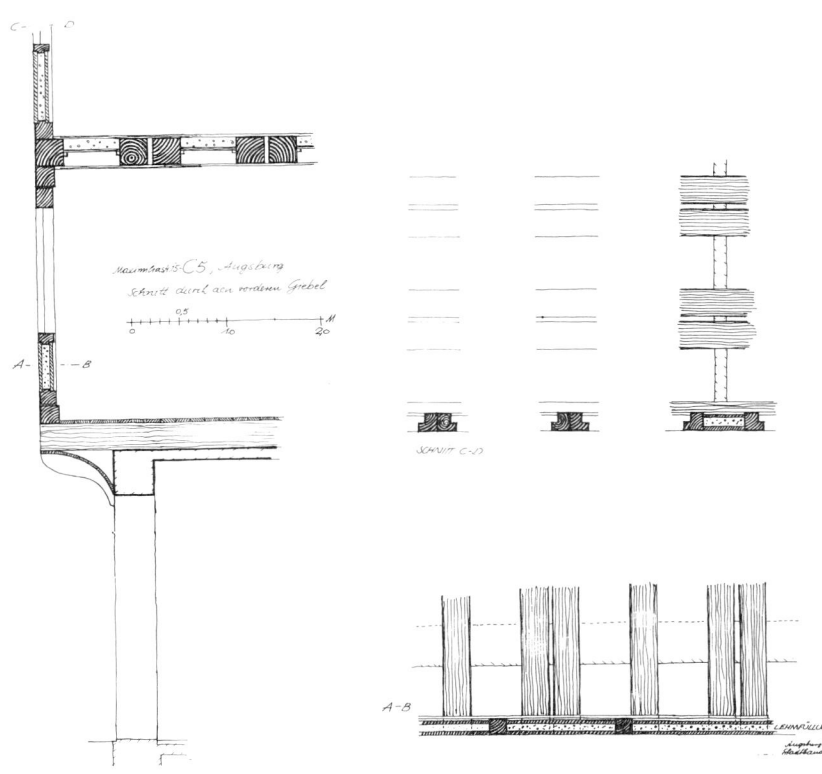

Abb. 25   Maximilianstraße 15. Konstruktionsdetails.

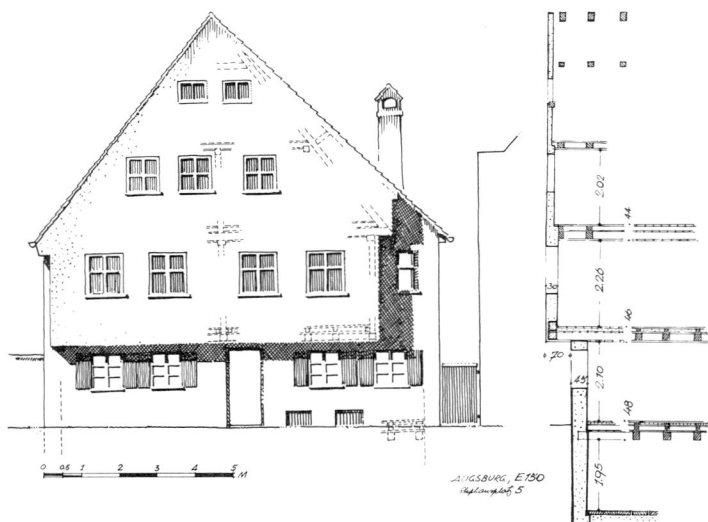

Abb. 26 Stephansplatz 5. Giebelfassade und Schnitt. M 1:200.

festgestellt. Eine Einzelerscheinung für Augsburg war hier auch, konstruktiv unterstützt durch das Fachwerk, eine gewisse Bildung von Fenstergruppen, wobei an einzelnen Punkten schmale Pfeiler zwischen den Fenstern saßen, kleiner als dies beim gemauerten Fensterpfeiler in Augsburg üblich war. Das Haus ZWERCHGASSE 16 (A 186), mit sichtbaren, vorspringenden Balken, das am SAUREN GREINSWINKEL *(Abb. 24; T 37)* und das am STEPHANSPLATZ *(Abb. 26)* mit verputzter Auskragung und glattem Giebelputz unterscheiden sich lediglich durch kleinere Höhe vom SELD-HAUS. Daß auskragende Geschosse erst im 2. Obergeschoß angelegt wurden, dafür sind ein Haus am SCHMIEDBERG *(T 36)* und der THURN UND TAXIS'SCHE POSTHOF an der FRAUENTORSTRASSE zu nennen *(Abb. 27)*. Hier ist am Traufenhaus der „Überschutz" architektonisch sehr wirksam gestaltet, durch weit ausladende Konsolsteine an den Giebelmauern, zur Aufnahme der Schwelle der Auskragung, unterstützt gegen die Mitte durch einen ebenfalls durch Steinkonsolen gehaltenen Flacherker des Obergeschosses (siehe Ansicht FRAUENTORSTRASSE 30 mit MOZARTHAUS).

Mit der raschen Verbreitung des voll gemauerten Giebels im 16. Jahrhundert nehmen Haushöhe und Anzahl der Stockwerke zu. Während noch zu Beginn des Jahrhunderts am Seld-Plan das ein- und zweigeschossige Bürgerhaus überwiegen, bildet bei Kilian das dreigeschossige die Regel. Es entsteht das schmale, hohe, schlichte Dreifensterhaus mit dem Dreiecksgiebel neben dem mehrfenstrigen in ruhiger Reihung über die Hausbreite sich verteilend. Das Einzelfenster zwischen kräftigem Mauerpfeiler, der meist schmäler als das Fenster selbst ist, schafft im Haus- und Straßenbild eine verbindende Einheit. Die noch aus dem Mittelalter übernommenen eingeschossigen Flacherker, in Augsburg stets als „Ausschüsse" erwähnt, als Chörlein an der Kemenate des Großbürgerhauses, werden nun zu mehrgeschossigen Flacherkern an den Stuben der Bürgerhauswohnungen.

Für den Bau von Erkern waren mehrere Gründe maßgebend: Einmal dürfte es der Wunsch gewesen sein, den Wohnraum räumlich zu erweitern, zum anderen wollte man sich vom Wohnraum aus Sicht auf Straße und Hauseingang verschaffen. Für Augsburg wird ein besonderer Anreiz zur Anlage von Erkern auch darin bestanden haben, das Äußere der Hausfronten zu beleben, da der geschlämmte Ziegelbau und der Putzbau gegenüber dem Fachwerkbau und dem Werksteinbau wenig Belebungsmöglichkeiten hatte. Wie sehr diese Schmuckmöglichkeit geschätzt wurde, zeigen deutlich die reich plastisch gestalteten Erker der Mitte des 16. Jahrhunderts. Neben dem Portal bilden sich auf ruhiger Wandfläche mit regelmäßig verteilten schmucklosen Fenstern die bestimmenden Architekturglieder. Die Beispiele WELSERHAUS (Ecke KAROLINEN-/KARLSTRASSE) *(T 58; Faltt. 6)*, MAXIMILIANMUSEUM *(T 59a, b; Faltt. 3)*, PHILIPPINE WELSERSTRASSE Nr. 21, FUGGERHAUS MAXIMILIANSTRASSE 21 (C 2) *(T 60a–c)*, Brauerei Stötter in der JAKOBERSTRASSE *(Faltt. 6)*, MAUERBERG 10, weisen in diese Richtung. Bei der geschlossenen Bebauung mit ausreichender Belichtung, oft nur von der Straßenseite, boten die Seitenfenster des Erkers noch zusätzliches Licht. Auch konnte so das Leben auf der Straße beobachtet werden und die Sicht

Abb. 27 Frauentorstraße (Windgasse) mit Mozarthaus.

auf den Hauseingang vom Erkerseitenfenster aus war gesichert.

Unter den Möglichkeiten der Erkerformen hat sich Augsburg für den rechteckigen Flacherker und den polygonalen Erker entschieden. Runderker fehlen. Der Augsburger Eckerker beginnt nach baupolizeilicher Vorschrift 10–12 Werkschuh über der Straße, somit in etwa 3 m Höhe. An den Straßen und Plätzen fehlen also die in manchen Städten Deutschlands und selbst in den Landstädten der Umgebung Augsburgs vorkommenden Standerker (Bodenerker); ebenfalls fehlen Erker, die von Säulen getragen werden. Nur in zwei Gartengrundstücken besitzt Augsburg vom Erdboden ausgehende Erker, einen Flacherker im MAUSGÄSSCHEN 6 und einen polygonalen Eckerker im Garten eines Domherrenhauses im KUSTOSGÄSSCHEN 5.

Eine Untersuchung des Seld-Planes zeigt ein Überwiegen von eingeschossigen Ausschüssen. Soweit solche aus dieser Zeit noch bestehen, ist der Vorsprung vor die Hausfront größer als die Ausladung, die nach der Bauvorschrift erlaubt wäre.

Die baupolizeiliche Regelung, daß der Ausschuß maximal 1½ Werkschuh (= 45–50 cm) „in den Tag schauen darf", gab den Hausfassaden eine erfreuliche Einheitlichkeit, da infolge der geringen Ausladung die Flächenhaftigkeit der Wand auch bei plastischem Schmuck oder Bemalung nicht zerstört wurde und nur mäßige Schattenwirkung entstand. Durch ein breites, dreiteiliges Fenster im Erker gegenüber dem zweiteiligen Normalfenster des Hauses wird vielfach dem Erker noch eine zusätzliche flächenhafte Horizontaltendenz verliehen.

Der eingeschossige Erker wird in der Folgezeit verdrängt durch den zwei- und mehrgeschossigen Erker. Der Kilian-Plan vom Jahre 1626 weist mit dem Höherwerden der Bürgerhäuser, mit dem Vordringen des Steinhauses überwiegend den schlanken, hohen, über alle Obergeschosse verlaufenden Flacherker auf. Er bleibt beherrschend bis zum Barock, wo mit dem Aufkommen einer Palaisarchitektur der Erker entfällt oder beim bedeutenden Bürgerhaus Balkone mit reichen Schmuckgittern bevorzugt werden. Beispiele hierfür

Abb. 28   Kesselmarkt 5/3. Fassade und Lageplan. M 1:200.

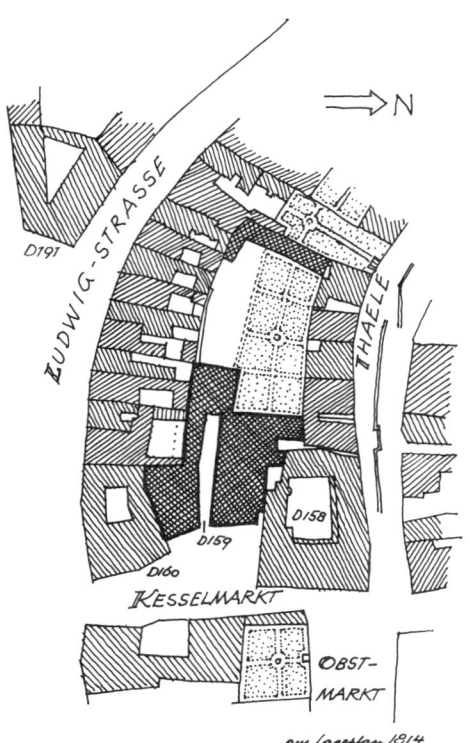

sind das Schaezlerpalais (MAXIMILIANSTRASSE 46), Hotel Drei Mohren (MAXIMILIANSTRASSE 42) *(Faltt. 1)*, ZEUGPLATZ 9 (B 207). Die Mehrzahl der Barock- und Rokokohäuser verzichten jedoch auf beides, sowohl auf Erker wie auf Balkone, wie die Bauten Denthenrieders (MAXIMILIANSTRASSE 51) (A 19), MARTIN-LUTHER-PLATZ 5 (B 258) und Schneidmanns (KESSELMARKT 5) *(Abb. 28)* (D 159), MORITZPLATZ 4 (B 265), PHILIPPINE WELSERSTRASSE 28 (B 263) *(T 44,6)* zeigen.

In der Frührenaissance, also etwa in der 1. Hälfte des 16. Jahrhunderts, liegt der Erker fast ausnahmslos aus der Achse oder Giebelmitte verschoben. Die Bindung an den beherrschenden, breiten Wohnraum und die freie Sicht auf das Haustor mag dazu geführt haben. Die Ausrichtung an der Mittelachse und die Bevorzugung der Symmetrie bringt erst die Folgezeit mit barockem und klassizistischem Einfluß. Breite Hausfronten haben gerne zwei symmetrisch angeordnete und gleich gestaltete Erker. Erfrischend wirken dagegen die beiden Erker am Maximiliansmuseum mit verschiedener Breite, andersgearteter Plastik und ohne strenge Achsenbindung. Zwischen ihnen herrscht ein Spannungsverhältnis, das strenge Symmetrie und Gleichartigkeit nicht hervorrufen kann. Mit dem Aufkommen von schmük-

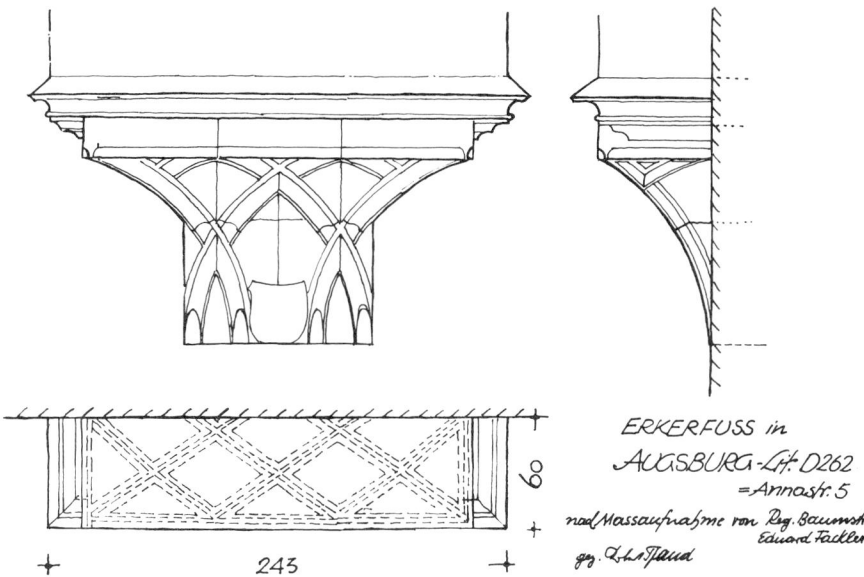

Abb. 29 Annastraße 5.
Detail des gotischen Erkers.

kenden Umrahmungen an jedem Fenster und deren Einfügung in horizontale Gesimse und vertikale Lisenen wird die beherrschende Kraft des Erkers als Gliederungselement stark geschwächt. Diese fassadenbindenden Glieder überziehen auch den Erker und reihen ihn stärker als bisher der Fensterflucht ein. Auch hier entstehen reizvolle Hauswände, doch sie sind von einem anderen Geiste geprägt als die Fassaden der Frührenaissance.

Die Ausbildung von Erkerfuß und Verdachung war verschiedenen Wandlungen unterworfen *(Abb. 29)*. An den Häusern METTLOCHGÄSSCHEN, ANNASTRASSE (D262) und am KESSELMARKT 1 (D160) tragen ausladende Sandsteinrippen gewölbeartig den Erker aus gotischer Zeit. Auskragende Konsolen in Sand- und Kalkstein mit segmentbogig verbundenem Sturz sind noch auf alten Abbildungen nachweisbar. Erhalten ist diese Ausführung am Haus SCHMIEDGASSE 15 auf der Seite „auf dem Rain". Die einfachste und auch häufigste Ausführung besteht aus einer frei ausschießenden Balkenlage, die vielfach durch einen hohlkehlartigen Putz verkleidet ist. Für das reichere Bürgerhaus ist die beherrschende Form der Erkerfußausbildung die gemauerte, schichtweise auskragende Erkerschüssel mit wechselnden Profilen aus Band, Hohlkehle, Wulst und Karnies. Noch reichere Ausführungen verbinden diese Lösungen mit Konsolen, so der eingeschossige Erker im großen Hof des FUGGERHAUSES (MAXIMILIANSTRASSE 36) und der zerstörte Erkerfuß am Evangelischen Pfarrhaus von Hl. Kreuz (HEILIG KREUZSTRASSE 17). Die Verdachung wechselt in den Formen vom einfachen Schleppdach in Ziegel oder Kupfer über die Giebelausbildung bis zum geschwungenen, reichprofilierten Architekturaufsatz mit Obelisken und Kugelformen. Die abgebildeten Haus- und Erkerzeichnungen geben darüber im einzelnen Aufschluß.

Eine bevorzugte Stellung und besonders in Augsburg nehmen die Eckerker ein *(Abb. 30)*. Die anderwärts bekannten Formen, wie den über Eck gestellten Kastenerker, kannte Augsburg kaum, den Runderker überhaupt nicht. Hier hat der polygonale Eckerker seit dem 16. Jahrhundert beherrschend Heimatrecht und er wird außerhalb Augsburgs nur in einigen schwäbischen Landstädten angetroffen, z. B. in Dillingen, welche in naher Beziehung zu Augsburg standen. Die formale Einmaligkeit liegt dabei neben der Polygonalform in der geringen Ausladung. Besonders weit ausladende Eckerker wirken schwer und fallen optisch aus dem Hauskörper heraus. Da nach den Bauvorschriften der Ausschuß über ca. 45 cm nicht hinausgehen darf und diese Bestimmung beim Eckerker konstruktionsbedingt, vor allem die seitlichen Erkerteile trifft, zieht die diagonale Seite des Erkers am Eck des Hauses direkt über die Eckkante oder nur Zentimeter vorkragend hinweg. Diesem Umstand ist es zu verdanken, daß in Augsburg durch den Eckerker Giebel- und Traufseite weich verbunden werden und zwischen den beiden Hausfronten ein Bindeglied entsteht.

Der Eckerker von JUDENBERG 12 (A93), der weich die in stumpfem Winkel aneinanderstoßenden Giebelfron-

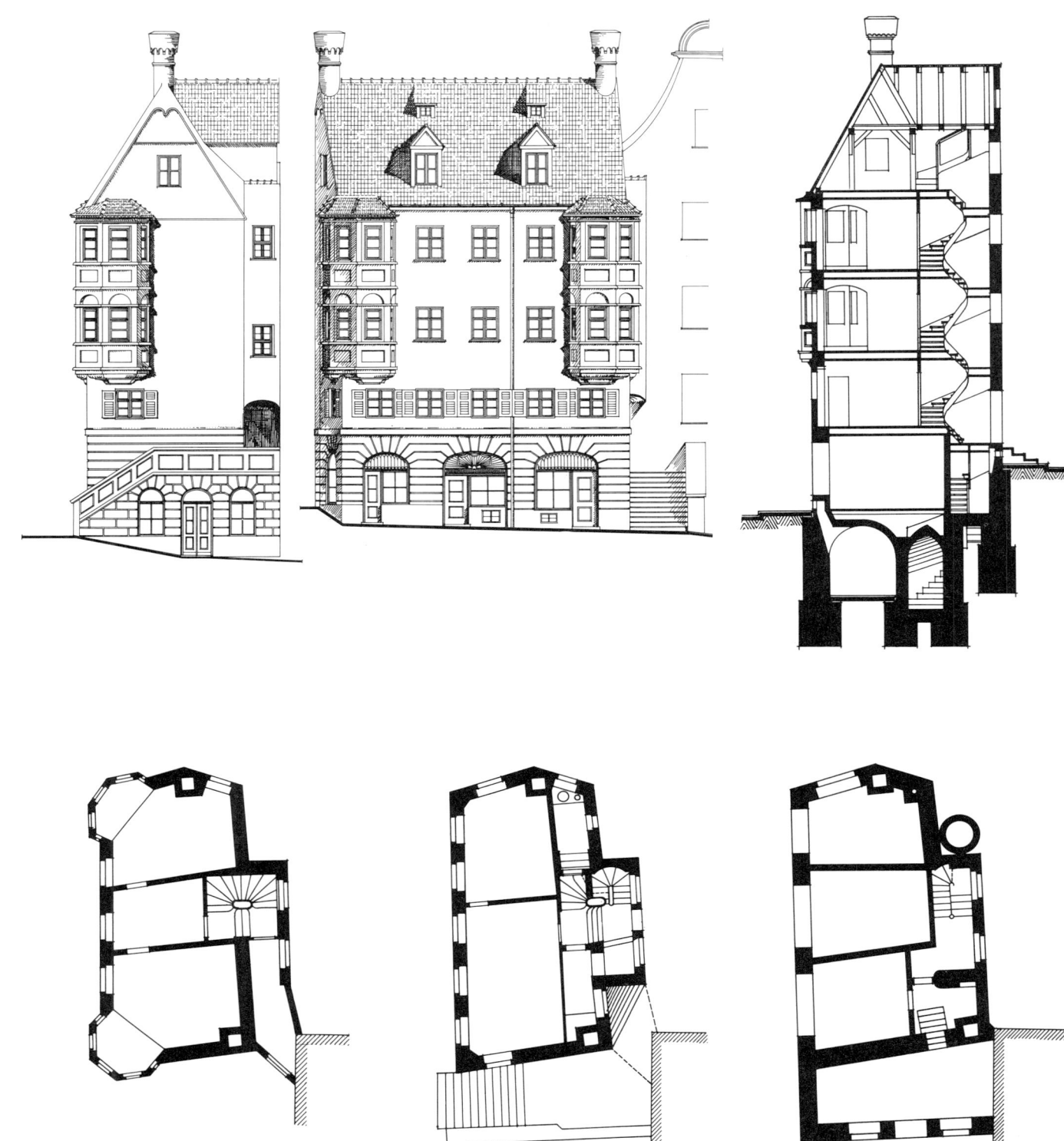

Abb. 30   Schwalbeneck 2. Ansichten, Schnitt, Grundrisse. M 1:200.

Abb. 31 Judenberg 12. Grundriß M 1:200. Lageplan.

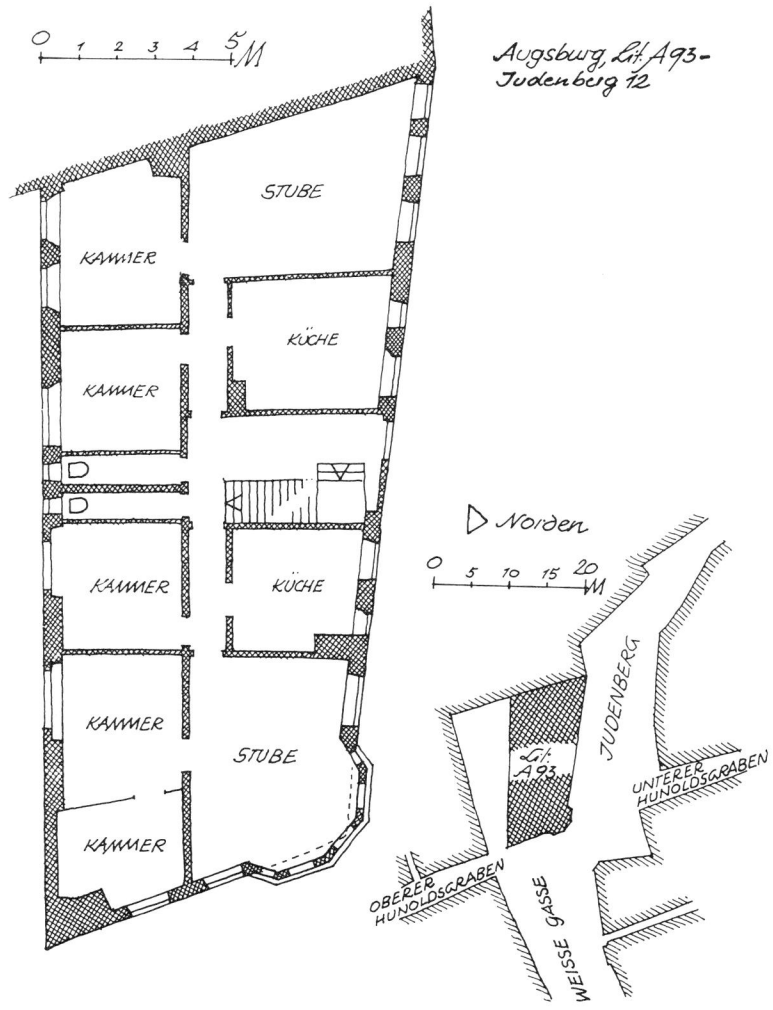

ten in leichter plastischer Schwellung an der Ecke zusammenführt, ist zugleich Blickpunkt für die hier vier zueinander stoßenden Gassen *(Abb. 31; T 53 a).*

An manchen Häusern wird durch Abknicken der Giebelfront ein weicher Anschluß des Eckerkers besonders am Dach erreicht und die verbindende Wirkung damit noch erhöht. Leider sind nur mehr wenige dieser erfreulichen und für Augsburg typisch gewesenen Gebilde erhalten geblieben *(Abb. 31, 32, 33).* Die Zeichnungen solcher Erker geben im Grundriß den Verlauf der Eckseite zur Erklärung an.

Eine weitere Beachtung verdienen sie jedoch noch aus einer städtebaulichen Überlegung. Die Gründe zu ihrer Errichtung sind verständlicherweise eine Ausweitung des dahinterliegenden Raumes, vergrößerter Straßenausblick und Bereicherung der Fassadenwirkung. So ist z.B. der gotische Erker von KESSELMARKT 1 ein Blickpunkt und Wahrzeichen des bedeutenden Straßen- und Platzraumes an der Mündung von fünf Straßen bereits seit der Zeit um 1500 *(Abb. 66, T 14 b).*

Eine Einzeichnung aller nachweisbaren Eckerker in den Stadtplan zeigt jedoch, daß die Eckerker, von den Toren der Stadt ausgehend, sich auffallend häufig an den Zugangsstraßen zur Innenstadt und weniger an den Plätzen und Märkten finden. Indirekt kam ihnen die städtebauliche Funktion zu, vom Tor zur Innenstadt und dort zu den Märkten und bedeutenden Zentren den Weg zu weisen. Dies fällt besonders auf am Straßenzug GÖGGINGERTOR – ANNASTRASSE – LUDWIGSTRASSE – HEILIG KREUZSTRASSE in Richtung KATZENSTADEL – WERTACHBRUCKERTOR bzw. KLINGERTOR – LANGE GASSE. An jeder Stelle dieses Weges liegt im Blickfeld ein Eckerker, der den Betrachter fortführt oder auf Märkte wie den HEUMARKT, den Rathausplatz und die Dom-

Abb. 32 Stephansplatz 2. Fassade mit Eckerker. M 1:200.

Abb. 33 Frauentorstraße 46. Giebelfassade mit Eckerker. M 1:200.

stadt hinlenkt. Daß daneben auch Erker in Höfen aus rein hausbedingten Gründen angelegt wurden, kann die vorgenannte Beobachtung nicht schmälern *(Abb. 35)*.

Das Bestreben der Frührenaissance nach klaren Ordnungen hat dazu geführt, die bisher am Steinhaus üblichen Treppen- und Vorschußgiebel mit Giebelaufsätzen durch klare Dreiecksform zu begrenzen. Die durch Überschießen der Giebelmauer eingefangene Dachfläche stößt als vordringende Hartdeckung mit gebrannten Pfannen und Biberschwänzen bis an die Giebelfläche vor. Wo sie vorspringt, wird sie durch untergezogenen Mauer- und Putzwulst in formenreicherer Entwicklung des Profils unterstützt. Waagrechte Gesimse in Traufhöhe als Grundlinie des Giebeldreiecks, in Kehlbalkenhöhe und im mehrgeschossigen Haus die Stockwerke abgrenzend, ergeben das Bild des schwäbischen Giebels, der im Augsburger Stadtbild stark bis in die Gegenwart wirksam war und das schwäbische Dorfbild von Iller bis zum Ammersee und vom Ries bis an das Allgäu bestimmt hat. Eine Giebelbekrönung als Pfeileraufsatz mit Kugel, als gedrehte Firstsäule mit abschließendem Kapitell als plastische Figur, als Muschel, Vase, Blattornament oder als Pyramide wechselt mit dem Zeitgeschmack.

Selbst dort in Renaissance und Barock, wo das Giebeldreieck durch reiche Gesimse, Verdachungen, weitschwingende Voluten und plastische Aufsätze verändert wurde, wie FRAUENTORSTRASSE 21 *(Faltt. 7)*, KAROLINENSTRASSE 37, 39 (D 85/86), JAKOBERSTRASSE/Ecke LAUTERLECH, JAKOBSPLATZ 2 (G 26), blieben die Hauswandflächen in ihrer einfachen Haltung davon unberührt. Selbst die Flächenornamente bei STEINGASSE 2, 4 (D 35/36) (T 61 b) gaben in einer Auftragsstärke des Putzes von wenigen Millimetern der Wand durch zarte Schattenwirkung nur belebende aber nicht zergliedernde Wirkung.

Auch beim Traufenhaus, das gegenüber dem Giebelhaus in den meisten Fällen ausgesprochene Breitentendenz aufweist, ist die Haltung gleich einfach wie beim schmäleren Giebelhaus. Das belebende, plastisch wirkende Architekturglied ist hier fast immer ein oder mehrere Flacherker mit Vertikalwirkung.

Wie beim Giebelhaus ist die plastische Durchbildung des Flacherkers auch beim Traufenhaus neben der reicheren Torgestaltung oft der einzig wirksame dekorative Akzent am Haus. Hierzu kommt zwar noch der auf der Dachtraufe aufsitzende Aufzugsgiebel für die Waren- und Holzvorräte im Dach. Oft lagen sie Rücken

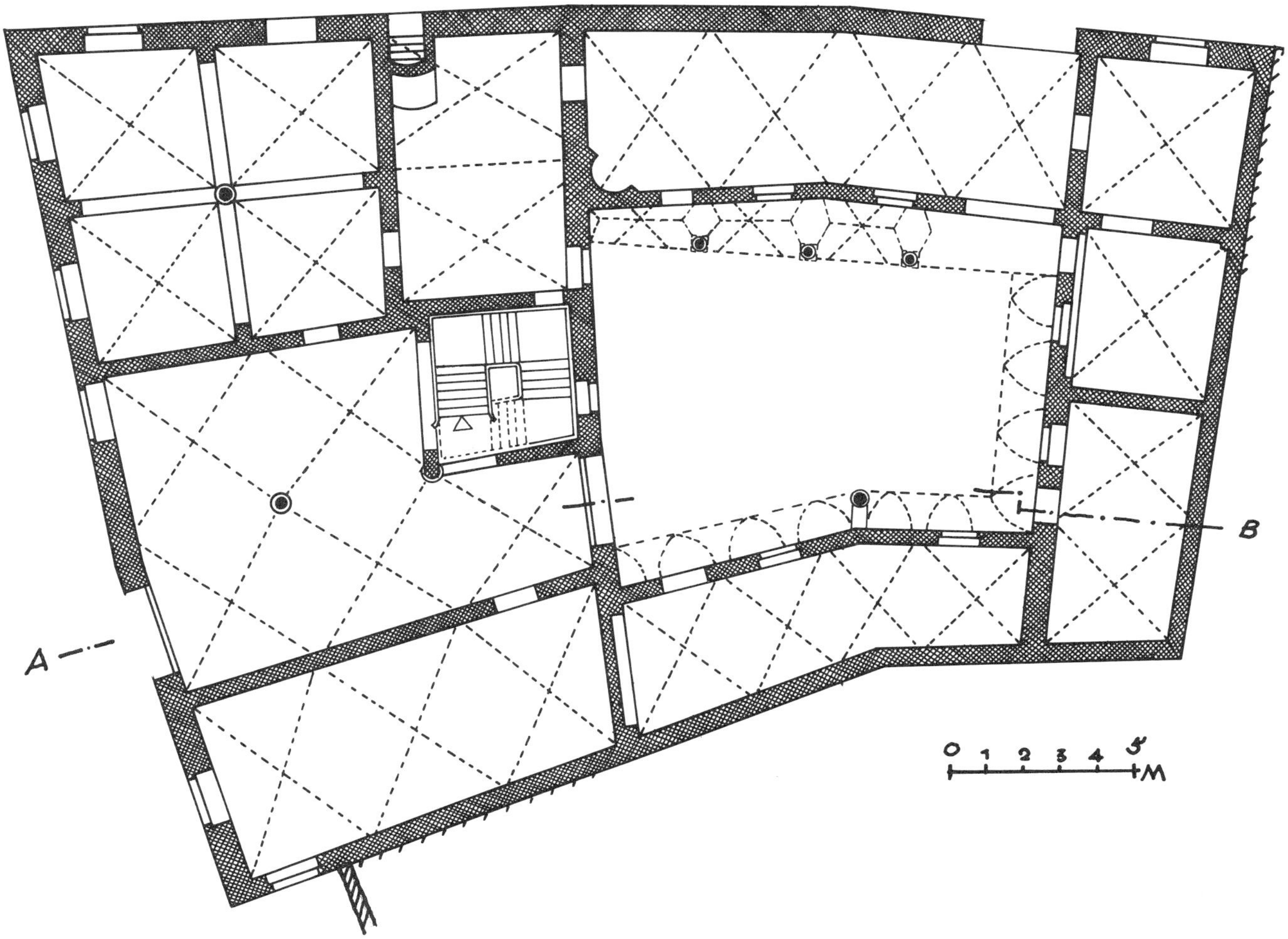

Abb. 34 Kesselmarkt 1. Grundriß Erdgeschoß. M 1:200.

an Rücken bei Nachbarhäusern aneinander. Stehen sie alleine, ist durch sie eine starke Vertikale in der Straßenwand erzeugt. Heute sind sie fast ganz verschwunden. Am Maximilianmuseum, das als Hauptzeuge für die Behauptungen vorgenannter Art dienen kann, ist außer bei einer Hausgruppe an der KARLSTRASSE diese Aufzugsgiebelform kaum noch festzustellen.

Im Kilian-Plan sind die Aufzugsgiebel noch in größerer Zahl vertreten. In der Folgezeit von 1700 ab, verschwinden sie immer mehr. Die Straßenabwicklung der oberen MAXIMILIANSTRASSE zeigt, daß die Westseite in die Zeit nach 1800 keinen Aufzugsgiebel mehr übernommen hat. Mit den Stilforderungen des Barock und Klassizismus, die stark auf Achse und Symmetrie und auf Prunkfassaden ausgerichtet waren, stimmten diese Aufbauten nun nicht mehr überein *(Abb. 36)*. Maßgebend mag auch das Bestreben gewesen sein, die Entladearbeit der Wagen von der Straße weg in die ruhi-

Abb. 35 Blick vom Wertachbruckertor auf den Erker am Thorbräu.

Abb. 36 Hunoldsgraben 34. Hofansicht mit Aufzuggiebel und Schnitt. M 1 :200.

gen Innenhöfe zu verlegen. Geräumige Durchfahrten machten dies später möglich, während die Höfe selbst des reichen Kaufmanns der früheren Jahrhunderte eng und vielfach nicht oder nur schwer befahrbar waren.

Besondere Vorliebe bestand für formenreiche Kaminausbildungen, wie sie eine vergleichende Zusammenstellung zeigt. Nützlichkeits- und technische Erwägungen lassen sich dabei von reinen Mode-Erscheinungen kaum trennen. Die eigenwillige Form der Kaminköpfe bei dem Eckerkerhaus SCHWALBENECK 2 (C 35) mit kegelstumpfartigen leicht geschwungenen Trichtern und untergesetztem umlaufendem Konsolgesims ist dieselbe wie sie bei Stadtansichten Venedigs von Vittore Carpaggio um 1500 und im 18. Jahrhundert bei Canaletto dort die Dachlandschaft beherrscht *(Abb. 37; T 55 a)*.

Eine Dacharchitektur für sich bestand in den zahllosen, teils gemauerten, teils in Holz aufgesetzten Wäsche- und Aussichtsaltanen auf der Dachfläche. Kilian bringt fast jedes Haus am HUNOLDSGRABEN und an der Ostseite der DOMINIKANERGASSE mit diesem Aufbau. Heute ist am Eingang zur WINTERGASSE gedeckt und offen im Hof des Schaezlerpalais (A 8), ein Zeuge dieser beliebten Bauart, erhalten.

Die Entstehungszeit für das Bürgerhaus in Augsburg in der beschriebenen eigenständigen Art liegt von der Mitte des 16. bis zum Ende des 17. Jahrhunderts. Die Hausform hat sich auch durch die Übernahme der Flacherker nicht wesentlich verändert, da sich mit Elias Holl Architekturregeln in der Fassadengestaltung durchsetzten. Über manche Hausfronten wird ein Architekturgerüst gelegt, das unter dem Einfluß italienischer Architekturschulen im Geiste Palladios klassischen Aufbau zeigt. Holl hat es im Bäckerzunfthaus aufgezeigt, wo Pilaster durch waagerechte Gesimse getrennt sich stockwerkweise übereinander aufbauen. Das kleine Bürgerhaus in der JAKOBERSTRASSE 49 *(Abb. 38; Faltt. 6) (H 41)* hat dieses Motiv übernommen. Es blieb als Dreifenster-Erkerhaus trotzdem für Augsburg kennzeichnend durch volle Einfügung in den Maßstab der Umgebung. Bei dem Haus am ULRICHSPLATZ (B 38) ist es ähnlich. Auch die Grundrisse bleiben der bewährten Form treu, wenn auch hier an der Fassade eine strenge Symmetrie angewandt wird. Die schwingenden flachen Giebel sind in ihrer Unbeholfenheit Ergebnisse einer freigezogenen Putztechnik, welche die exakte Steinmetzarbeit nicht erreicht, dafür aber mehr persönliche Handschrift offenbart. Sie bleiben so von der rein handwerklichen Seite her ganz im Bereich der in Augsburg seßhaften Ausführungsart *(T 48 a und b)*.

Die für Augsburg und seinen Ausstrahlungsbereich allein kennzeichnenden bürgerlichen Hausformen finden dort ein Ende, wo strengere Stilregeln seit Ende des 17. Jahrhunderts Anwendung finden. Der Erker an Häusern dieser späteren Zeit entfällt und dort, wo er erscheint, ist er meist nicht mehr funktionsgerecht für die Wohnstuben gewählt, sondern dient mehr der Achsen- oder Symmetriebetonung. Neue bereichernde, auf größere Flächen verteilte Stuckglieder beleben die Hausfronten. Die Tätigkeit Münchner, schlesischer und hier unter Wiener Einfluß stehender Baumeister und die Arbeit der in größeren Räumen wechselnd arbeitenden Stukkateure hat örtliche Bindungen gesprengt.

Der Dreißigjährige Krieg hat anscheinend auch unter den heimischen Baumeistern Lücken gerissen, denn um die Jahrhundertwende vom 17. zum 18. Jahrhundert, als die in der Baukunst erfahrenen Stadtpfleger Leonhard Weisen, Vater und Sohn, tätig waren, bemühten sie sich, Künstler herbeizuziehen, denn sie schrieben „an Architekten war Mangel, es wurde noch wenig neues gebaut". Die alte Bautradition scheint abgerissen gewesen zu sein, und mit den Leistungen einheimischer Baumeister war man unzufrieden und zog auswärtige Baukünstler und wohl auch Handwerker heran, die mit neueren Gedanken vertraut waren. Stetten klagt: „Wir hatten zu diesen Zeiten eben keinen besonderen Architekten unter unseren Werkmeistern! Wenn sie endlich eine bürgerliche Wohnung fest und dauerhaft herzustellen wußten,

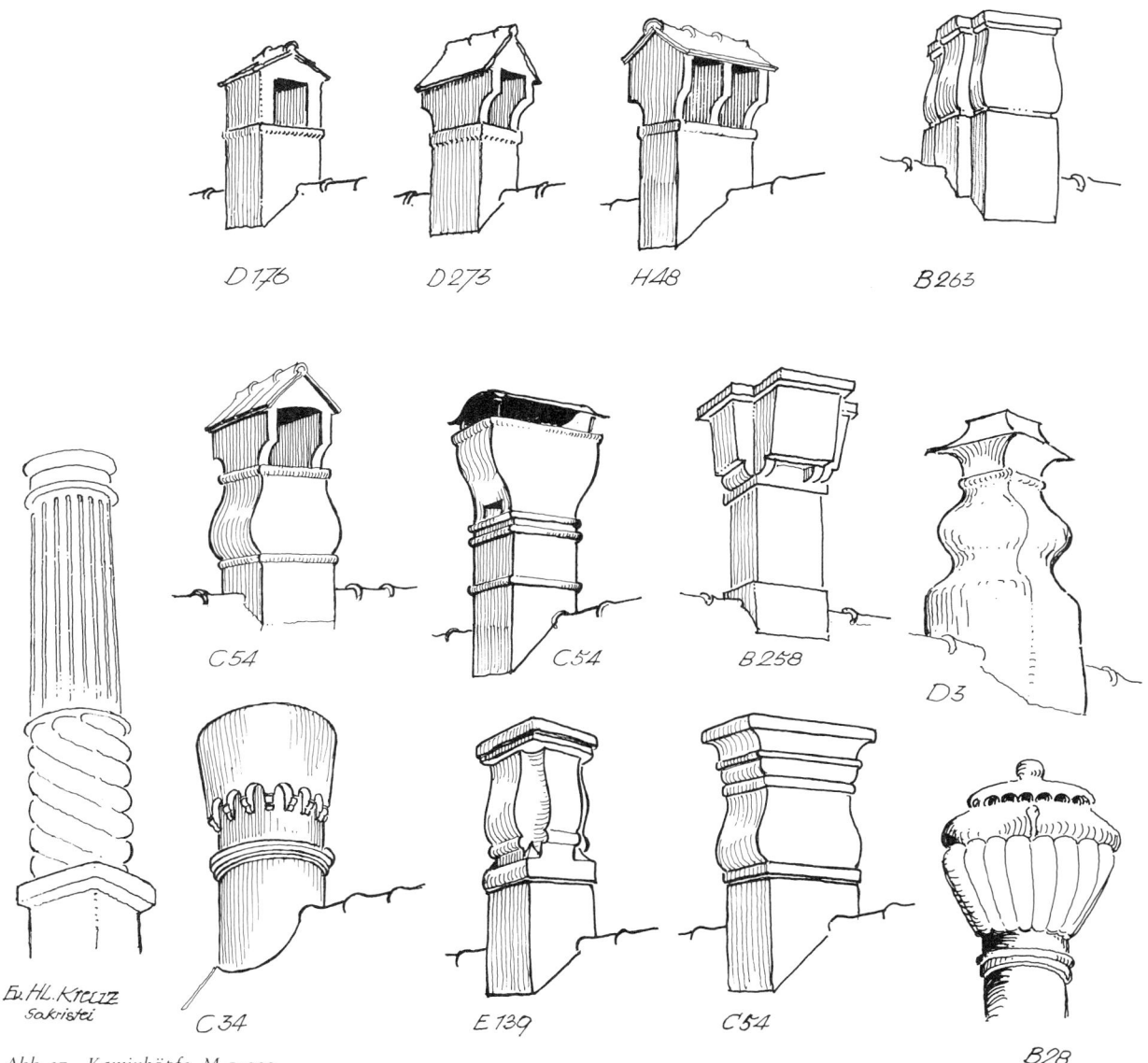

Abb. 37 Kaminköpfe. M 1:200.

so fehlte es doch an Geschmack." Die Münchner Einflüsse waren vertreten durch Johann Gunezrhainer, der 1722 den Entwurf für den Gasthof „Zu den drei Mohren", MAXIMILIANSTRASSE 42 liefert und darüber hinaus noch 20 Jahre in Augsburg tätig war. Von Wiener Geist geprägt waren zweifellos Gottfried Stumpe (geb. 1708, gest. 1777) aus Jauer in Schlesien und Gottfried Schiffter aus Breslau, sowie Johann Pentenrieder, von dem das Haus A 19 (Dr. Roeck) von 1785 und MORITZPLATZ 4 (B 265) (früher Kutscher & Gehr) und das COTTA'SCHE HAUS in der KARMELITENGASSE 9 (E 161) (1768) stammen. Bernhard Stumpe hatte die Ausführung des Schaezlerpalais, MAXIMILIANSTRASSE 46, nach dem Entwurf des bayerischen Oberbaumeisters K. A. Lespillies und nach eigenem Entwurf das v. Münch'sche Palais, MARTIN-LUTHER-PLATZ 5 (B 258), erbaut. Ein noch an Augsburger Tradition stark anklingender und dennoch dem Neuen aufgeschlossener Baumeister war Andreas Schneidmann (geb. 1698, gest. 1759). Sogar Stetten, der anscheinend den damaligen Augsburger

Abb. 38 Jakoberstraße 49. Giebelansicht. M 1:200.

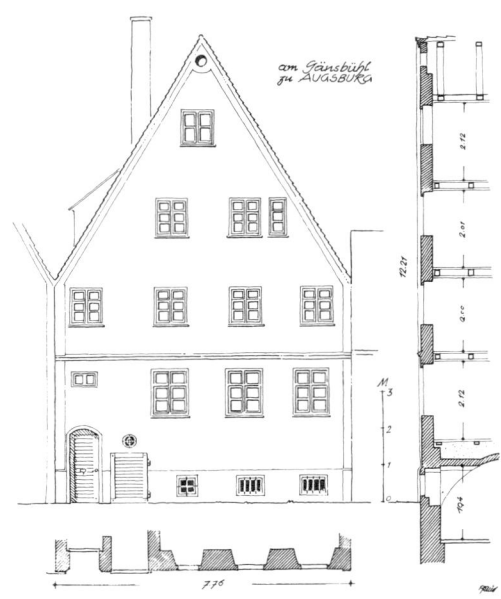

Abb. 39 Gänsbühl. Giebelfassade und Schnitte. M 1:200.

Abb. 40 Am Eser 17. Fassade. M 1:200.

Abb. 41 Im Thäle 21. Fassade. M 1:200.

Abb. 42 Mauerberg 10. Schnitt M 1:400.
Grundrisse M 1:800.

Werkmeistern nicht allzu freundlich gegenüberstand, schreibt von Schneidmann als einem „sehr geschikten Mann guten Zeichner mit gutem Geschmack". Seine bekanntesten Werke sind der Umbau des Hauses der heutigen Industrie- und Handelskammer an der PHILIPPINE WELSERSTRASSE 28 (B 263) (Faltt. 3 links), die beiden Giebelhäuser des Martinsstiftes am KESSELMARKT (siehe T 44 a, b; Abb. 28) und das nur mehr in der Zeichnung bestehende große Zucht- und Arbeitshaus an der Stelle des heutigen Hauptkrankenhauses bei St. Max.

Paul von Stetten bewertet Schneidmann so: „Unabhängig von den französischen Einflüssen verfolgte er seine eigenen Wege, die nach Holls' Muster auf barocke Massenwirkung in einem ins große gesteigerten heimischen Giebel ausgingen. Dabei vermied er das französische Zierwerk seiner Zeit und wendete sich lieber italienischen und Wiener Vorbildern zu. Ein letztes Aufflackern des großen Gedankens der italienischen Renaissance oder ein erstes Anzeichen beginnenden klassizistischen Barocks verspüren wir in seinen Bauten."

Eine gedrängte Folge von Giebel- und Trauffronten, ungefähr in zeitlicher Entwicklung, kann die Merkmale der Veränderung abschließend noch einmal verdeutlichen. In einem Stich von Bodenehr aus dem Jahre 1704 sind schlichte Traufenhäuser neben Giebeln, die gegenüber den kleinmaßstäblicheren Darstellungen aus früherer Zeit deutlicher das Detail schildern (Abb. 23). Der Schopfwalm mit sichtbarem Fachwerk im Dach ist erkennbar. Seld und Kilian und auch Grimm bestätigen diese Dachform ebenfalls.

Am SAUREN GREINSWINKEL 10 und an STEPHANSPLATZ 5 (Abb. 24 und 26) ist das überschießende Obergeschoß in Fachwerk verputzt gezeigt, welches neben dem schlichten gemauerten Giebel der Kleinbürger zeitgleich schon seit Seld (1521) immer erscheint, wobei nur der gemauerte Bau in größerer Zahl bis heute überlebt hat (Abb. 39 und 40).

Der Beginn schmuckreicher Formen am Ortgang der Giebel darf wohl in Falttafel 7 am linken Haus (AM SPARRENLECH 3) (G 260), an Falttafel 1 an Haus VORDERER LECH 12 (A 487) mit den Ortgang begleitendem, gemauertem Konsolfries, sowie an dem hier in Abb. 41

Abb. 43   Lange Gasse 7. Fassade, Giebel mit Flacherker und Giebeldetails. M 1:200.

Abb. 44   Maximilianstraße 23, 21, 19. Fassaden. M 1:200.

Abb. 45 Mauerberg 16a. Ansichten Giebel- und Traufseite. M 1:200.

in starken Wellen untermauerten Ortgang zu finden sein.

Neben dem Giebel von MAUERBERG 10 *(Abb. 77)* stehen in Kraft und Ausgewogenheit ebenbürtig der von Hans Holl erbaute Giebel von LANGE GASSE 7 *(Abb. 43; T 41 b)* und der von ihm als Umbau reichgestaltete Giebel von MAXIMILIANSTRASSE 21 *(Abb. 44)*. So steht auch gleichwertig Giebel- und Traufausbildung bei MAUERBERG 16 a – heute noch unverändert *(Abb. 45)*.

Das Wohnhaus des Elias Holl, KAPUZINERGASSE 16 *(Abb. 46)*, schöpft die Möglichkeit, die gesamte Giebelfront architektonisch durch Gesimse, Bänder und rahmende Profile zusammenzubinden, voll aus, wie Holl dies am Traufenhaus von LUDWIGSTRASSE 10 *(Abb. 47)* meisterhaft gelungen ist. Der architektonische Gerüstaufbau am BECKENHAUS *(T 20 b)* entsprach wohl im Bereich dieses kleineren bürgerlichen Maßstabs seiner Idealvorstellung. Hier darf jedoch die wesentlich schlichtere, verhaltene und spannungsgeladene Traufenfront mit dem sparsam profilierten Flacherker mit reicherer Konsolausbildung noch vergleichend danebengestellt werden. Was in reicherer Ausschmückung die Front des Maximilianmuseums darbietet, zeichnet dieses HEILIG KREUZSTRASSE 17 (der Ev. Pfarrhof Hl.

Abb. 46 Kapuzinergasse 16. Fassade. M 1:200.

Abb. 47 Ludwigstraße 30. Straßenansicht. M 1:200.

Kreuz) bereits vor *(Abb. 48)*. In Zeit und Formenentwicklung folgen im Barock Schneidmanns Giebel am Martinsstift *(Abb. 28)* vor den Veränderungen durch vorherrschend flachere Dachneigungen und den stilmäßigen Formen des Empire wie in *Abb. 49 und 50*.

An den „schmückenden" Türen und Toren der Augsburger Häuser sind durch alle Stilepochen hindurch bei den sog. „aufgedoppelten" Türblättern die sternförmigen Aufdopplungen bevorzugt angewendet worden. Unter den Fries- und Füllungstüren wechselt je nach Zeitgeschmack lediglich die Profilierung der Umrahmungen und Füllungen, in vielen Fällen auch noch die Profilierung der eingearbeiteten plastischen Embleme und Hauszeichen.

Beim Umriß von Tür und Tor besteht eine besondere Vorliebe für den Korbbogen, also einen gedrückten, elliptischen Bogen. Diese Feststellung gilt nicht nur für die Zeiten nach 1600, sondern auch schon für das 16. Jahrhundert, wo man eigentlich bevorzugt den römischen Halbkreisbogen als Leitbild annehmen könnte. Die Stichhöhe liegt gegenüber der Spannweite etwa bei einem Drittel und etwas darunter. Abschließend zu der Tür- und Torgestaltung im Straßenbild Augsburgs muß festgestellt werden, daß hier eine plastisch stark im Straßenprofil wirksame Portalarchitektur, wie sie aus Wien, Prag, Breslau und auch schlesischen Städten, die wie Augsburg in vielen Bereichen stark durch Wien beeinflußt waren, fast gänzlich fehlt. Was Augsburg in dieser Richtung aufzuweisen hat, wie z. B. ZEUGPLATZ 9 (B 207), wo vor die Hauswand gesetzte Voll- oder Halbsäulen mit stark vorspringender Verdachung oder sogar Balkonen eine selbständige Portalplastik bilden, bleibt eine Ausnahme. Für Augsburg und für das Bürgerhaus ist eine organische und bescheidene Einbindung von Tür und Tor in die Architektur des Hauses und damit besonders des Erdgeschosses kennzeichnend. Die rahmenden Schmuckglieder an Gewände und Sturz sind meist nur feingliedrige Lisenen oder Pilaster. In vielen Fällen, wo das Erdgeschoß rustiziert ist, nimmt die Torumrahmung die Rustika auf, läßt sie an einem Abschlußband, an einem rahmenden Profil enden oder schneidet sie am Tür- oder Fenstergewände glatt ab. In aufwendiger Form erfolgt ein Abkröpfen in die Gewände, mit Hohlkehle und muschelförmiger Umrahmung, bei LUDWIGSTRASSE 15 (D 189) oder einfach bei JAKOBERSTRASSE 49 (H 41) *(Faltt. 2, 6)*.

Die allgemein übliche und ohne Stileinwirkung beeinflußte Türumrahmung ist die abgefaste Mauerkante, welche aus Zweckmäßigkeitsgründen, um scharfe Kanten zu vermeiden, angeordnet wurde. Sie wird durch Feinputz mit seichter Kellennut und mit weißer oder stärkerer Farbtönung vom Flächenputz der Hauswand abgehoben. Eine tiefliegende Haustür, die eine schützende Nische ergibt, erzeugt mit dieser einladenden Wirkung im Gegensatz zu den putzbündig sitzenden Fenstern, die bei nach außen schlagenden Winterfenstern wie Spiegel auf der Hauswand sitzen, eine plastische Wirkung besonderer Art. Sie begegnet uns sowohl an den Hausstellen der FUGGEREI, am Reihenhaus, wie auch am einfachen, freistehenden Bürgerhaus. Unterstützt durch die handwerkliche und maßstäbliche Gleichartigkeit an Tür und Fenster und die jeweils unterschiedliche Einfügung in die Außenwand war ohne wesentliche Stilbeeinflussung, ohne besonderen baulichen Aufwand an Architekturgliedern die Einheit in der Erscheinung des einfachen Bürgerhauses vom Mittelalter bis in die Gegenwart erreicht.

An der schmückenden Ausgestaltung von Tor und Tür ist das Kunsthandwerk der Schmiede mit Oberlichtgittern und Beschlägen, mit Klopfern, Rosetten und Knöpfen, mit Schlüsselschildern und Schlüsselmuscheln, soweit diese nicht in Messing gefertigt wurden, maßgeblich beteiligt. Wo die waagerechten Kämpferstücke zwischen Tür und Oberlicht und die Schlagleisten an zwei- und mehrflügeligen Türen und Toren

Abb. 48 Heilig Kreuzstraße 17/19. Straßenansicht. M 1:200.

nicht plastisch in Holz gestaltet sind, übernimmt ein breites Flacheisen, ausgeschmiedet mit Wulst und Kerbe, mit linearer oder geschuppter, belebter Fläche diese schmückende Aufgabe. Vielfach kommen dazu als Rosetten ausgeschmiedete Nagelköpfe und als Bekrönung der Schlagleisten schwellende Blattornamente. Mit Ausnahme reiner Sicherheitstüren an Warenlagern sind eisen- oder kupferblechbeschlagene Türen oder Tore am Bürgerhaus nicht mehr feststellbar. Die heute zahlreich noch erhaltenen Beispiele stammen aus dem 17. und 18. Jahrhundert und der Zeit des Empire. Die farbige Behandlung scheint zurückhaltend gewesen zu sein. Das Eisen war bevorzugt schwarz gebrannt, das Holz naturfarben gewachst. Die farbenfrohe Übermalung von Tür, Tor und Fenster, wie sie anderwärts so im norddeutschen Raum üblich war, scheint Augsburg nicht bevorzugt zu haben.

Über die Gestaltung der Verkaufsläden sind nur spärliche Angaben möglich. Aufschlußreich über die maßstäbliche Wirkung am Haus sind die Stadtansichten mit den Stichen des 17. und 18. Jahrhunderts. Die Größe der Verkaufsöffnungen liegt unter der eines Haustors (Abb. 51). Lösungen mit waagerechtem Sturz und Klappläden, solche mit Korbbogen-Oberlicht und Kämpfer und solche mit vorgebautem Schaufensterkasten sind zahlreich. Kupferverdachungen und Sonnenschutzmarkisen waren beliebt. Der Warentisch, als Holzladen hochklappbar, und ein oberer Laden, der geöffnet als Verdachung diente, sowie die Ladentür, lagen bevorzugt unter einem Sturz zusammen. Die letzten Zeugen dieser Art waren am WELSERHAUS, an den „Sieben Lädchen" am Perlach, an der BARFÜSSERBRÜCKE und an der Jakobskirche. Gezeichnet ist hier eine Bauaufnahme von Dr. Weidenbacher, ein Ver-

Abb. 49 Maximilianstraße 18. Fassade. M 1:200.

Abb. 50 Ludwigsplatz 3. Giebelfassade (D 16 und 17). M 1:200.

kaufsfenster mit hochklappbaren und einem als Verkaufstisch abklappbaren Laden und ein dreiteiliger Korbbogen mit Mitteltür und zwei kleinen Schaufenstern. Die nach innen springenden, gemauerten Schaufenstertische sind zugleich die Lichtkästen für die so

hochliegenden Kellerfenster. Größeres Warenangebot wurde auf besonderen Verkaufstischen vor dem Haus, in der Hofeinfahrt und auf der Straße feilgeboten. Zur Sicherung der geschlossenen Holzläden dienten kräftige überkreuzte Eisenbänder.

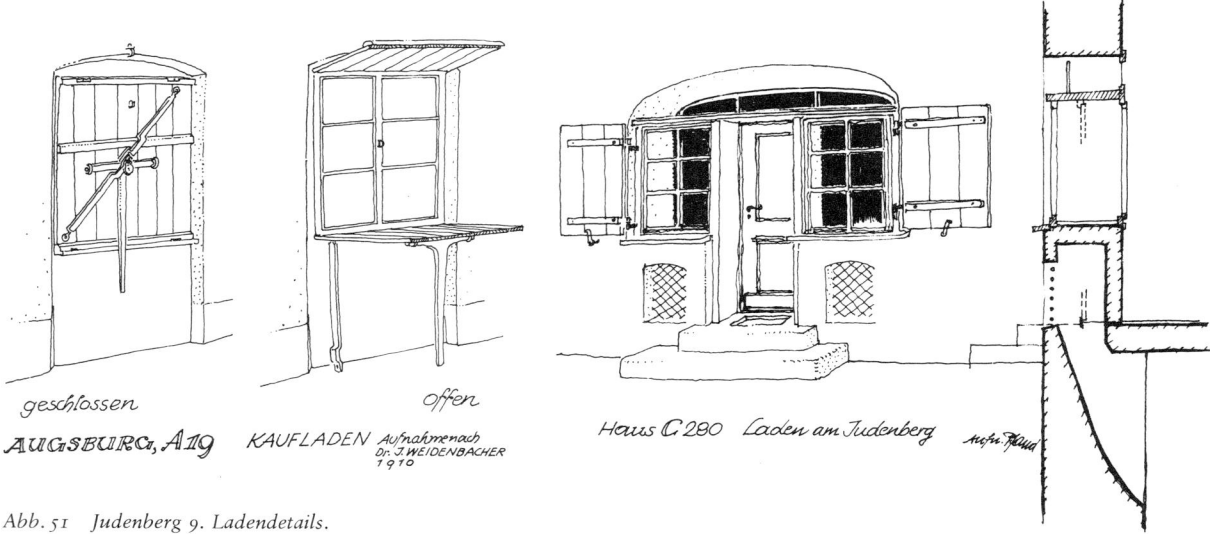

Abb. 51 Judenberg 9. Ladendetails.

BAUFORMEN UND ENTWICKLUNGEN

FRÜHE HÄUSER, FACHWERKBAUTEN

Von mittelalterlichen Bauten haben sich in Augsburg nicht viele erhalten. Es waren dies vorwiegend Fachwerkbauten.

Eine Vorstellung von den noch ins Mittelalter reichenden Vorläufern bürgerlichen Wohnens, etwa von der Frühform vor dem Umbau der Häuser durch Johann Holl um 1580, gibt das Haus MAXIMILIANSTRASSE 15 (C 5) *(Abb. 25)*.

Gemauert sind nur Keller und Erdgeschoß, dieses noch ohne Gewölbe. Die vorkragenden Obergeschosse und die Innenwände bestehen aus Holz als Bohlenwände. Das Fachwerk der Außenwände trägt mit Kalkputz getünchte Lehmfüllung. Die Räume sind tief und schmal und vielfach unbelichtet. Treppen ziehen unregelmäßig durch die Tiefe der Bauanlage. Raumgestaltende Anlage und Ausführung wie an den Häusern, die später einem Umbau unterzogen wurden, sind noch nicht festzustellen. Das Großbürgerhaus mittelalterlicher Prägung verrät noch nicht die Weiträumigkeit in Raumanordnung und Raumform, in Fensterfreudigkeit nach Straße und Hof, wie sie das Kaufmannshaus der Zeit des großen Welthandels auszeichnet.

Bei den Fachwerkbauten wurden als Putzträger Ziegelbrocken in die Lehmausfachung eingedrückt. Anderswo hat man Latten und Flechtwerk in das Fachwerk eingenutet und damit den Putzträger gebildet *(Abb. 25)*. Neben Lehm kommen auch Moos, Spreu, ungebrannte und geformte Ziegel als Füllmasse vor. Bei Bauten dieser Art bildeten nur Keller- und Erdgeschoß mit übereinanderliegenden Außen- und Innenmauern eine Einheit, oft noch mit Gewölbeabschluß über dem Erdgeschoß. Auf diesem Unterbau saßen ohne tektonischen Verband ein oder mehrere Geschosse in Holzfachwerk, entweder als „Überschutz" vorspringend oder in der Mauerflucht liegend. Das rückwärtige Holzwandgefüge blieb auch dort erhalten, wo die vorspringende Giebelwand angebrochen und als Ziegelwandgiebel in der Flucht der Erdgeschoßmauer neu errichtet wurde.

Der Stadplan des Jörg Seld aus dem Jahre 1521 zeigt noch eine Vielzahl von Bürgerhäusern mit einem vorkragenden Obergeschoß. In den meisten dieser Fälle wird ein Fachwerkbau vorgelegen haben; denn es erscheint wenig wahrscheinlich, daß eine Ziegelwand auf den vorspringenden Balkenenden ruhte. 100 Jahre später hat sich das Bild gründlich gewandelt. Nach dem Kilian-Plan von 1626 zu urteilen, ist der Fachwerkbau weitgehend dem Ziegelbau gewichen.

Die Normierung des Ziegelformats ergab für den Mauerbau bestimmte Wandstärken: $^1/_2$ Stein: 18,23 cm; 1 Stein: 36,5 cm; $1^1/_2$ Stein: 55–56 cm; 2 Stein: 75 cm; $2^1/_2$ Stein: 93 cm; 3 Stein: 112 cm. Die Erdgeschoß-Umfassungsmauern der Großbürgerhäuser der Gotik weichen davon ab und erreichen maximale Mauerstärken bis zu 130 cm, Kellermauern sind meist noch stärker. Etwa seit 1700 liegen die Mauerstärken für das eingebaute Bürgerhaus bei 2 und $2^1/_2$ Stein für Erdgeschoß und 1. Obergeschoß, bei $1^1/_2$ Stein für die weiteren Obergeschosse. Das Kleinbürgerhaus kennt fast nur Mauerstärken von 1 bis $1^1/_2$ Stein. Die Giebelmauer ist oft nur $^1/_2$ Stein stark und durch innere Pfeilerverstärkung gesichert.

Das schmale Haus HEILIG KREUZSTRASSE 13 (F 201) *(Abb. 17, 151)* ist noch mit Laden, Werkstatt und Wohnung für die Familie belebt. Der bei der großen Haustiefe günstig etwa in Hausmitte liegende Hauseingang schafft einen zentralen Hausflur mit gegenseitig versetzten Treppenläufen zu den zwei Obergeschossen und zum Dach, das als steiler Dachspitz in seiner ganzen Länge zum Ziehen von Kordeln und Schnüren gewerblich benutzt wird. Der hier tätige „Posamentier" hat seinen Berufskollegen in der alten Bezeichnung „Bortenwirker". Ob das Haus für diesen Handwerkszweig gebaut wurde, ist nicht nachweisbar. Die Wohn- und Schlafräume sowie die Küche sind vom zentralen Flur aus hintereinandergeschaltet. So sind bei der vollen Ausschöpfung der Hausbreite noch brauchbare Raumformen und -größen geschaffen, beengende Flure vermieden und im Innern eine gewisse Weiträumigkeit erzielt, welche die äußerliche Beschränkung nicht fühlbar werden läßt.

Bei einer Breite von nur 4 m und einer Tiefe von 18,5 m hat das Haus sogar nur $^1/_2$ Stein starke Außenmauern, die durch 1 Stein starke Mauerpfeiler und Segmentbogen als Verbindung gestützt sind. Hier führte die schmale Hausbreite zu maximaler Nutzung auf Kosten der Mauerstärke. Man kann hier geradezu von einem Mauerpfeilergerippe sprechen, mit halbsteinstarker Felderausmauerung.

Dieselbe sparsame Vermauerungsart zeigen auch die Häuser ZWERCHGASSE 9 und 11. Die Ausführung der Innenwände hing wesentlich von der Anordnung der Innenräume ab. Die Obergeschoßinnenwände konnten nicht in Stein übereinanderliegend ausgeführt werden, sondern mußten als Holzwände zwischen Boden- und Deckenbalken eingespannt werden. Es entstanden Pfostenwände, deren Gefache mit genuteten Bohlen gefüllt wurden. In einigen Wohnungen der FUGGEREI sind

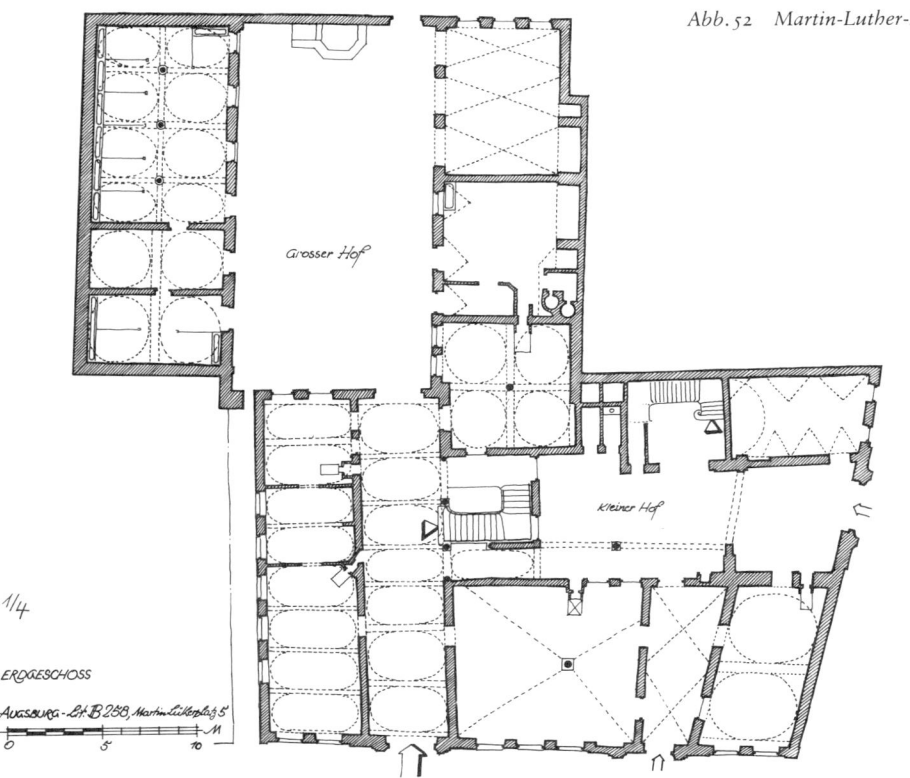

Abb. 52 Martin-Luther-Platz 5. Grundriß Erdgeschoß. M 1 : 400.

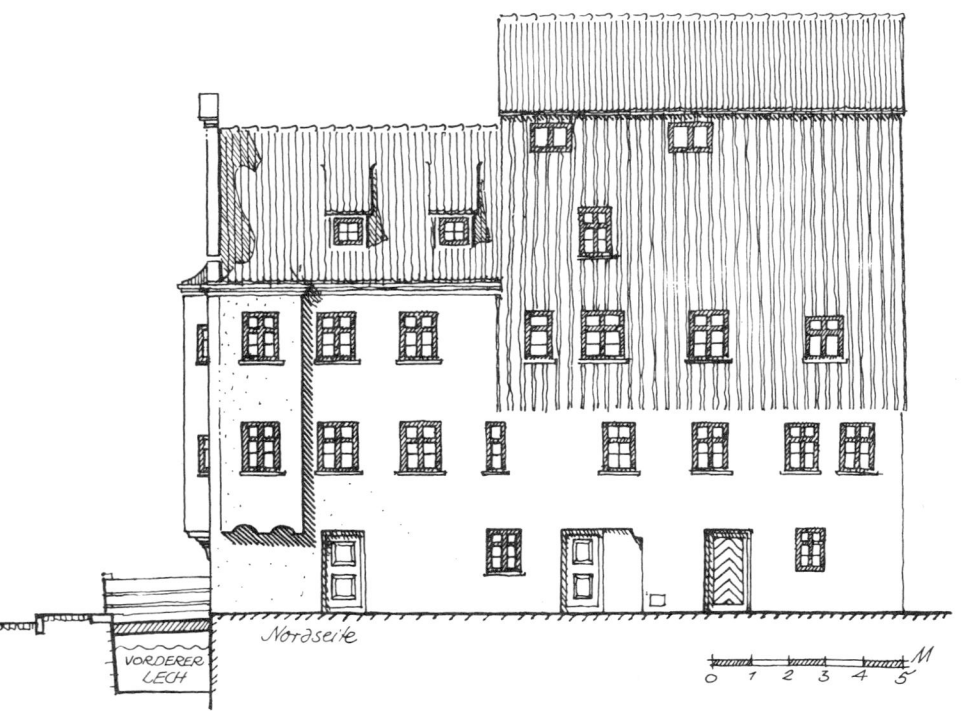

Abb. 53 Vorderer Lech 18. Ansichten und Schnitt.

Abb. 54 Mauerberg 16a. Treppenschema, Lageplan, Grundrisse. M 1:200.

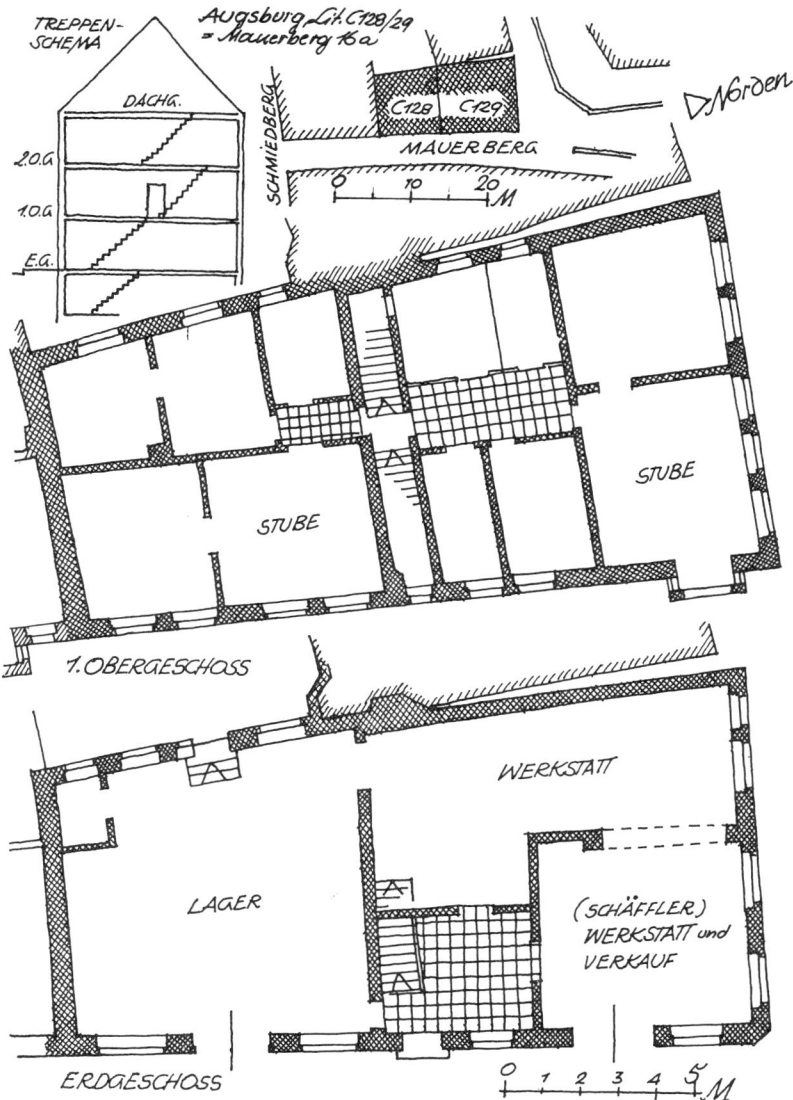

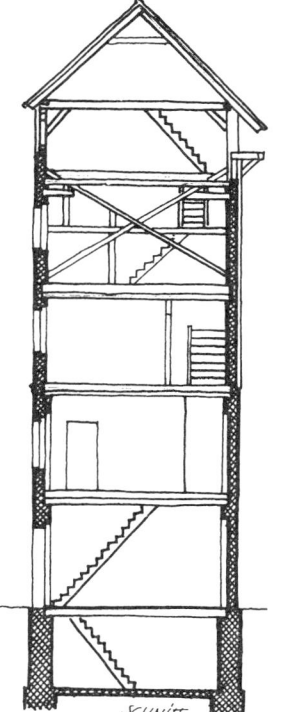

solche Wände erhalten geblieben. Durch die abgefasten Pfosten entstand eine vertikale Wandgliederung, deren Profil dem der abgefasten Deckenbalken gleicht, wie sie ebenfalls in der Fuggerei noch vereinzelt erhalten sind. Im historischen Hausbestand ist die besprochene Holzpfostenbohlenwand noch reichlich vorhanden, jedoch fast überall durch Putzträger und Putz verkleidet.

Putzträger waren bei Innenwänden in Brett und Pfosten geschlagene kleine Holzkeile. Erst die Neubauten der Renaissance und der nachfolgenden Epochen brachten immer stärker auch im Innern die Ziegelwand zur Geltung und schufen damit für alle Geschosse gleiche oder zumindest ähnliche Grundrißbedingungen. Die gemauerte innere Tragmauer setzte sich durch. Die Decken wurden entweder als Gewölbe oder als Holz-

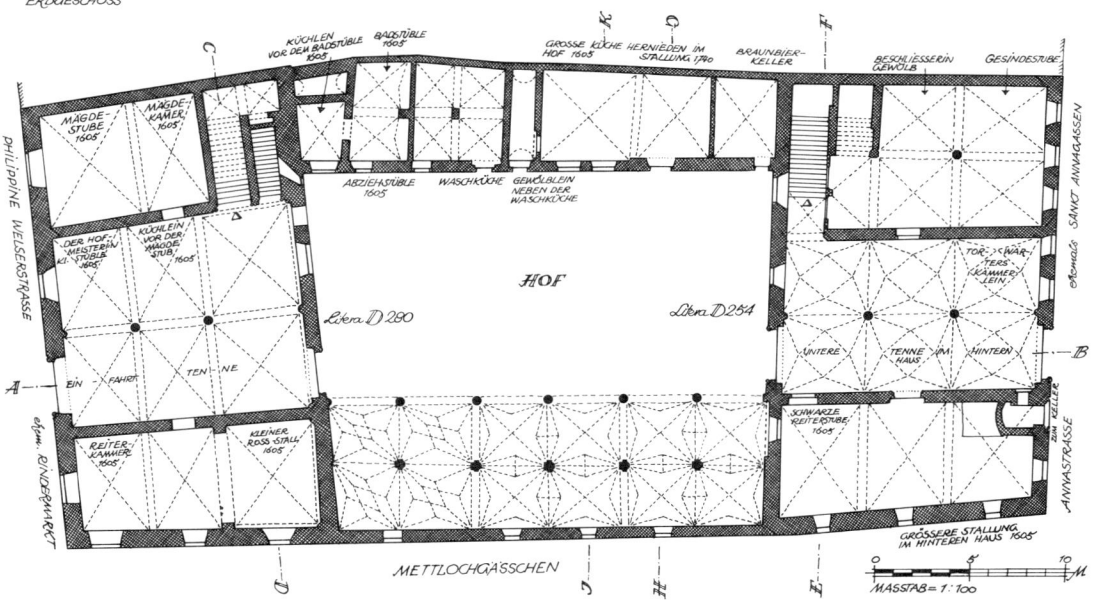

Abb. 55 Annastraße 19. Grundriß Erdgeschoß. M 1:400 (Annastraße 19, Grundrisse Obergeschosse Abb. 168 und 169).

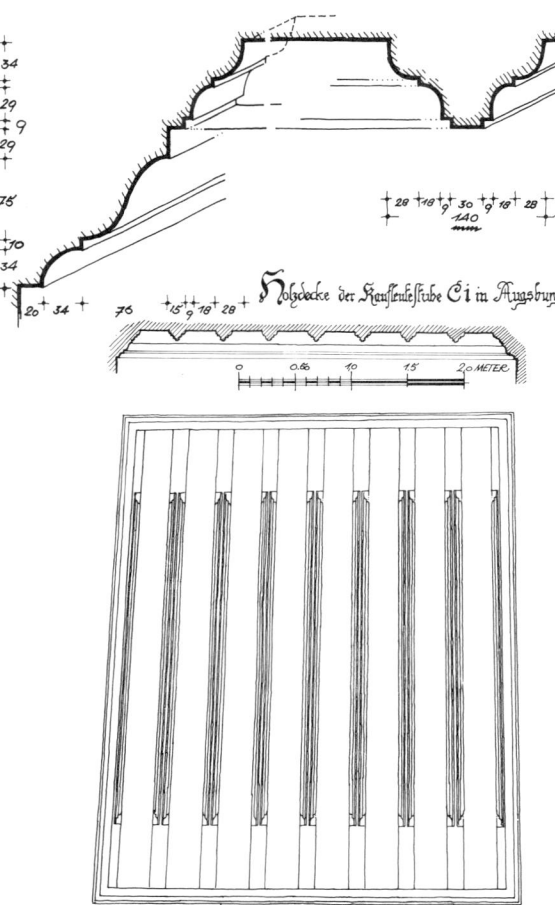

Abb. 56 Maximilianstraße 23. Holzdecke, Details.

balkendecke ausgeführt. Für Obergeschosse sind Gewölbe eine Ausnahme und kommen eigentlich nur bei Küchen, Treppenläufen und Treppenhausdecken vor. Tonne und Kreuzgewölbe sind hier die Regel. Selbst in der FUGGEREI ist auch noch die Küche des Obergeschosses tonnenüberwölbt *(Abb. 125a)*.

Tonne, Tonne mit Stichkappen und Kreuzgewölbe sind die bestimmenden Gewölbeformen. Vielfach werden die Gewölbe bei mehrjochigen Räumen durch Gurtbogen geteilt. Das beherrschende Profil der Wandbogen ist neben dem vollen, der leicht gedrückte Halbkreisbogen und, bevorzugt, der Korbbogen mit geringer Stichhöhe. Flache Kugelkappengewölbe, kugelähnliche Segmentbogenkappengewölbe und ellipsenartige Gewölbe bringt erst das 18. Jahrhundert.

Letztere Gewölbe wandte bevorzugt der aus Schlesien stammende Baumeister Johann Gottfried Stumpe (1708–1777) an.

Die Vermauerung der Gewölbe erfolgte vollfugig in Ziegel. In Kellern und Nebenräumen ist die Oberfläche nur geschlämmt, in anspruchsvolleren Räumen verputzt. Von Häusern aus gotischer Zeit sind Tonnen mit Stichkappen und Kreuzgewölbe bekannt, welche Sandsteinrippen oder gebrannte Rippen aufweisen *(Abb. 55)*. In der Folgezeit sind die im Verband mit der Kappe gemauerten Grate allein vorherrschend.

Als vereinzelte Form ist ein gemauertes Muldengewölbe mit Stichkappen, dessen Grate und Spiegelrahmenprofile aus Terrakotta bestehen, im Haus FRAUENTORSTRASSE 4 (C 56) erhalten *(Abb. 21)*. Im Haus des Kaufmanns und wohlhabenden Bürgers sind Kellergewölbe die Regel; das Erdgeschoß ist meistens

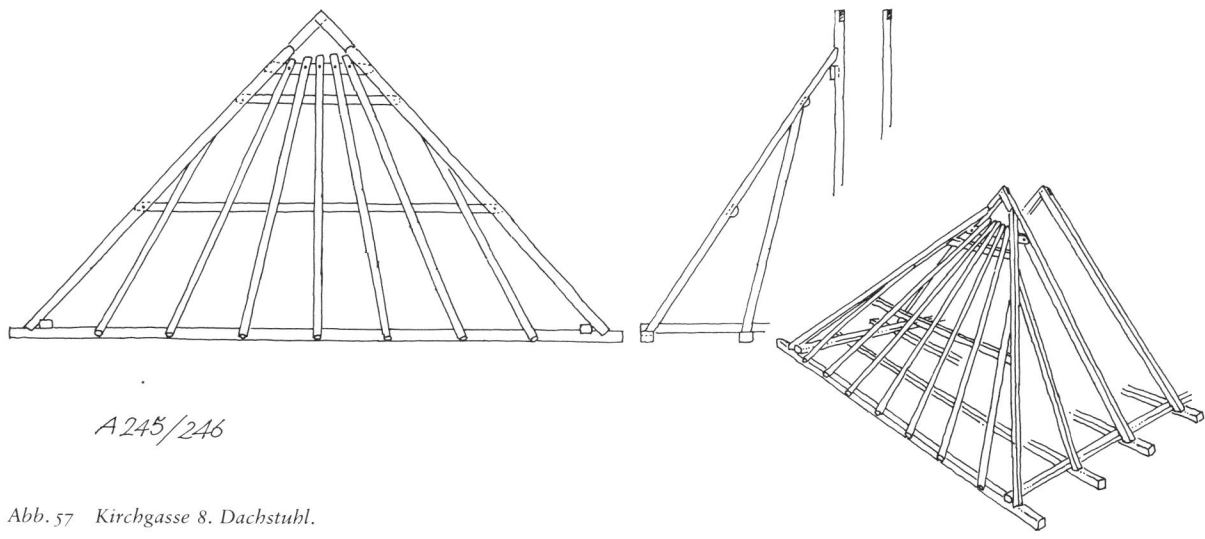

Abb. 57 Kirchgasse 8. Dachstuhl.

ebenfalls ganz gewölbt oder wenigstens die vor Feuer besonders zu schützenden Räume, so fast ausnahmslos die als „Warengewölbe" bezeichneten Erdgeschoßräume (Abb. 55). Bei der Holzdecke laufen auffälligerweise die Balken längs der Haustiefe und nicht, wie man als selbstverständlich annehmen sollte, quer zur Längsseite. Der Grund liegt darin, daß die vor die Erdgeschoßmauer vorspringenden Balkenköpfe (Vorsprung 60–80 cm) die Last des „Überschutzes", d. h. der vorkragenden Giebelwand, aufnehmen mußten. Bei einer Querverlegung der Balken hätten kurze Balkenstiche eingefügt werden müssen, um die vorkragende Giebelwand aufzunehmen. Erwähnenswert ist das häufige Vorkommen von zwei aufeinanderliegenden oder auch gegeneinander verschobenen Balkenlagen. Wechselnde Raumeinteilungen in den einzelnen Obergeschossen begründet diese Anordnung. Die obere Balkenlage nahm dabei den Fußboden und den strohlehmgefüllten Fehlboden auf. Damit war der Trittschall aufgefangen. Die untere Balkenlage trug die Decke, die entweder aus eingenuteten Brettern, aus Brettern und Leisten oder aus einer Stuckdecke bestand.

Unter den Dachstühlen ist eine frühe, noch unbeholfene Art einer Walmdachlösung in KIRCHGASSE 8 gefunden worden. Ohne zimmermannsmäßige Schiftung laufen die sogenannten Walm- und Schiftsparren zu einem hochgelegenen Hahnenbalken, der als Querriegel das Sparrenpaar eines etwa 150 cm von der Walmseite zurückliegenden Gebindes nur mit Holznagel befestigt verbindet. Die Sparren der Walmseite sind steil, nur an diesen Querriegel angelehnt, mit Holznägeln befestigt. Sämtliche Hölzer sind nur schwach behauene Rundlingsstangen. Die leichte Konstruktion läßt darauf schließen, daß die ursprüngliche Dachdeckung Stroh war. Heute zwar Wohnhaus, gehörte es zu einem der hier zahlreichen Kloster- oder Herrenhöfe.

Die bestimmende Dachkonstruktion (Abb. 57) war das Sparrendach, bei kleinster Hausbreite eventuell mit Hahnenbalken, und als eigentlicher Dachstuhl das Kehlbalkendach mit liegendem Stuhl, bei sehr großen Dächern mit doppeltem und dreifachem Stuhl. Der Firstwinkel war in der Regel ein spitzer Winkel, die Dachneigung betrug daher zwischen 48 und 55 Grad. Dachstühle bei schmalen Häusern erreichen sogar 70 Grad, wie bei dem Haus VORDERER LECH 12 (A 487) (T 40a; Faltt. 4). Erst der Klassizismus bringt eine wesentliche Neigungsminderung bis etwa 30 Grad (Abb. 49) und ersetzt den liegenden Kehlbalkenstuhl durch Hängewerke. Der liegende Kehlbalkenstuhl zeichnet sich durch eine besonders gute Längsverbindung aus. Die liegende Säule war in Rähm und Fußschwelle eingezapft, das Binderfeld durch liegende Andreaskreuze ausgesteift. Der Sparren lief frei über den Stuhl hinweg bis zum Versatz mit dem Balken. Die Querversteifung etwa mit 60 Grad tief ansetzend, besorgten weit ausgreifende, in Kehlbalken, Spannriegel, Stuhlsäule und Sparren geschweift eingeblattete Büge. Bis zum Anfang des 19. Jahrhunderts blieb für Steildächer diese Dachstuhllösung üblich. Im Barock und Klassizismus erscheinen daneben Walmdach und Mansarddach. Die Andreaskreuze im Stuhlgefach werden weiter eingebaut. Längs und quer frei eingesetzte Hängewerke überbrückten mit Überzug große Spannweiten oder nahmen die Last besonders schwerer Stuck-

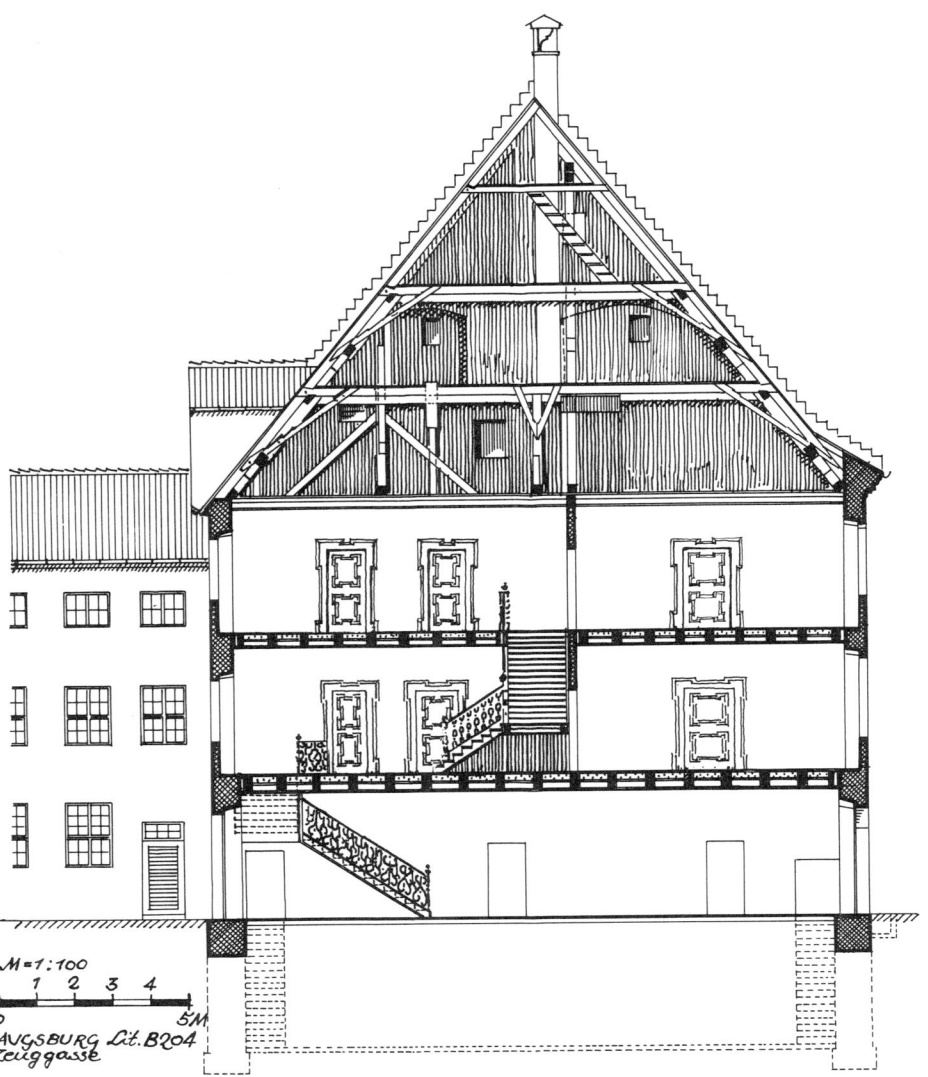

Abb. 58 Zeuggasse 5. Längsschnitt. M 1:200.

decken auf. Beispiele dieser Art sind in MAXIMILIAN-STRASSE 8 und ZEUGGASSE 5 *(Abb. 58, 59)* zu finden.

Die Grundrisse von KAROLINENSTRASSE 34 (C 44) und KAROLINENSTRASSE 21 (D 44/45) verraten beide bei starker Vermauerung Abschließung nach außen und Verteidigungsbereitschaft. Deutlich spürbar ist hier das Bedürfnis nach Absicherung in politisch unsicheren Zeiten, die aus der Spannung Bürgertum gegen Bischof und Bürgertum gegen Patriziat entstand *(Abb. 60, 174).*

KAROLINENSTRASSE 34 hat sich, zwar verändert, bis heute noch erhalten. Im 14. Jahrhundert genannt als „curia portneri" und als „Zech'scher Hof" hinter dem SCHWALBENECK wurde es auch von Konrad II. Minner bewohnt, der nach 1341 wiederholt Stadtpfleger war und 1365 ermordet wurde. In der Folgezeit war das Haus Sitz der Stadtpfleger und der Familien Portner, Nördlinger, Welser, Langenmantel und Rehlinger, des Juweliers Seethaler und des Kaufmanns Keller, dessen Namen es heute noch führt.

Das eigentliche Kaufhaus der Welser, KAROLINENSTRASSE 21, trägt durch die Vereinigung mit dem Nebenhaus (D 45), in dem sich die Leonhardskapelle befand, die nach neuerer Forschung wahrscheinlich die Gerichtslaube war und mit zarten Gewölben in sternförmigen Rippen, mit plastisch ornamentierter Mittelsäule geschmückt war, ein besonderes Gepräge.

Abb. 59 Zeuggasse 5. Querschnitt. M 1:200.

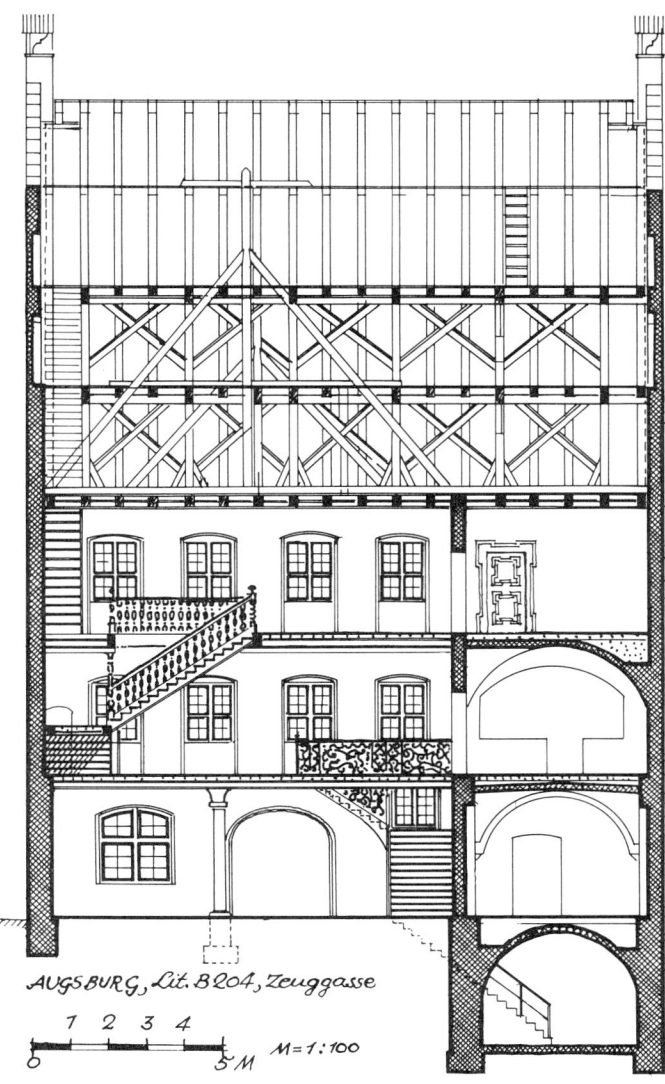

GROSSBÜRGERHÄUSER

Ein Haus von etwas kleinem Ausmaß, jedoch noch dem Großbürgertum zuzuschreiben, besitzt nicht zuletzt durch besonders gute überlieferte Bauaufnahmen durch Dr. Weidenbacher große Aussagekraft. Es ist ANNASTRASSE 2 (D 215) *(Abb. 61–65).*

Das Grundstück hat durch seine Lage an der Straßenbiegung der ANNASTRASSE nach Norden eine leicht konvexe Vorderfront und verjüngt sich rückwärtig. Der Erdgeschoßgrundriß läßt darauf schließen, daß straßenseitig ursprünglich links der Hofeinfahrt der ältere Teil als selbständiges Haus mit Unterkellerung und als Giebelhaus stand und daß rechts des Hoftores ein schmales, tiefes bis zum Rückgebäude reichendes Nebengebäude mit Ställen, Knechtekammern, Waschküche, Holzlege und Geräteräumen, wie es der Grundriß noch zeigt, sich befand. Auf den Stadtplänen des 16. Jahrhunderts sind an dieser Stelle auch noch Giebelhäuser gezeichnet. Der Kilian-Plan bringt jedoch für die ganze Front an der westlichen ANNASTRASSE nur Traufenhäuser. Zum Ende des 16. oder Anfang des 17. Jahrhunderts erfolgte somit die Vereinigung von Altbau, Hofeinfahrt und Ostteil des Nebengebäudes zu einem breiten vorderen Traufenhaus unter Aufgabe der Giebellösung.

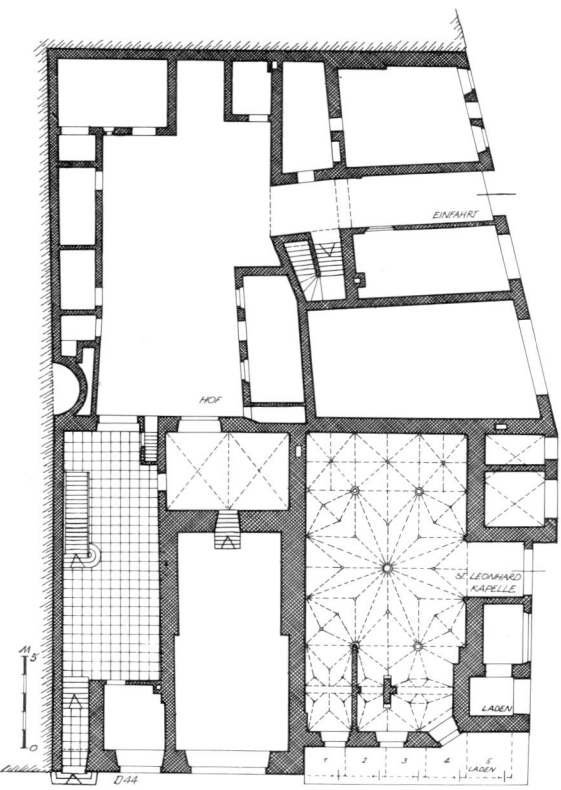

Abb. 60 Karolinenstraße 21 (Welserhaus). Grundriß. M 1:400.

mengefaßten Festräumen sich in der nördlichen Abseite im 1. Obergeschoß im Anschluß an die Familienwohnräume über offenem Laubengang an der Küche vorbei festliche Kabinette befanden. Die Längsrichtung der Räume machte sie geeignet für die Aufstellung längerer Tische, somit als festlichen Speiseraum für Familie und Gäste. Der Kunstsinn der Bürgerschaft dieser Zeit, da in Augsburg Malerei und Kupferstich in Blüte standen, läßt wohl auch den Schluß zu, daß es sich bei diesen Räumen um Bibliotheken und Ausstellungszimmer für private Sammlungen handelte.

Die Ausübung der Funktionsaufgaben des gehobenen Bürgerhauses, nämlich Handel und Gewerbe, Wohnbereich der engeren Familie, Wohnbereich für das zahlreiche Hausgesinde, Pflege von Gastlichkeit und Repräsentation, Kunst- und Kulturpflege, macht die in Grundriß und Aufbau klare Trennung dieser Bereiche störungsfrei möglich. Wenige Beispiele, die überliefert sind, geben diesen Einblick in die hohe Wohnkultur der Führungsschicht der Frührenaissance so überzeugend

Das Erdgeschoß ist an diesem Altbau in die Tiefe gehend zweigeteilt: in Lagerräume mit Kreuztonnen ohne Gurtbogen und mit einer Schreibstube mit Flachdecke. Auffallend ist der Zugang zur Treppe vom Hof aus mit dem Antrittslauf in der südlichen Abseite. Erst vom Podest der Abseite aus erfolgt der Zugang zur zweiläufigen Haustreppe. Sie führt in den Obergeschossen zu einem hallenartigen, gut belichteten, fast quadratischen Vorplatz als Verteilerraum zu den Privatwohnräumen der Familie und zu den galerieartigen Fluren und der Dachterrasse der beiden Abseiten mit Gesindezimmern und als Hauszugang zu den Fest- und Prunkzimmern, die gartenseitig in zwei Geschossen des Rückgebäudes liegen. Den festlichen Ton bestimmen reichgegliederte Holzbalken- und Kassettendecken, sowie Holzbohlenständerwände und offene Kamine, wovon der des oberen Saales mit bilderreichen Fresken Jörg Breu zugeschrieben wurde *(T 100)*. Eine für die Festräume bestimmte Küche lag im Obergeschoß. Das Erdgeschoß des dem Garten zugewandten Hauses barg drei Warengewölbe aus Kreuzgewölben. Über die Gartenbezogenheit des Hauses siehe unter „Gärten".

Besonders fällt bei dieser Hausanlage auf, daß ohne Verbindung zu den geschlossen und gesondert zusam

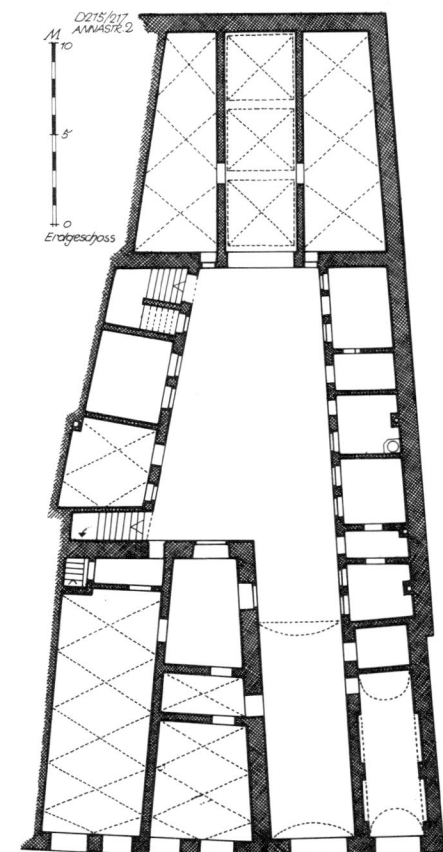

Abb. 61 Annastraße 2. Grundriß Erdgeschoß. M 1:400.

wie hier im sog. „Peterhaus", ANNASTRASSE 2. Neben den Grundrissen gibt diesen Aufschluß der Längsschnitt.

Nehmen wir als Beispiel der aufstrebenden Stadt zwei Großbürgerhäuser, welche typisch für die Zeit vor 1500 sind. So KESSELMARKT 1 (D 160) (das sog. „Höchstetterhaus"; T 7 – Bildmitte – das Haus über der Zahl 149) und GROTTENAU 2 (D 191) (das sog. „von Rad'sche Haus"; T 7 – etwa in Bildmitte, das Zwei-Erkerhaus mit Brunnen).

Die überkommene Hausform stellen bereits Seld und Kilian dar und die Remshard-Straßenansicht bringt in einem Bild beide Häuser mit Zeichnung der Einzelheiten. Verändert auf uns gekommen ist die Fassadengestaltung. An der kraftvollen Wirkung im Straßenbild jedoch konnte sie kaum die ursprüngliche Aussage abschwächen.

Das Erdgeschoß des Hauses KESSELMARKT 1 ist ganz nach innen ausgerichtet und gegen die Straße abgeschirmt. Nur wenige hochliegende vergitterte Fenster gehen nach außen. Von den großen Toren führt das vom KESSELMARKT aus in eine überwölbte Halle mit Kreuztonnen und zu einer Hofzufahrt.

Das Treppenhaus ist als geschlossener, gemauerter Einbau ebenfalls von der Halle aus zugänglich. Das zweite Tor ist wohl rein als Einfahrt für Waren gedacht. Eine quergestellte Halle aus Kreuztonnen, die sicher als Entlade- und Lagerhalle bestimmt war, bietet die Zufahrt zum Hof mit all den Wirtschaftsnebenräumen.

Der Keller ist von der Straße aus zugänglich. Eine Tür, ebenfalls auf der Längsseite des Hauses zur LUDWIGSTRASSE, führt unmittelbar in einen, dem Handel dienenden, aus vier Kreuzgewölben mit Gurtbogen und Mittelsäule gebildeten Raum, wohl der Empfangshalle für Kunden und Schreibstube. Die eigentlichen Warengewölbe sind nur von dieser Kaufmannsstube und von der Hauseingangshalle mit Treppe zu den Wohnungen aus zugänglich. So dient das Erdgeschoß ausschließlich dem Handel und Warenverkehr.

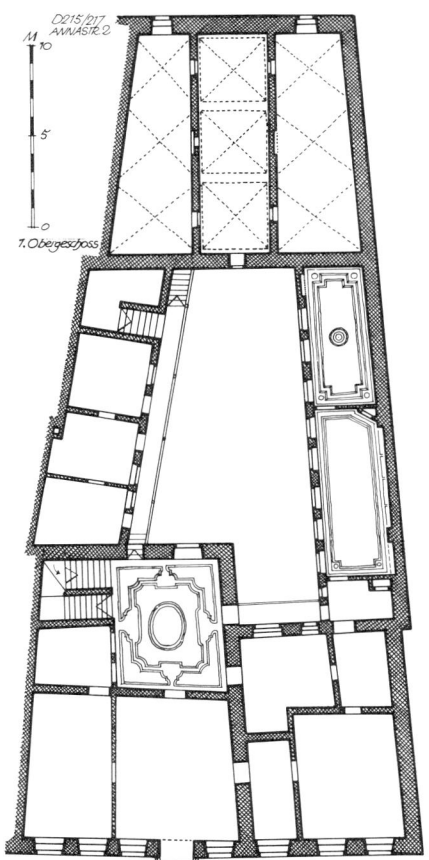
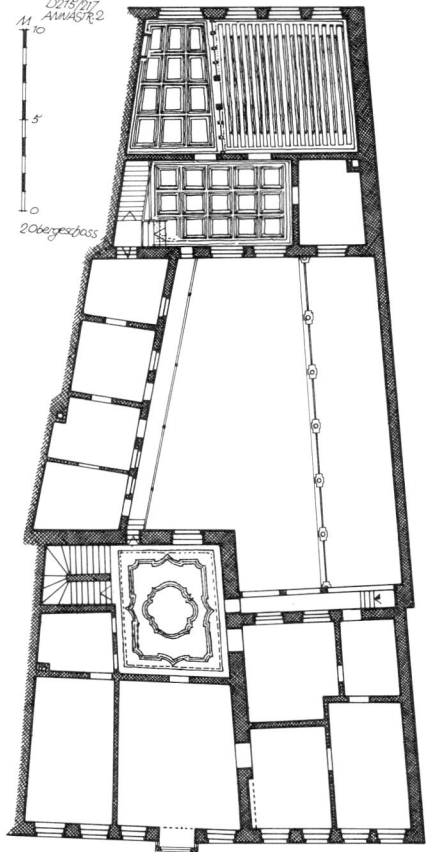

Abb. 62 Annastraße 2. Grundriß 1. Obergeschoß. M 1:400.

Abb. 63 Annastraße 2. Grundriß 2. Obergeschoß. M 1:400.

Die Obergeschosse mit den Wohnräumen für Familie und zahlreiches Personal sind im Gegensatz zum Erdgeschoß mit großer Fensterfreudigkeit rein zur Straße ausgerichtet. Vier große, in den Maßen wohlausgewogene, quadratisch rechteckige Wohn- und Schlafräume sind von der hufeisenförmig um das geschlossene Treppenhaus liegenden Halle aus zugänglich.

Die auch noch im Obergeschoß mit Kreuzgewölbe überdeckte Küche empfängt Licht nur von der Halle aus. Seitlich neben ihr liegen Abort und Vorratskammer *(Abb. 66)*. Das Hauptgebäude birgt somit in den Obergeschossen je eine in sich geschlossene Wohneinheit, an die sich hofseitig an gedeckter und darüber an offener Galerie weitere Räume als Gastzimmer, Gesindestuben und Wirtschaftsräume anschließen *(Abb. 67)*.

Die Gesamthausanlage besticht durch die klare Zuordnung der verschiedenen Räume und deren einfache Raumform. Der Innenhof mit den Umgängen *(Abb. 66)* hat den Charakter mittelalterlicher Burghöfe *(Abb. 68; T 14b, 54)*.

Eine ähnlich reife Lösung in der Wirkung des Straßenbildes wie des Innern bildet GROTTENAU 2 an der Gabelung GROTTENAU–HEILIG KREUZGASSE. Seld *(Faltt. 8 linke Ecke)* zeichnet nur ein Haus und keine Hofform. Da er von Westen nach Osten blickt, wird von ihm auch nur die Südfront in der Ansicht gestreift. Rogel in seiner Sicht von Osten nach Westen aus dem Jahre 1558 bringt Hofanlage und Giebelfront mit den beiden Erkern. Nach ihm und 22 Jahre vor Wolfgang Kilian gibt Christoph Schissler 1602 dieselbe Darstellung, wobei alle einen Spitzgiebel, jedoch teils mit Treppenausbildung, teils mit glattem Ortgang vorstellen *(Abb. 69, 70)*.

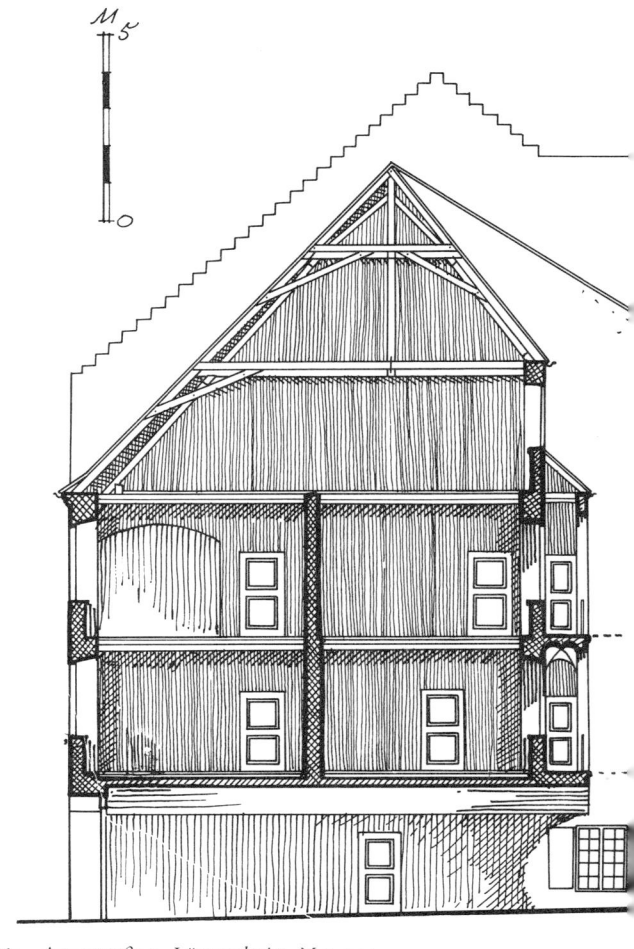

Abb. 65 Annastraße 2. Längsschnitt. M 1:200.

Abb. 64 Annastraße 2. 2. Obergeschoß, Rückgebäude. M 1:200.

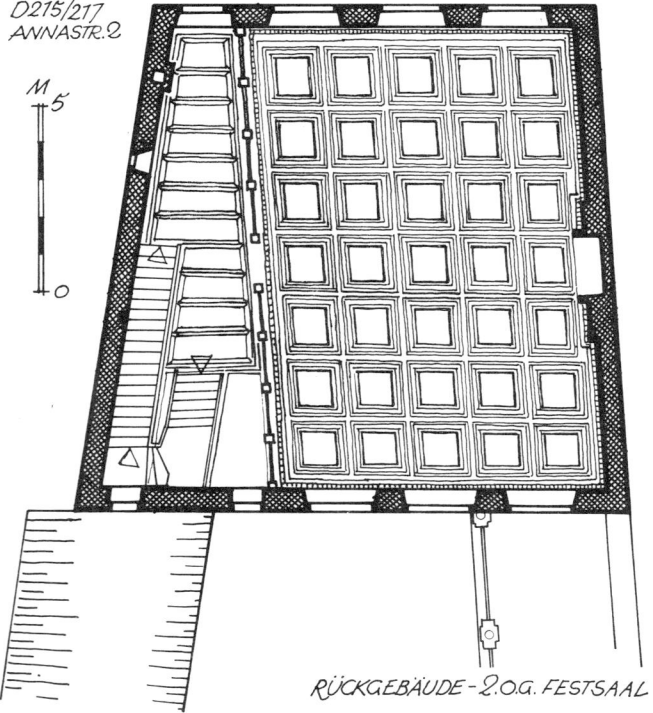

Eine großgestaltete Raumauffassung verrät das Erdgeschoß, welches nach den Gewölbeausbildungen noch aus der Gotik stammt. Der beherrschende Raum in dem Geschoß ist die giebelseitige Einfahrtshalle mit Flachdecke, mit einem Ausmaß von etwa 12 mal 12 m, in der Tiefe durch Unterzug einer Mittelsäule unterstützt *(T 86a)*. Der mit breiten Holzbohlen ausgelegte Raum hat als einzigen aber stark wirkenden Akzent einen geraden Treppenlauf von 17 Steigungen, der zu einem Wendepodest führt, das knapp Kopfhöhe erreichend als hohes Podium im Raum steht. Nach Durchschreiten der inneren Umfassungsmauer läuft die Treppe dem Blick von der Halle aus entzogen im Hausinnern als dreiläufige Hallentreppe weiter in die Obergeschosse. Die auf *Tafel 86a* gezeigte verputzte Hallendecke hat wahrscheinlich eine sichtbare Balken- oder Bretterdecke abgelöst. Anschließend an die Halle liegt ein Pförtnerraum

und noch zwei ebenfalls kreuzgewölbte Zimmer, von denen eines als Schreibstube anzunehmen ist. Im größeren Raum unterstützt das einragende Treppenpodest eine reichgestaltete Steinsäule mit noch romantischer Basis und Schaft und einem Renaissance-Kapitell (*Abb. 71*).

Die übrigen Räume um den spitzwinkeligen Hof neben einer zweiten Einfahrtshalle von der HEILIG KREUZERGASSE (LUDWIGSTRASSE) her sind Wirtschaftsräume, wie ein Warenlager neben der Einfahrt, ein vom Hof aus zugänglicher Stall, Waschküche, Holzlege, Geschirr- und Knechtekammer und eine mit Sterngewölbe überdeckte Gesindestube mit offenem Kamin. Die klare Ausbildung und Zuordnung der Nutzungsbereiche des Großkaufmannshauses, wie sie das Erdgeschoß zeigt, wiederholt sich nicht in den Obergeschossen.

Die Bewältigung der architektonisch-städtebaulichen Lösung an der hervorragenden Straßenecke ist beachtenswert. Die beiden in spitzem Winkel an der Ecke aufeinander zulaufenden Baukörper des nördlichen dreigeschossigen Hauptbaues und des nur zweigeschossigen südlichen Bauteils werden durch den mächtigen Giebel aufgefangen, der durch die beiden Eckerker den Höhenunterschied nicht erkennen läßt. Da beide Bauteile an den Straßenseiten in stumpfem Winkel an die Giebelscheibe stoßen, bilden diese drei Hausfronten einen geschlossenen Baukörper, der einen kraftvollen Straßenraumabschluß erzeugt, wie er an keiner ähnlich gearteten Stelle der Stadt in dieser Art wieder erreicht wurde (*T 54; Faltt. 2*).

Der als spitzwinkeliges Dreieck gebildete Innenhof des Hauses ist durch die beiden, die Längsseiten begleitenden Galerien, die im ersten Obergeschoß auf aus-

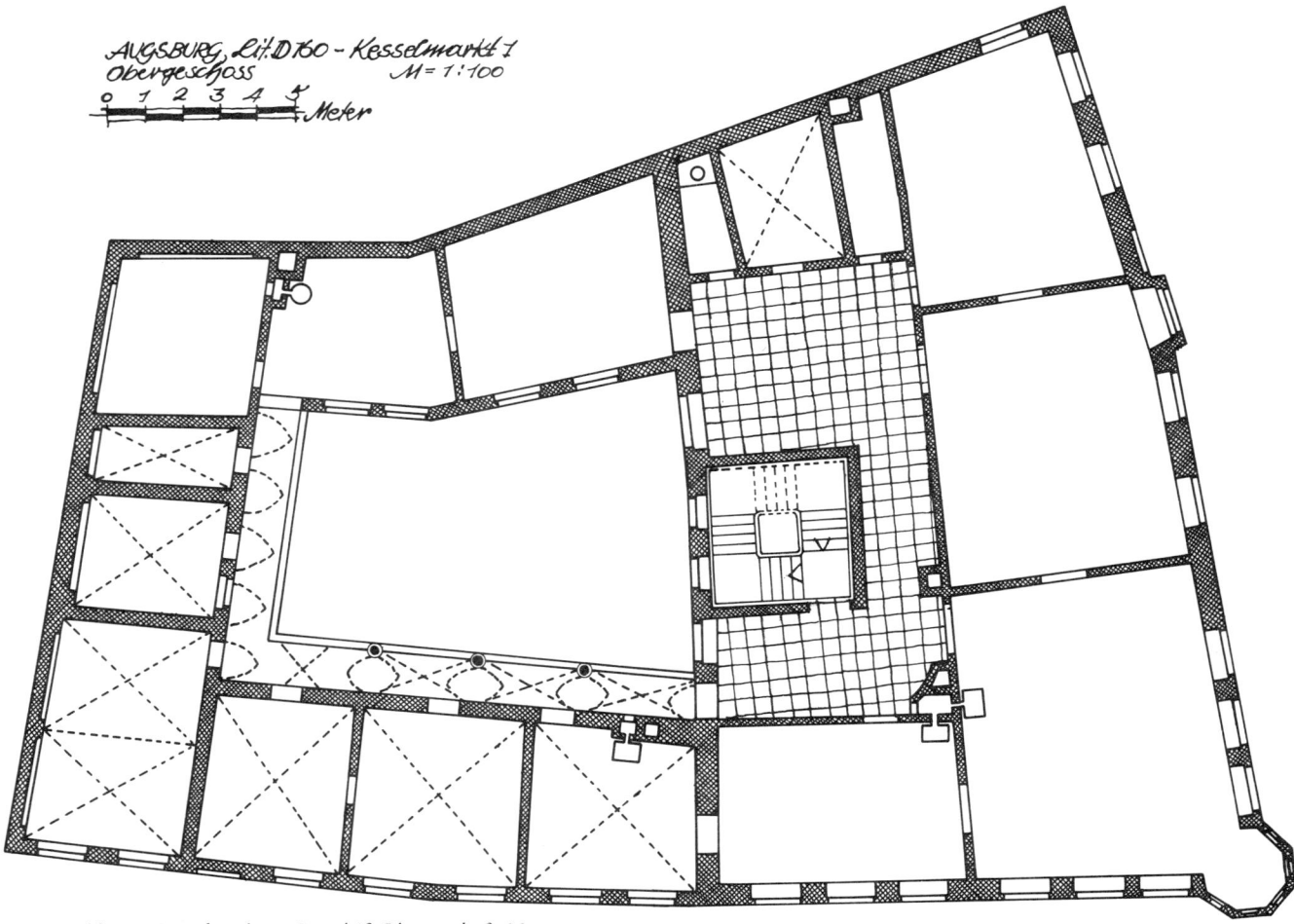

Abb. 66 *Kesselmarkt 1. Grundriß Obergeschoß. M 1:200.*

kragenden Stichkappen ruhen und auch von solchen als Verdachung überwölbt sind, besonders reizvoll. Diese Art der Ausführung war im 16. Jahrhundert in Augsburg für die Unterstützung der Abseiten öfter angewandt worden. Heute noch sind MAXIMILIANSTRASSE 81 (A 34) (T 114 b und c) und KAROLINENSTRASSE 15 (D 41) Beispiele dafür.

Das Haus PHILIPPINE WELSERSTRASSE 25 (D 284) erreicht durch seine Lage, eingeengt in die Nachbarbebauung nach den Seiten und rückwärts, also ohne Möglichkeit eines Gartens, nicht die volle Entfaltung, wie sie bei ANNASTRASSE 12 erreichbar war. Dennoch ist hier der Großbürgerhaustyp überzeugend klar erkennbar in der Zuordnung der Räume des 1. Obergeschosses und in der lebensvollen Verbindung von Wohn-, Gesellschafts- und Festräumen zueinander *(Abb. 72, 73)*. Der Hauskern stammt zweifelsfrei noch aus dem Mittelalter, nach einigen Gewölben der Erdgeschoßräume und nach einer gemauerten Wendeltreppe, die vom Hof zu Abseite und Rückgebäude führt, zu schließen. Auch die Haupttreppe, die schmal von der Einfahrt aus, in einem Lauf, als Schachttreppe eingemauert, nach oben zieht, erlaubt eine noch frühe Datierung. Die Straßenfassade mit den beiden Erkern ist in der Straßenabwicklung mit dem von Kilian angegebenen Aufzuggiebeln gezeichnet *(Faltt. 3)*.

Die oberste Grenze dessen, was großbürgerliche Repräsentation in Augsburg darbot, bringt das Haus PHILIPPINE WELSERSTRASSE 24 (D 283). Als Haus in der Reihe besitzt es keinen rückliegenden Garten. Der Bauherr Lienhard Boeck von Boeckenstein, der es 1544 bis

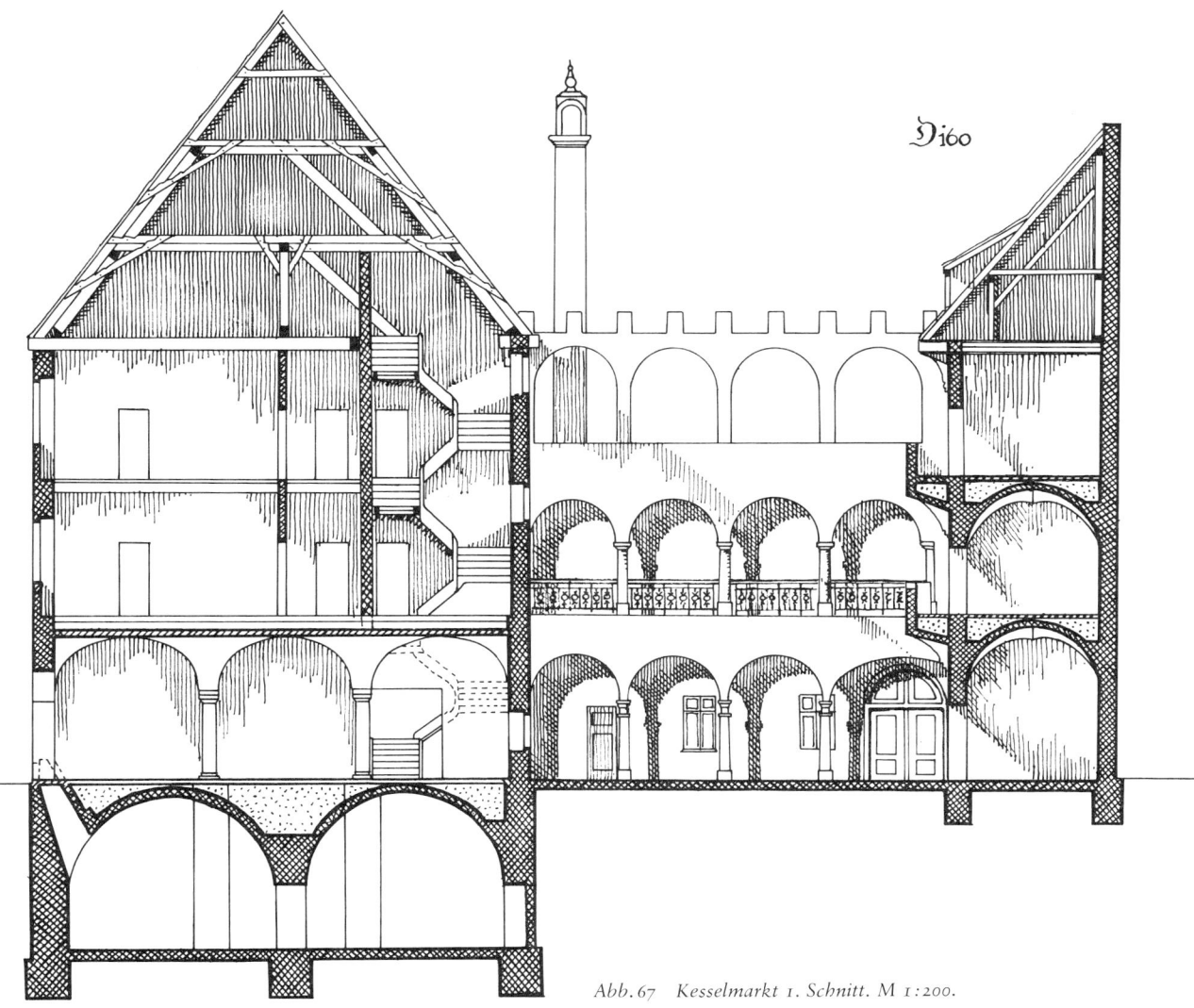

Abb. 67 Kesselmarkt 1. Schnitt. M 1:200.

1546 errichten ließ, hat hier das vollkommenste und an plastischem Schmuck reichste Bürgerhaus der Renaissance geschaffen *(Abb. 74–76; Faltt. 3)*.

In Grundrißanordnung und im Aufbau hält es sich ganz im Rahmen der in dieser Zeit für die reiche Schicht üblichen Bauweise. Das Erdgeschoß ist dreigeteilt mit Einfahrtstenne und gewölbter, schmaler Schreibstube auf der einen und einem dreijochigen, säulenbestandenen Warengewölbe auf der anderen Seite. Bedingt durch die Größe der Gesamtanlage sind zwei Treppen vorhanden: eine repräsentative, seitlich an die Tenne anschließende und in der südlichen Abseite freischwingende dreiläufige Podesttreppe, die zur großen Querhalle des Obergeschosses und zum 2. Obergeschoß mit dem großen Prunksaal von etwa 9 mal 11 m Grundfläche führt. Die südlichen Abseitenkammern erschloß dieses Treppenhaus ebenfalls. Die heutige barocke Erscheinung in freier Holzwangenkonstruktion hat wohl eine gemauerte Treppe mit Balustern, wie man sie in diesem Haus, nach dem Äußeren zu schließen, annehmen kann, abgelöst.

Das zweite Treppenhaus war nur vom Warengewölbe aus zugänglich und führte als vierläufige gemauerte Steintreppe mit von Pfeilern umstandenem Treppenauge nur zu den Wohnräumen und Abseitenkammern des 1. Obergeschosses. Der heutige als Maximilianmuseum genutzte Hauskomplex erfaßt auch ein nach Westen anschließendes, noch älteres Patrizierhaus an der ANNASTRASSE (D 251), gegen 1511–1519 von Bartholomäus Welser bewohnt, das früher mit einer Nach-

Abb. 68 Kesselmarkt 1. Innenhof (nach Weidenbacher).

Abb. 69 Grottenau 2. Grundriß Erdgeschoß. M 1:400.

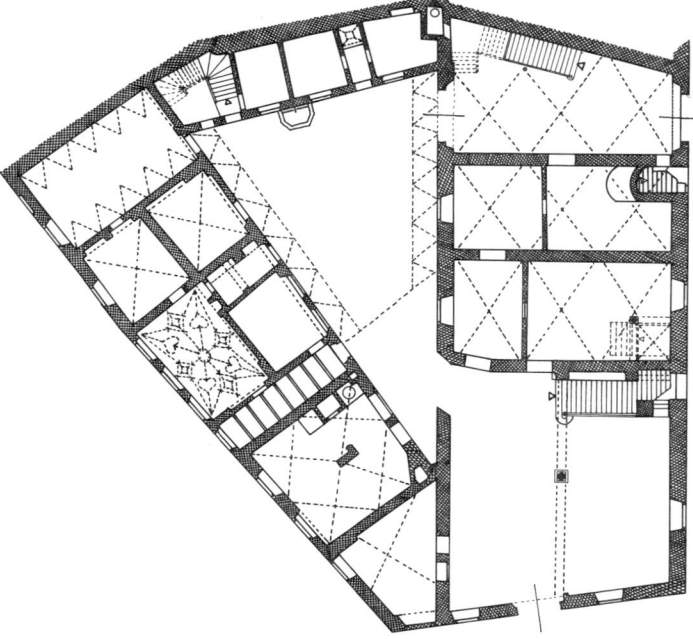

barmauer abgetrennt war. Die beiden Häuser sind noch als letzte Zeugen ihrer Zeit in größerem Umfang mit den originalen Decken erhalten worden. Besonders erfreulich ist hier, daß auch das Erdgeschoß sich in seiner ursprünglichen Architektur ohne die Laden- und Schaufenstereinbauten einer späteren Zeit zeigt. Die Bauweise stößt sich keinesfalls an Unregelmäßigkeiten und kümmert sich nicht um Symmetrie und axiale Bindungen. Es ist derselbe Geist, der bei MAUERBERG 10 (C 126) im kleineren Objekt spürbar ist *(Abb. 77)*.

Das Haus ist, nach einer Jahreszahl über der Haustür und an einer Innentür zu urteilen, gegen 1554/55 erbaut worden. Der Kilian-Plan zeigt es in der überkommenen Form. Als Bewohner ist im 16. Jahrhundert Hans Jacob Tuecher genannt, um 1609 ein Handelsmann und nach 1653 bis 1784 Goldschmiede und Goldarbeiter. Der Bauherr von 1554 ist nicht einwandfrei nachweisbar *(Abb. 42)*. Die Großräumigkeit der Keller und des Erdgeschosses lassen darauf schließen, daß der Auftraggeber ein Handelsmann und kein Gewerbetreibender oder Handwerker maßstäblich kleiner Fertigungsgüter gewesen ist.

Das Haus verdient als Ganzheit besondere Beachtung durch die raumgestaltende Grundrißanordnung auf beschränktem Grundstück und durch die freie, großzügige Giebelarchitektur. Eingefangen in Nachbargebäude, nur mit bescheidenem Lichtrecht ab dem 1. Obergeschoß auf einen Nachbarhof ohne eigenen Hofraum ist es ein Beispiel einer rein nach innen bezogenen Lösung. Technisch gesehen ist das Haus ein Vertreter der Steinbauten, die im Kilian-Plan die Bauperiode des 16. Jahrhunderts zeigen.

Das Erdgeschoß ist dreigeteilt mit Kreuzgewölben im Segmentbogenstil bei flachen Wandbogen mit hochliegendem Gewölbeansatz. Selbst der Keller zeigt die dem einfacheren und üblichen Tonnengewölbe gegenüber aufwendigere Form der Kreuzgewölbe. Konstruktiv ebenfalls dreigeteilt ist ein Kellerteil durch eine gerade Steintreppe vom Haustor und der Mittelhalle des Erdgeschosses aus unmittelbar zugänglich. Durch ihn gelangt man in eine zweijochige Kellerhalle, die durch Gurtbogen geteilt ist. Das Erdgeschoß baut sich gewölbemäßig in derselben Form auf wie der Keller. Der Mittelteil als Hauseingangshalle ist längs betont durch ein doppeltes Kreuzgewölbe ohne Gurtbogen und durch eine, dem Eingang diagonal gegenüberliegende, kräftig vorspringende Steintreppe.

Das 1. Obergeschoß ist Wohn- und Schlafgeschoß, das 2. Obergeschoß hat bei gleichem Grundriß dieselben Nutzungsmöglichkeiten, je nach dem Familienstand der Bewohner. Eine klare Trennung des Wohnungs- und Geschäftsbereichs des Erdgeschosses ist durch die geschickte und dabei sparsame Treppenführung erreicht.

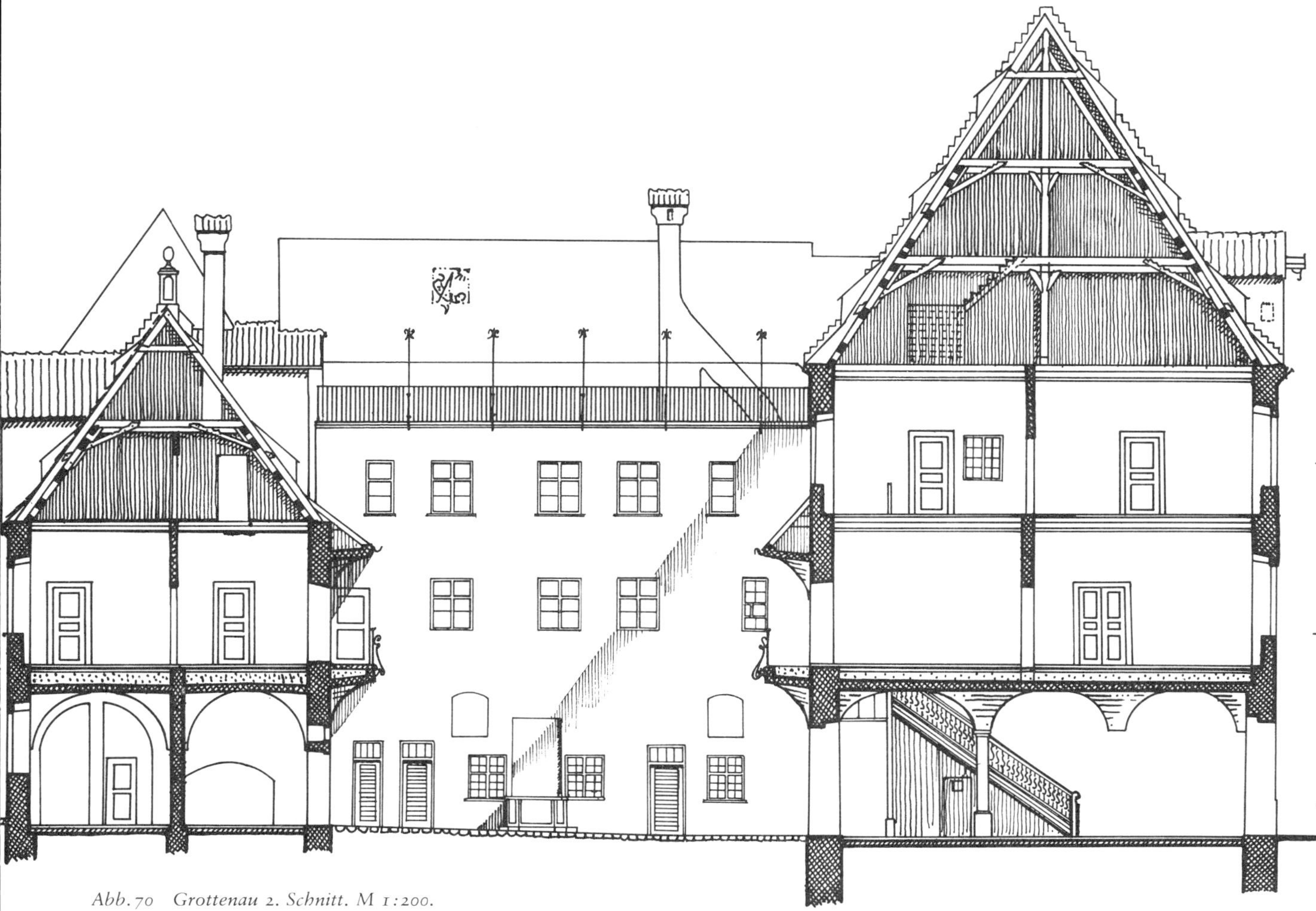

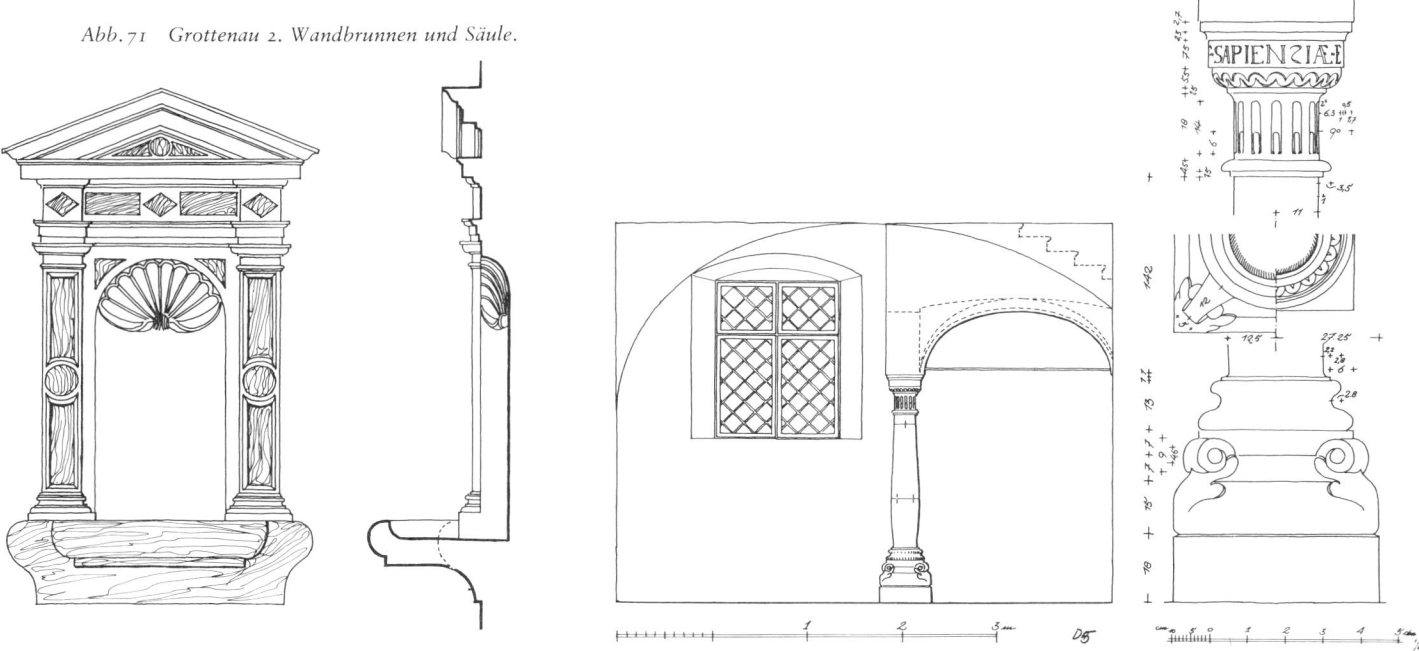

Abb. 70 Grottenau 2. Schnitt. M 1:200.

Abb. 71 Grottenau 2. Wandbrunnen und Säule.

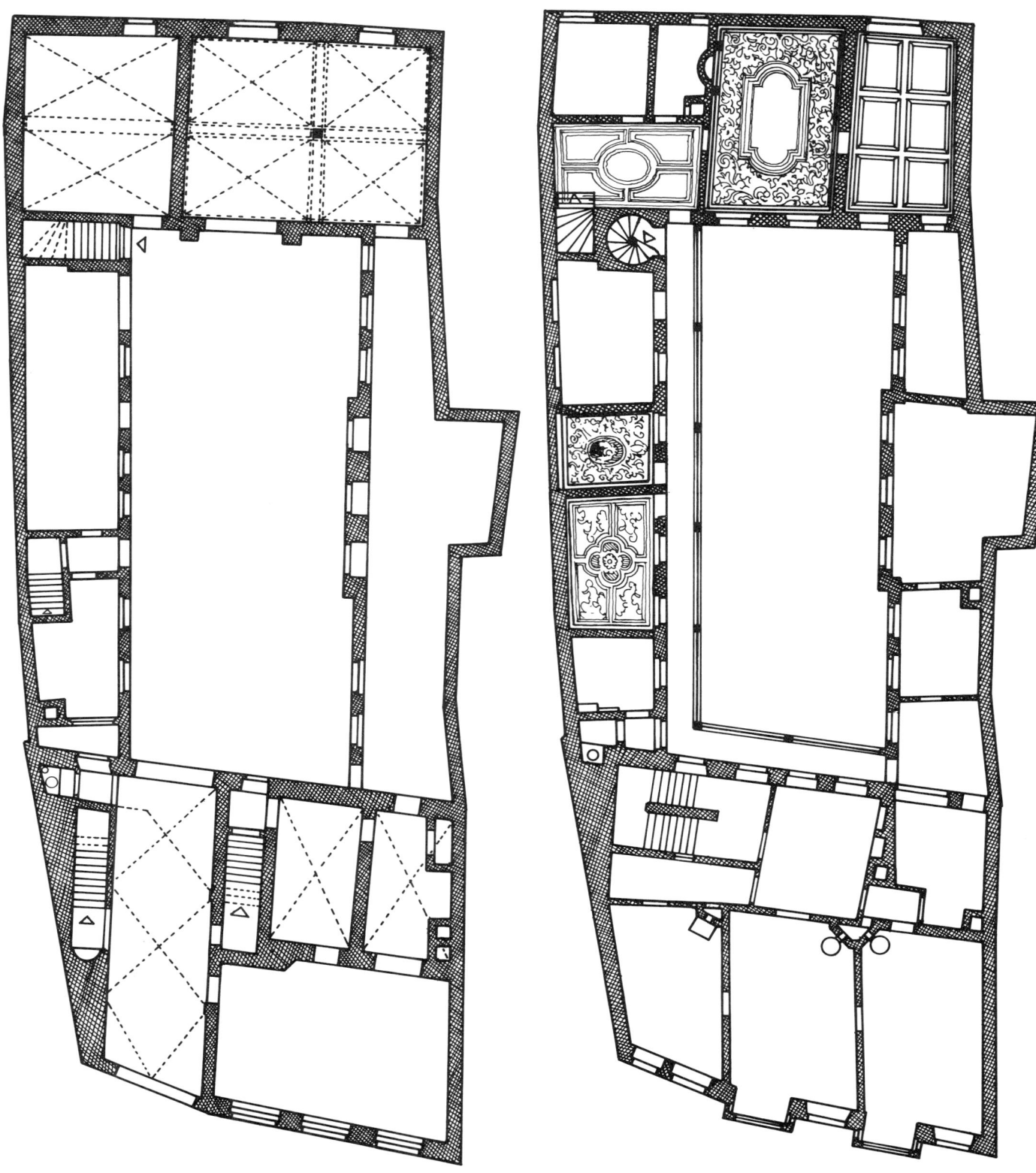

*Abb. 72 Philippine Welserstraße 26. Grundriß Erdgeschoß.
M 1:200.*

*Abb. 73 Philippine Welserstraße 26. Grundriß 1. Obergeschoß.
M 1:200.*

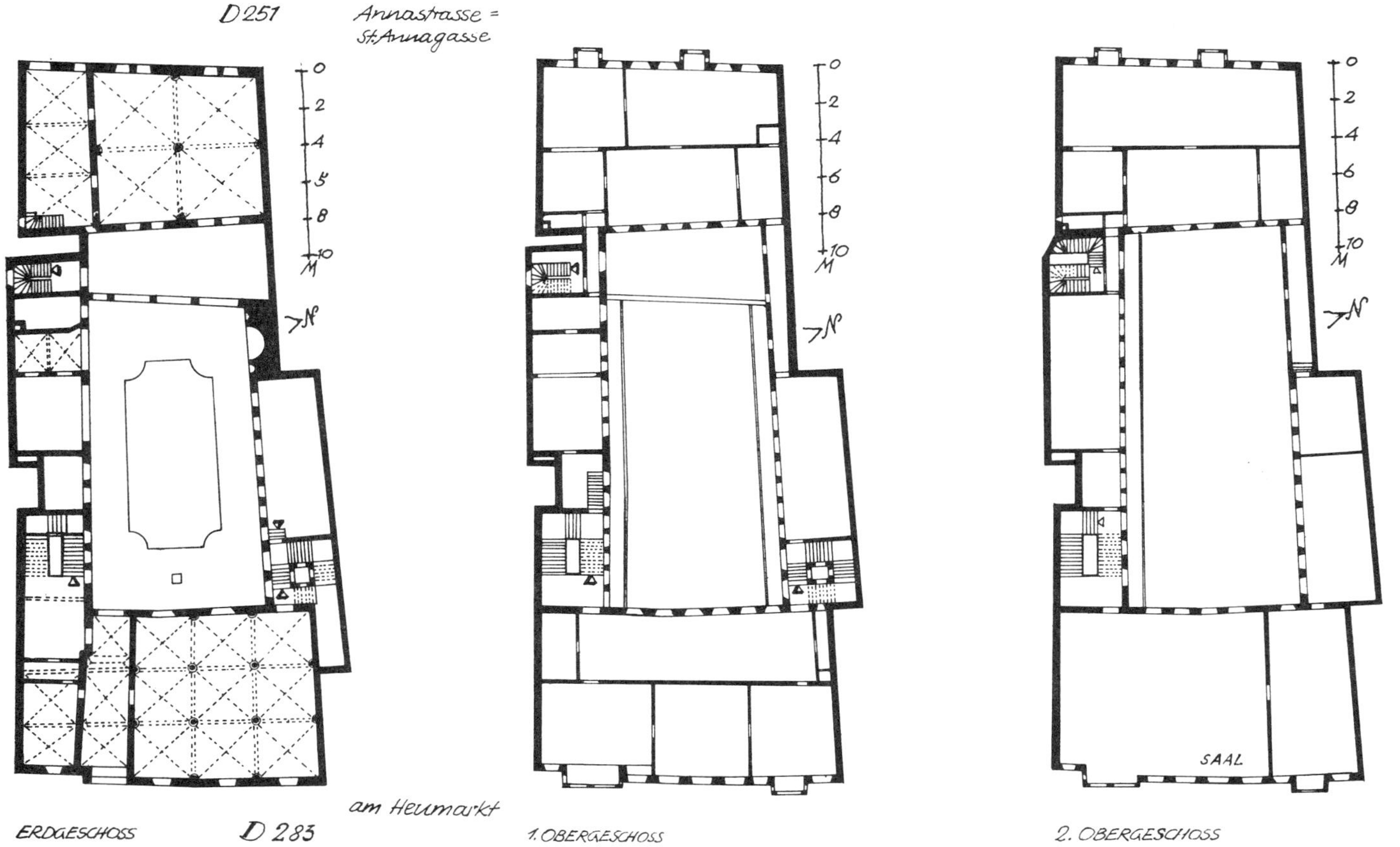

Abb. 74–76 Philippine Welserstraße 24 (Maximilianmuseum). Grundrisse. M 1:400. *Abb. 77 Mauerberg 10. Fassade mit Flacherker. M 1:200.*

Die Treppe endet vom Erdgeschoß aus an einem Podest vor der Tür des hier zweigeschossigen Wohnbereichs und setzt sich in ihm fort. Der nahezu quadratische Flur vermittelt in den Wohngeschossen den Zugang zu je einem großen dreiachsigen Mittelraum mit Erker und zu je zwei Kammern. Eine glückliche wohntechnische Lösung ist festzustellen im Zugang zum Abort über eine an das Treppenpodest angeschlossene, nach Süden offene, also direkt belüftete Loggia. Das Haus erfüllt allein vom Grundriß aus schon vorbildlich die erhöhten Wohnbedürfnisse der Frührenaissance in der Mitte des 16. Jahrhunderts. Auch die Giebelgestaltung ist vom freien Geist dieser Zeit erfüllt, und hält sich an keine strenge Axialität oder gar an Symmetrie. Die reichen schmückenden Elemente, also Portal und Flacherker, sind den rückliegenden Räumen funktionell angepaßt und ohne Achsenbindung in die Giebelfläche gesetzt. Das Haustor plastisch in Putzrahmung und in der Schreinerarbeit der Flügel gestaltet, sowie der Erker in rahmender Profilierung kommen in ihrer schmückenden Art voll zur Geltung, da die Hausfläche sonst schmucklos ist. Das Haus ist im inneren Aufbau, in äußerer Gestaltung und in Materialanwendung ein beispielhaftes Zeugnis eines Augsburger Hauses der Renaissance.

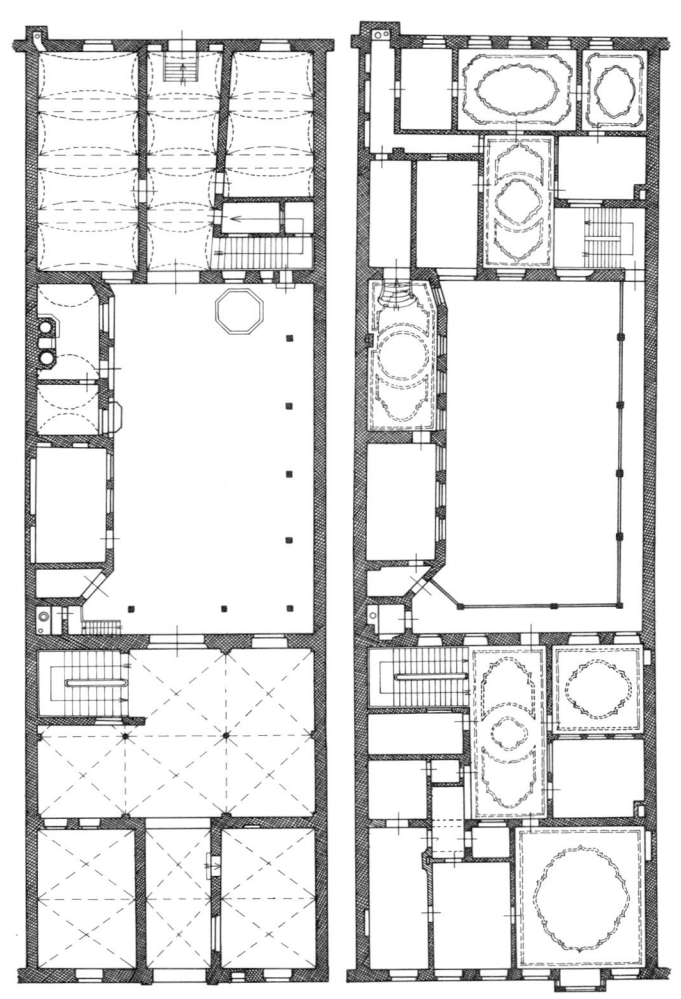

Abb. 78   Annastraße 12. Grundrisse Erd- und Obergeschoß. M 1:400.

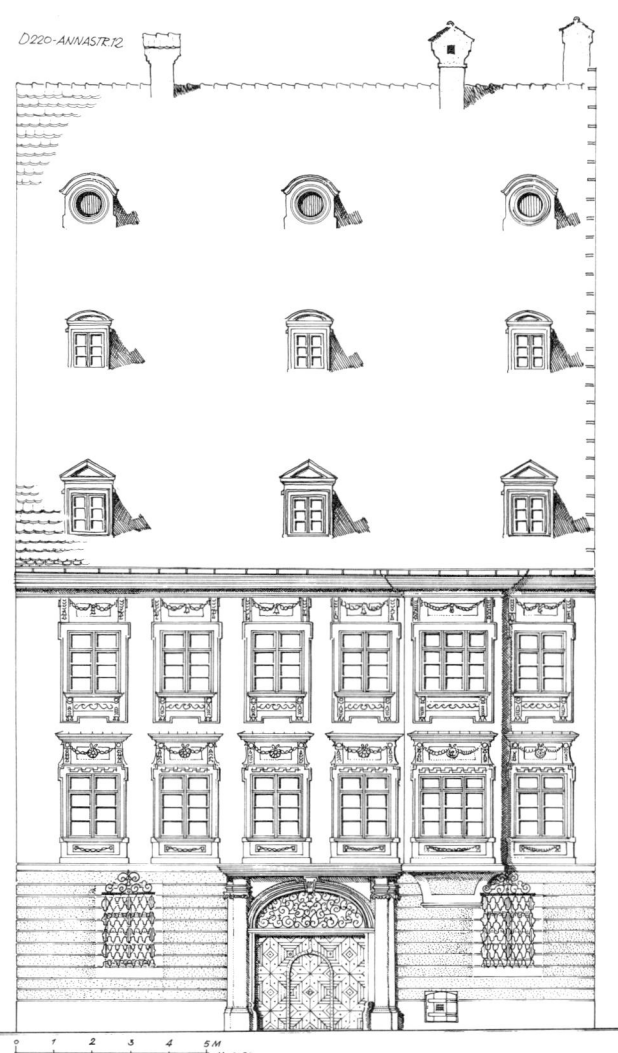

Abb. 79   Annastraße 12. Fassade. M 1:200.

Haus ANNASTRASSE 12 (D 220) (Abb. 78, 79) nimmt unter den Bürgerhäusern des gehobenen Kaufmannsstandes dadurch eine bevorzugte Stellung ein, daß es inmitten eines Straßenbereichs liegt, worin diese tragende Bürgerschicht geschlossen wohnte (vgl. Abb. 14), und daß es nach Grundstücksform und -größe sich den Bedürfnissen entsprechend baulich entwickeln konnte und auch eine Verbindung von Haus und Garten möglich wurde, da die rückwärtige Grenze unbebaut an die Nachbargärten anschloß. Dazu kam die ebene Geländeform und reine Ost-West-Richtung des Grundstücks mit den damit verbundenen guten Belichtungsmöglichkeiten. So entstand hier eine reine Lösung eines Raumprogramms für eine Bevölkerungsgruppe, die an zahlreichen Stellen ähnlich zu bauen versuchte, aber durch örtliche Behinderungen diese klare Form nicht verwirklichen konnte. Es ist somit durchaus angebracht, hier von einer „klassischen" Art dieses Haustyps zu reden. Bei einer Straßenbreite von etwa 15 m und einer Grundstückstiefe von etwa 80 m folgt auf ein an der ANNASTRASSE liegendes Vorderhaus ein rechteckiger tiefer Hof, seitlich von einer Abseite und einer Nachbarmauer und nach Westen durch ein Rückgebäude begrenzt. An dieses schließt sich ein tiefer Garten an, dessen baulicher Abschluß durch einen Gartenpavillon als Blickfang in der Hauptachse des Anwesens vom Eingangstor über den Hof, Rückgebäude und Garten gebildet wird. Vorderbau und Rückgebäude sind im Erdgeschoß dreijochig überwölbt. Die Mitteljoche sind frei für Einfahrt und Durchgang, die seitlichen für Handels- und Wirtschaftsräume bestimmt. Die Kreuzgewölbe des Vorderhauses überdecken die Schreibstube und das Waren-

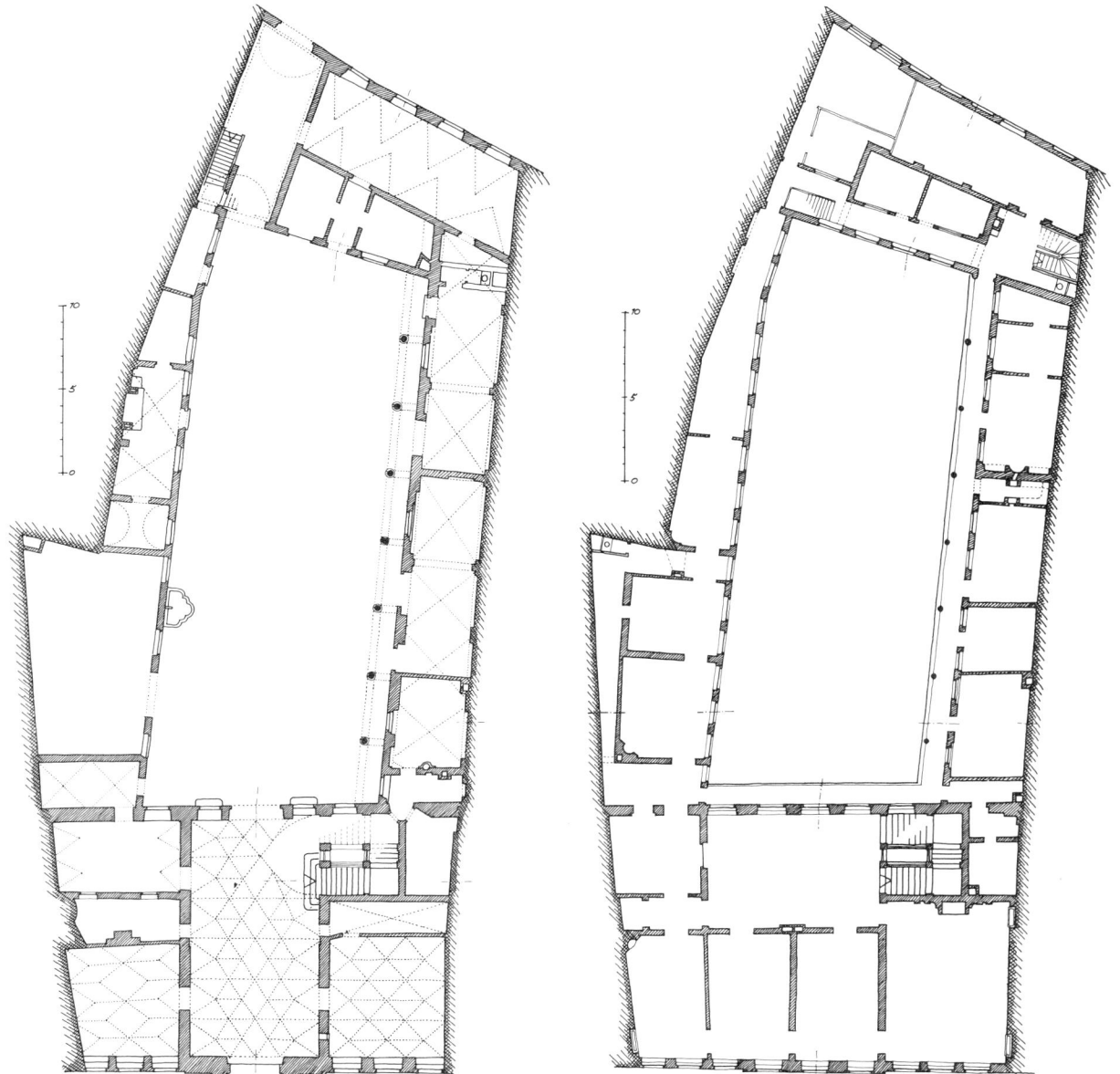

Abb. 80 Ludwigstraße 15. Grundriß Erdgeschoß. M 1:400.

Abb. 81 Ludwigstraße 15. Grundriß 1. Obergeschoß. M 1:400.

gewölbe, die große Tenne, welche sechs Raumquadrate bildet, und die Haustreppe in der linken Ecke.

Das Rückgebäude nimmt unter rechteckigen böhmischen Kappengewölben mit Gurtbogen die Stallungen und die Treppe zu den oben liegenden Gesellschaftsräumen auf. In der Abseite liegen Waschküche und Holzlege.

Im Obergeschoß sind von der hofseitigen Treppenhalle aus direkt zugänglich die straßenseitigen Wohnräume und zum Teil die Schlafräume der engeren Familie. Den beherrschenden Raum bildet die Wohnstube mit dem breiten Flacherker. Hofseitig schließt die Küche an. Das Rückgebäude birgt oben Fest- und Gesellschaftszimmer mit eigener Küche und Nebenraum. Die

Abb. 82 Ludwigstraße 15 (Schnurbeinhaus). Schnitt. M 1:400.

Verbindung vom Vorderhaus stellen hier in der Abseite schmale, flurartige Kabinette her, die, nach der Ausstattung zu schließen, als Gasträume für einen kleinen Kreis und zur Aufnahme von Ausstellungen und Sammlungen geeignet waren.

Die Hausanlagen von LUDWIGSTRASSE 15 (D 189) und THEATERSTRASSE 4 (D 196) nehmen durch ihre große Fläche und Tiefe unter den „Durchhäusern" einen bevorzugten Rang ein (*Abb. 80–82*). Das Vorderhaus liegt mit einer Breite von 22 m an der HEILIG KREUZERGASSE, der heutigen LUDWIGSTRASSE und mit dem Rückgebäude an der Gasse zur westlichen Stadtmauer am „alten Einlaß", der heutigen THEATERSTRASSE. Die Tiefe des Grundstücks beträgt 60 m. Zwischen dem tiefen dreigeschossigen Hauptbau und dem Rückgebäude von geringer Tiefe liegt ein langgestreckter Innenhof mit zwei Abseiten, wovon die nördliche zweigeschossig mit Arkadengängen der Hofanlage eine großartige architektonische Wirkung verleiht. Die Nutzung des Hauses entspricht voll den wiederholt festgestellten Forderungen dieser Baugattung.

Das Hauptgebäude im Erdgeschoß mit großem Einfahrtstor als Zugang in eine geräumige Tenne hat reiches, flaches Netztonnengewölbe. Seitlich schließen sich die Schreibstube und das Warengewölbe an, mit Netztonnen, Tonnengewölbe mit Stichkappen und Kreuzgewölben. Die hofseitige Treppe, mit vier quadratischen Pfeilern das Treppenauge bildend, ist dreiläufig, geht als offenes Treppenhaus von der Erdgeschoßhalle aus und endet unmittelbar in den Obergeschoßhallen. Sie schließt in der Höhe mit einer überhöhten Halbkugel mit Laterne ab. Treppe, Innenraumgestaltung des Vordergebäudes und dessen Straßenansicht sind klassizistisch umgestaltet worden. Die Grundsubstanz der Bauanlage ist sichtlich älter, wie das Rückgebäude mit den Feststuben und die Abseiten mit den leichten Loggien erkennen lassen.

Im Kilian-Plan ist der Hauptbau schon mit Portal in der Mitte, doch ohne Erker und Aufzuggiebel und mit steilem Dach bei drei Dachgeschossen und je vier Gauben übereinander erkennbar. Der klassizistische Umbau scheint sich über den Erdgeschoßgewölben und unter dem steilen Dach nur auf die beiden Obergeschosse im Äußeren mit Einbau einer neunten Fensterachse und eines vorspringenden Mittelrisalits sowie auf Umbau im Innern der beiden Geschosse erstreckt zu haben. Daß die Dächer von Vorder- und Rückgebäude noch dem frühen 16. Jahrhundert eingeordnet werden können, rechtfertigen Konstruktion und Dachneigung. Der etwas unorganische Ausbruch des Treppenhauses mit schwierigem Anschluß an das Hauptdach zeigt, daß dessen Gestaltung in dieser Form später in eine bestehende Dachlösung erfolgte (*Faltt. 2*). Die in der klassizistischen Fassade durchgehaltene Axialität und Symmetrie löst sich wohltuend schon in der Halle auf in eine durch Bedarf, örtliche Gegebenheit und Aufgabe geforderte freie Gestaltung. Eine großräumige architektonische Wirkung vermittelt der Hof mit zwei übereinanderliegenden achtjochigen Säulenarkaden. Die erdgeschossigen Arkaden mit Halbrundbogen liegen vor den Wirtschafts-

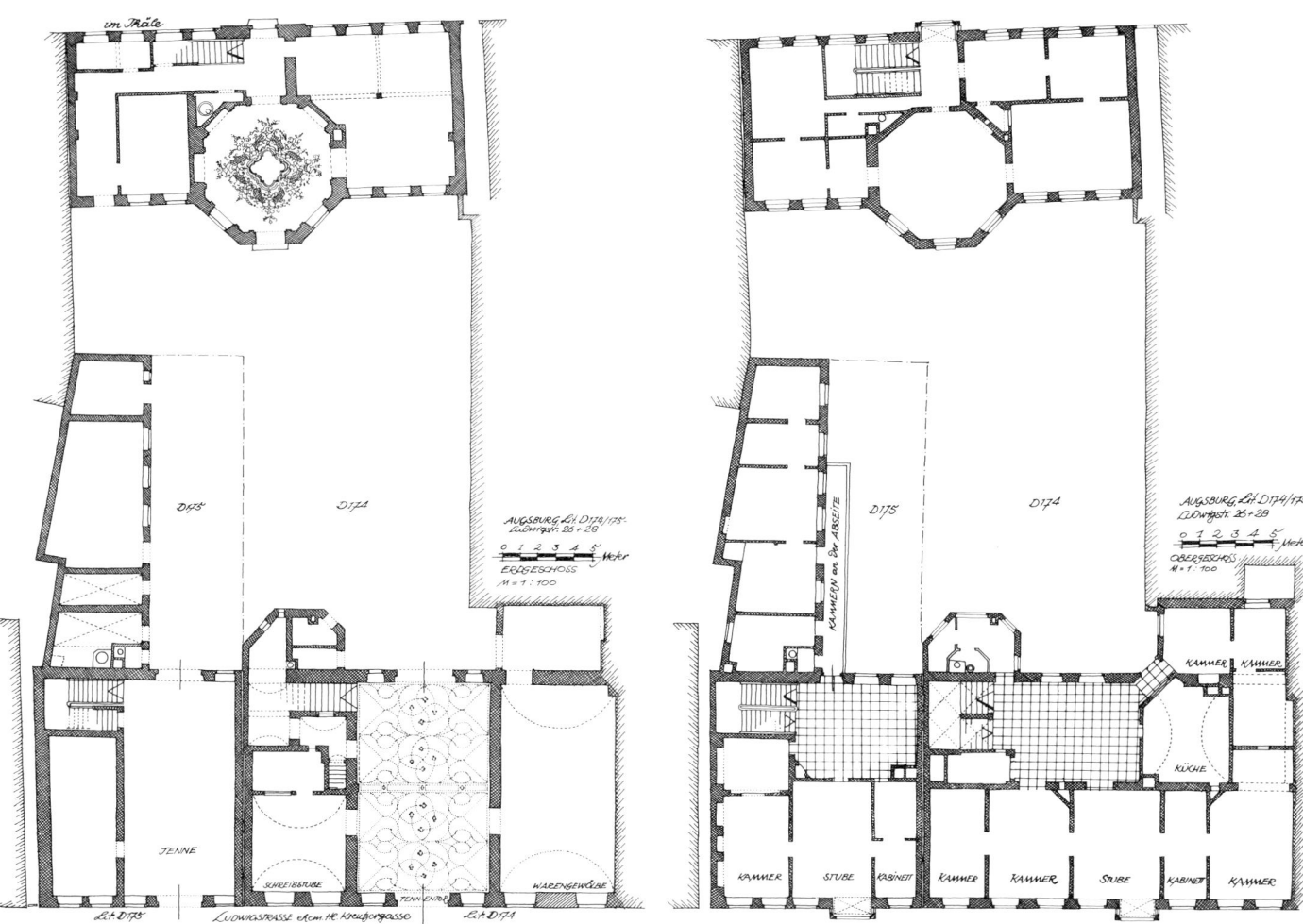

Abb. 83 Ludwigstraße 28/30. Grundriß Erdgeschoß. M 1:400.

Abb. 84 Ludwigstraße 28/30. Grundriß 1. Obergeschoß. M 1:400.

räumen der Abseite, die des Obergeschosses bilden den offenen Gang vor den Gesinderäumen, welcher zugleich den Zugang zum Treppenhaus des Rückgebäudes bildet, von dem man auf dieser Galerie trockenen Fußes zu den Prunk- und Feststuben gelangen konnte. Den Loggien gegenüber an der Wand der südlichen Abseite mit Wagenremise, Holzlege und Waschküche stand ein weitausladender barocker Trogbrunnen aus Sandstein. Unter den Loggien an der Rückfront des Vorderhauses ein kleiner Renaissance-Wandbrunnen aus Salzburger Marmor *(T 102b)*. Der große Pferdestall befindet sich überwölbt mit Tonne und Stichkappen im Rückgebäude neben der Durchfahrt zur hinteren Gasse.

Die Anlage geht über den Rahmen des bürgerlichen Hauses und Hofes schon fast hinaus und könnte eher mit einer städtischen adeligen Hofhaltung bezeichnet werden. Tatsächlich ist im klassizistischen Hauptwohnteil durch strenge Axialität, durch Schaffung einer Türflucht in den straßenseitigen Innenmauern, durch Einbau eines Festsaales mit reichem Stuck und Prunkkamin *(T 101, 102a)*, sowie durch Fehlen des sonst üblichen Wohnerkers der Wohncharakter der Repräsentation weitgehend geopfert. Die Gesamthausanlage bleibt trotzdem eine typische Großform des Augsburger Bürgerhauses.

Die Häuser LUDWIGSTRASSE 28 und 30 (D 174 und D 175) *(Abb. 83, 84)* entstanden gegen 1590. Als Baumeister gilt Johann Holl. Mit einer Straßenbreite von 11 m, einer Tiefe von 14 m und einer kleinen einseitigen Abseite steht das Haus LUDWIGSTRASSE 28 in der Größenordnung am Übergang vom Haus des kleinen Kaufmanns zu dem des gehobenen Handelsherrn.

Das Erdgeschoß ist zweigeteilt mit breiter Einfahrtstenne und schmälerer Schreibstube wie Warenraum. Die Decken sind waagerechte geputzte Holzdecken. Das mit eigener Trennmauer benachbarte Haus Nr. 30 (D 175) hat mit 22 m Breite, gleicher Tiefe von 14 m, wie Nr. 28, innen dreigeteilt, mit voller Wölbung der Erdgeschoßräume, zweifelsfrei den höheren Rang erreicht. Beide Häuser verdienen miteinander betrachtet zu werden, da sie wohl gleichzeitig entstanden und engste Verwandtschaft in Anlage und Gestaltung aufweisen. Die Tenne bei Nr. 30 (D 175), in der Hausmitte gelegen, etwa 7,50 m breit, mit Korbbogentonne und Stichkappen, profiliertem Gurtbogen und mit spielerischen Gräten auf der Tonnenlaibung, sowie mit reichprofilierten Konsolen und darüberliegenden, jonisierenden Wulsten am Fuß der Stichkappen, beherrscht als größter Raum das Erdgeschoß. Die Treppenlage und deren Führung ist bei beiden Häusern gleich. Ohne in den Hallenraum einzuspringen, liegt sie jeweils in der linken Ecke zum Hof zu als zweiläufige Podesttreppe. Diese sparsame Form war sehr beliebt. Das FUGGERHAUS am HEUMARKT zeigt sie zweimal als Haupttreppe jeden Gebäudeteils. Johann Holl, der nachweislich Nr. 30 erbaut hat, wendet sie wiederholt an. Dieser größere Bau (Nr. 30) hat gegenüber der Schreibstube noch ein großes Warengewölbe (T 21 b). Die Obergeschosse als Wohnbereich der Familie haben trotz Größenunterschied gleiche Merkmale. Die Treppenlage zur Halle im Obergeschoß und deren Größe, der Zugang zur Wohnstube, wiederum dessen Größe und Ausmaße, sowie die Erkerlage und Ausführung sind in beiden Obergeschossen jeden Hauses gleich. Lediglich die Raumzahl der Nebengelasse ist verschieden. Das kleinere Haus jedoch ersetzt die fehlenden Räume in zusammenhängender Fläche durch Verlegen in eine Abseite, die dem größeren Hause fehlt. In beiden Wohnungen liegt die Küche indirekt von der Halle aus belichtet. In ersterer mit gerader Decke, in letzterer mit gemauertem Gewölbe. Beide Häuser verbindet eine nahezu gleiche Fassadengliederung, Profilierung der Gesimse und Umrahmungen der Fenster und der Portalarchitektur. Sie sind trotz ihrer Größenunterschiede Zeugen einer klaren, einfachen, sinnvollen und formfreudigen baulichen Gesinnung. Beide ordnen sich ein in die beim Haus des kleinen Mannes, wie dem des Großkaufmanns festzustellenden maßstäblichen Gemeinsamkeiten. Dies gilt für die Raumforderungen in Geschäfts- und Wohnbereich, trotz der sozialen Stufungen. Mit dem Bedürfnis nach erhöhter Repräsentation und wohl auch mit der Forderung größerer gesellschaftlicher Verpflichtungen entstand hier in D 151 als Rückgebäude gegen das Thäle ein bedeutendes dreigeschossiges Bauwerk, das im wesentlichen den neuen Forderungen dienen sollte. Das Grundstück mit dem Neubau gehört nun ganz zu Nr. 30 (D 175), das wohl auch zu dieser Zeit Nr. 28 (D 174) miterwarb. Die beiden Hausfassaden, die zur Entstehungszeit um 1600 sicher schlicht und großflächig gelöst waren, erhalten in Anlehnung an den rückwärtigen Neubau profilierte Gesimse und Fensterumrahmungen, sowie einander angeglichene Portalarchitekturen. Die Bauzeit ist 1728 als Jahr des Neubaus von D 151 und des angleichenden Fassadenumbaus von LUDWIGSTRASSE 28/30. Im Äußeren unterscheidet sich der Neubau durch eine Dachform, die damals noch eine Früherscheinung war, ein Mansarddach, von den steilen Satteldächern der älteren Häuser.

In der planerischen Gesamtauffassung erscheint bei D 151 ein ganz neues Moment in der symmetrischen Anlage. Im bürgerlichen Bauen war sie bis dahin soviel wie unbekannt. Diese Wirkung wird noch dadurch erhöht, daß der Grundriß jedes Geschosses in der Mittelachse beherrscht wird durch einen in den Hofraum ragenden großen achteckigen Raum, an den sich die übrigen Räume anlehnen und ohne besonderen Rang unterordnen. Das Erdgeschoß mit den Gartenräumen dient ganz der Geselligkeit, wobei der Achteckraum in der Mitte mit reicher Stuckdecke, Sitz- und Fensternischen hofseitig als Gartenpavillon liegt.

Das 1. Obergeschoß ist ein reines Festgeschoß, wieder mit dem Achteckraum als Mittelpunkt und mit den beherrschend hohen Fenstern. Das 2. Obergeschoß dient als Wohngeschoß, wobei der Achteckraum in seiner Form mehr noch Repräsentationsaufgaben erfüllt haben mag. Für einen Wohnbedarf erweist sich die symmetrische Gestaltung nicht als vergleichbar mit der bisher üblichen, noch in den Vorderhäusern sichtbaren funktionsgerechten Raumzuordnung. Die Intimität der Wohneinheit mit dem größten, durch den breiten Erker gekennzeichneten und als Familienstube benutzten Raum und den sich dem Tagesablauf anpassenden Räumen mit Küche, Schlafräumen und Nebengelassen ist nicht erreicht bei der Durchführung eines starren Grundrißsystems. D 151 besitzt zwar auch einen Flacherker; er ist jedoch nicht in die Wohnfunktion eingeschaltet wie bisher üblich, sondern sitzt als Treppenpodesterker in der Hausmitte (T 43 b).

Das Haus MAXIMILIANSTRASSE 51 (WINTERGASSE 14) (A 19/20) (Abb. 85, 86) wurde nach der Jahreszahl an der Tür im Jahre 1769 errichtet. Der Baumeister ist Johann Martin Bendenrieder, auch Pentenrieder, von dem auch das „Cottahaus" – KARMELITENGASSE 9 (E 161) stammt. In der Entwicklung eines Bürgerhauses mit erhöhten Ansprüchen ist es in seiner Art besonders beachtenswert. Ursprünglich war es kein Durchhaus, sondern bestand aus zwei Gebäuden mit verschiedenen Besitzern. Das eine an der MAXIMILIANSTRASSE 51 (A 19) und das andere WINTERGASSE 14 (A 20). Der Bauherr des vereinigten Grundstücks war der Handelsherr Joseph Tonella.

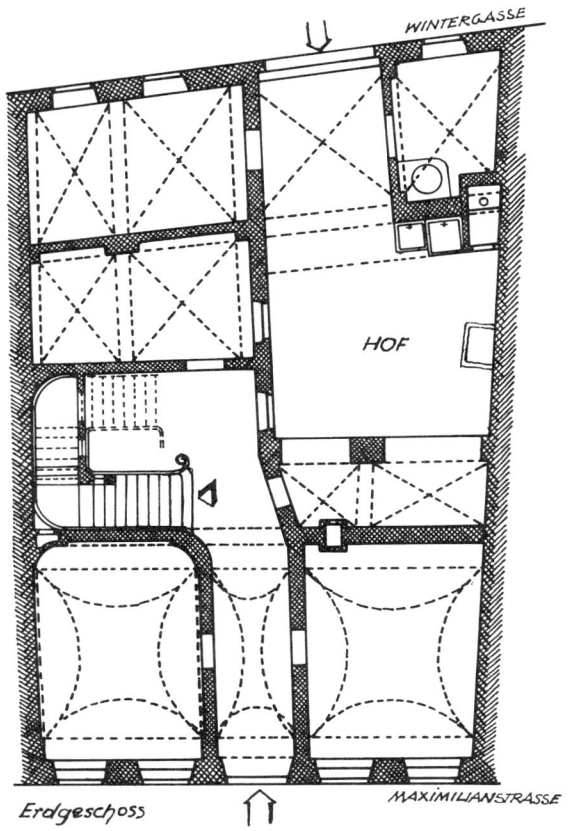
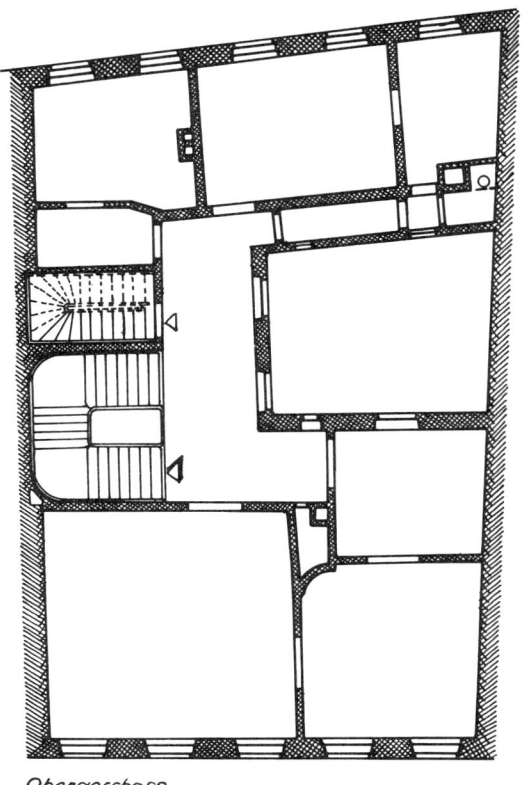

Abb. 85 Maximilianstraße 51. Grundriß Erdgeschoß. M 1:200.

Abb. 86 Maximilianstraße 51. Grundriß Obergeschoß. M 1:200.

Abb. 87 Maximilianstraße 51. Vordere Fassade. M 1:200.

Abb. 88 Maximilianstraße 51. Hintere Fassade. M 1:200.

Die zweiflügelige Haustür zeigt holzgeschnitzte Handelsembleme: Der linke Flügel Anker, Merkurstab, Winkel und Warenballen mit der Jahreszahl 1769, der rechte Faß, Waage, Geschäftsbuch, versiegelten Brief und zwei Kielfedern.

Das Haus selbst verrät im Äußeren in seiner bescheidenen Größe sowie im Raumaufwand wenig von einem Geschäftshaus mit Warenumschlag, sondern trägt vielmehr den Charakter eines gepflegten Stadtwohnhauses dieser Zeit – ein kleines Stadtpalais *(Abb. 87, 88)*. Bei der hufeisenförmig um einen kleinen Innenhof von nur 5 auf 6 m angeordneten Bebauung liegt im Innern der Schwerpunkt bei einer dreiläufigen freischwingenden Treppe aus Holz *(T 91 b, 92 a, b)*, bei der die Halle des Erd- und die des Obergeschosses mit An- und Austrittspodest der Treppe ineinander übergehen. Dieses Ineinanderverschleifen der Verkehrsräume gibt, unterstützt durch feingefühlte Übergänge, wie Rundungen und stumpfe Mauerwinkel, somit unter Vermeidung harter Kanten, dem Hausinnern eine schwingende Bewegtheit. Unterstützt wird dieser Eindruck noch durch leichten Stuck an Decken, Tür- und Fensterumrahmung und stuckumrahmte Deckenfresken. Im Erdgeschoß steigern diese Wirkung weiterhin noch flache Kugelkalotten böhmischer Kappen. Der Eindruck des Familienhauses wird durch Handelsräume nicht beeinträchtigt. Schon dadurch, daß durch eine Haustür und nicht durch ein Einfahrtstor das Haus betreten wird, weicht es von den bisher üblichen Handelshäusern ab. Der Hausflur, der nur ein Durchgang ohne Warenlagermöglichkeit sein konnte, führt zur Haustreppe und seitlich zu zwei fast gleichen zimmerartigen Räumen mit Stuck und Deckenfresken. Sie konnten bei diesem Aufwand nur Empfangs-, Ausstellungs-, Besprechungs- oder Verwaltungsräume der Geschäftsführung gewesen sein. Diese beiden Räume sind in ihrer Gleichartigkeit und in ihrer symmetrischen Lage zur Mittelachse und Haustür die einzigen, welche dieser fassadenmäßigen Ausrichtung auch im Grundriß folgen. Mit der Seitenlage der Treppe und der Größe und Gruppierung der Zimmer, der Verteilung auf die Obergeschosse und ihrer Zweckbestimmung ist die Bindung an die Symmetrie der Außenerscheinung aufgelöst. In der Raumproportion und im Zusammenspiel einer sinnvollen Bewohnungs- und Nutzungsmöglichkeit ist im Innern noch voll der Geist lebendig, der schon in den Häusern der Frührenaissance spürbar wurde und so lange im Bürgerhaus sichtbar blieb. Hier ist in Anordnung und Größe der Wohnräume das Bestreben zu erkennen, diese ihre Wohnaufgabe erfüllen zu lassen. Einer Symmetrieforderung der Stilarchitektur sind keine Opfer auf Kosten der Funktion gebracht. Die beiden Obergeschosse mit den Wohnbereichen beweisen dies. Starre Stilforderungen der Renaissance und des Barock hätten für das fünfachsige Haus in der Hausmitte jeden Geschosses einen dreiachsigen beherrschenden Raum als Wohn- oder Feststube planen lassen ohne Rücksicht darauf, daß bei der geringen Hausbreite dann zu beiden Seiten nur untergeordnete, schmale und tiefe Nebengelasse übriggeblieben wären. Hier jedoch ist die wichtige Wohngruppe nach der Hauptseite, dem ehemaligen WEINMARKT zu, mit einer großen quadratischen seitlichen Stube, einem weiteren quadratischen kleineren Raum und hofseitig einem ebensolchen um einen gemeinsamen Kamin zusammengefaßt. Zum hergebrachten Bild der bürgerlichen Augsburger Wohnung fehlt nur der Flacherker an der Wohnstube. Doch seine Blütezeit war nun vorbei. Seine Beliebtheit war im Barock mit der Vorliebe für Prunkfassaden geschwunden. Die Wirtschafts-, Neben- und Gesinderäume bilden nach Osten auf die Nebengasse eine eigene Hausgruppe, durch den Treppenlauf getrennt vom reinen Wohn-Schlafbereich.

Vor diesem vielgestaltigen, lebendigen Innern stehen stilgebundene, symmetrisch ausgerichtete Fassaden, an der Hauptseite reich, an der rückwärtigen Gasse einfacher gestaltet. Die Schauseite am „Weinmarkt" ist zart und reich gegliedert. Über der Putzrustika des Erdgeschosses und dem zweiflügeligen Hauseingang mit skulpturgezierten Holztüren und formenreichem Oberlichtgitter schließt ein kräftiges Gesims ab. Auf ihm ragen, eine Vertikaltendenz erzeugend, die bandartigen Lisenen auf. Die fünf Fenster des 1. Obergeschosses haben kräftige, geschwungene Verdachungen über zarten, rahmenden Flachornamenten. Die Fenster des 2. Obergeschosses mit breiten Umrahmungen ohne Verdachung schließen mit einem Schlußstein ab. Unter Traufe und Abschlußgesims füllt den Zwischenraum bis zu den Fensterstürzen ein dorisierendes Gesims mit Triglyphen und Tropfen. Im Mansarddach betont die Hausmitte eine breitausladende, gemauerte und geschwungene Gaube. Die Rückansicht ist einfacher und strenger. Die Fenster tragen leichte Stuckumrahmung. Das Einfahrttor in den Hof wirkt durch kräftige schwingende Abdeckungen der Holzfüllungen und ebensolche Kämpfer und netzartig schwingende Vergitterungen als kraftvolles Architekturmotiv.

Ein Warenverkehr konnte in beschränktem Maße nur über ein Hoftor von der WINTERGASSE aus erfolgen. Für Stall, Warenlager und notwendige Nebenräume war der verfügbare Raum gering. Es ist anzunehmen, wenn sich die Embleme an der Haustür wirklich auf die durch das Haus verhandelten Güter bezogen, daß der Warenumschlag und die -lagerung sich anderswo abspielten, dort, wo Stallung, Wagenunterstellung und die Wohnungen des Gesindes lagen. Dies war möglich in den weniger dicht besiedelten Stadtteilen. In der Jakobervorstadt ist im Anwesen IM SACK 3a eine solche für diese Nutzung zutreffende und zu denkende Anlage noch erhalten (vgl.

Abb. 89   Im Sack 3a. Blick auf die Gesamtanlage mit Gartenloggia und Lageplan.

Abb. 89). All diese Forderungen räumlicher Art konnten dort erfüllt werden. Dazu kommt jedoch noch eine bauliche Möglichkeit, die in der Innenstadt bei der engen Bebauung nicht zu verwirklichen war – ein Erholungsgarten. Hier ist eine an die einfachen Hausteile anschließende Gartenarchitektur zweigeschossig in gemauerten Bogenloggien mit zwei im Obergeschoß endenden kleinen Gemächern mit profilierten Holzdecken gestaltet. Südlich vor dieser die Nordumgrenzung bildenden Bauanlage liegt, durch umliegende Nachbarbauten geschützt, ein Hausgarten. Da zwischen diesem Anbau und den Wirtschaftsgebäuden kein innerer Zusammenhang besteht, kann angenommen werden, daß es sich hier um ein herrschaftliches „Lustgärtchen und Lusthaus" für die Familie handelt, da der sommerliche Erholungsraum wie bei MAXIMILIANSTRASSE 51 (A 19) in der dicht bebauten Innenstadt nicht am Haus selbst liegen konnte. Im Kilian-Plan sind solche Gartengüter in den Vorstädten im 18. Jahrhundert, dazu in großer Zahl in den Stichen von Remshart, auch noch unmittelbar vor den Mauern der Stadt im Bild, sowie durch Urkunden bezeugt. Schließlich war es trotz des Gartenreichtums der Stadt nur einem kleinen Teil selbst der begüterten Bürger möglich, den Garten am Haus zu haben. MAXIMILIANSTRASSE 51 und das Anwesen IM SACK 3a sollen hier als mögliche Modelle gemeinsam genannt sein für Fälle dieser Art, ohne den Beweis erbringen zu können, daß beide auch tatsächlich zusammengehörten.

Grundriß und Ausmaß des Sitzes eines reichen Bankiers, hier des Christian von Münch, zeigt MARTIN-LUTHER-PLATZ 5 (B 258). Für bürgerliche Verhältnisse ist der Raumanspruch außerordentlich groß und man

Abb. 90   Martin-Luther-Platz 5 mit Turm von St. Moritz, Stetteninstitut, von Münch'sches Palais.

denkt dabei eher an die Stadtresidenz eines Fürsten *(Abb. 52, 90)*. Die äußere Erscheinung ist dagegen schlicht unter maßstäblich guter Angleichung an die Nachbarhäuser.

Die bisher gezeigten Bürgerhäuser der gehobenen Schicht angehörend, tragen in Anlage, Raumanordnung und -aufwand, wie auch in Anwendung technischer Mittel deutlich die Zeichen der beginnenden Neuzeit als Schöpfungen des 16., 17. und 18. Jahrhunderts.

HANDWERKERBAUTEN

Eine klare Trennung zwischen der Hausstelle des kleineren Kaufmannes, des Händlers und des selbständigen Handwerkers in Hausform und -größe läßt sich nicht festlegen. Kleinerer Hausbesitz war auch öfterem Besitzwechsel unterworfen. Das in Augsburg in allen Stadtteilen vielfach in kleineren Abwandlungen erscheinende Dreifensterhaus gehört den verschiedenen bürgerlichen Berufsgruppen an *(Abb. 38, 91–93)*. Obwohl Augsburg keine geplanten Stadtgeviert mit parzellierten gleichgroßen Grundstücken für die Besiedlung anbot, liegt die Mehrzahl der Hausbreiten der Handwerkerhäuser bei etwa 5 bis 7 m *(Faltt. 6)*. Die vier innenliegenden Dreifenster-Erkerhäuser am Elias-Holl-Platz bewegen sich in diesen Breiten. Es sind Handwerkerhäuser, in denen Bortenwirker, Taschner, Hucker, Kramer, Uhrmacher, Holz- und Formschneider, sowie Briefmaler, Drechsler, Schuhmacher usw. nachweisbar sind *(Faltt. 1)*. Selbst bei ausgesprochener Breitenentwicklung des Erkers und größeren Seitenfenstern wird eine straßenseitige Hausbreite der Giebelhäuser von 9 m nur ausnahmsweise erreicht oder überschritten. Wesentlich verändert sich das Gesamtbild des Handwerker-

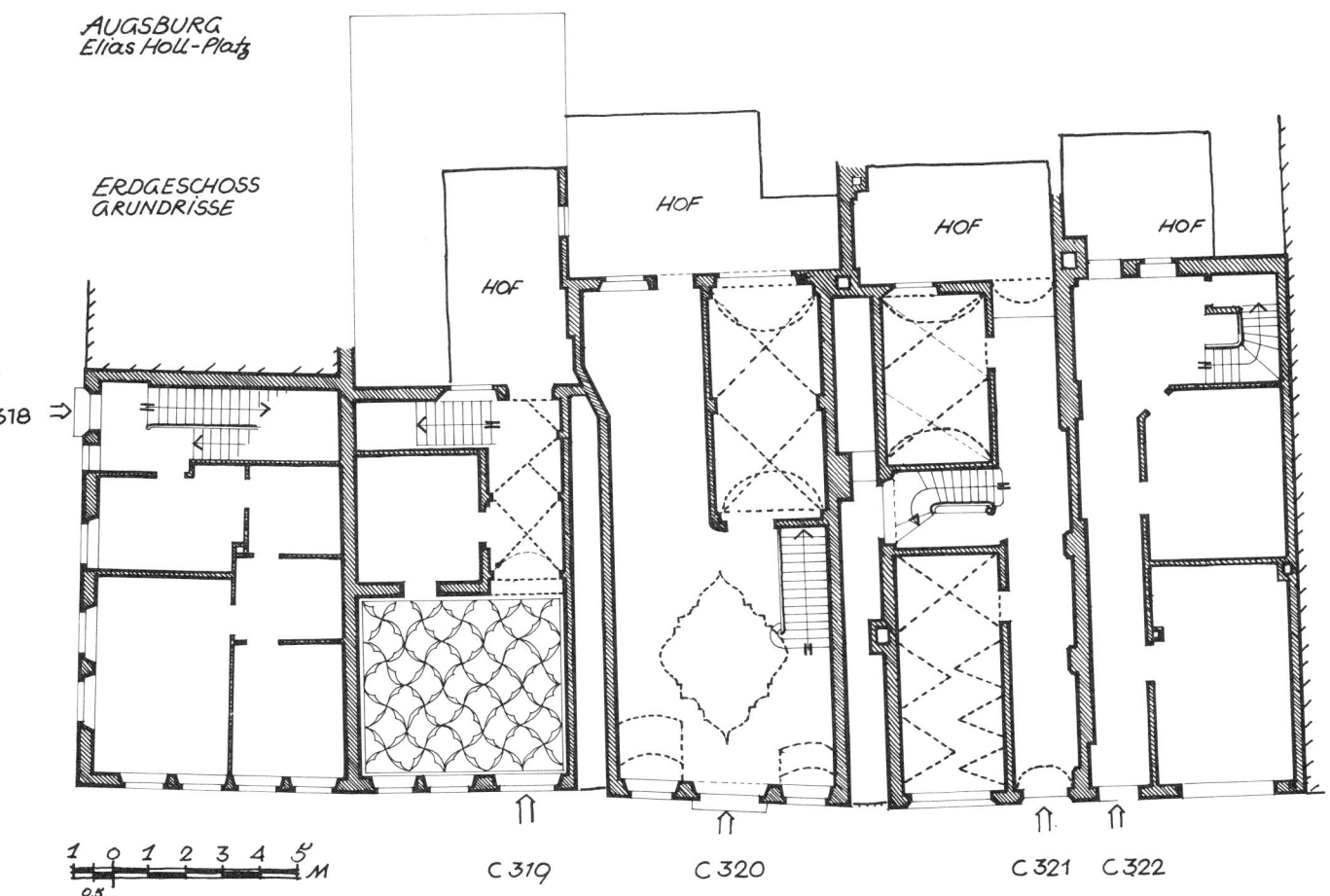

Abb. 91 Elias-Holl-Platz 2–10. Grundriß Erdgeschoß. M 1:200.

hauses allerdings dort, wo das Gewerbe besondere Bauten in Art und Größe fordert, wie dies für Tuchmacher, Gerber und Färber notwendig wird. Hier bestimmt bei üblicher Wohnhausanlage nun der gewerbliche Hausteil in Form, Maßstab und auch im Baustoff die Hauserscheinung, ja sogar Straßen- und Stadtbild. Das verhältnismäßig kleine, steinerne, verputzte Wohnhaus wird überragt von einem hohen, vielgeschossigen Holzaufbau mit Auslegerbalken zum Trocknen gefärbter Stoffe. Dazu kommt oft noch eine Dachform, ein einhüftiger Giebel oder ein Walm, die vom üblichen Giebel- oder Traufenhaus abweicht *(T 38 a, b und 39 a, b)*.

Unter der Reihe der Handwerkerhäuser seien drei besonders betrachtet:

PFLADERGASSE 10 (C 314), das nach Hausgröße, Lage in der Gasse, nach Bedarf an Werkstatt und Wohnung für viele Arten der Betätigung gelten könnte.

BÄCKERGASSE 16 (A 152), als Beispiel bedrängter Arbeits- und Wohnverhältnisse als mittelalterlicher Altbestand.

HINTERER LECH 27 (A 607), ein Färberhaus, bei dem im Zeitgeist und in Formen des Barock gesteigerte Wohnansprüche befriedigt werden.

PFLADERGASSE 10 ist ein seit 1670 von „Goldschlägern", also von Goldschmieden beruflich genutztes und bewohntes Haus *(Abb. 94)*. Auf dem Modell von Rogel 1563 ist es erkennbar. Seld verzeichnet es 1521 nicht. Kilian bringt es jedoch mit drei Achsen und im Obergeschoß mit Mittelfenster und Flacherker.

Der Zugang zum Haus erfolgt über ein Hoftor. Eine Haustüre fehlt, da ebenerdig, neben dem Hoftor eine niedere Tür auf ein Podest zur um zwei Stufen niedrigeren Werkstatt führt. Durch einen Verschlag wirkt es als Windfang. Die Werkstatt besitzt große Fenster zur Straße hin. Als Nebenräume, der Werkstatt dienend,

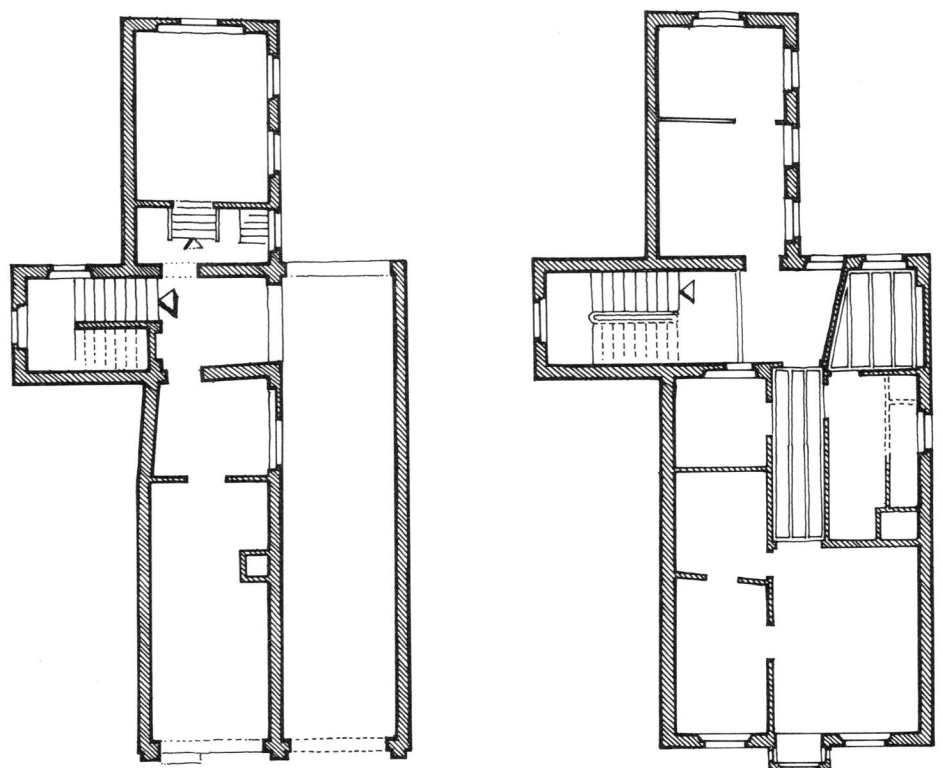

Abb. 92 Jakoberstraße 49. Grundrisse Erd- und Obergeschoß. M 1:200.

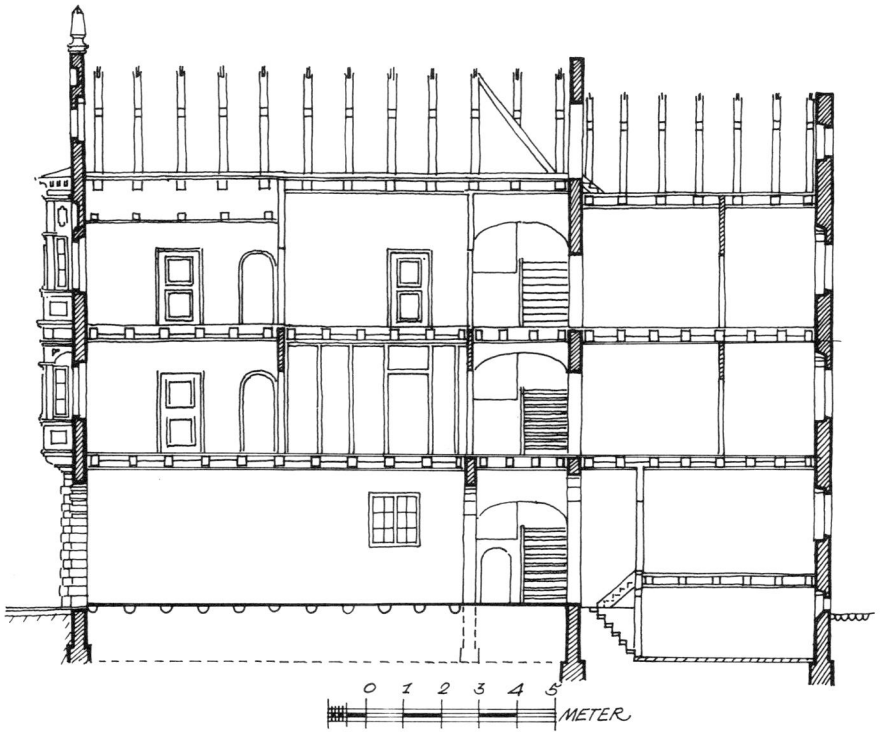

Abb. 93 Jakoberstraße 49. Schnitt. M 1:200.

schließen an sie ein Heizflur mit Rauchkutte, eine Holzlege und ein um drei Stufen vertiefter Keller, und rückwärtig mit Differenztreppe zum Hof, ein weiterer Werkraum mit Feueresse, Blasebalg, Amboß und Sägebock an. Eine kleine Waschküche, ein dunkler Abstellraum und ein Abort erfüllen das Raumbedürfnis dieses vertieften Wirtschaftsgeschosses.

Solche vertieften Werk- und auch Verkaufsräume haben sich noch lange in Augsburg erhalten. Sie waren besetzt von Schuhmachern, Kupferschmieden und Spenglern, Nagelschmieden und Käuflern, um einige zu nennen, die sich in der GEORGENGASSE, am SCHMIEDBERG und an den Herrenhäusern, am Kreuz und in den Lechvierteln bis vor wenigen Jahren halten konnten. Die Wohnräume des 1. Obergeschosses sind vom Hof aus

Abb. 94 Pfladergasse 10. Fassaden, Schnitt, Grundrisse M 1:400. Lageplan M 1:200.

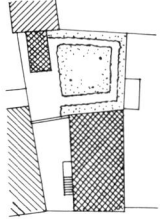

über eine außen angehängte, überdachte Holztreppe erreichbar. Eine direkte Verbindung im Hausinnern, vom Werk- zum Wohnteil besteht außer einer Klappe in der Holzdecke, die als Wärmeloch, Durchreiche oder Verständigungsloch diente, nicht. Selbst der Zugang zum 2. Obergeschoß erfolgt nur über das Eingangs-

Abb. 95   Bäckergasse 10. Lage im Kiliansplan von 1626. Schnitte und Grundrisse M 1:200.

podest dieser vorgehängten Holztreppe, die balkonartig den Zugang zur Wohnungstür des ersten und zur Wohnungstreppentür des zweiten Obergeschosses vermittelt. Trotz der Schmalheit des Hauses haben die Wohn- und die Hauptschlafstuben gute und zweckentsprechend möblierbare Raummaße.

Bei der unteren Wohnung läuft die Stube über die ganze Breite des Hauses und bildet ein großes Rechteck. Im Stockwerk darüber ist die Stube kleiner und quadratisch und läßt noch einer kleinen Kammer Platz, wie dies sonst üblich war. Beide Küchen sind reine Kochküchen und nur indirekt über den Flur belichtet. Das Äußere zeigt den Typ des einfachen, schmalen Giebelhauses mit Stockwerksgesims und profilumrahmtem Dachdreieck. Der bei Kilian noch gezeichnete Flacherker besteht nicht mehr. Die besondere Enge der Gasse an dieser Stelle mag der Anlaß gewesen sein, ihn später zu entfernen. Einen Ersatz für den Erker und um dennoch einen Seitenblick in die Gassen zu erhalten, stellen wohl die in die Hausmauerecken gedrückten schmalen Auslugfensterchen mit Eselsrücken als Sturzausbildung dar. Die volle Ausbildung des Giebels, wie er auch hier als Dreifenster-Flacherkergiebel bestand, ist in den benachbarten vier Mittelhäusern (C 319–322) *(Faltt. 1)* am ELIAS-HOLL-PLATZ neben vielen Zeugen gleicher Art in der Stadt noch sichtbar *(T 43 b)*. Ein im rückwärtigen kleinen Hausgarten befindliches Gartenhaus trat an die Stelle eines noch bei Kilian abgebildeten Rückgebäudes. Für das Anwesen ist dadurch eine Bereicherung eingetreten, die in der engen Handwerkerstadt der Lechgassen nur selten verwirklicht werden konnte. In den dünner besiedelten Stadtteilen werden ähnliche glückliche Verbindungen von Handwerkerhaus und Hausgarten öfters angetroffen.

Im Gegensatz zu den hier noch günstigen Wohnbedingungen steht das Haus eines Bäckers, BÄCKERGASSE 16 (A 152) *(Abb. 95)*, das mit vielen anderen Handwerkerhäusern in dichter Reihe steht und bei einer Hausbreite von nur 8 m und einer Tiefe von 26 m und kleinem Hof, bei unmittelbarem Anbau südlich an den Nachbarn und schmaler Reihe von 50 cm gegen Norden nur geringe Belichtungsmöglichkeiten aufweist. Das Erdgeschoß ist rein gewerblich genutzt mit Laden, Eßküche, Backstube mit Backofen, Kühlflur und Mehlkammer. Zu Backstube und Laden führt neben einer Wohnungseingangstür zum Obergeschoß eine gesonderte Haustür. Die Verbindung von Backstube zu darüberliegender Wohnung für Familie und Gesinde vermittelt eine viertelgewendelte Innentreppe. Der schmale tiefe Baukörper ermöglicht nur vier Zimmern direktes Licht, für je zwei zur Straße und zum kleinen Hinterhof. Die Küche und eine Reihe von Kammern wird nur mangelhaft von der Reihe aus belichtet und belüftet. Eine bescheidene Bereicherung bildet ein Eckfenster der Wohnstube, das durch Verzahnung der Hausfront an der Straße einen Seitenblick in den Nordteil der BÄCKERGASSE ermöglicht. Der ursprüngliche Zustand der Straßenfront ist nur nach dem Kilian-Plan abzulesen. Nach ihm bestand ein giebelseitig vorspringender Schopfwalm. Das Obergeschoß ist mit fünf

M = 1 : 100
0
5 M
AUGSBURG, Lit.A 152
Bäckergasse

STUBE
KAMMER
KÜCHE
KA.
KA.
KAMMER
KAMMER
FLUR
Z. DACH
FLUR
KÜCHE
STUBE
KAMMER
AUGSBURG, Lit.A 152
Bäckergasse
5 M
0
M = 1:100
KÜHLFLUR
zur Bäckerwohnung
HOF
MEHLKAMMER
BACKOFEN
BACKSTUBE
KÜCHE
LADEN

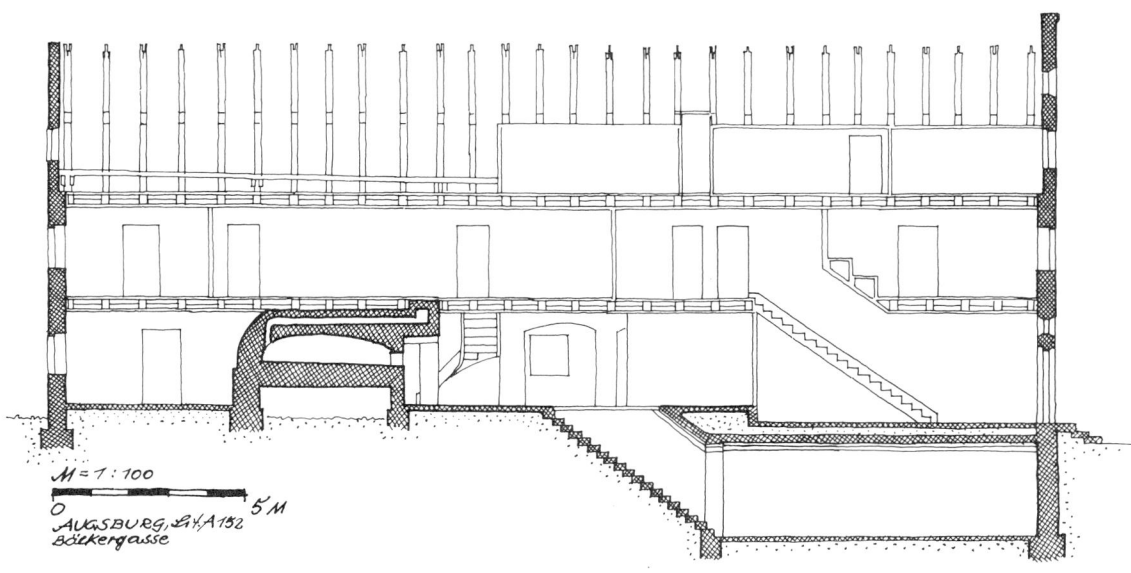

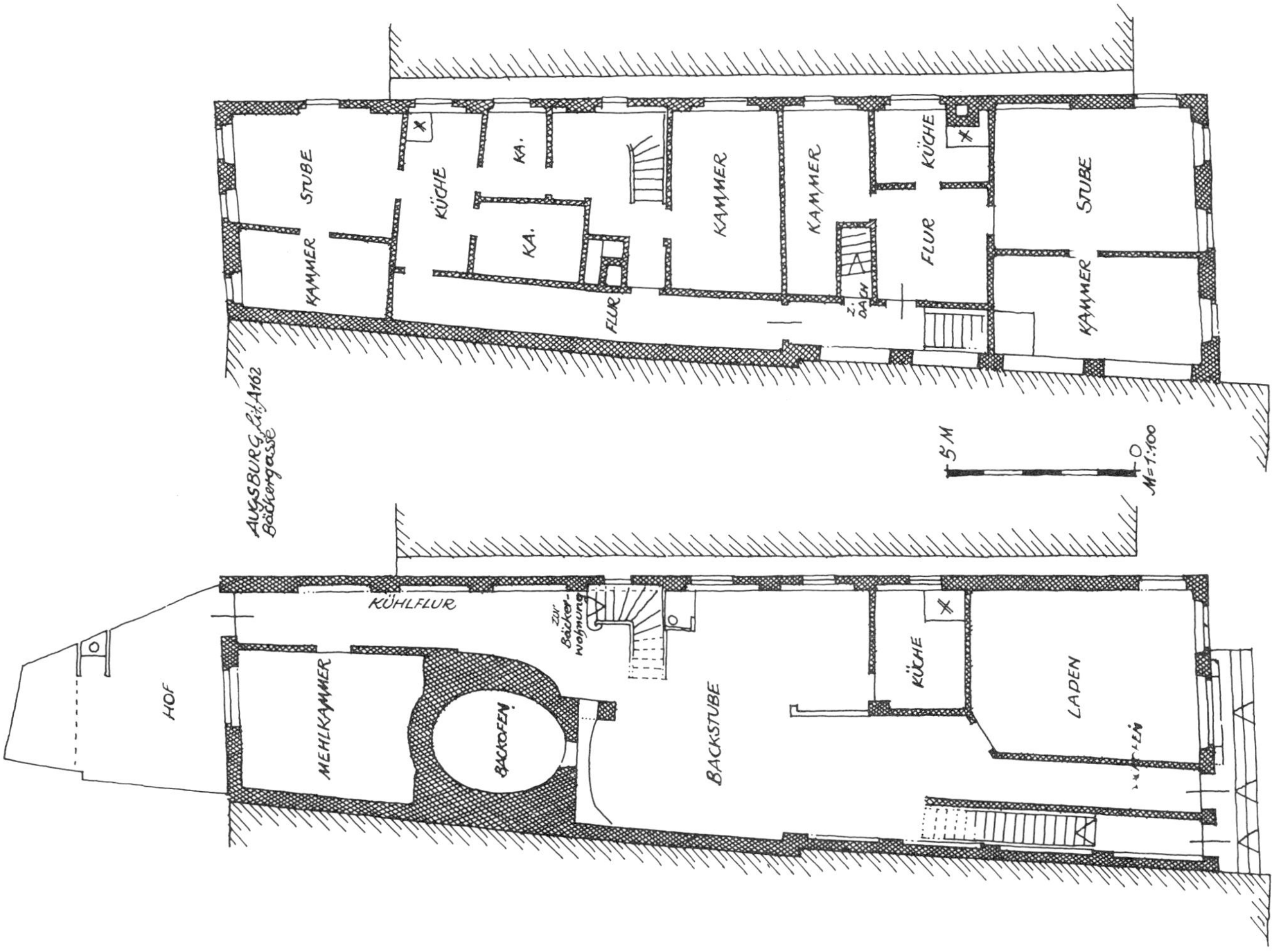

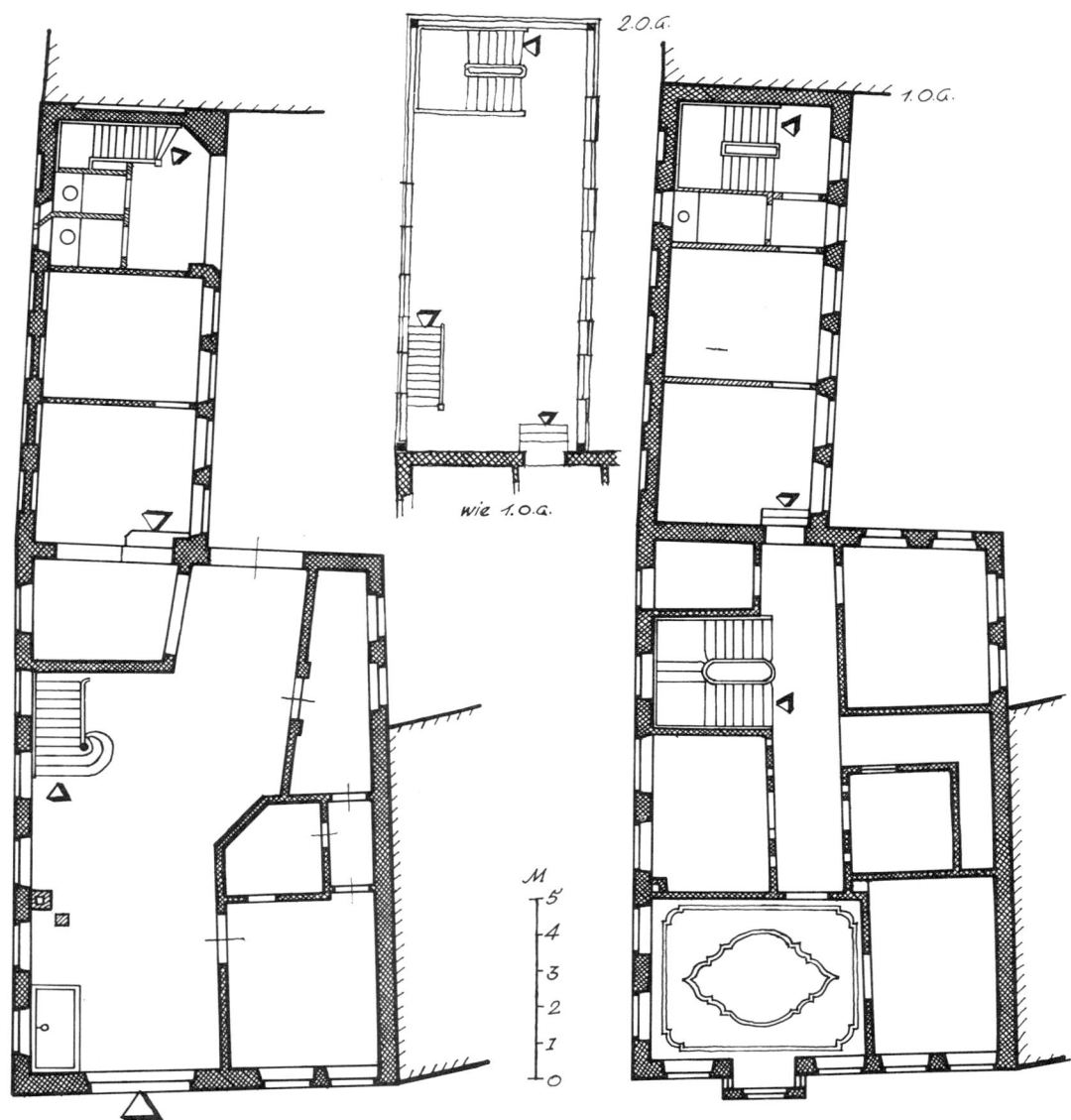

Abb. 96 Hinterer Lech 27. Grundrisse. M 1:200.

Fenstern gezeichnet. Das Erdgeschoß trägt über den beiden Haustüren und dem Ladenfenster mit Brotschalter ein Schutzdach. Nur der Vorderteil des Hauses ist im Keller mit einer Tonne überwölbt.

Unter den Handwerkern nehmen die Hausstellen der Tuchmacher, Gerber und besonders der Tuchfärber durch die Größe der notwendigen Auf- und Anbauten an die Wohnbauten zum Trocknen ihrer Erzeugnisse einen bestimmenden Platz in den Straßenbildern der Vorstadt ein. Der Wohnbedarf und damit auch die bauliche Gestalt der Wohnteile unterscheidet sich kaum von dem anderer Handwerkszweige. Gänzlich von ihnen abweichend sind jedoch die oft mächtigen Aufbauten, meist in Holz, auf die verhältnismäßig kleinen Wohngeschosse oder ebenso die rückwärtigen Anbauten, die dann das vordere Wohnhaus überragen. Für die JAKOBERSTRASSE im Straßenbild bestimmend war TURMGÄSSCHEN 1 (H 62) *(Faltt. 6)*, bei dem auf einem dreigeschossigen Dreifenster-Flacherkerhaus der Trockenspeicherbau mit den auskragenden Balken zum Herablassen der zu trocknenden Tuchbahnen sich mehrgeschossig aufbaute. Das weitausladende Walm-

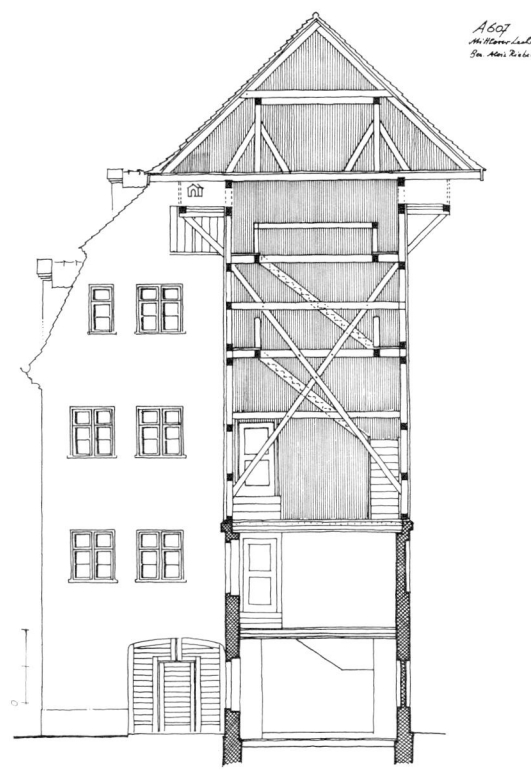
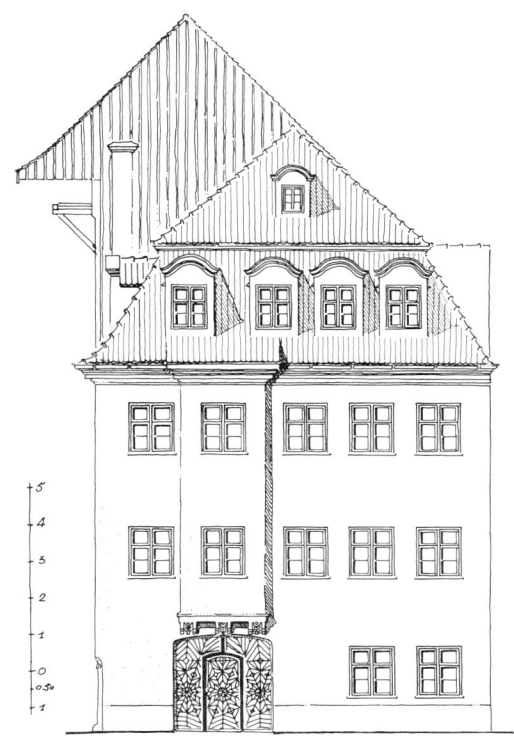

Abb. 97 Hinterer Lech 27 (Färberhaus). Schnitt. M 1:200.   *Abb. 98 Hinterer Lech 27. Ansicht. M 1:200.*

dach schloß als mächtige Haube den turmartigen Bau ab. Als Gegenstück hierzu mit einem für sich stehenden Giebelhaus als Wohnbau, als Dreifenster-Flacherkerhaus auch grundrißlich dem vorigen ähnlich, jedoch rückwärts mit angebauten Werk- und Speichergeschossen, gilt VORDERER LECH 18 (A 492/93). Für beide sind die Wohnbereiche nahezu gleich *(Abb. 53, 104, Faltt. 4)*.

Wesentlich gehobenere Wohnansprüche verrät HINTERER LECH 27 (A 607) *(Abb. 96–98)*. In der Haltung eines stattlichen Bürgerhauses steht hier neben dem schmalen Werkgebäude von überragender Höhe das breitgelagerte, dreigeschossige Wohnhaus mit gaubenreichem Mansarddach, das straßenseitig abgewalmt ist, hofseitig mit Halbgiebel abschließt. Die eigentliche Schauseite des Hauses nach dem „Hinteren Lech" ist fünffenstrig und trägt trotz der Freude an Symmetrie in der Fassadengestaltung den Erker in der zweiten Fensterachse über dem ebenfalls seitlichen Tor. Beide, Tor und Erker, bilden so von der gegenüberliegenden schmalen Gasse aus, Blickfang und Gassenabschluß. Die architektonische Gestaltung des Hauses ist sichtlich nach städtebaulichen Gesichtspunkten in die örtliche Situation eingebaut. Die geräumige Durchfahrtstenne zum Hof mit einem großen Brunnentrog in der Ecke hat als bestimmenden Raumeinbau in der leicht nach rechts schwingenden Durchfahrt einen in den ersten Stufen weit ausholenden Treppenlauf; er führt zu einer weiterziehenden, als zweiläufige Podesttreppe ausgebildeten Haustreppe. Die Mittelganglösung der beiden oberen Wohngeschosse je mit Zugang über Differenzstufen zu dem Werkflügel ist architektonisch bescheiden. Besonderen Reiz erhalten die beiden Wohnungen jedoch durch die an der Hausecke liegenden geräumigen fünffenstrigen Wohnstuben, wovon das Mittelfenster der Giebelseite den breiten Erker mit Seitenauslug bildet. Die Stube selbst trägt bewegten Deckenstuck. Die Erbauungszeit liegt um 1780. – Bei den besprochenen Hausanlagen ist Wohnung des Besitzers und Werkbau noch vereinigt.

Anders liegen wohl die Verhältnisse bei dem Haus VORDERER LECH 5 (A 480) *(Abb. 99)* mit der Erbauungszeit 1782/83 unter der Bauherrin Anna Barbara Gignoux, der Witwe des Kattunfabrikanten Johann Friedrich Gignoux. Stilmäßig bestehen Gemeinsamkeiten. Im dreigeschossigen Aufbau der Stockwerke, in Dachform und Gaubenausbildung, im Grundriß der Ober-

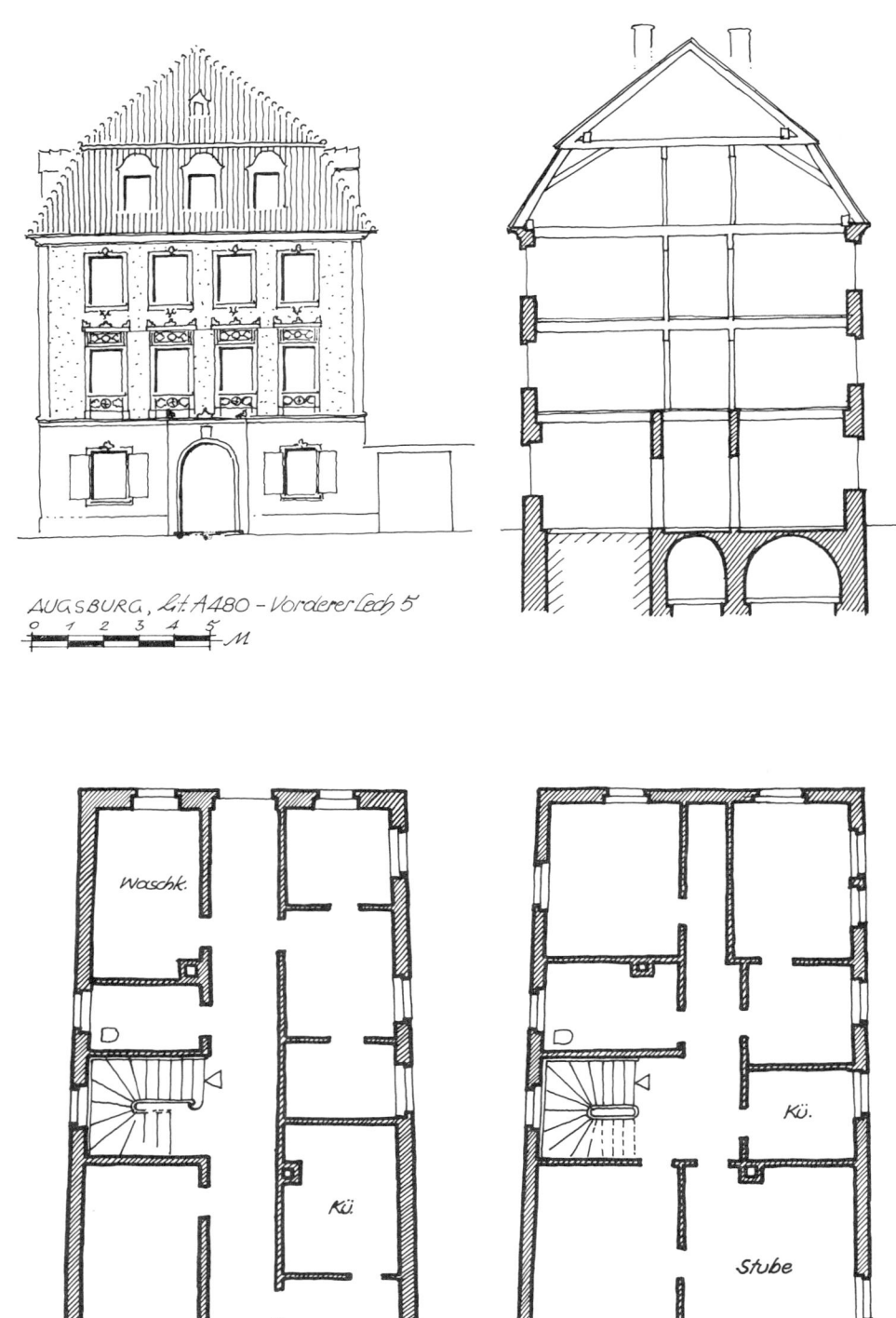

Abb. 99   Vorderer Lech 5. Fassade, Schnitt und Grundrisse. M 1:200.

Abb. 100   Mittlerer Lech 37. Perspektive, Hof von Süden und Lageplan.

Abb. 101   Mittlerer Lech 37. Perspektive, Eckerker von Norden und Lageplan.

geschosse mit Mittelgang und gleichartiger Treppenlösung sind beide Häuser einander eng verwandt. Anders gestaltet sind lediglich die Erdgeschosse aus verschiedener Zweckbestimmung. VORDERER LECH 5 ist jedoch ein reines Wohnhaus und hat deshalb nur Haustür und kein Tor. Neben der Waschküche und den Abstellkammern existiert noch eine kleine Gesindewohnung, während HINTERER LECH 27 eine Toreinfahrt in die geräumige Tenne mit Durchfahrt zum gewerblich benutzten Hof aufweist. Bemerkenswert ist bei dieser Hausanlage, daß hier ein Gewerbetreibender, denn Barbara Gignoux hat als Witwe den Betrieb der Kattunfabrikation weitergeführt, sich inmitten der mehr kleinbürgerlichen Altstadt ein aufwendiges und im Geschmack der neuen Zeit von der Umgebung abweichendes und vom Gewerbebetrieb getrenntes, reines Wohnhaus errichtete.

Die beiden miteinander betrachteten Häuser stehen in Nachbargassen nahe beieinander. Nimmt man in die vergleichende Betrachtung nun noch eine dritte textilgewerbliche große Hofanlage wie MITTLERER LECH 37 (A 572/89) (Abb. 100–103) herein, so wird ein reiner Textilgewerbebetrieb ohne Wohnung des Besitzers erkannt. Diese Hofgruppe, hufeisenförmig drei Gassen berührend, ist von großer Flächengröße und erreicht in der Höhe bis zu sechs Geschosse. Das gesamte Erdgeschoß ist, teils mit hohen Gewölben, rein gewerblich genutzt. Was in den Obergeschossen nicht dem Verarbeiten der Ware und deren Trocknung dient, ist einfacher Wohnbereich für mehrere Familien. Dabei sind in einem Seitenflügel, stockwerksweise übereinanderliegend, je eine Küche-Dreizimmerwohnung über einen offenen Gang vom Haupttreppenflur aus zugänglich, als stockwerksweiser Laubengangtyp. Eine Wohnung für höhere Lebensansprüche beherbergt die große Hausanlage nicht. Der vermögende Unternehmer wohnt sichtlich nicht hier. In dieser frühindustriellen Bauanlage ist in der dichten Altstadt eine der ersten Fabriken vorgestellt. Das in nächster Nähe liegende hochrangige Wohnhaus von Barbara Gignoux kann als frühes Fabrikantenwohnhaus angesprochen werden. Das Färberhaus VORDERER LECH 18 (A 493) (Abb. 53, 104) ist ein

Abb. 102 Mittlerer Lech 37.
Seitenansicht mit Erker. M 1:200.

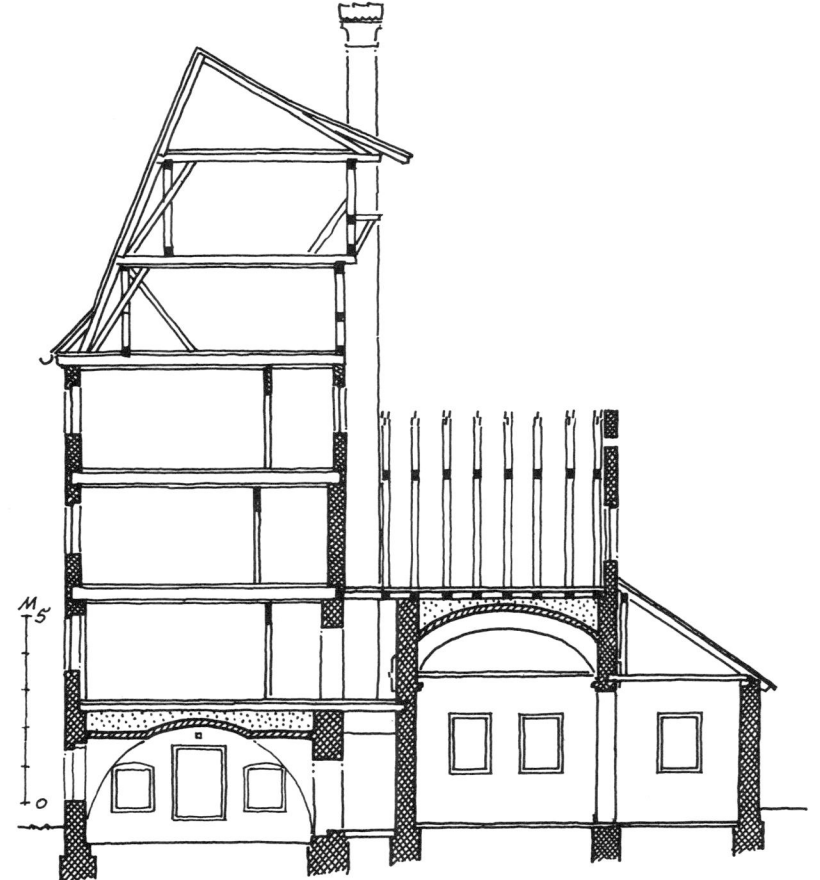

Abb. 103 Mittlerer Lech 37.
Schnitt. M 1:200.

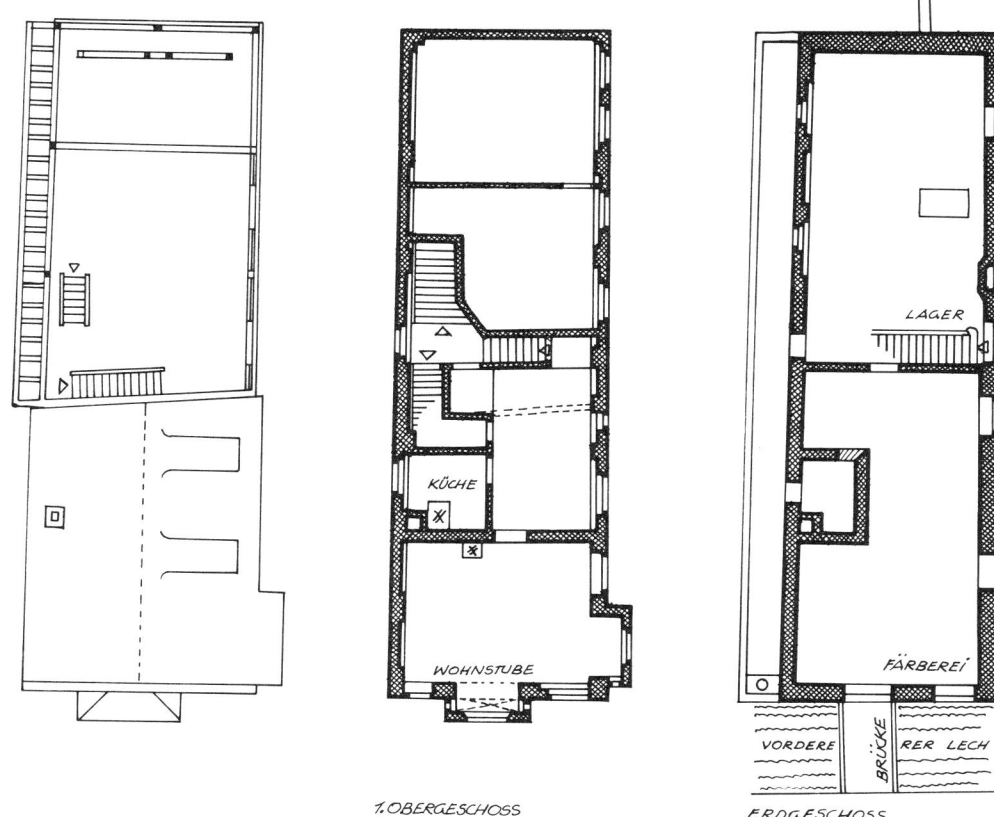

Abb. 104 Vorderer Lech 18. Grundrisse. M 1:200.

bescheidener weiterer Zeuge der ersteren Gruppe mit kleinem vorderem Wohnhaus und rückwärts angebautem hohem Holzanbau der Werkanlage. Zwei Flacherker, je nach Osten und Norden, geben dem Wohnhaus eine besondere Betonung *(Faltt. 4)*.

ZINSHÄUSER

Die Anerkennung als Vollbürger in den Ständen und Zünften war an den Nachweis von Grund und Boden und eigenem Haus gebunden. Diejenigen Stadtbewohner, denen Grunderwerb nicht möglich war, mußten, soweit ihnen nicht die Aufnahme in den Hausbereich ihres Brotherrn gegönnt war, auf fremdem Grund in Zinshäusern leben. Die Mehrzahl dieser Zinshäuser waren im Besitz von Stiftungen, Pfründen und Klöstern. Seit dem Schließen des Mauerrings um die Stadt zum Ende des 14. und zum Anfang des 15. Jahrhunderts und mit dem Anwachsen der Bevölkerung bei erhöhter Bautätigkeit im 16. Jahrhundert, waren, wie dies der Vergleich Seld-Plan mit Kilian-Plan anschaulich verdeutlicht, diese Grundeigentümer gezwungen, ihren im Stadtbereich liegenden Gartenbereich weitgehend für bürgerliche Wohnzwecke freizugeben. Die Mehrzahl aller Hausstellen in der Handwerkerstadt der Lechviertel vom ROTEN TOR bis zum SCHMIEDBERG und besonders auffallend zu Füßen von St. Ulrich und dem Dominikanerkloster sind einer Körperschaft zinspflichtig. Auch in den Gassen westlich der MAXIMILIANSTRASSE im Bereich des Stiftes St. Moritz und Katharinenkloster waren nach einer Untersuchung von Walter Groos Zinsgrundstücke häufig. Daß der Bau von Zinswohnungen durch private Bauherren ebenfalls üblich war, bezeugt die Holl'sche Hauschronik, in der des öfteren über Anbau oder Einbau von „Zinsgemäch" in Bürgerhäuser berichtet wird. Das Vorhandensein einer weiteren oder weiterer Wohnungen im Haus eines klein- oder mittelgewerblichen Bürgers neben der Wohnung des Hauseigentümers läßt nicht unbedingt auf eine Zinswohnung schließen. Das Zusammenwohnen im Groß-

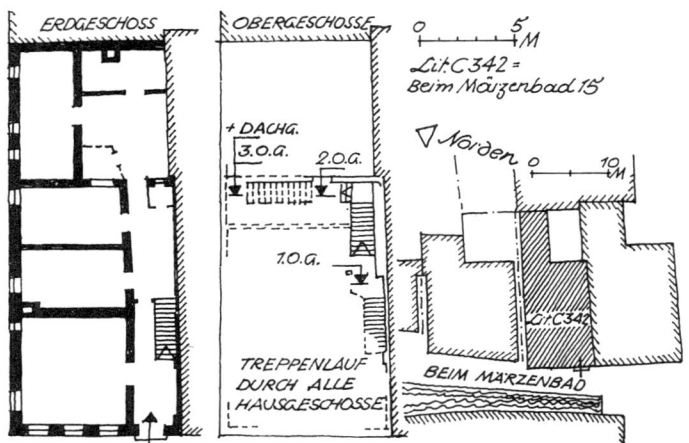

Abb. 105 Märzenbad 15. Grundrisse und Treppenführung. M 1:400. Lageplan.

familienhaus von Eltern, Großeltern und verheirateten Kindern ist eher anzunehmen. In den ausgesprochenen und nachweisbaren Zinslehenhäusern jedoch, in denen oft nicht wie sonst üblich das Erdgeschoß des Hauses gewerblich genutzt ist und auch noch Wohnzwecken dient, wird der reine Mietcharakter sichtbar. Hier sind etwa sechs Gruppen von Hausformen noch anzutreffen oder noch nachweisbar, die sich im wesentlichen in der Art der Erschließung und Zugangsmöglichkeiten zu den einzelnen Wohnungen voneinander unterscheiden. Lage und Führung der Treppe oder der Treppen ist dabei bestimmend für die Anlage der Wohnung und deren Wohnwert. Das Bestreben, einen möglichst in sich abgeschlossenen Familienbereich in Abgrenzung gegen den Mitbewohner zu erreichen, ist dabei deutlich spürbar.

So ist festzustellen:

Gruppe 1

Einzelhaus mit querlaufender gerader Treppe, die das Haus in ganzer Breite durchschneidet, als sog. „Himmelsleiter". In München war sie bekannt als sog. „Donisltreppe". Der Zugang zu den Erdgeschoßwohnungen erfolgt von außen. Die Treppe beginnt oft unmittelbar an der Haustür oder mit kleinem Antritt und führt in geradem Lauf zu einem kleinen Podest im 1. Obergeschoß, von dem aus nach links und rechts eine Wohnungstür in den meist quadratischen Wohnflur leitet. Er erschließt in der Regel Küche, Stube und ein bis zwei Kammern. Solche Lösungen dürften zu den ältesten gehören, denn selbst Häuser mit „Überschutz", also mit vorkragendem Fachwerk, sind in dieser Ausführung nachweisbar. Haus SAURER GREINSWINKEL 10 (A 254) ist ein Zinslehenhaus des Spitals und ist von 1604 bis 1840 Wohnstätte von Webern gewesen. Im mehrgeschossigen Haus, wie bei MAUERBERG 16a *(Abb. 45, 54)*, zieht die Treppe vom Podest des 1. Obergeschosses in geradem Lauf weiter und endet bei mittlerer Hausbreite dann meist vor der Außenwand der dem Hauseingang gegenüberliegenden Traufseite. Die Grundrisse in den einzelnen Geschossen sind gegeneinander verschieden, da bei dieser Treppenführung die Wohnungszugänge nicht übereinanderliegen. Diese Anordnung war möglich, da die Innenwände lange Zeit noch beim Ziegelbau der Außenmauern Holzbohlenwände blieben und damit geschoßweise gegeneinander versetzt werden konnten. Vom 2. Obergeschoß zum Dach und dessen Geschossen führt beliebig eine Nebentreppe.

Gruppe 2

Einzelhaus mit Treppe, die in geraden Läufen, jeweils die Richtung ändernd, von Podesten aus den Wohnungszugang vermittelt. Auch hier grundrißliche Verschiedenheit der Wohnungen in den Geschossen. In MÄRZENBAD 15 (C 342) *(Abb. 105)* von Hans Holl und PEUTINGERSTRASSE 1 (D 90) *(Abb. 106)* bestehen Vertreter dieser Gruppe.

Gruppe 3

Eine Weiterentwicklung aus dieser Zeit und auch für Hans Holl nachweisbar bilden in Richtung auf Ausbildung eines Treppenhauses nun mögliche Wohnungsgrundrisse gleicher Art übereinanderliegend. Wo nun durch Lage der Treppe an der Hausrückseite der Flur in Hausmitte liegt, sind gute Raummaße und Zugänge zu

Abb. 106 Peutingerstraße 1. Grundrisse mit Treppenführung.
M 1:400. Lageplan.

Abb. 107 Werbhausgasse 2. Grundrisse mit Treppenführung.
M 1:400. Lageplan.

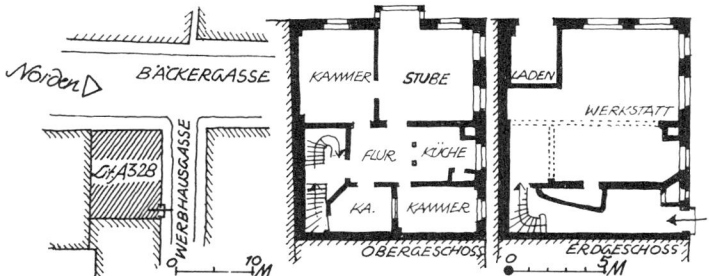
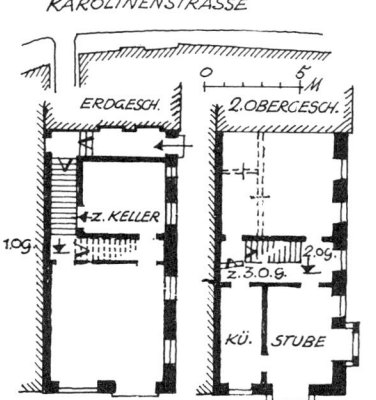

den Zimmern möglich. Als Beispiel hierfür dient WERBHAUSGASSE 2 (A 328) *(Abb. 107)*, das Wohnhaus von Hans Holl. Der verbesserte Wohnwert durch klare Raumform und -folge, gute Belichtung und Belüftung, Blickausweitung durch Flacherker, gefahrlosen Zugang zur Wohnung durch geschlossenes Treppenhaus, ist hier erkennbar.

Gruppe 4

Zwei- oder mehrgeschossige Einzelhäuser, bei denen die verschalten Holztreppen einläufig außen an der Hauswand hochziehen und die einzelnen Wohnungseingänge am Stockwerkspodest liegen oder von einer Altane aus betreten werden. Sie sind als Zinslehenhäuser zu Füßen von St. Ulrich in einigen Fällen noch unverändert erhalten oder nur geringfügig verbaut. Bei KIRCHGASSE 5 (A 225) *(Abb. 108)* und PETER KÖTZERGASSE 13 (232) *(Abb. 109)* befindet sich in jedem Stockwerk nur eine Wohnung mit Küche, Stube und Kammern. Ein zeitlich nicht genau datierbares Einwohnerverzeichnis dieser Gassen nennt u. a. hier Weber, Tagelöhner, Kuhhirten als Berufe der Hausbewohner. Die Hochführung der Treppen an der Außenwand, die wohl aus Feuerschutzgründen so gewählt war, ergab für die einzelne Wohnung völlige Abgeschlossenheit mit geringster Beeinträchtigung durch die Mitbewohner. Bei einem Hinterhaus von ZWERCHGASSE 16 (A 186) *(Abb. 110)*, ist die Anlage ähnlich, jedoch handelt es sich hier um Kleinwohnungen. Auch hier waren die Bewohner Weber.

Gruppe 5

Eine Erscheinungsform im Zinshaus für eine größere Anzahl von Familien bildet das Wohnen in einer Hausgruppe mit Zugang von einem gemeinsamen Hof, der dazu noch von einem Tor abgeschlossen, betreten und gesichert werden kann. Die Wohnungen des Erdgeschosses sind nicht von der Gasse, sondern nur vom Hof aus zugänglich. Die Obergeschoßwohnungen sind erreichbar über direkt ins Haus führende, an der Hoftür beginnende Treppenläufe oder den Hoffronten vorgehängte überdachte Holztreppen und -gänge *(Abb. 111 bis 113)*. Der Aufgang zum Dach erfolgt ebenfalls von ihnen aus. Der ursprüngliche Siedlungskern solcher Wohnhöfe sind Gebäudegruppen vornehmlich von Gütern Augsburger Klöster gewesen, die später von Bürgern aufgelassener Vorstädte besiedelt wurden. Für SAUREN GREINSWINKEL und die Gruppen an KIRCH- und ZWERCHGASSE dürfte diese Annahme zutreffen, da dort vor der Bebauung Klostergüter und Klostermühlen lagen.

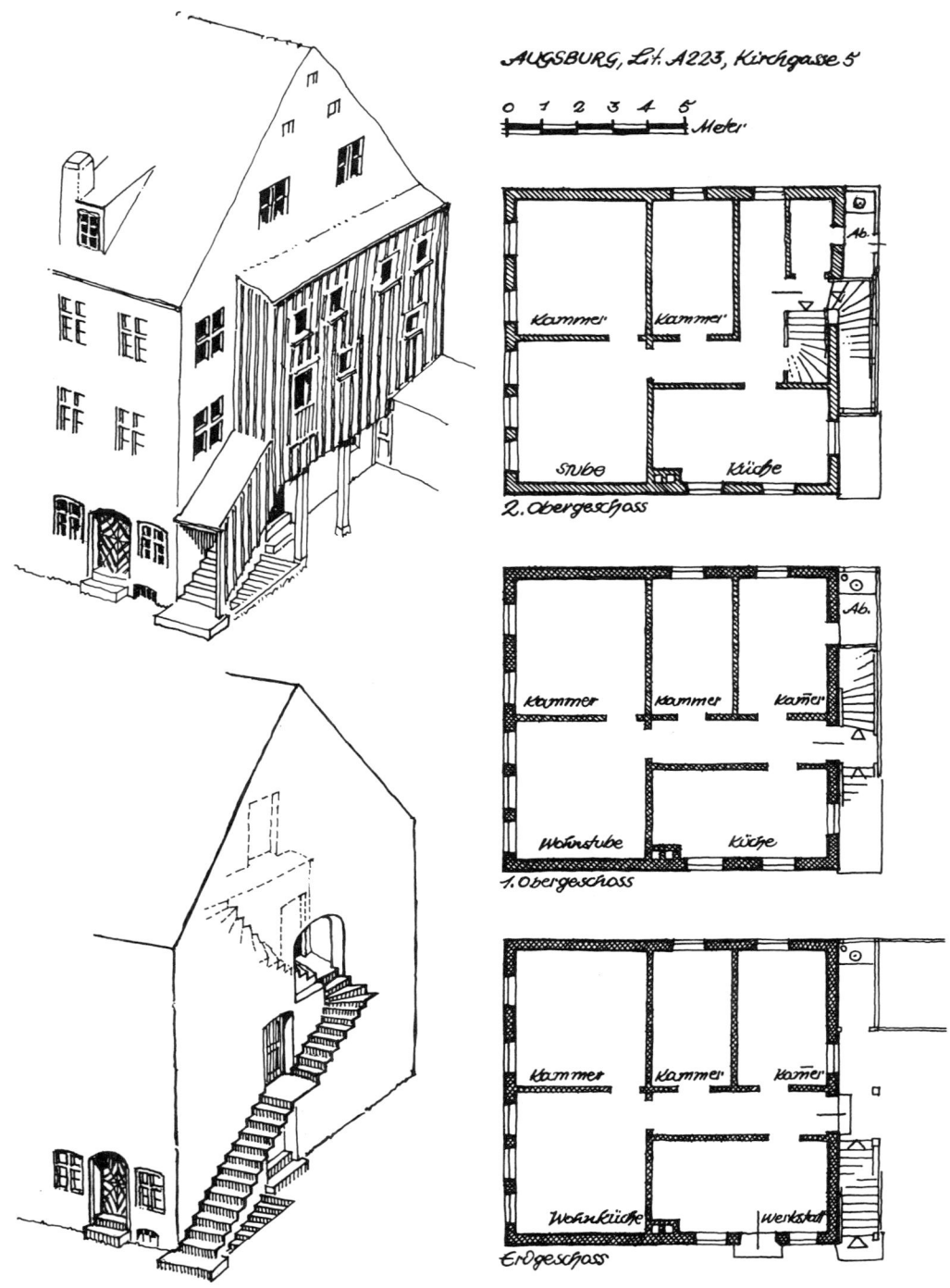

Abb. 108 Kirchgasse 5. Ansicht, freigelegte Außentreppe, Grundrisse. M 1:200.

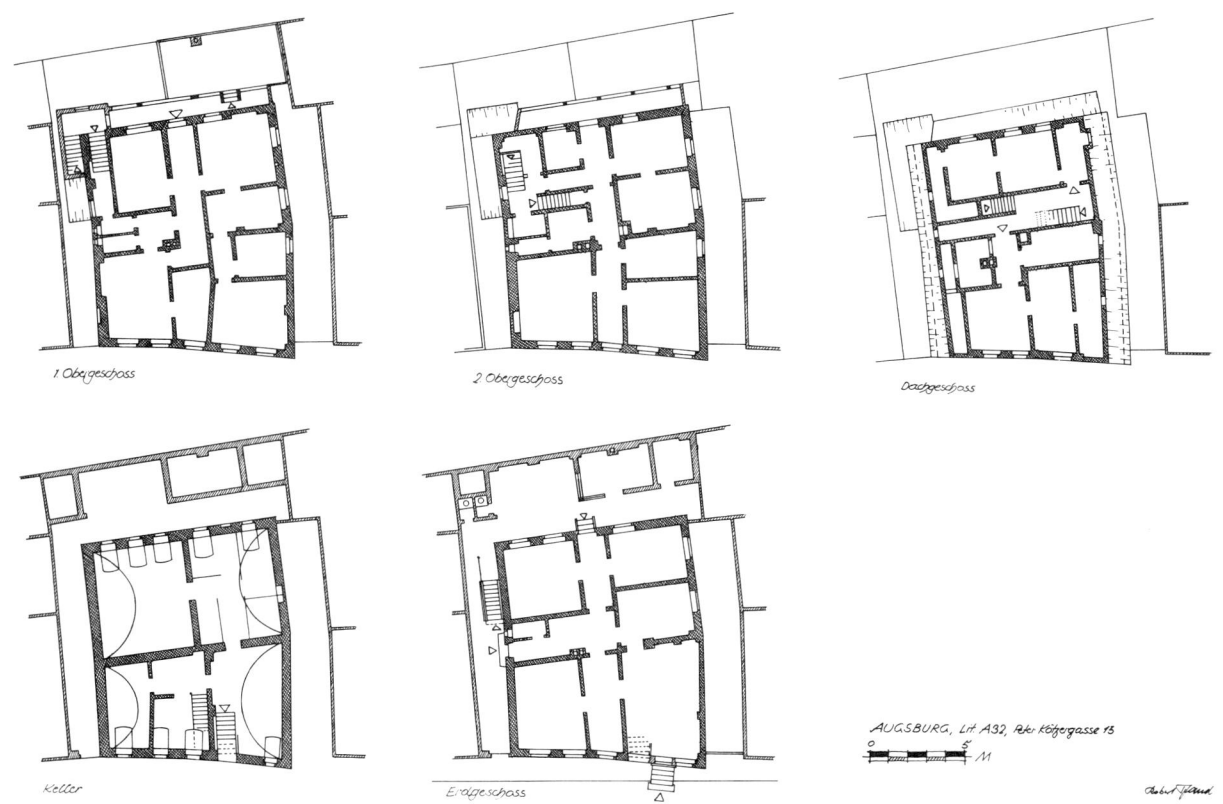

Abb. 109 Peter Kötzergasse 13. Grundrisse. M 1:400.

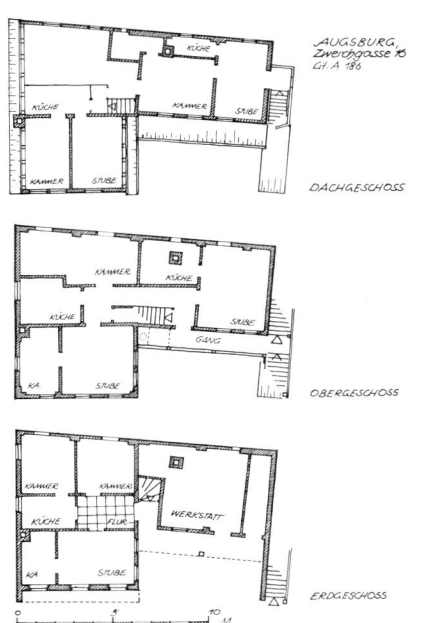

Abb. 110 Zwerchgasse 16. Grundrisse. M 1:400.

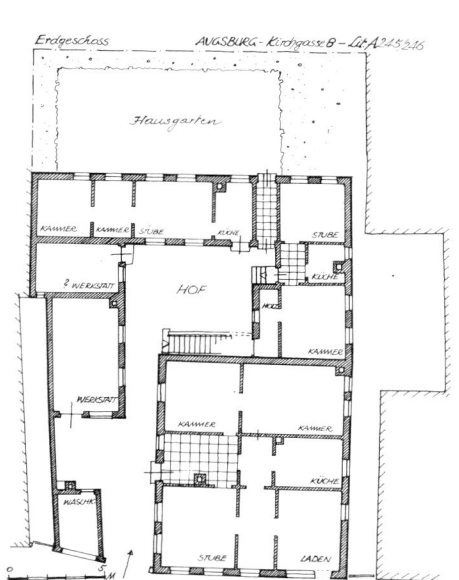

Abb. 111 Kirchgasse 8. Grundriß Erdgeschoß. M 1:400.

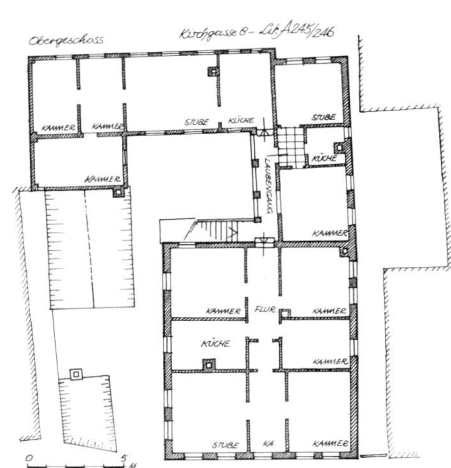

Abb. 112 Kirchgasse 8. Grundriß Obergeschoß. M 1:400.

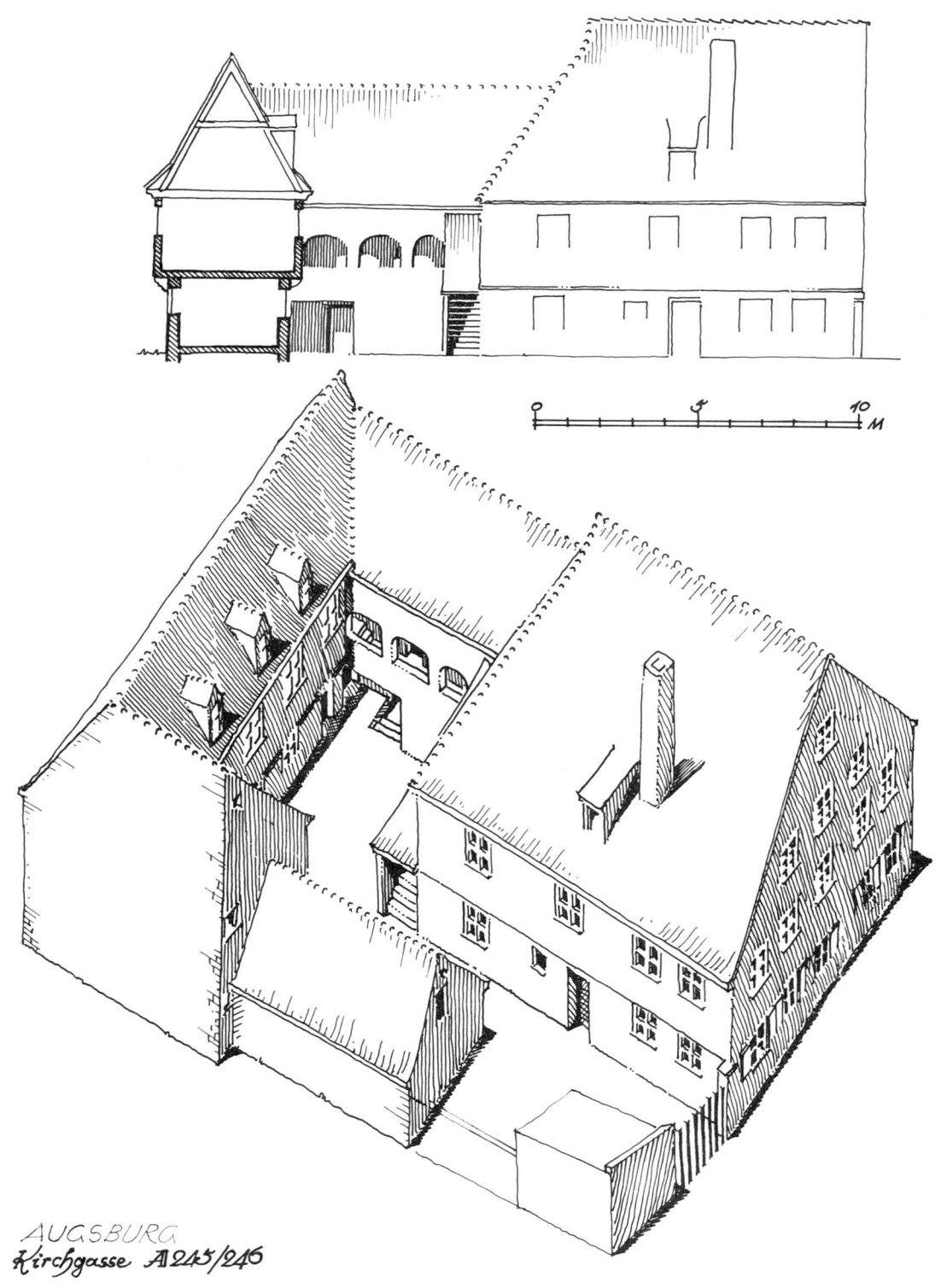

Abb. 113 Kirchgasse 8. Ansicht und Aufsicht.

Abb. 114 Zwerchgasse-Sauren Greinswinkel. Nachzeichnung aus dem Seldplan von 1521.

Die Hofgemeinschaft ZWERCHGASSE 11 und 9 (A 192, A 193/94) *(Abb. 114–120)* könnte, wie bei Seld nachzuweisen, älter als die FUGGEREI, etwa aus der 2. Hälfte des 15. Jahrhunderts stammend, dieser Anregung für die Wohngestaltung gegeben haben. Die Zugänge zur Erdgeschoß- und Obergeschoßwohnung sind im rechten Haus wie dort getrennt und vom Hof aus, mit Kellerfalle hinter der Wohnungstür versehen. Auch Raumzahl und Größe sind ähnlich. Und auch hier sind die Gebäude um einen Hof gruppiert, welcher des Nachts abschließbar war. Abweichend sind jedoch gegenüber der FUGGEREI die Küchen noch nicht überwölbt, jedoch dafür die Keller begehbar, wenn auch nur in gebückter Haltung. Die Dachbewohner haben Kelleranteile, die über abgedeckte Stufenhälse vom Hof aus zugänglich sind. Die Wohnvorteile der hier gezeigten Beispiele werden von den heutigen Bewohnern noch sehr geschätzt. Sie beweisen dies fast ausnahmslos in sorgfältiger Pflege der Wohnung.

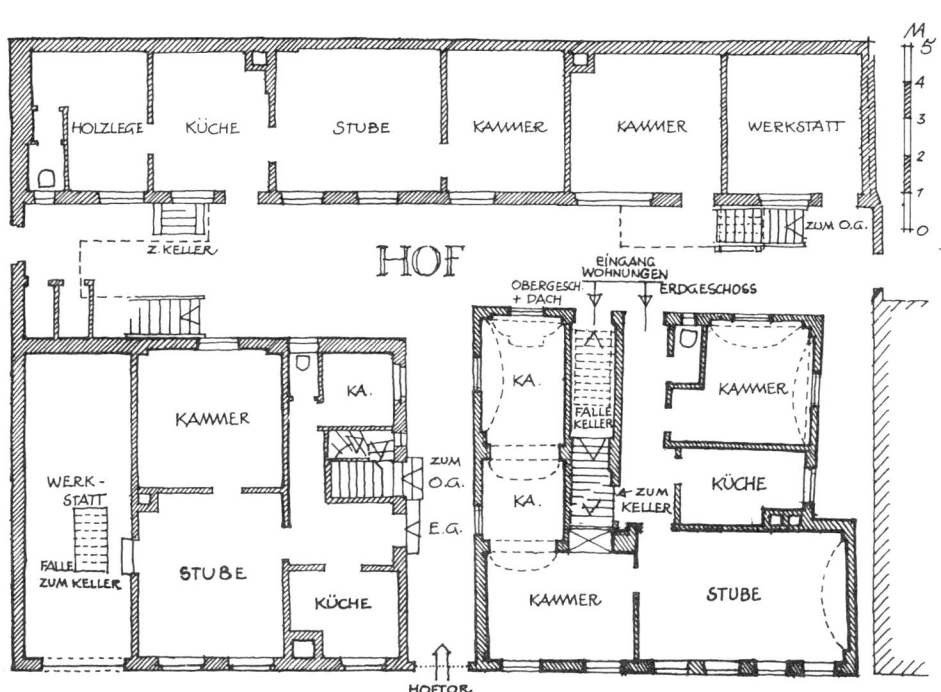

Abb. 115 Zwerchgasse 11 und 9. Grundriß Erdgeschoß. M 1:400.

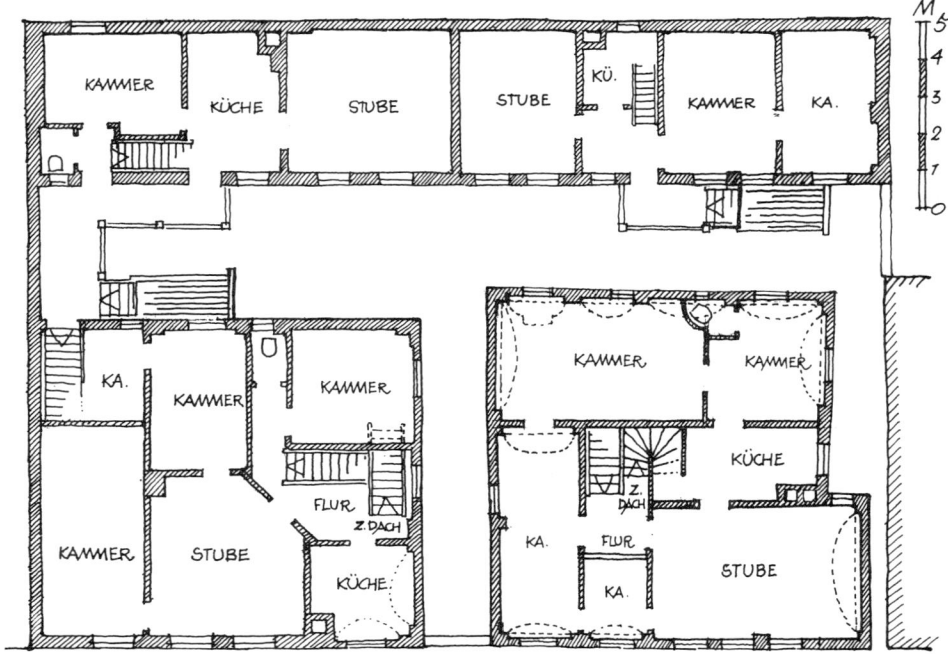

Abb. 116   Zwerchgasse 11 und 9. Grundriß Obergeschoß. M 1:400.

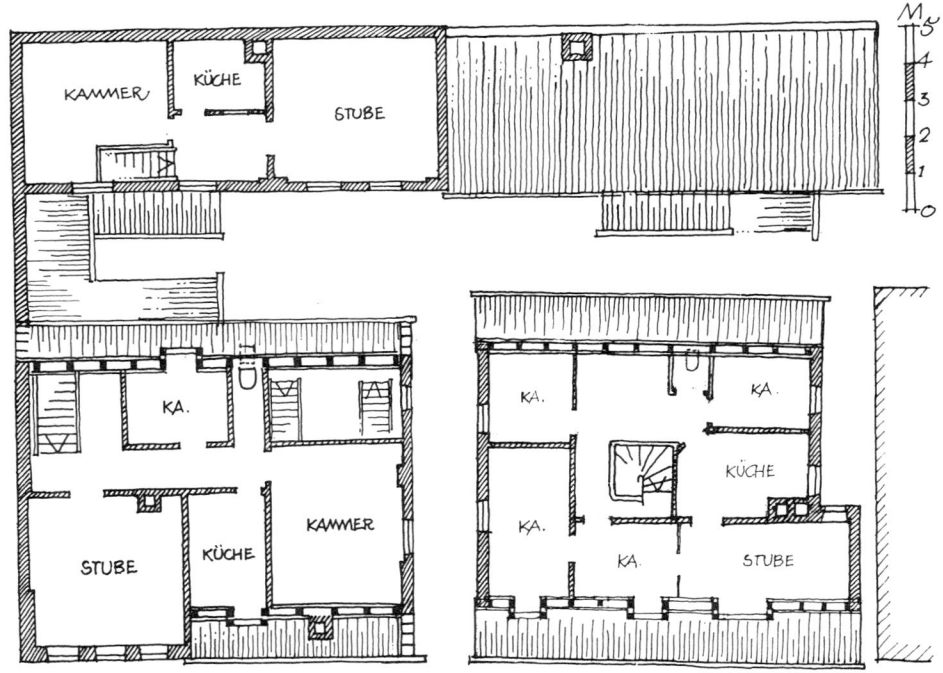

Abb. 117   Zwerchgasse 11 und 9. Grundriß Dachgeschoß. M 1:400.

Abb. 117a   Zwerchgasse 11 und 9. Hofansicht von Süden nach Norden.

Abb. 117b   Zwerchgasse 11 und 9. Hofansicht von Norden nach Süden.

Gruppe 6

GEISSGÄSSCHEN 5 und 3 (A 513, A 514/15) *(Abb. 121, 122)*, zwei Nachbarhäuser, der Antonspfründe „seit unfürdenklichen Zeiten" grundzinspflichtig, seit 1683 der Administration des Georg Rück'schen Fideikommiß unterstehend, bilden die Laubengangwohnung in reiner Form aus. Das eine mit Zugang zu den hofseitigen Lauben über eine hölzerne, mauerumbaute innere Wendeltreppe und nur einer Wohnung pro Stockwerk und das Doppelhaus als hufeisenförmig um einen schmalen Innenhof gruppierte Anlage mit je einer viertelgewendelten Holztreppe zu den Obergeschossen mit mehreren Wohnungen im Geschoß. Da hier ein Eckgrundstück besteht, haben zwei Wohnungen Stuben mit einem Erker im 1. und 2. Obergeschoß. Die heute in den Wohnungen eingebauten Aborte waren früher im Hof untergebracht. Beide „Behausungen", wie sie im Zinslehenverzeichnis genannt sind, bilden in dieser Ausbildung eine gute, vorbildliche Wohnform, da neben ausreichender Belichtung auch eine einwandfreie Querlüftung jeder Wohnungseinheit möglich ist. Der private Wohnbereich der Einzelwohnung ist klar abgegrenzt.

In GEISSGÄSSCHEN 5 (A 513), wo nur eine Wohnung pro Stockwerk an einer der Wohnung vorgelegten Laube liegt, ist eine ideale Wohnform erreicht, da hier sogar ein abgeschlossener, privater Freiraum mit der Laube geschaffen ist. Laubengangwohnungen in Verbindung mit Wehrgang oder Befestigungswall, wie sie aus anderen Städten wie Donauwörth oder Ulm bekannt

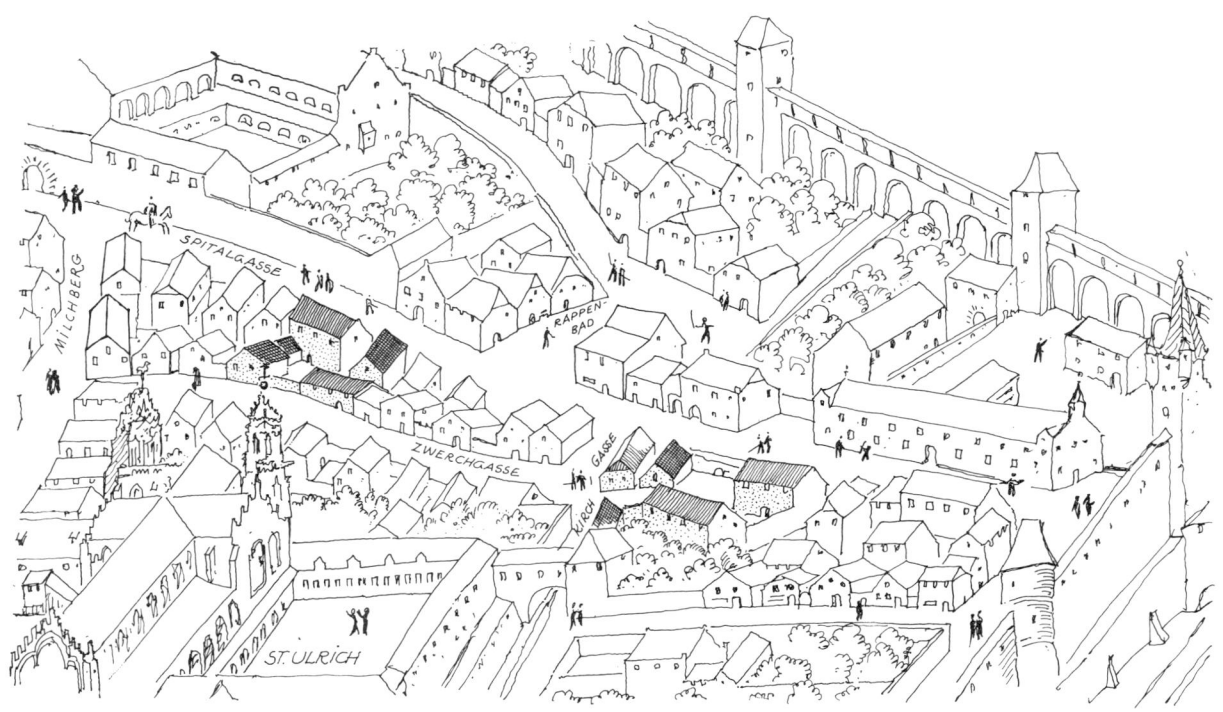

Abb. 118 Zwerchgasse-Sauren Greinswinkel. Nachzeichnung aus dem Seldplan von 1521.

Abb. 119 Nachzeichnung aus dem Kilianplan von 1626.

Abb. 120 Zwerchgasse-Sauren Greinswinkel. Lageplan.

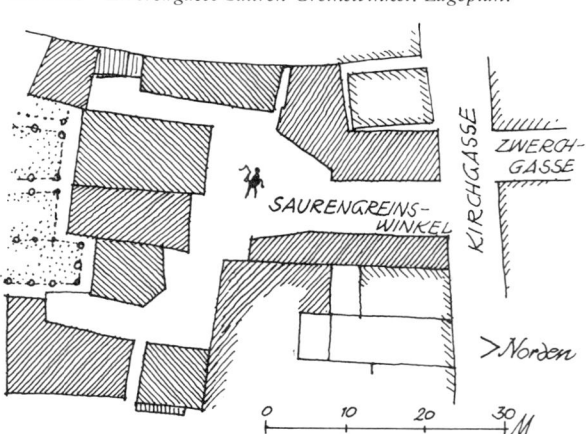

Abb. 121 Geißgäßchen 3. Laubenganghaus. Grundrisse. M 1:400.

sind, hatte Augsburg in dieser Form nicht aufzuweisen. Die an und in die Stadtmauer, am ESER und am GÖGGINGER TOR bis zum ALTEN EINLASS gebauten Zwingerwohnungen sind nur als Einraumunterkünfte des Stadtmilitärs zu werten. Sie bestanden aus einem Flur mit Herd- und Feuerstelle und einer Wohn-Schlafstube. Wohnung für Soldatenfamilien wie am Zundeltor in Ulm bestehend, war hier nicht gegeben.

Am Tuchmacherhaus MITTLERER LECH 37 (A 572) *(Abb. 100)* von Hans Holl sind drei übereinanderliegende, an die Treppe der Hausanlage angeschlossene und über Laubengang zu erreichende Familienwohnungen nach heutiger Bezeichnung als „Gefolgschaftswohnungen" zu werten. Sie bestanden aus Flur, Stube und zwei Schlafkammern. Die zahlreichen Wohnräume an den Abseiten der Bürgerhäuser sind ebenfalls unter diese Wohnform der Laubengangwohnungen einzureihen. Bei HUNOLDSGRABEN 54 (A 80) hat Hans Holl im Rückgebäude eines wohlhabenden Bürgers ausdrücklich „Zinsgemäch" mit schönen Holzdecken eingebaut und dabei für einen Teil die Laubenganglösung gewählt *(Abb. 123)*.

Eine Hausanlage mit einer Vielzahl von Wohnungen in drei Geschossen ist bemerkenswert, da an Größe und baulicher Gestaltung, in Gesamtanlage mit umbautem Hof, mit rückliegendem Gärtchen und Gartenhaus, sowie in Fassadenausbildung bei zwei gutgestalteten Flacherkern sonst keine Vergleichsbauten dieser Nutzung vorhanden sind. Es ist SPENGLERGÄSSCHEN 12 (C 102/103) *(Abb. 124)*. Bei Seld (1521) ist der heutige Zustand mit den beiden parallelen Wohnflügeln und der Hofgruppe dargestellt. Die unmittelbare Nachbarschaft neben dem Pappenheimer Hof, die Lage an mittelalterlichen Feudalbesitzungen in diesem Teil der Domstadt und Vergleiche mit den Herbergs-, Gäste- und Zufluchtshäusern für Kriegszeiten und Höfen von auswärtigen Adeligen und Klöstern, wie Schönefelder- oder Kaisheimer Hof, lassen den Schluß zu, daß es sich hier ebenfalls um ein gleichgeartetes Herbergsunternehmen handelt. Die bürgerliche Nutzung wird dann aus der

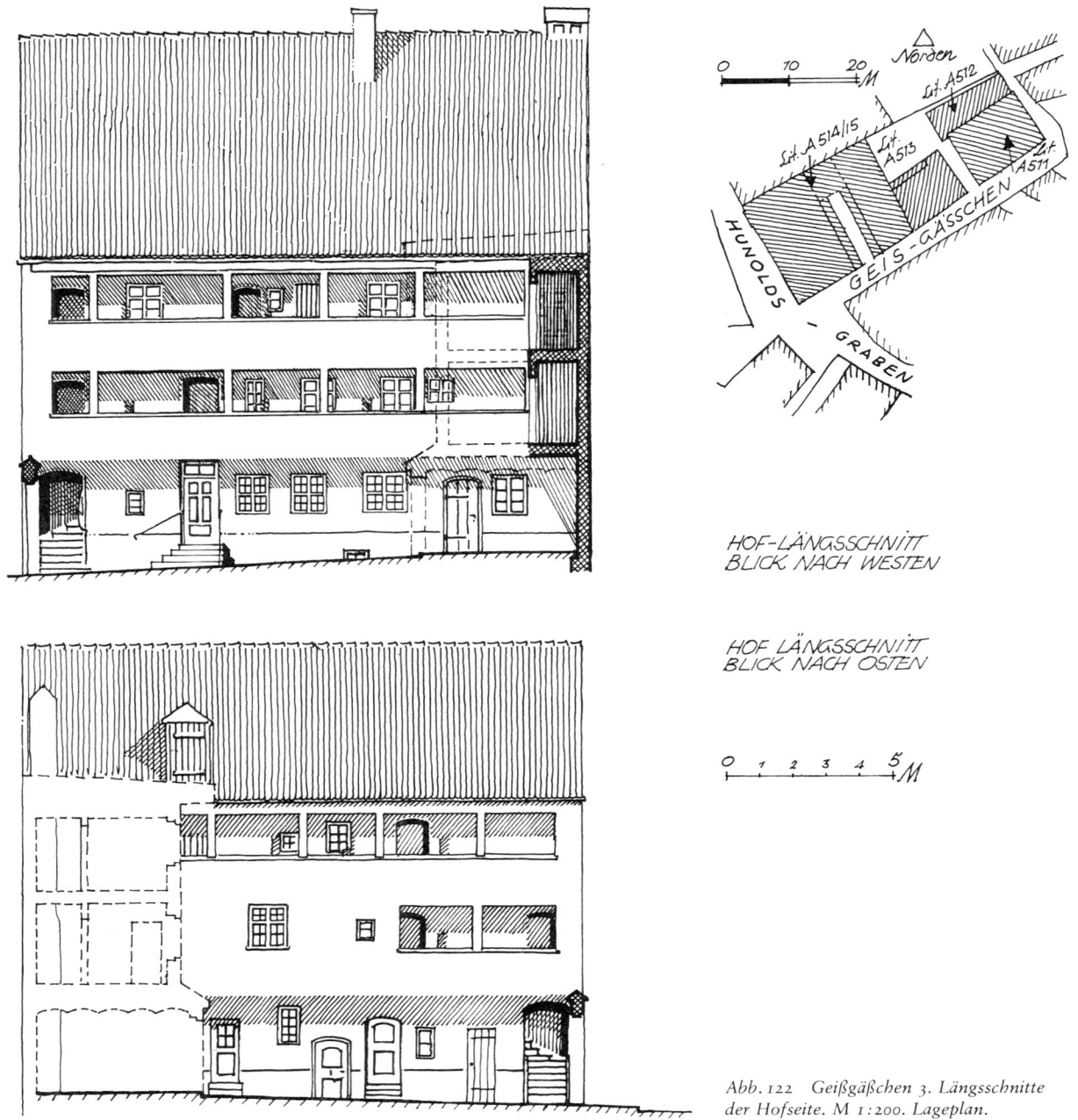

Abb. 122 Geißgäßchen 3. Längsschnitte der Hofseite. M 1:200. Lageplan.

datierbaren Zeit stammen. Ein Hoftor im straßenseitigen Flügel führt in einen allseitig umbauten Hof. Im Rückgebäude ist im Zuge des Durchgangs ein Flur mit vier Kreuzgewölben und Gurtbogen, durch den der Garten unmittelbar zugänglich ist. Von Hof und Durchfahrt aus führen acht Haustüren zu Wohnungen im Erdgeschoß und zu den Treppen der zwei Obergeschosse. Vier Haupttreppen erschließen das Haus im Inneren. Die Wohnungsgrößen sind wechselnd von zwei Kammern bis zu Küche, Stube und drei Kammern. Die Stuben der größeren Wohnungen sind geräumig und in den Obergeschossen der Straßenseite durch breite Flacherker bereichert. Die Straßenseite hat ihre heutige Gestaltung nach Fensteranordnung und Erkerausbildung um 1600 erfahren und trägt das einfache, flächenmäßig wohlausgewogene Gesicht des Bürgerhauses, wie es im Kilian-Plan noch das Stadtbild gestaltet.

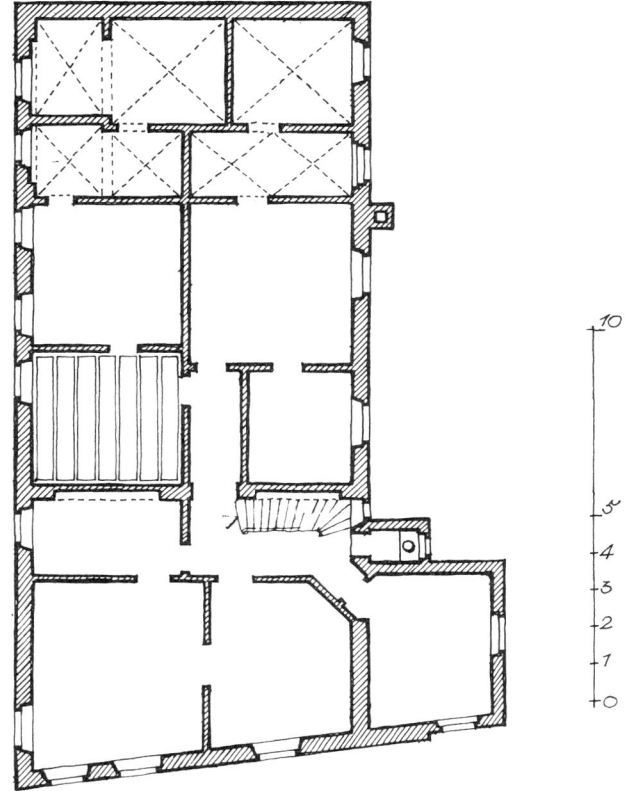
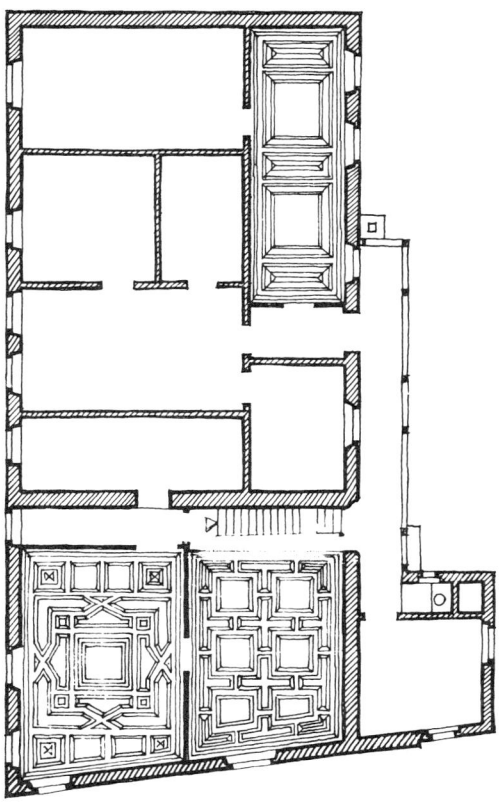

Abb. 123   Hunoldsgraben 54. Grundrisse Obergeschosse. M 1:200.

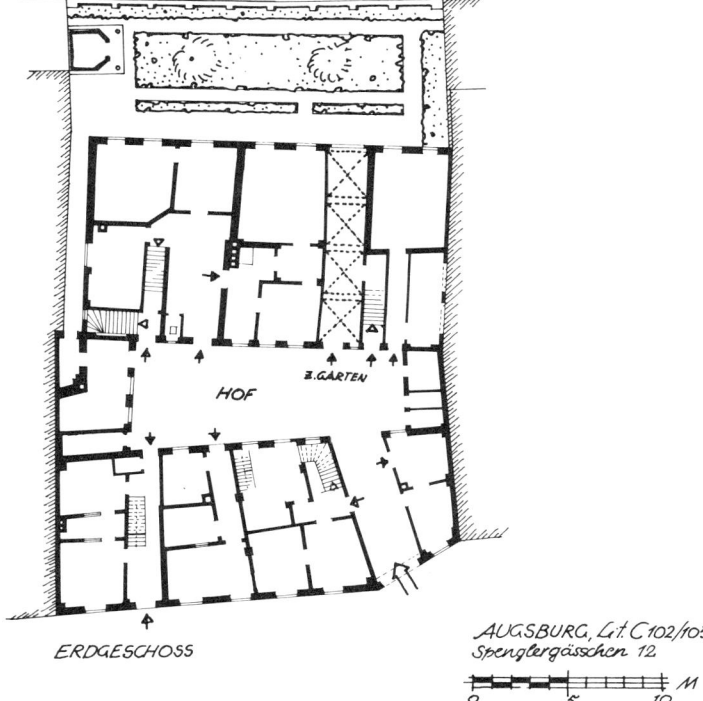

1590   Goldschmied Joh. Bittel
1659   Karl Örtel mit 5 Parteien
1780   Fg. Joh. Braunmüller, Schrannenkehrer
1801   Braunmüller'sches Haus

Abb. 124   Spenglergäßchen 12. Grundrisse. M 1:400.

HAUSGRUPPEN

Die Fuggerei

Größere, etwa gleichzeitig nach einheitlicher Planung (T 33a,b; 34a,b; 35) und ohne längere Unterbrechungen durchgeführte Bauten von Reihenhauswohnungen besitzt Augsburg in drei geschlossenen Zeilen. Wohl die erste, jedenfalls die bedeutendste und nach optimalen Planungsgrundsätzen vollkommenste ist die von den Brüdern Fugger gestiftete „Fuggerei". Sie ist nach wie vor eine reine Sozialsiedlung für unschuldig verarmte Bürger, die hier in einer kleinen Gemeinschaft von etwa 150 Wohnungen wohnen. Die Geschlossenheit der Siedlung ist dadurch betont, daß durch Abgrenzung gegen die umgebende Nachbarschaft mit niederer Mauer und vier Toren eine geschützte Wohnzone mit sechs Straßenzügen geschaffen wurde.

Vorbilder zur Gestaltung der FUGGEREI könnten von Jakob Fugger, wie bereits Weidenbacher andeutet, in den Hausgruppen am Kranstaden 41 in Gent, die 1513 wieder aufgebaut wurden oder aber auch in den Beghinenhäusern für alte Witwen in Brügge, die aus dem 14. Jahrhundert stammen, gesehen werden. Doch sind diese Bauten völlig anders konzipiert und konnten wohl höchstens die Grundidee liefern, welche in der Planung zur Fuggerei völlig neu gefaßt wurde. Es gibt keinen Beweis einer direkten Beziehung zu den flandrischen Entwicklungen. Allerdings liegt in Augsburg selbst eine kleine Gebäudegruppe, welche durchaus entscheidende Elemente der FUGGEREI-Gestaltung vorwegnimmt. Dies sind die Häuser ZWERCHGASSE 9–11, deren Aufbau oben Seite 47 bereits erwähnt ist.

1514 wurden zwei Häuser mit größeren Gartengrundstücken gekauft, wo der Baumeister Thomas Krebs ab 1516 bis 1521: 52 Häuser errichtete. Danach wurde die FUGGEREI durch Zukäufe und Neubauten allmählich erweitert. Gebaut wurde auf einer Fläche innerhalb der Stadt, die vorher kaum Bebauung aufwies und wo insofern kaum Rücksicht auf bereits Bestehendes, wie etwa Straßen zu nehmen war. Trotzdem wurde in der Planung kein rechter Winkel angelegt, so daß sich in der Stellung der Häuser zueinander stumpfe und spitze Winkel ergaben. Die sich daraus ergebenden reizvollen Giebelansichten, die ein gewisses Leben in die ansonsten monotone Fassadengestaltung bringen, verdecken dabei fast ganz den Traufhauscharakter der Siedlung. In der Siedlung sind Stiftsverwaltung, Schreinerwerkstatt für Eigenbedarf und eine Kirche, früher sogar eine eigene Schule und ein Siechenhaus eingeplant. Bereits seit 1519 besitzen die Häuser der FUGGEREI Hausnummern.

Die Gründe zur Erbauung der FUGGEREI hängen eng mit dem Werdegang des Stifters Jakob Fugger zusammen, der, sehr religiös eingestellt, durch den Tod seiner Geschwister die familiären Geschäfte übernehmen mußte und eine Buchhalterlehre in Venedig durchmachte. Der dortigen Sitte entsprach es, bei jedem Geschäftsgewinn eine gewisse Summe für religiöse Zwecke, also für Gott abzutreten. Bei den Fuggern flossen diese Gelder auf das Konto des „San Ulrico", welches die FUGGEREI-Bauten ermöglichte.

Die ursprüngliche Bebauung umfaßte die HERRENGASSE, FINSTERE GASSE, MITTLERE GASSE, SAUGASSE, HINTERE GASSE und OCHSENGASSE. Dabei sind die Gärten oder Höfe, welche zu allen Häusern gehören, in der Anfangszeit bei SAUGASSE, MITTLERER GASSE und OCHSENGASSE noch größer geraten, als bei den folgenden Häuserzeilen. Die allgemeine Haustiefe beträgt ungefähr 7,90 m; dabei beläuft sich die äußere Mauerstärke auf 0,40 m. Da einige Bauelemente, wie Fenster, Türen, Deckenbalken und sogar die Neigung des Dachstuhls genormt waren, konnte wesentlich vereinfacht gebaut werden. Allein die Breite der Häuser schwankt, d.h. in jeder Häuserzeile wurde Haus für Haus in gleicher Breite erbaut, bis sich für den letzten Bau entweder zuviel oder zuwenig Platz ergab. In diesem Falle wurde entweder das Haus breiter angelegt und erhielt mehr Räume pro Wohnung, oder aber es wurde schmaler als die übrigen Häuser und erhielt entsprechend weniger Raum.

Weiterhin ist wichtig, daß sich die Traufstellung der Häuserzeilen nicht im rechten Winkel zum Lot verhielt, sondern, ausgehend vom Brunnenplatz, kaum wahrnehmbar einem leichten Gefälle folgte. Die Folge war, daß nun die Fenster, um nicht auch ihre rechtwinklige Form zu verlieren, leicht gestuft in die Fassade eingefügt wurden. Dieses leichte Gefälle erlaubte auch eine einfache Ableitung des Regenwassers. Als Dachform wurde das Kehlbalkendach gewählt.

Die handwerkliche Leistung beim Bau der FUGGEREI besteht in der Anwendung weniger einfacher Baustoffe für den tragenden Aufbau und gleichartiger Bauglieder für den Ausbau. Die Außenwände sind innen und außen verputzte Ziegelwände, die Innenwände Ständerholzbohlenwände mit stehenden Teilungen, welche später teilweise mit Lehm beworfen wurden. Aus Feuerschutzgründen waren von den Innenwänden, neben den Scheid- und Brandmauern zwischen den einzelnen Reihenhäusern, nur die Küchenwände in Ziegeln gemauert, welche auch das die Küchen in Erd- und Obergeschoß überdeckende, gemauerte Tonnengewölbe tragen. Das Mittelmaß der Raumhöhe liegt bei 2,30 m. Die ursprüngliche Bedeckung des Fußbodens bestand aus breiten Bretterböden.

Dieser Übergang vom mittelalterlichen Holzbau zum Bauen in Stein ist im Laufe des 16. Jahrhunderts ebenso wie hier auch in zahlreichen anderen Bürgerbauten festgestellt, so bei Bauten von Hans Holl und seinen

Abb. 125

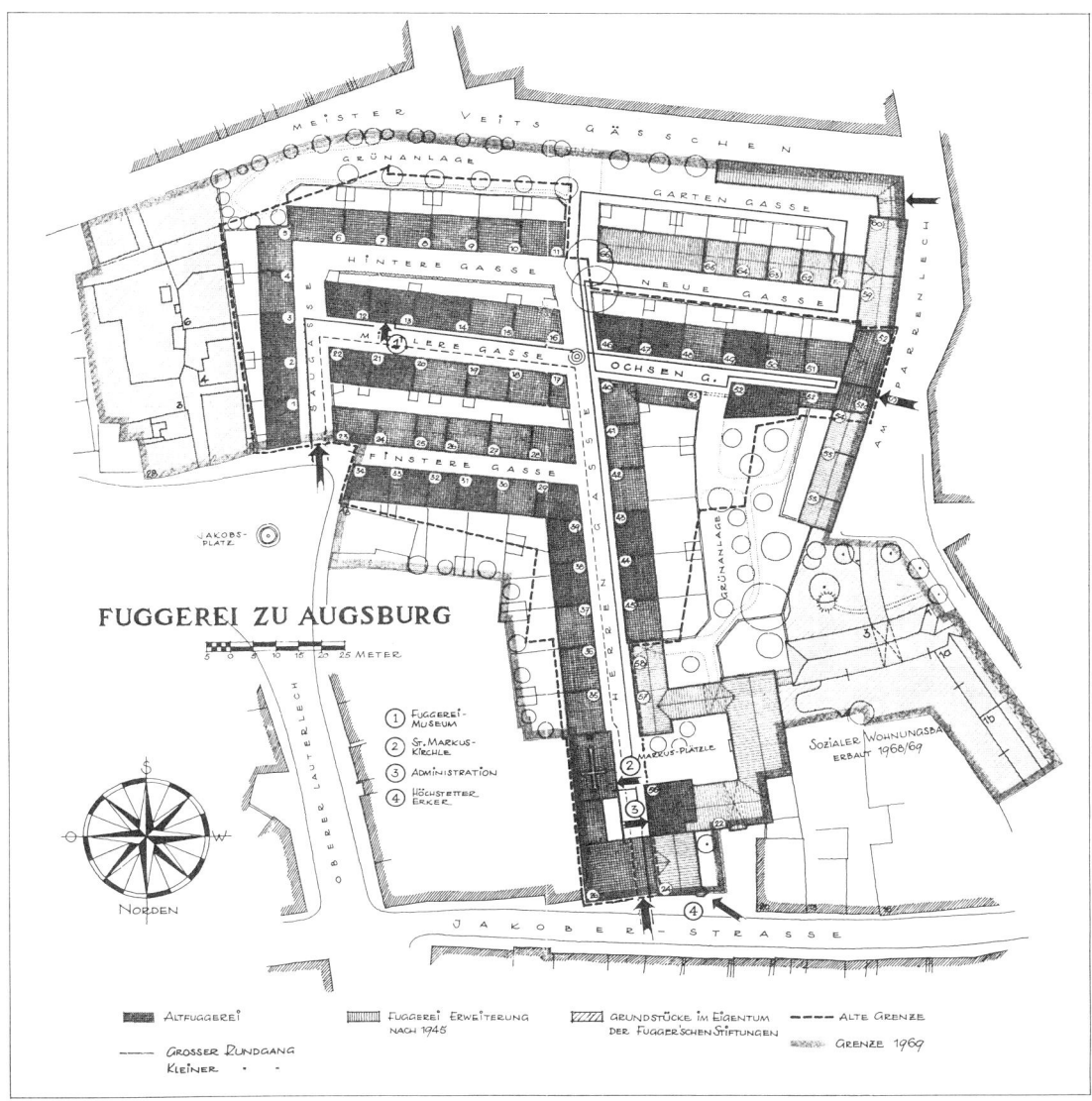

Zeitgenossen, z.B. MAXIMILIANSTRASSE 39 (A 8) und PHILIPPINE WELSERSTRASSE 28 (B 263). Weiterhin sind Fenster und Türen in Größe und Profilierung einheitlich gestaltet.

Die heutige Farbgebung der Gebäude ist gelb; sie rührt wohl aus dem Anfang des 19. Jahrhunderts und könnte auf die Anhänglichkeit des Hauses Fugger an das habsburgische Kaiserhaus hinweisen, dessen Farbe gelb war. Über die ursprüngliche Farbgebung ist nichts bekannt. Allein in der Hausordnung der FUGGEREI ist ein Hinweis auf die Verpflichtung der Bewohner, die Innenräume einmal pro Jahr zu weißen.

Von den 105 Wohnungen bestehen 96 Typen aus jeweils überwölbter Küche und dazu 3 Zimmern, 8 Typen mit 2 Zimmern und 1 Typ mit 3 Zimmern und zusätzlicher Kammer. Die Wohnfläche des Einheitstyps beträgt etwa 45,5 qm bei einer Frontbreite von etwa 9,20 m und einer Haustiefe von 7,90 m. So ist bei geringer Raumtiefe gute Belichtung, und da hohe, dunkle Hinterhöfe fehlen, beste Durchlüftung des Hauses erreicht. Die Erdgeschoßwohnung ist dabei durch einen in der Mitte durchlaufenden Gang geteilt, der zum Hof führt. Von diesem Gang zweigen rechts und links die einzelnen Räume ab. Die Raumformen sind mehr zum Quadrat als zum übersteigerten Rechteck neigend, räumlich günstig zu nutzen. Dabei liegt die Küche jeweils im rückwärtigen Teil des Hauses. Küche und Wohnstube waren als einzige Räume heizbar. In der Küche saß ein offener Kamin. Der Ofen der Wohnstube, ursprünglich gemauert, später aus verzierten Wasseralfinger Eisengußplatten mit einem oberen Keramikteil, wurde von der Küche aus bedient. Die Durchreiche zur Wohnstube diente der Querlüftung der kleinen Räume. Der ursprünglich vorhandene Waschkessel in jeder Küche wurde 1617 entfernt und ein Waschhaus eingerichtet, da sich sonst zuviel Feuchtigkeit in den Wänden sammelte. Die Schlafräume waren nicht beheizbar und besaßen nach hinten zu oft zwei Fenster. In der Küche liegt auf Grund der Wölbung das Fenster tiefer als die übrigen Fenster. Die Erdgeschoßwohnungen haben nach rückwärts entweder einen kleinen Garten oder einen kleinen Hof für Holzlege und Geräte. Die Obergeschoßwohnung besitzt ohne Berührung mit dem Erdgeschoßmieter eine eigene Eingangstür im Erdgeschoß mit Treppe nach oben. Der wegen des hohen Grundwasserspiegels fehlende Keller wurde durch kleine, abgedeckte Gruben gleich hinter den Eingangstüren ersetzt. Geradläufige, steile Treppen führten nach oben. Die ursprünglichen Blockstufen besaßen eine ungefähre Höhe von 20 cm mit einer Tritthöhe von 16 cm. Der obere Flur ist breiter als der untere und wird nach jeder Seite von einem Fenster belichtet. Später, ab Anfang des 18. Jahrhunderts, wurde jedoch oft ein Teil dieses Flurs zur Wohnstube abgetrennt. Ob an dieser Stelle, also an der Straßenfront, ursprünglich ein kleiner Einbau vorhanden war, ist nicht sicher erwiesen. Der geräumige Dachraum steht dieser Obergeschoßwohnung zur Verfügung.

Der zeitlos hohe Rang der Bauanlage ist dadurch erreicht, daß am Ende des Mittelalters hier aus privater Initiative eine Musterform sozialen bürgerlichen Wohnens nach den Lebensbedürfnissen des einzelnen durch abgeschlossene Wohnbereiche verwirklicht wurde.

Seit Beginn der Stiftung gelten die kaum veränderten Aufnahmebedingungen und eine genau gefaßte Hausordnung, die das Zusammenleben der hier wohnenden Menschen regelt, ausgehend von der Stiftungsurkunde aus dem Jahre 1521. Die Jahresmiete von 1 Gulden entspricht einer heutigen Bewertung von 1,72 DM. Aufnahme erfährt nur der, der katholisch ist und seine Bedürftigkeit nachweisen kann. Die Tore der FUGGEREI bleiben nachts geschlossen und bewahren so die Eigenart dieses Viertels. Dazu besteht die Verpflichtung des gemeinsamen täglichen Gebets für den Stifter Jakob Fugger in der zugehörigen Kirche St. Markus.

Im Bereich der FUGGEREI, deren Bewohner heute wohl ausschließlich Rentner sind, finden sich keinerlei Geschäfte, während in früheren Zeiten durch die ungesicherten sozialen Verhältnisse bedingt, alle Altersgruppen vertreten waren, unter denen sich auch einfache Handwerker befanden, welche bei ihren Geschäften keiner Raumentfaltung bedurften.

Die städtebauliche Besonderheit der FUGGEREI liegt darin, daß auf einem Bauland, das rückwärts hinter einer Nachbarbebauung liegt und nur an drei schmalen Stellen Berührung mit den öffentlichen Gassen oder Plätzen hat, eine reine Zeilenbebauung reizvolle Straßen- und Platzbilder schaffen konnte (Abb. 125a, 126). Dies geschah für eine verarmte Stadtbevölkerung zu einer Zeit, da noch ein Großteil selbst der begüterten Stände in engen, dunklen Häusern lebte, in denen Küchen und Kammern lichtlos im Innern der Häuser lagen oder nur durch eine schmale Hausreihe zum Nachbarn hin höchst mangelhaft Licht und Luft erhielten. Eine Ausnahme machte nur die Stube mit meist größerer Fensterzahl und oft zusätzlichem Flacherker, wie z.B. bei MAXIMILIANSTRASSE 21 (C2) und 15 (C5).

In der FUGGEREI wurden Reparaturen grundsätzlich mit den Mitteln der jeweiligen Zeit und auch nach deren Anschauungen durchgeführt. So gibt es heute noch frühe Türformen mit darüber, im Mauerwerk sitzender Öffnung zur Belichtung des Flurs. Und daneben Türen aus dem Anfang des 19. Jahrhunderts, deren Oberlicht direkt auf den Türrahmen gesetzt wurde. Auch die Fensterstöcke sind im Laufe der Zeit verändert worden. Nach den Zerstörungen des letzten Krieges folgte mit dem Wiederaufbau eine Abrundung des FUGGEREI-Geländes, wobei der Verlauf der ursprünglichen Grundstücksgrenze noch sichtbar im Gelände erhalten ist. Das MARKUSPLÄTZCHEN, die FUGGEREI-Verwaltung, die Häuser an der NEUEN GASSE und am SPARRENLECH entstanden neu. Die FUGGEREI-Verwaltung wurde dabei unter Verwendung von Bauteilen verschiedenster anderer zerstörter Gebäude neu errichtet, und bewahrt somit die letzten Zeugnisse sonst verlorengegangener Bauten. Die Erweiterung der FUGGEREI-Häuschen selbst erfolgte unter möglichster Verwendung der ursprünglichen Baumaterialien. Die Form wurde völlig beibehalten, Fenster nach alten Vorbildern neu geschaffen, jedoch insgesamt versteckt neue technische Mittel eingesetzt, wie Doppelverglasungen, Fundamentisolation, Elektrizität, Kanalisation, Wasserleitungen usw. Durch diese, formal im alten Stil erfolgte Erweiterung ist schließlich die Einheit der Siedlung erhalten geblieben. Der Baubeginn, 1516 durch den Vertrag mit der Stadt besiegelt, steht daher an der Wende zu einer neuen Auffassung im Bereich des Siedlungsbaus und der Wohngestaltung auch für den sozial schwächeren Teil der Bevölkerung.

Herrenhäuser

Eine Reihenhausbebauung für einen geschlossenen Personenkreis, insbesondere von Webern, besitzt Augsburg seit 1529 in den sogenannten Herrenhäusern. Durch den Rat der Stadt veranlaßt, wurden um diese

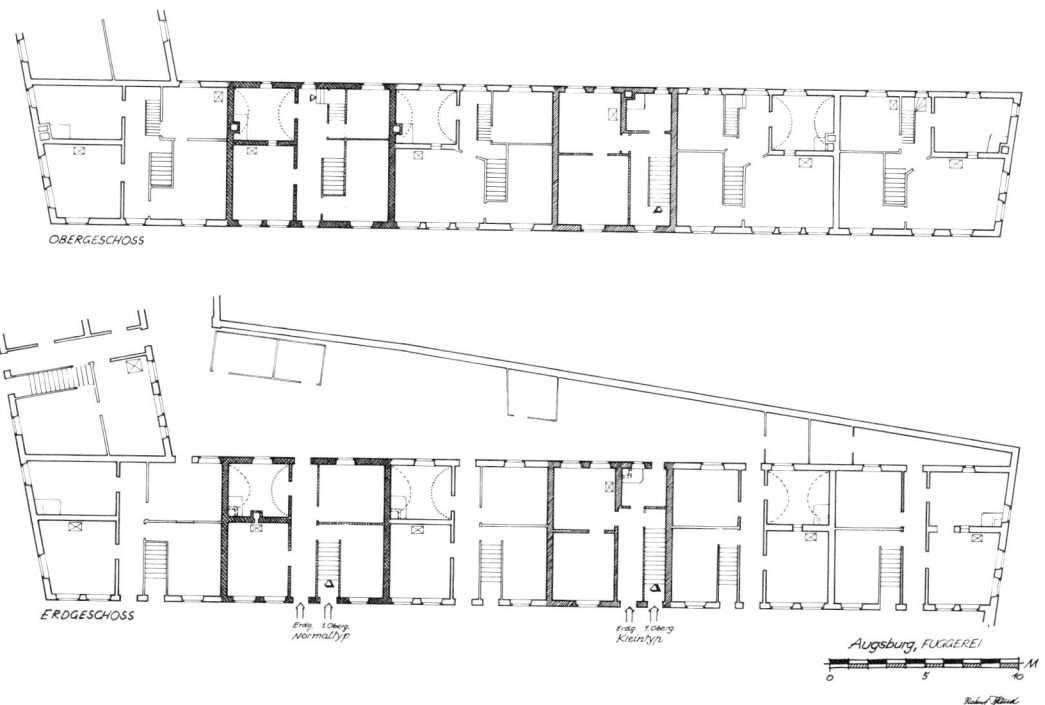

Abb. 125a Fuggerei. Grundrisse. M 1:400.

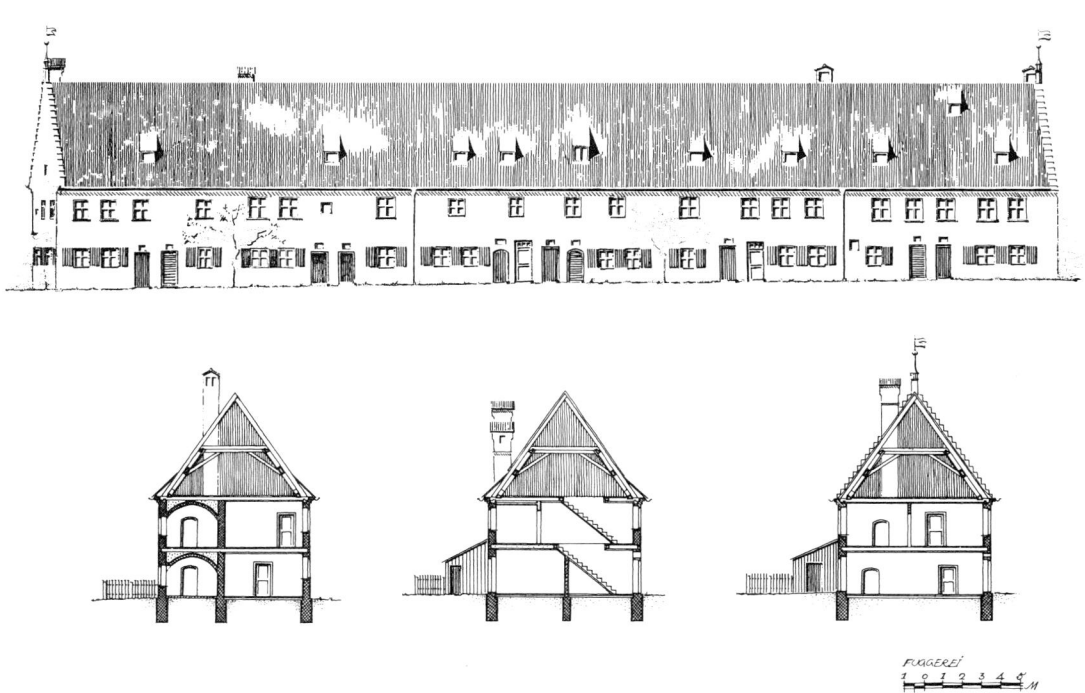

Abb. 126 Fuggerei. Ansicht und Schnitte. M 1:400.

Zeit auf dem Gartengelände der Stiftsherren von St. Georg zwei Reihen von je neun zweigeschossigen Traufhäusern errichtet, um so den in sehr bescheidenen Verhältnissen lebenden Webern Schutz und Unterkommen innerhalb der Stadtmauern zu sichern *(Abb. 126a, b)*. Wie schon bei den Fuggereihäusern wurde auch hier ein bestimmter Bautyp gewählt, der sich in allen Häusern wiederholt, jedoch nur wenig mit der FUGGEREI gemein hat. Insbesondere ist hier bereits der Übergang zum Ziegelbau abgeschlossen. Nach den Zerstörungen des letzten Krieges lassen nur noch etwa sechs der 18 Häuser den alten Kern erkennen. Die restlichen Gebäude sind teilweise neu aufgebaut, teilweise in Fassade und Innenausbau umgestaltet. Von den Resten der ursprünglichen Gestaltung läßt sich folgendes ablesen: Sämtliche Häuser besaßen hochgelegte Keller, welche eigene Fenster zur Straße hin ausbildeten. Diese Öffnungen führten den parallel zur Straße tonnengewölbten Kellern durch breite Stichkappen genügend Licht zu und ermöglichten so günstige Arbeitsbedingungen für die Weber, welche hier ihrer Arbeit nachgingen. Jedoch waren die Häuser nur zu zwei Dritteln zur Straße hin unterkellert. Eine einläufige, steile Treppe ermöglichte den Zugang zum Keller. Sie ging vom Hausflur aus und wurde ursprünglich durch eine Falluke, heute aber durch einen Verschlag mit Tür geschlossen.

Nach den heute erkennbaren Formen, die noch in Nr. 5, 8, 9 gut sichtbar sind, gestaltete sich die Fassade wie folgt: Die Kellerfenster, von der zur Haustür hinaufführenden Treppe unterbrochen, waren auf der einen Seite meist zu einer Dreiergruppe zusammengefaßt und auf der anderen einzeln oder auch in einer Zweiergruppe. Die früher vor dem Haus liegenden Treppen mußten inzwischen dem Verkehr weichen und nur eine letzte ist bei Nr. 8 noch erhalten. In der Aufteilung der Fassade liegt die Haustür jeweils links oder rechts neben die Hausmitte gerückt und bildet so im 1. Wohngeschoß der größeren verbleibenden Wohnfläche Raum, für drei eng nebeneinanderliegende Fenster, welche der dahinterliegenden Stube zugeordnet sind. Insgesamt sind alle Fenster etwa quadratisch 1 m × 1 m. Sie liegen jeweils auf einer Linie, sind also nicht in der Höhe versetzt. Auf der anderen Seite findet sich ein halb so breites Fenster, das zur Belichtung des 2 m breiten Hausflurs dient. Ein weiteres Fenster, davon abgesetzt, ordnet sich der schmalen Schlafstube dahinter zu. Die Breite der Häuser beträgt im allgemeinen 9 m und deren Tiefe liegt bei etwa 8 m. Jeweils zwei Wohngeschosse folgen dem Kellergeschoß. Zur Straße hin liegt, wie bei Haus Nr. 5, zur linken Seite die Stube, 4,50 m breit und 5,30 m tief. Dahinter folgt mit einem Durchgang, der auch gleich eine Querlüftung ermöglicht, die Küche. Ihr Kamin liegt nach vorne zu rechts in der Ecke und erlaubt so auch den Anschluß eines Ofens in der Wohnstube. Diese Küche

führt noch 2 m in die Tiefe, ist dort durch ein Fenster belichtet, aber insgesamt mit 3 m Breite schmaler als das Wohnzimmer. Dadurch ist dem das Haus längs teilenden Flur ermöglicht, an der Rückwand eine bequeme geradläufige, 1,20 m breite Treppe nach oben zu führen. Im Gegensatz zum Küchenbau der FUGGEREI ist hier keine Wölbung mehr zu finden. Die Wohngeschosse besitzen jeweils Balkendecken, welche in der Stube noch einen Unterzug haben, um die 5,30 m langen Balken zu unterstützen. Längs der Wohnstube liegt die Breite des Flurs bei 2 m, so daß die ursprüngliche Kellerluke auch geöffnet bleiben konnte, ohne den Durchgang zu behindern. Daneben bleibt rechts noch eine Restbreite des Hauses von 2 m, die die Schlafstube einnimmt. 5,30 m tief besteht jedoch gut die Möglichkeit, zwei Betten hintereinanderzustellen und daneben noch Platz für eine Truhe oder einen Schrank zu finden. Dahinter lag ein schmaler Raum, der heute Badezimmer und Toilette enthält, ursprünglich wahrscheinlich aber einer anderen Nutzung offenstand. Eine schmale, etwa 1,50 m hohe Tür führt, vom Aufgang der Treppe zum 2. Obergeschoß, unvermittelt zur Rückseite des Hauses. Da aber seit je beiden Häuserzeilen nur ein etwa 1 m schmaler Traufgang an der Rückseite zur Verfügung stand, welcher nicht weiter nutzbar war, da an ihn bereits die Nachbarbebauung anschloß, so ist anzunehmen, daß hier die Abwässer der Küchen und auch die sonstigen Fäkalien abgeleitet wurden. Demnach könnte die beschriebene Öffnung, welche sich auch in Nr. 8 findet, dort aber inzwischen als Fenster dient, zu einem an der hinteren Fassade hängenden Abortverschlag geführt haben. Der gerade Treppenlauf an der Rückwand, welcher zum 2. Obergeschoß hinaufführt, ist z.T. in einigen Häusern auch gewendelt. Dies kommt allerdings in den beiden, dem ursprünglichen Zustand nächststehenden Häusern Nr. 5 und 8 nicht vor und ist wahrscheinlich einem späteren Umbau zuzuschreiben. Das 2. Obergeschoß bei Nr. 5 zeigt eine andere Raumaufteilung. Hier führt der Flur nicht zur Straßenfront, sondern dort liegen hintereinander erreichbar drei Stuben. Die fünf Fenster dieses Geschosses ordnen sich den hier veränderten Raumverhältnissen zu, so daß sie in der Fassadengestaltung nicht über den unteren Fenstern liegen. Allein die Küche entspricht in ihrer Lage der unteren. An der rechten Scheidewand verläuft eine steile Treppe zum Dachgeschoß, welches heute zu einer Wohnung ausgebaut ist und ein Kehlbalkendach besitzt. Die relative Loslösung der Treppenläufe von den Räumen des 2. Obergeschosses, sowie das Raumangebot der beiden Wohngeschosse könnte bedeuten, daß hier in jedem Hause zwei Familien wohnten, die sich den Zugang zum Haus, den Arbeitskeller und auch den geräumigen Speicher teilten. Beim gleichen Beruf der Bewohner, anders etwa als in der Fuggerei, wäre dies durchaus ein-

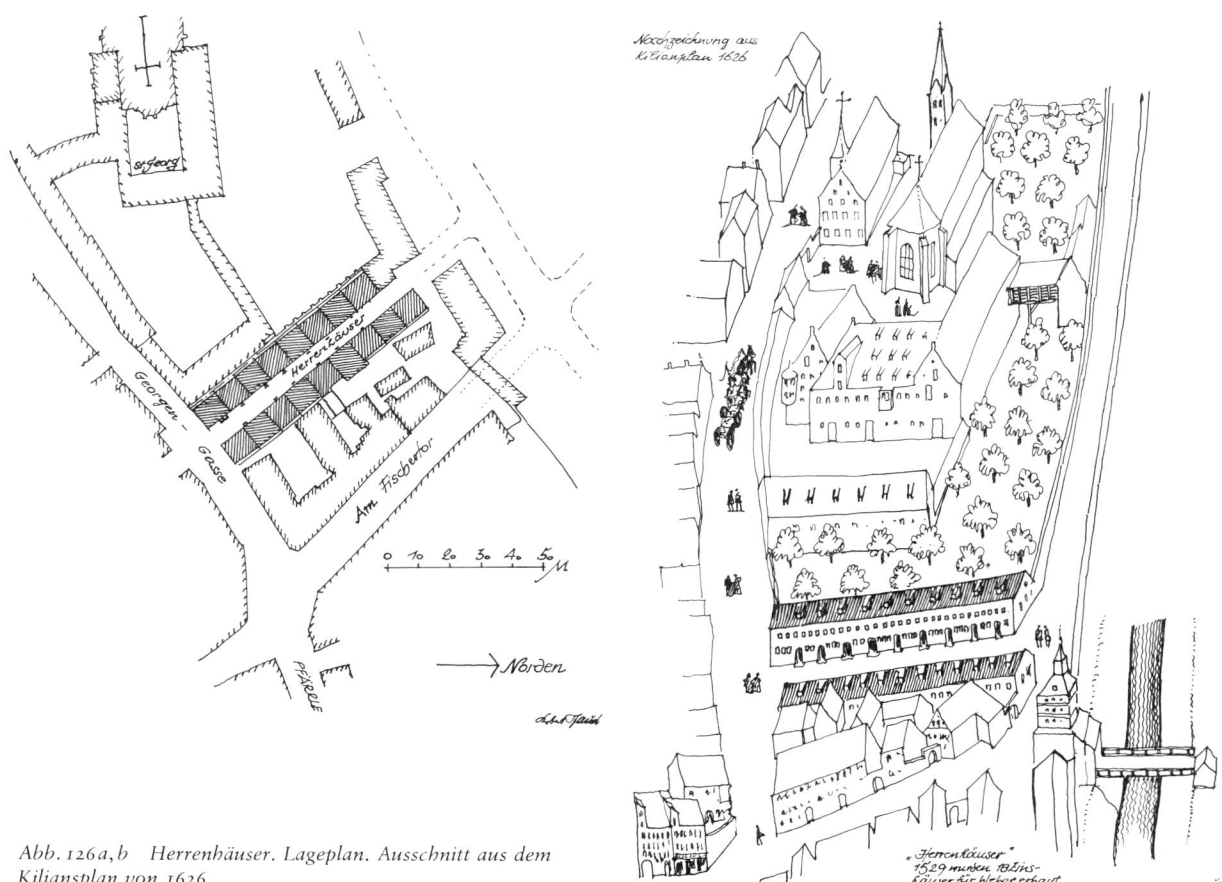

Abb. 126a, b Herrenhäuser. Lageplan. Ausschnitt aus dem Kiliansplan von 1626.

leuchtend. Ähnlich der FUGGEREI ist auch hier auf Einfachheit der Gestaltung Wert gelegt. Die Fassade ordnet sich den Raumbedürfnissen unter. Es fehlt jeglicher Schmuck. Die quadratischen Fenster, wie häufig in Augsburg, sind genormt. Die Höhe der Räume liegt, selbst bei der Kehlbalkenlage des Dachstuhls, bei etwa 2,40 m. Bei Haus Nr. 8 ist der älteste Türrahmen aus Holz erhalten, der mit dem Mauerwerk bündig abschließt, jedoch die Tür nach innen versetzt.

Schlossermauer und Schmiedgasse

Eine für Handwerker, welche mit Feuer umzugehen hatten, vornehmlich also für Schlosser und Schmiede genutzte Reihenhausanlage entstand 1563 und in den folgenden Jahren an der SCHLOSSERMAUER *(Abb. 127, 127a)* und SCHMIEDGASSE unter Anbau an die bisherige östliche Stadtmauer. Im Bereich VOGELTOR bis zur HÖRBRUCK, dem heutigen OBEREN, MITTLEREN und UNTEREN GRABEN hatte die Umwallung und die Mauer durch den Ausbau und die Einbeziehung der Jakobervorstadt in die Stadtbefestigung ihren verteidigungsmäßigen Wert verloren. Das Verbot, an die Stadtmauer bauen zu dürfen, wurde aufgehoben. So entstanden unter Einbeziehung von Mauer und Wehrgang im Osten in den Grabenbereich vorgeschoben, etwa 6 m breite Reihenhäuser. Im Zuge der SCHLOSSERMAUER waren es 47, der SCHMIEDGASSE 10 Häuser. Sie boten Raum für größere Familien mit mehreren Kindern.

Sowohl SCHMIEDGASSE als auch SCHLOSSERMAUER sind heute noch im wesentlichen erhalten. Im Bautyp sind sie nicht voneinander unterschieden und folgen einer einheitlichen Konzeption. Sie bilden dreigeschossige Traufenhäuser, deren Dachgeschoß mitunter durch Einbeziehung des früheren hölzernen Wehrganges noch erhöht ist. Die Türen der einzelnen Häuser sind jeweils einander paarweise zugeordnet. Nach einigen Beispielen zu schließen, war die Türöffnung oben durch einen Bogen abgerundet, in dem mitunter noch

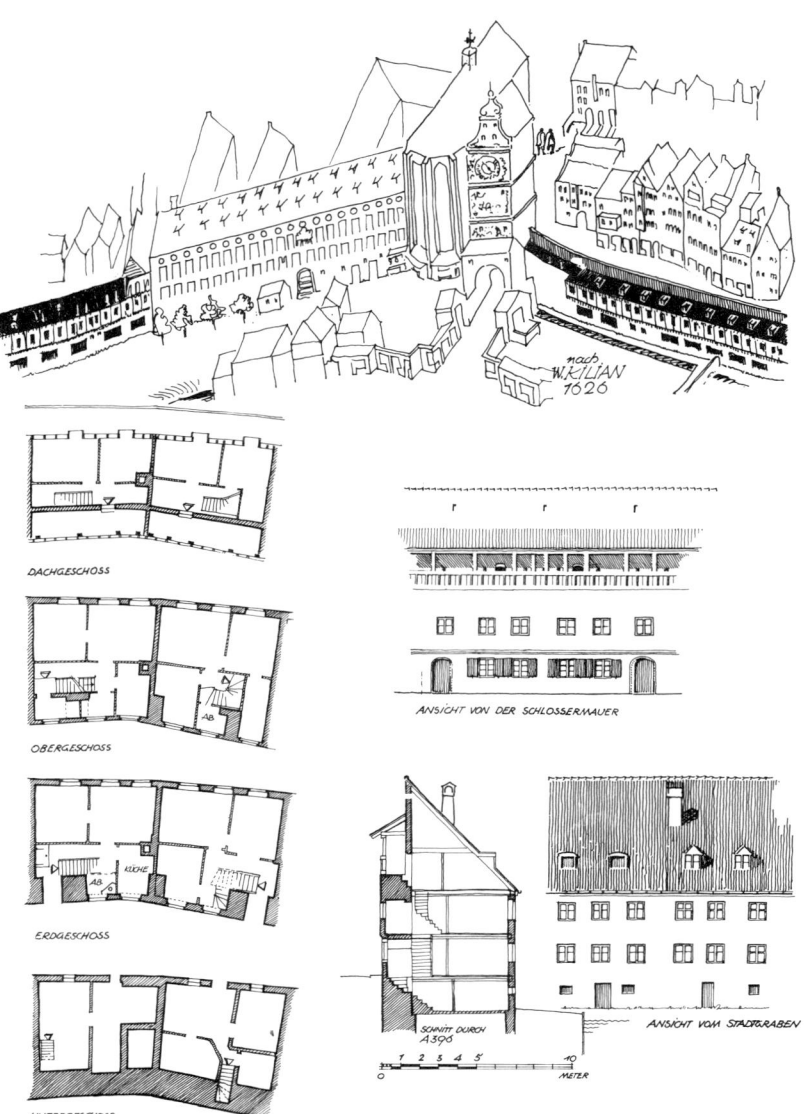

Abb. 127 Schlossermauer. Grundrisse, Schnitt und Ansichten. M 1:400. Lage nach dem Kiliansplan von 1626.

ein vergittertes Oberlichtfenster sitzt, welches den Flur beleuchtet. Auch bei diesen Häusern sind die Fenster quadratisch. Allein im Erdgeschoß sitzen oft zwei schmale neben einem breiteren Fenster, während in den Obergeschossen, die vom 1. Obergeschoß an einen leichten Überhang bilden, zwei Fenster einander mehr zugeordnet sind als das dritte. Diese Fensteranordnung wiederholt sich auf der Grabenseite, wo auch Wohnstube und Schlafzimmer liegen. Zur Straße hin ist die Raumgestaltung oft empfindlich durch die nicht entfernte frühere Stadtmauer gestört, so daß z.B. in der SCHMIEDGASSE zur Straße hin nur etwa 1,60 m zwischen Hausinnenwand und Stadtmauer liegen, was meist

einen schmalen, engen Raum zur Folge hat. Einzig Bogenstellungen durchbrechen dieses Hindernis und führen zur anderen Seite des Hauses weiter. Die dadurch entstehenden, oft verwinkelten Nischen ergeben in den unteren Geschossen Abstellmöglichkeiten. Nur im Dachgeschoß ist der alte Wehrgang über der Mauer in seiner gesamten Länge noch nutzbar und meist als Wäschetrockenboden verwendet, wobei der ab 1. Obergeschoß einsetzende Mauerüberhang zur Straßenseite das dortige Raumangebot etwas vergrößert.

An der äußeren Stadtmauerseite im Inneren des Hauses liegt die geradläufige Treppe. Den übrigen Raum zwischen schmalem Mauerteil auf der einen und

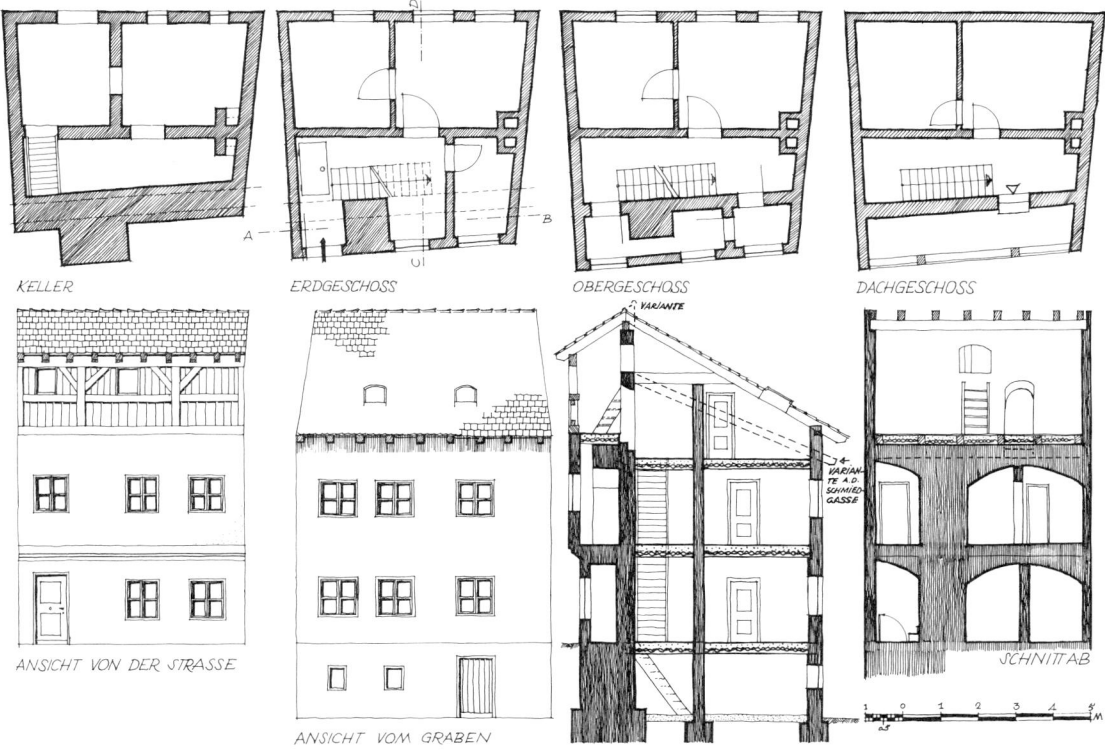

Abb. 127a Schmiedgasse. Grundrisse, Ansichten und Schnitte. M 1:400.

breiterem Wohnteil auf der anderen Seite nimmt die Küche ein. Kamine an der Scheidwand sorgen für die Feuerstelle in der Küche und die Beheizung der Wohnstube. Im Mauerteil der beiden unteren Geschosse bieten sich nur enge Abstellecken und eventuell der Abort an. Dieser Grundriß wiederholt sich in etwa in allen Geschossen.

Das zum Graben abfallende Gelände ermöglichte es auch beim Keller zu dieser Seite hin Fenster und Türen auszubilden. Wahrscheinlich waren hier in Anbauten auch weitere Werkstätten und Feuerstellen untergebracht.

Der Keller ist vom Erdgeschoßflur aus über eine steile Treppe zugänglich, welche durch eine Falluke im Hausflur verschlossen wurde.

Küche, Stube und Werkstatt oder Verkaufsraum im Erdgeschoß, drei Kammern im Obergeschoß und zwei Kammern im Dachgeschoß sowie mehrere Abstellräume im Untergeschoß gaben einer größeren Familie ausreichenden Lebensraum. Ein grabenseitiger kleiner Garten, der den Graben mit breiter Bohle überbrückend nach dem gegenüberliegenden Grabenhang erweitert wurde, schuf dazu noch besonnten Freiraum am Hause.

Die wohntechnischen Vorzüge der FUGGEREI finden sich hier nun bei Familienhäusern als mehrgeschossige Reihenhäuser im Eigenbesitz wieder. Sie liegen hier wie dort in freier Belichtung und Querbelüftung aller Hauseinheiten ohne Hinterhof mit unmittelbarem Anschluß an die Gasse einerseits und den Hausgarten andererseits. Gegenüber der FUGGEREI, bei der Ost-West- und Nord-Süd-Belichtung, je nach Gassenlage wechselnd, besteht hier bei reinem Nord-Süd-Zug der Gassen einheitliche Ost-West-Belichtung.

HÄUSER DER GEISTLICHKEIT

Die Einreihung der Hausstellen der Geistlichkeit in eine Untersuchung über Bürgerhäuser ist dadurch gerechtfertigt, daß diese 1381 aufgefordert war, Bürgerrecht in der Stadt zu erwerben, andernfalls Ausweisung erfolgen sollte (T 31b, 32a, b). Da die Geistlichen in der Mehrzahl persönlichen Hausstand führten, unterscheiden sich ihre Wohnstätten im wesentlichen nicht von den Bürgerhäusern, mit denen sie an der Straße in einer Reihe stehen. Außerdem kann man feststellen, daß diese vordem in bürgerlichem Besitz waren und später durch Kauf, Erbschaft oder Stiftung in geistlichen Besitz über-

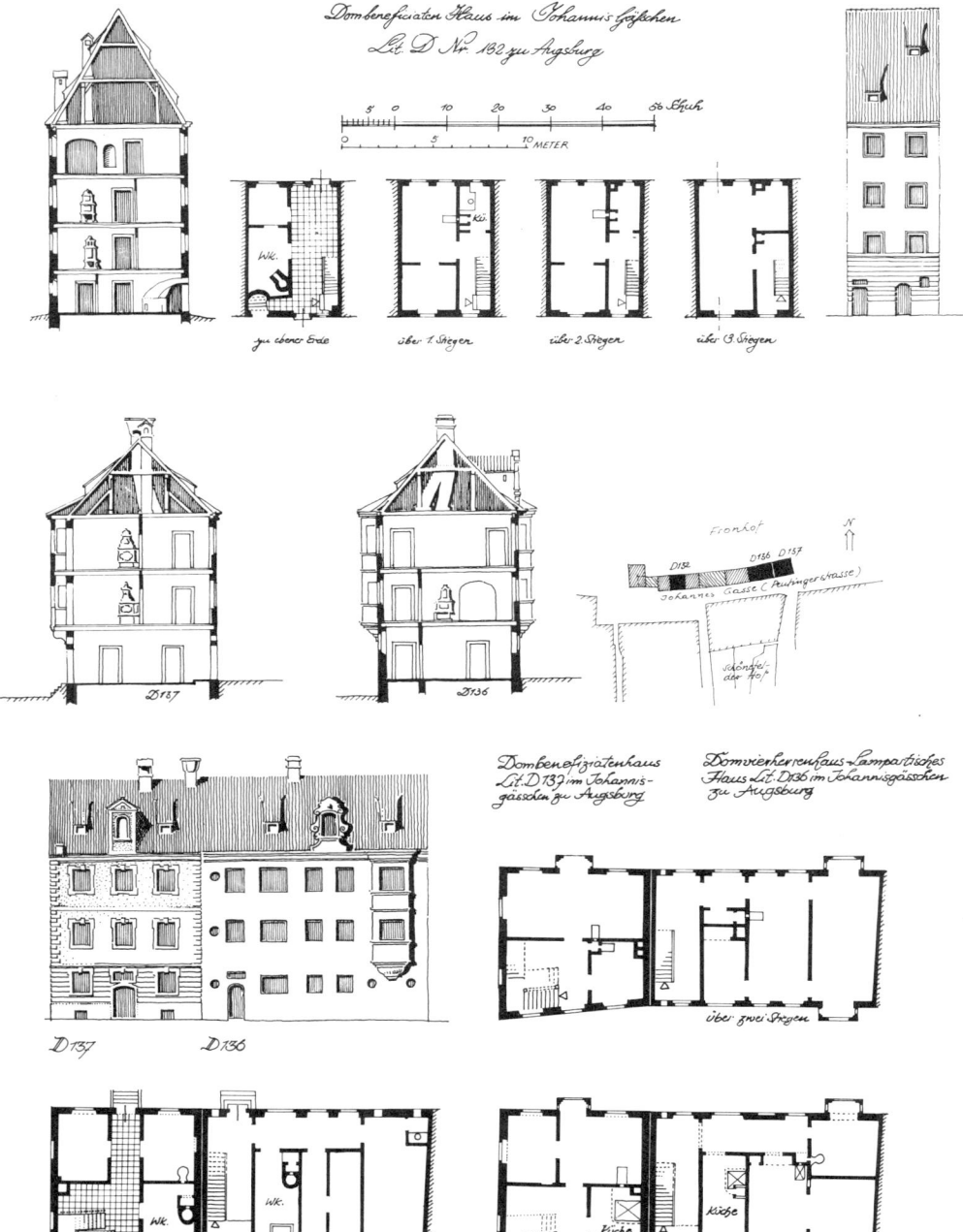

Abb. 128 Peutingerstraße 20. Schnitt, Grundrisse und Fassade. M 1 : 400.

Abb. 129 Peutingerstraße 12 und 10. Schnitte, Fassade und Grundrisse. M 1 : 400. Lageplan.

gegangen waren. Dies gilt jedoch nur für die in der Bürgerstadt wohnenden, auf Pfründe oder Stiftung sitzenden Priester. Bei all diesen ehemals bürgerlichen Wohnhäusern hat sich die Bewohnung durch Geistliche für das Haus substanzerhaltend ausgewirkt. Die Bauaufnahmen, die aus Archivbestand stammen, aufgemessen nach der Säkularisation, also zu Beginn des 19. Jahrhunderts, bringen selbst das Erdgeschoß noch unverändert in der ursprünglichen Nutzung. Ladeneinbauten und Umbauten, die bei bürgerlichen Bauten im Familienbesitz das Erdgeschoß fast ausnahmslos verändern und auch im Wohnbereich Veränderungen brachten, sind hier nicht erfolgt. Die um die Zeit der Aufnahme, also vor etwa 150 Jahren noch bestehenden

Abb. 130 Inneres Pfaffengäßchen 12. Schnitt und Fassade, Grundrisse. M 1:400. Lageplan.

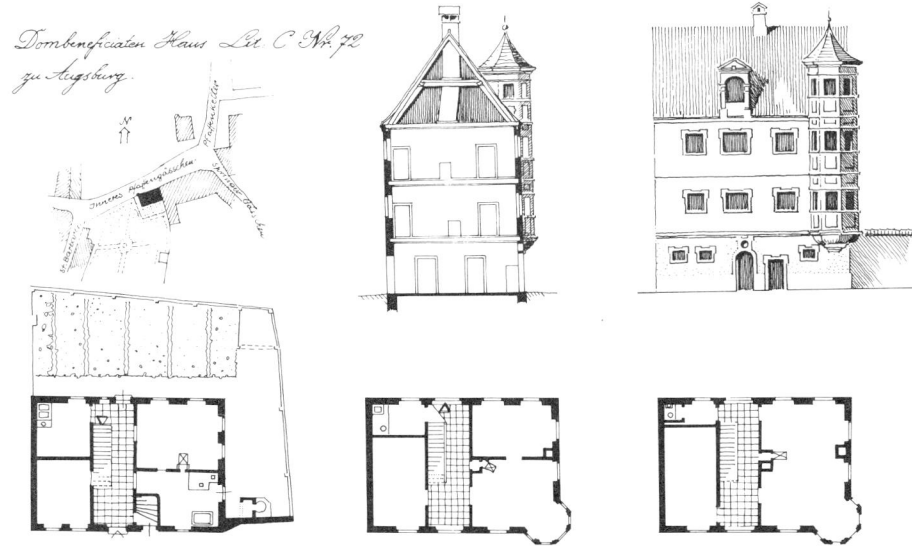

Abb. 131 Im Thäle 7. Schnitt, Fassade und Grundrisse. M 1:400. Lageplan.

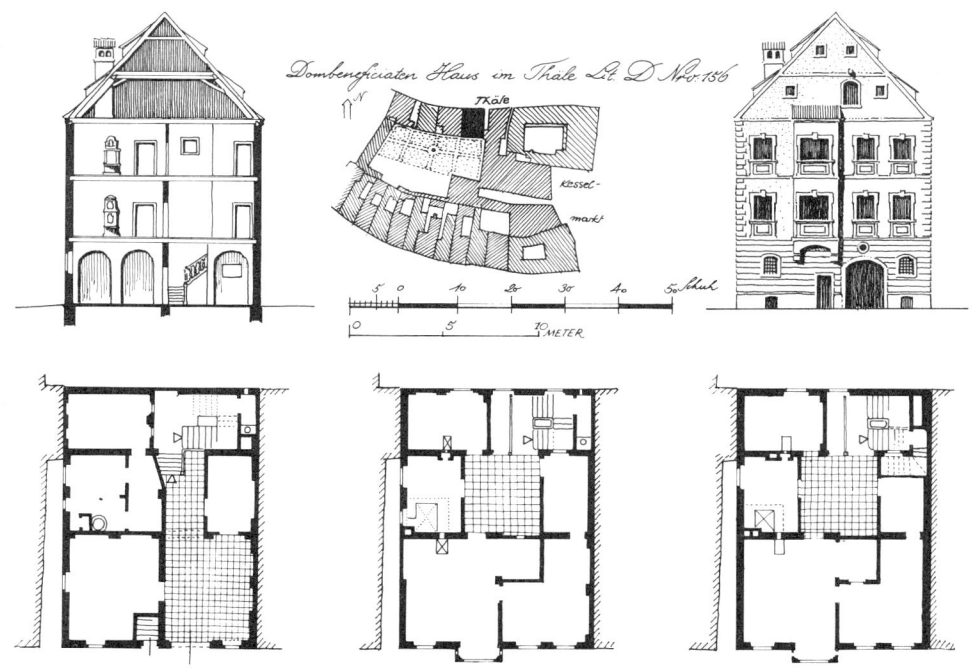

Fassadenornamente – Putzornamente, Rahmungen, Gesimse, Lisenen und Rustizierungen – sind ebenfalls noch zeichnerisch erfaßt. So sind die Häuser am JOHANNISGÄSSCHEN, der heutigen PEUTINGERSTRASSE *(Abb. 128, 129)*, das Dombenefiziatenhaus am INNEREN PFAFFENGÄSSCHEN 12 (C 72) *(Abb. 130)* mit Eckerker und das am THÄLE 7 (D 156) *(Abb. 131)* mit großzügiger Grundrißlösung und in der Grundanlage im Augsburger Geist der Frührenaissance in Erker und Giebelarchitektur gestalteten Fassade, bemerkenswerte Funde aus verschütteten Quellen.

Anders verhält es sich jedoch mit den Wohnungen der Geistlichen innerhalb der Domstadt, deren Wohnbedarf geplant und nach der Rangordnung verschieden fest-

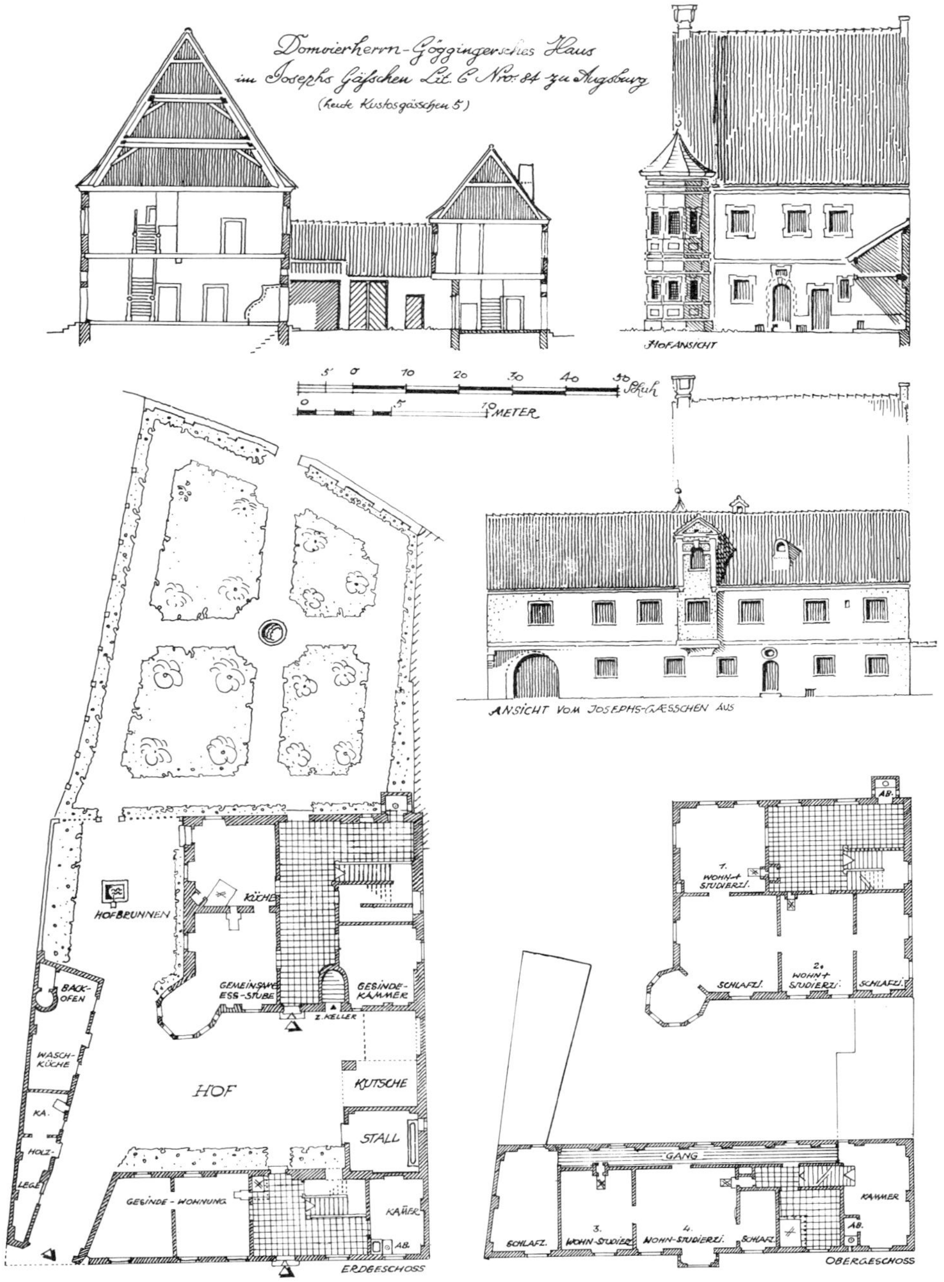

Abb. 132 Kustos-gäßchen 5. Schnitt, Ansichten und Grundrisse. M 1:400.

gelegt zu sein scheint. So begegnen uns in den PFAFFEN-GÄSSCHEN trotz maßstäblicher Einheit und Abstimmung drei Arten von Wohngegebenheiten (Hausstellen).

Zunächst für die niedere Geistlichkeit, die zu zweit bis zu viert in einem Haus zusammenlebten, eine Hausgemeinschaft mit den Wirtschaftsräumen, Küche, Waschküche, Holzlege, diese meist im Anbau an einen kleinen Hof, im Erdgeschoß. Die Wohnungen der Herren in den Obergeschossen, Gesinderäume ebendort als rückliegende Kammern oder im Dachgeschoß.

Höherrangige wohnten in einem freistehenden Haus hinter einer Mauer im Garten, wie beim KUSTOSGÄSSCHEN 5 *(Abb. 132)*. Stube, Küche und Gesinderäume befinden sich vielfach im Erdgeschoß, Waschküche und Holzlege in einem Anbau an einem Hof. Das Obergeschoß dient dem Wohnen des Herren mit Studierstube, Schlafraum, oft jedoch nur Schlafnische, mitunter auch mit Bibliothek und mit Gastzimmer.

Geistliche mit erweitertem Amtsbereich der Diözesanverwaltung und Visitation lebten als Herren in einer kleinen Hofhaltung mit umfangreicheren Nebengebäuden und mit Stallung, Scheune und Wohnung für zahlreicheres Gesinde.

In der Gesamterscheinung dieser Wohnhäuser der verschiedenrangigen Geistlichkeit ist eine schlichte Einheit in Maßstab und Anwendung aller das bauliche Bild bestimmenden Einzelheiten, wie Türen, Fenster und Schmuckformen festzustellen. Das Gemeinsame ist schließlich besonders erhöht durch die verbindenden Gartenmauern und durch das Grün der zwischen den Häusern liegenden Gärten und Höfe. Raumbestimmende, schlichte, gut gestaltete Treppen und rein auf Wohnen und nicht auf Repräsentation ausgerichtete Flure und Innenräume verraten eine gepflegte Wohnkultur im Haus und Garten. Die Straßenabwicklung des MITTLEREN PFAFFENGÄSSCHENS, angelehnt an die Innenwand der Mauer der Bischofsstadt, soll dies mit den Grundrissen sichtbar machen.

GARTENHÄUSER

Die Stadtpläne Augsburgs vom Mittelalter bis in die Neuzeit zeigen umfangreiche Gartengrundstücke im Anschluß an die Stadtumwallung außerhalb der Befestigung und überraschen durch große Gärten, in manchen Stadtteilen auch innerhalb der Mauern. Dies trifft zu für die „Untere Stadt" nördlich des Doms, für die Jakobervorstadt, für die östliche Domstadt, für die Grundstücke westlich der oberen MAXIMILIANSTRASSE und der ANNASTRASSE, sowie für den Osten des MAXIMILIANPLATZES. In den erstgenannten Bereichen sind die Gärten meist gewerbliche oder private Nutzgärten, während sie bei den letzterwähnten Wohn-, Fest- und Prunkgärten sind, die mit dem zugehörigen Haus in innerem Zusammenhang stehen, auf dieses ausgerichtet sind, indem die gartenseitigen Räume zu Fest, Spiel, Erholung, Geselligkeit und im Sommer auch zum Wohnen genutzt werden. Bei den Häusern der Führungsschicht westlich der MAXIMILIAN- und ANNASTRASSE bilden Haus, Hof und Garten eine Einheit, wobei Hof und Garten durch Pfeiler, Schmuckgitter, Brunnenanlage oder Treppenanlage, mitunter auch durch einen Gartenbautrakt räumlich getrennt, aber innerlich zueinander überleitend verbunden sind. Der Kilian-Plan zeigt noch in großer Zahl selbständige Gartenarchitekturen mit loggienartigen Wandelgängen, mit freistehenden oder in der Blickachse abschließenden Pavillons und Gartenhäuschen (T 7,

119). Spärliche Zeugen dieser Art sind noch vorhanden, so KAROLINENSTRASSE 50 (C 54) und IM SACK 3. Ein bevorzugtes Beispiel für die Gartenbezogenheit des Wohnteils eines Patrizierhauses ist LUDWIGSTRASSE 7 (D 211). Vom Hof aus führt durch das Rückgebäude, das durch eine tiefe Abseite mit dem Vorderhaus verbunden ist, ein breiter Durchgang zu dem um drei Stufen höherliegenden Garten. Gartenseitig weit geöffnet liegt ein Gartensalon, daran anschließend ein Kabinett mit Fenster zum Garten und einer Tür zu einem Treppenflur, von dem aus der Zugang zu den Wohnräumen im 1. Obergeschoß und zum Garten möglich ist. Das Obergeschoß dieses Rückgebäudes ist ganz auf den Garten ausgerichtet, mit einer offenen Altane vor einem Kinderschlafzimmer und mit einer überdachten Laube.

Eine besonders klare Einbeziehung von Garten und Haus (Abb. 9) in die Achse des Grundstücks begegnet uns bei ANNASTRASSE 12 (D 220). Schon bei der Besprechung des Hausgrundrisses wurde hier von einer „klassischen" Lösung gesprochen. Vom Haustor an der wichtigen Reichsstraße – hier die „St. Annagasse" – aus besteht eine freie Blickmöglichkeit durch die Längsachse des Grundstücks bis zu dem abschließenden Gartenhaus, hinweg über die gewölbten Hallen des Vorder- und des Rückgebäudes mit dem dazwischenliegenden Hof und dem um mehrere Stufen überhöhten Garten. Die Raumfolge von handelsbezogenen Räumen der Straße zu, anschließendem Innenhof mit Nebenkammern in den Abseiten, mit Privatgemächern besonders gehobener Rangordnung, im Rückgebäude dem Garten zugewandt und schließlich der Garten selbst mit Wasseranlagen und den der Geselligkeit, Spiel und Tanz dienenden sommerlichen Gartenhäusern und -hallen, läßt an eine geistige Verwandtschaft mit dem griechisch-römischen Haus der Antike denken. In der Gesamtanlage von Haus und Garten des gehobenen Bürgerhauses von Spätgotik bis zum Klassizismus ist in Augsburg diese Hausvorstellung spürbar. Die in diesen Zeiten beliebten Haus und Garten schmückenden Malereien, Schmuckformen und Plastiken mit Motiven der Antike unterstreichen nur, was baulich in diesem Geiste vorgezeichnet ist.

Ein Haus, welches in seinen gartenseitigen Prunk- und Feststuben im Übergang von der Gotik zur Frührenaissance steht, ist das in der ANNASTRASSE stehende Haus Nr. 2 (D 215). Das trichterförmige Grundstück, zum Garten hin sich verschmälernd, ermöglichte nicht die ungehinderte axiale Aufreihung, wie bei ANNASTRASSE 12, hat jedoch die Gartenorientierung durch ein zweigeschossiges festliches Gartenrückgebäude, das auch durch eine gesonderte Küche für die Festräume vom Hauptgebäude wirtschaftlich unabhängig ist, besonders betont (Abb. 62–65).

Abb. 133   Maximilianplatz 17. Ansichten Gartenseite. M 1:200.

Freiere und mehr überschaubare Lösungen, bei denen kein Rückgebäude sich zwischen Hof und Garten einschiebt, sind in MAXIMILIANSTRASSE 48 (B 16) und in der barocken Hausanlage von KAROLINENSTRASSE 50 (C 54). Pfeiler und Sockelmauer mit Einbeziehung einer Brunnenanlage trennen Hof und Garten. Ziergitter zwischen den Pfeilern leiten in die festliche Gartengestaltung über. Daß auch bei Anwesen mit umbautem Hof, wo kein rückliegender Garten möglich war, das Bedürfnis bestand, wenigstens dem Wirtschaftshof noch einen gärtnerischen Teil abzuringen, zeigt LUDWIGSTRASSE 28/30 (D 151), durch Ausbau eines festlichen Gartensaales als Achteck durch Fenstertüren zum Hof geöffnet, mit Wandnischen und mit reichem Stuck an Decke und Wänden (Abb. 83, 84). Der „Rugendaspavillon" (T 123) am OBERBLATTWALL im Geiste des Klassizismus ist im Innern ähnlich gestaltet. Es ist jedoch ein reines Sommergartenhaus in dem vom Wohnhaus weit entfernten Sommergarten.

Neben Gartenhäusern für nur kurzen Aufenthalt sind auch solche mit mehreren Räumen verschiedener Nutzungsmöglichkeit nachweisbar, in denen sogar eine Familie Ferientage verbringen konnte. Die sommerliche Kleinwohnung im gartenreichen Stadtteil ist für eine begüterte Familie, die durch Handel und Gewerbe an eine Dauerwohnung in einem dichtbebauten Stadtteil gebunden war, noch in einigen Beispielen nachweisbar (T 124).

Das Anwesen ÄUSSERES PFAFFENGÄSSCHEN 23 (E 189) (Abb. 135, 136) bietet in Gesamtanlage und Art der

Abb. 134   Pfladergasse 10, Gartenhaus, zeitweise Kapelle.

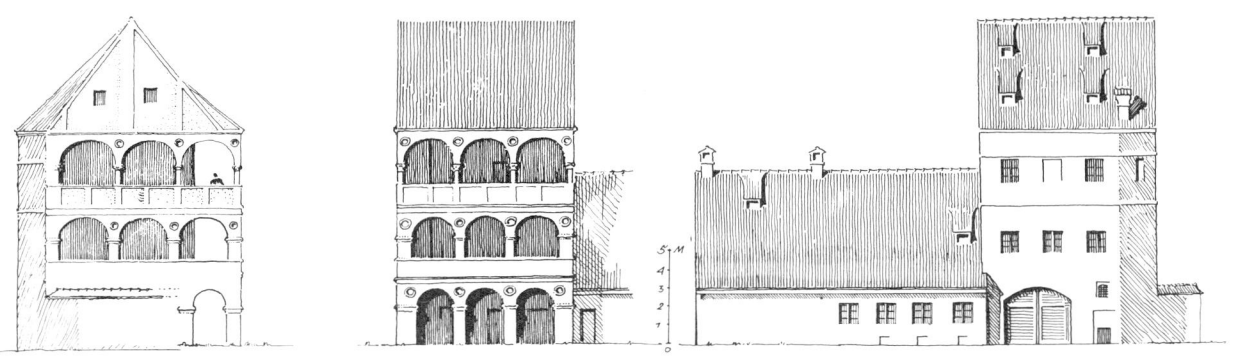
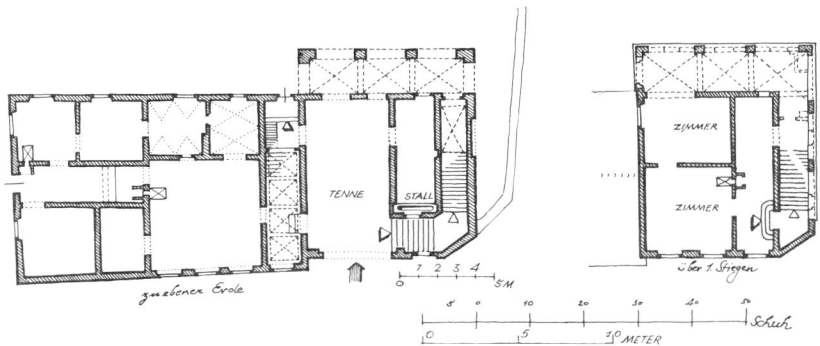
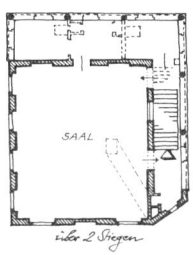

Abb. 135 Äußeres Pfaffengäßchen 23. Schnitte, rekonstruierte Ansichten und Grundrisse. M 1:400.

Räume, trotz baulicher Veränderung zu Dauerwohnungen, die Möglichkeit einer Rekonstruktion des ursprünglichen Zustandes. Im Anschluß an ein erdgeschossiges Gärtnerhaus steht ein dreigeschossiger turmartiger Bau, der im Erdgeschoß eine geräumige Halle mit Treppe zu den Obergeschossen, mit Tür zu einem kleinen Stall und mit Ausgang zu einem gartenseitigen, dreijochigen, mit Kreuzgewölben überdeckten Pfeilergang hat. Das Obergeschoß mit schmalem Längsflur und Treppenantritt zum 2. Obergeschoß besitzt nur zwei Zimmer, von denen nur das größere heizbar ist. Die nördliche Gartenseite und die Ostseite sind mit Pfeilerarkaden aufgelöst. Das 2. Obergeschoß wird beherrscht von einem nach Süden und Westen schauenden Saal von etwa 6,50 m × 7,50 m, dem nach Norden und Osten eine Säulenloggia vorgelegt ist, mit Blick zum Garten und weit nach Osten über die nahe Stadtmauer hinweg ins Lechtal. Die leichte, beschwingte Bogenführung verrät wohl Einflüsse der florentinischen Renaissance.

Eine ähnlich lockere, freie Gartenarchitektur mit Säulengang und Loggia im Erd- und Obergeschoß, hier als Wandabschluß eines Gartens, ist ein schmaler Anbau an ein Wirtschaftsgebäude mit Gesindewohnungen im Grundstück IM SACK 3a *(Abb. 89)*, in unmittelbarer Nähe der FUGGEREI. Eine organische Verbindung zum

Abb. 136 Äußeres Pfaffengäßchen 23, sogenanntes Wieselhaus. Perspektivische Ansicht. Rekonstruktion.

stattlichen Wirtschaftsgebäude mit Ställen und Kleinwohnungen besteht nicht. Bei einem Ausmaß von drei auf zwanzig Metern stößt der schmale Bau an der Nordgrenze in den Garten vor, der Bogengang von fünf Jochen öffnet sich nach Süden zum Garten, ebenso die dreijochige Säulenloggia im Obergeschoß mit den zwei anschließenden Kabinetten, welche je eine fein profilierte Balken- und eine Kassettendecke in Holz schmückt. Besonders dieser Bau besticht durch die Weichheit der Bogenform. Es sind die breitschwingenden Korbbogen, welche diese Wirkung auslösen. Beide Gartenarchitekturen sind Zeugen der Lebensfreude der Zeit der Renaissance, beide sind bei Kilian festzustellen, beide sind heute noch, wenn auch stark verbaut, rekonstruierbar. An Bürgerhäusern, bei denen durch die Lage in dichten Baugebieten die Anlage eines Gartens nicht möglich war, finden wir in Stichen von Remshart, Grimm, Engelbrecht u. a.. Hinweise auf blumenumrahmte Dachaufbauten als Dachgärten, so am WELSERHAUS, KAROLINENSTRASSE 21, und am HÖCHSTETTERHAUS, am KESSELMARKT 1. Bei Kilian sind sie in den Rückgebäuden der Häuser am Ostabfall der Hochterrasse am HUNOLDSGRABEN in enger Folge gezeichnet.

Gegenüber den Bürgerhäusern, deren Bewohner durch Handel und Gewerbe zur Lage an der Straße gebunden waren und deren Gärten, soweit solche möglich waren, rückwärts lagen, ist die Beziehung des Hauses zum Garten bei den Wohnungen der Geistlichkeit in den PFAFFENGÄSSCHEN eine wesentlich andere. Das Haus steht hier frei mit kleinem Vorhof im Garten, im Schutze einer mannshohen Mauer. Es ist in seiner Haltung eher der Gasse abgewandt und in seinen Wohnräumen dem mauergeschützten Blumen- und Obst-Gemüsegarten zugekehrt. Hier ist mehr der kleinbürgerliche Nutz- und nicht der Fest- und Prunkgarten der Oberschicht bestimmend. Somit sind größere Gartenarchitekturen hier nicht anzutreffen, lediglich kleine Gartenhäuschen. Der kleinbürgerliche Feierabendgarten als Sonnenplatz hinter dem Haus ist in der Mehrzahl der Häuser der FUGGEREI vorgezeichnet und findet in allen Gassen kleinbürgerlicher Besiedlung Beispiele.

Das Wohnhaus des Schmetterlingsforschers Jacob Hübner *(T 40a)* mit dem rückwärtigen Hausgarten im dichten Wohngebiet des „im Elend", hat um 1800 noch so viel Sonne aufgefangen, daß es ihm möglich war, die Mehrzahl seiner Forschungsobjekte im eigenen Garten zu beobachten und für sie die Pflanzen anzubauen, welche für ihre Bedürfnisse nötig waren.

Es scheint im Schutz der Stadtmauer eine großzügige Erweiterungsmöglichkeit eingeplant worden zu sein. Außerhalb der Mauern lag noch bis zur Industrieansiedlung und Anlage der Eisenbahnlinien, also bis etwa 1850, ein breiter Gürtel herrschaftlicher Gartengüter.

FASSADENMALEREI

Die geringeren Möglichkeiten einer Fassadenbelebung beim Mauerwerksbau aus Ziegeln gegenüber dem Natursteinbau mit wechselnder Farbe des Steins und mit dem Spiel der Fugenausbildung haben in Augsburg zu farbiger Behandlung der Flächen geführt. Nicht nur frühe Stadtansichten und Berichte aus dem Mittelalter geben davon Kunde, sondern auch Reste an freigelegten Mauerteilen geben Aufschluß. Daß die farbige Außenwand nicht erst mit der Ausbreitung der Ziegelmauer am Bürgerhaus entstand, beweist die Bemalung mit gotischen Rankenornamenten am Haus MITTLERE MAXIMILIANSTRASSE 15 (C 5), dem Haus des Goldschmiedes Jörg Seld. In den Obergeschossen bestand die Wand aus Fachwerk mit Holzbohlen und Lehmausfachung. Der die Bemalung tragende Putz hatte als Putzträger in den Lehm geschlagene Ziegelbrocken. Die Putzschichten waren gegenüber heutiger Anwendung dünner und eher als Kalkschlämme zu bezeichnen. Diese Feststellung gilt besonders für die Putzflächen auf Ziegelmauergrund. Noch vorhandene Beispiele in Innenräumen zeigen, daß die Struktur der Mauer mit Ziegel und Fuge unter der bemalten Farbschlämme deutlich sichtbar blieb. Die Kenntnis der geeigneten Art des Kalkes für Farbbehandlung ist in Augsburg schon lange vorhanden gewesen. Untersuchungen von Prof. Dr. Alexander Eibner und auch von anderen an römischen Wandbewürfen in Augsburg haben mageren, magnesiahaltigen Kalk gezeigt, der sich für Bemalung besonders eignet, im Gegensatz zu fetten, klebenden Kalken. Der im Mittelalter für Freskoarbeiten beliebte magnesiahaltige Dolomitkalk des Schlern in Südtirol zeigt diese Eigenschaft. In Augsburg tätige, mit Südtirol verbundene Maler, wie Johann Ev. Holzer und Matthäus Günther, haben wohl um die Eignung dieser Kalke gewußt. Die Listen der Floßgüter, die nach Augsburg gingen, verzeichnen neben Holz und Kohle auch Kalk aus Tirol. Hier wird es sich nicht nur um Mauerkalk gehandelt haben, der auch im Flußbett von Lech und

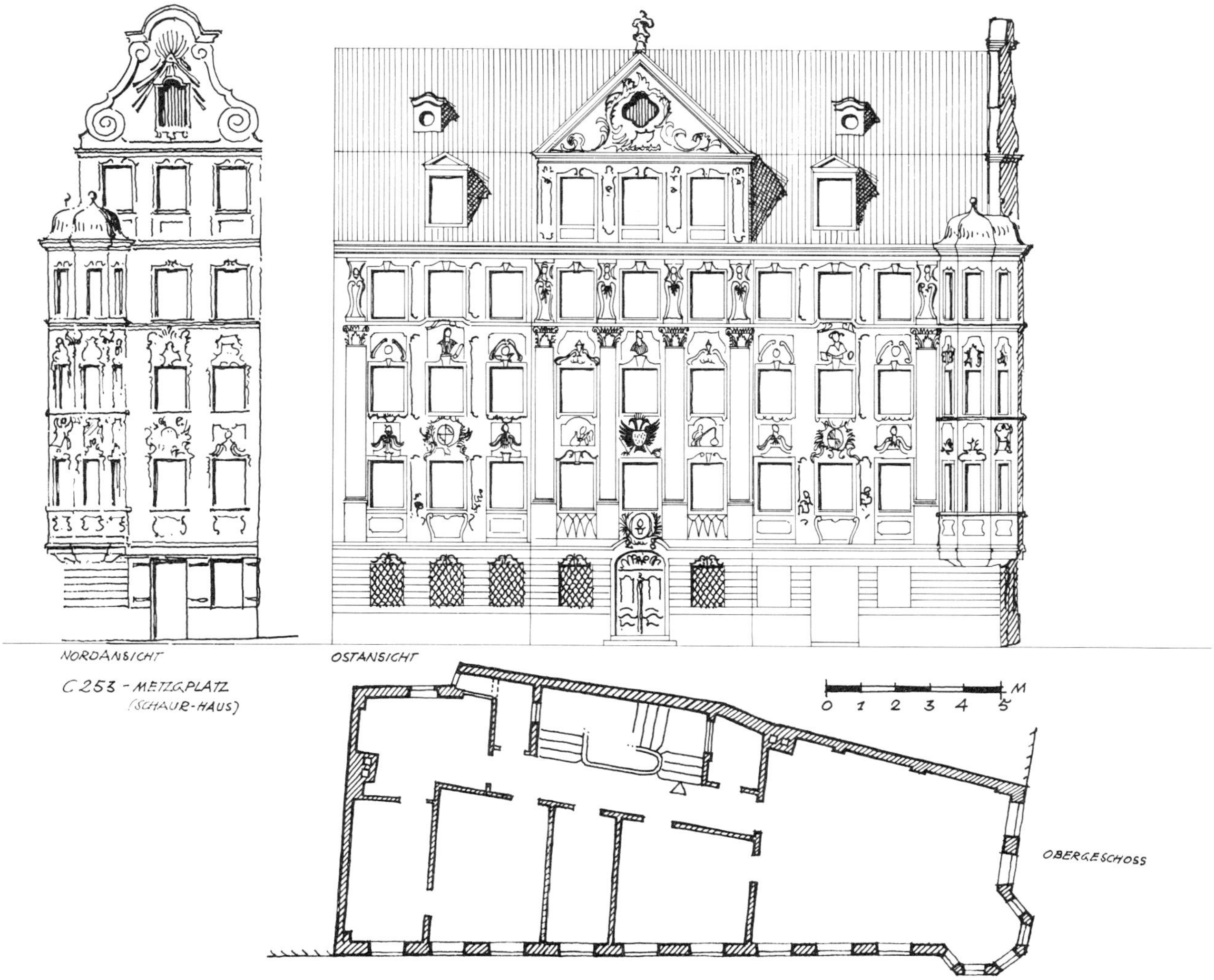

Wertach zu finden war, sondern vielmehr um höherwertige Kalke für Fassadenmalerei.

Die Themen der Darstellung haben mit dem Zeitgeschmack die vielfältigsten Wandlungen erfahren. Die Stiche von Simon Grimm, Martin Engelbrecht und Karl Remshart und die noch auf uns überkommenen Reste bringen Motive von bemalten Teppichen, die orientalischen Einfluß ahnen lassen, geometrische, architekturbetonende und architekturverbindende Ornamente, frei über die Fläche laufende Pflanzen oder Bandornamente, daneben figürliche Einzelpersonen und -gruppen, freistehend oder in Medaillons gefaßt. Es sind Beispiele vorhanden, wo Erdgeschoß und auch Hausecken bemalte Rustika und Quader zeigen. Fensterumrahmungen mit Betonung des Einzelfensters und solche mit malerischem Zusammenschluß zu Fensterbändern sind festzustellen.

Das noch bis 1944 erhaltene Fresko des HUMMEL-HAUSES (T 63a, b; Faltt. 3) mit Malereien von Giulio

Abb. 137 Metzgplatz 2 (Schaurhaus). Ansichten und Grundriß. M 1:200.

Abb. 138 Maximilianplatz 14. Treppenhaus.

III

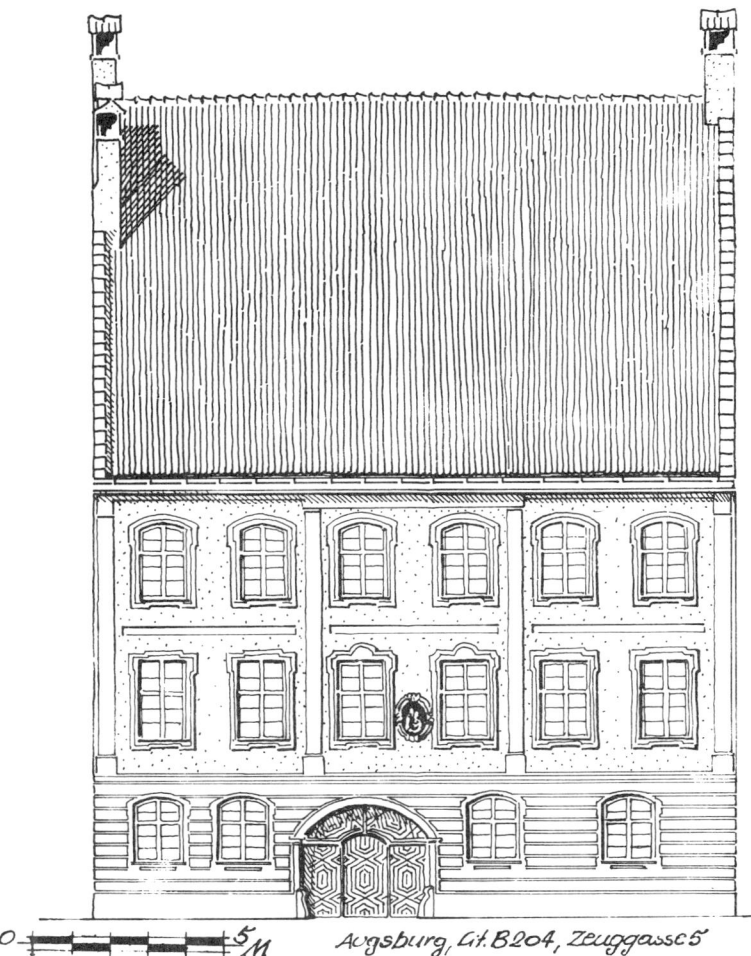

Abb. 139 Zeuggasse 5. Straßenansicht. M 1:200.

Licinio von 1560 ist frei und bewegt vor die Architektur des Hauses gesetzt. Kartuschen, Tier- und Pflanzenformen stehen zwischen Gestalten aus heidnischer Götterwelt. Von den Themen Hans Burgkmaiers und von Holbein dem Jüngeren sind keine Beispiele mehr überliefert. Es ist jedoch anzunehmen, daß auch Augsburg perspektivische Raumbilder kannte, wie sie aus Holbeins Entwürfen bekannt sind.

Weiten Einblick in die Themen der Meister des 18. Jahrhunderts gewähren die Stiche von Johann Esaias Nilson, nach den Entwürfen von Johann Ev. Holzer, der neben oder zwischen rahmenden Architekturgliedern freie aufwolkende, schwebende allegorische oder biblische Gruppen oder, wie beim „Bauerntanz", Tischgelage und tanzende Gruppen von Bauern vor Landschaften mit Bäumen darstellt.

Die freie Entfaltung der Fassadenmalerei war gegeben, wo Flächen möglichst ungegliedert bestanden, also dort, wo nur Fenster und noch nicht Gesimse und Putzlisenen die Außenwand bestimmten. So war Spätgotik und Frührenaissance dieser Fassadenmalerei günstig. Mit dem Aufkommen von Putzgesimsen, -lisenen und -pilastern, von Stuckumrahmungen und -bekrönungen war dem Gemälde an der Fassade die zusammenhängende Fläche entzogen. Kräftig in der Farbe war dabei meist nur der zwischen den Stuckgliedern verbleibende Mauergrund zwischen Fenstern und Brüstungen. Das Rokoko hat dort, wo der Zeitgeist mehr an Fülle aussagen wollte als mit plastischen Architektur- und Schmuckgliedern gestaltet werden konnte, ganz zur Malerei gegriffen und Architekturglieder, Schmuck und Bild malerisch gestaltet. Beispiele dieser Art sind die Arbeiten von Joh. Ev. Holzer (Entwurf PFEFFELHAUS), von Johann Georg und Johann Baptist Bergmiller *(T 64 a, b)* (ersterer mit seinen als Stichen vorhandenen Entwürfen für Bürgerhäuser, letzterer mit

SCHAURHAUS am METZGPLATZ) *(Abb. 137)* und von Josef Christ (am MOSCHELHAUS am OBSTMARKT) *(T 65 a, b)*.

Auch die Zeit des Klassizismus bediente sich in strengerer Form noch der Darstellung von bemalten Architekturgliedern und figürlichen Malereien, bevorzugt in Rahmen und Medaillons gefaßt. So am Haus LUDWIGSPLATZ 1 (D 15) noch im Übergang vom Rokoko und am OBSTMARKT 3 (D 70) und Ecke KAROLINENSTRASSE/ OBSTMARKT 1 (D 68) in reinem Klassizismus, einer Arbeit von Josef Huber *(Faltt. 6)*.

Von den zahlreichen Schmuckformen plastischer Art, wie turmartige Aufsätze an Traufecken der Dächer, an Giebelabschlüssen als Säule, Knopf, Schale, Vase, Krug, Pyramide und geometrische Formen strenger Art neben figürlichen Büsten und freischwingenden Blatt- und Blumenbündeln sind nur vereinzelte Zeugen erhalten. Eine Vorstellung vom Reichtum der Erscheinung im Straßenbild geben Stiche vom 16. bis 18. Jahrhundert *(T 11 b, 10, 18)*.

Die technischen Traufaufbauten der Aufzuggiebel haben seit dem 16. Jahrhundert als Bestandteil jeden Hauses zur Belieferung der Dachböden mit Lagergütern meist dekorative Gestaltung durch Profilgesimse, Pilasterarchitektur, durch Treppen- und Wellenstufengiebel erhalten *(Abb. 138; T 107)*.

Besonderen plastischen Schmuck brachten in das Straßenbild an Hausfront und Hausecke, in Nischen gestellte Heiligen- und bevorzugt Madonnenstatuen. Die Nischen selbst sind oft durch profilierte Konsolgesimse und durch muschelförmige Baldachine bereichert *(T 68 b, c, d)*. Spätbarock und Klassizismus bringen stuckierte Medaillons mit Madonnenbüste oder mit Malerei *(Abb. 137, 139; T 68 a)*.

Der Flächenstuck dieser Spätzeit bevorzugt zarteste Behandlung mit dünnem Schichtenauftrag von nur wenigen Millimetern. Gegenüber der groberen Ausführung gemauerter und verputzter Gesimse der Zeit von 1600, der „Elias-Holl-Zeit", entsteht hier mit kräftiger Schattenwirkung eine weiche Abstufung im Profilübergang und es werden damit ähnliche Wirkungen erreicht, wie bei den feingliedrigen gebrannten Profilen der Frührenaissance *(T 58, 61 a, b)*.

AUFBAU DER HÄUSER

Das Haus des gehobenen Bürgers, des vermögenden Handelsmannes und des Patriziers, war, soweit es nicht ein Kopfbau am Ende einer Hauszeile oder ein Eckbau war, als Haus in der Reihe errichtet, da eine offene Bebauung innerhalb der Stadtumwallung eine seltene Ausnahme darstellte. Das schmale und tiefere Hausgrundstück bildete in vielen Fällen den gegebenen Bauplatz auch die vermögende Schicht. So ist das erste FUGGERHAUS, MAXIMILIANSTRASSE 21 (C 2) *(Abb. 13, 140)* noch bei einer Straßenseite unter 10 m ein hohes Giebelhaus. Die Mehrzahl der Kaufmannshäuser benötigte, um auch noch einen rückwärtigen Hof ausbilden zu können, bis zu 20 m Breite. Der Giebel wird mit wachsender Breite dann durch Traufbildung ersetzt. Durch Zukauf von Nachbaranwesen erreichen manche Hausstellen als Traufhäuser große Straßenbreiten mit ausgesprochener Breitenentwicklung. Eine Norm ist bei dem vielschichtigen Aufbau des Bürgertums weder in der Grundstücksform und -größe, noch in der Gestaltung trotz vielfach einheitlichem Grund feststellbar. Das dreigeschossige Haus, mit Erdgeschoß und zwei Obergeschossen, gleichgültig ob Giebel- oder Traufenhaus ist beherrschend. Das Einfahrtstor führt unmittelbar in die Halle, auch mit „Tenne" bezeichnet. Die Hausbreite entscheidet, ob diese ein-, zwei-, drei- oder mehrschiffig gestaltet ist. Sie alle zeigen mit der Entwicklung der technischen Möglichkeiten das Bemühen nach Ausweitung und sichtoffener Geräumigkeit *(Abb. 141, 142)*. Wo ein Hof vorhanden ist, erreicht man ihn durch ein der Einfahrt gegenüberliegendes Tor. Als Beispiel gilt ZEUGGASSE 5 *(Abb. 143–146)*. Die Abseiten als schmale, tiefe, den Hof seitlich begrenzende Bauten nehmen im Erdgeschoß alle Wirtschaftsräume, Ställe, Wagenraum, Waschküche und Holzlege auf. Wo ein Rückgebäude vorhanden ist, reichen sie noch in dieses und wo noch ein Garten folgt, ist neben einem Durchgang ein sich nach dorthin öffnender Gartensaal üblich. Der Grundriß von D 211 – LUDWIGSTRASSE 7 erläutert bildlich diese große Lösung, der des Schnurbeinhauses LUDWIGSTRASSE 15 (D 189) nur die Lösung mit Rückgebäude ohne Garten (vgl. *Abb. 80 bis 83*).

Die Anordnung und Nutzung der Obergeschosse im Hause der Oberschicht ist in mehreren Planbeispielen deutlich erkennbar. Zeitgemäße Raumbilder sind nur museal erhalten. Lediglich Abbildungen auf Gemälden und Stichen aus der Zeit des Bestehens geben einigen Aufschluß. Eine Bildfolge vom Innern des Hauses des Augsburger Kupferstechers Johann Jakob Kleinschmidt (gest. 1772) schildert in allen Einzelheiten die Ausstattung, und figürlich belebt, auch den Gebrauch der

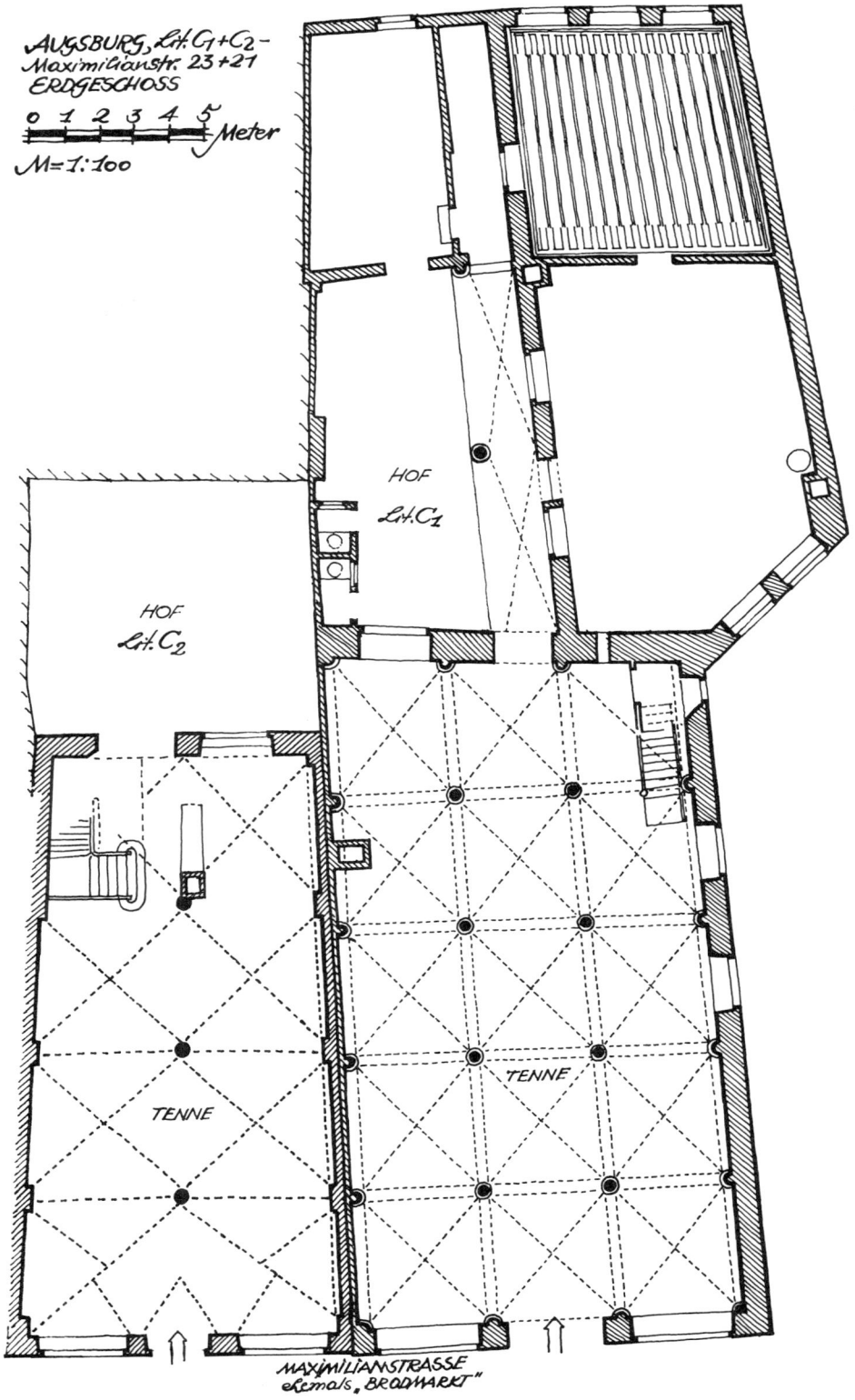

Abb. 140   Maximilianstraße 21 und 23. Grundriß Erdgeschoß. M 1:200. (S. auch Abb. 147, 166.)

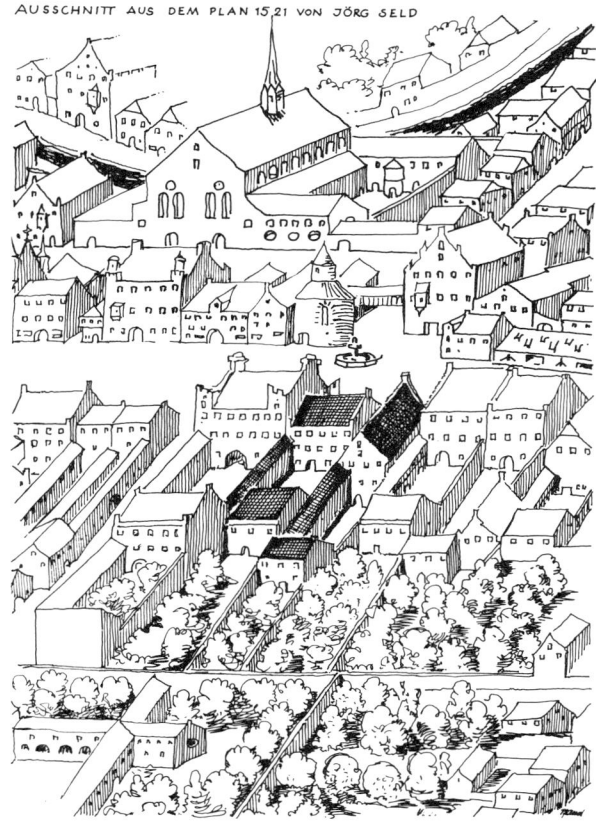

Abb. 141   Maximilianstraße 48. Ausschnitt aus dem Seldplan von 1521.

Abb. 142   Maximilianstraße 48. Grundriß Erdgeschoß. M 1:400.

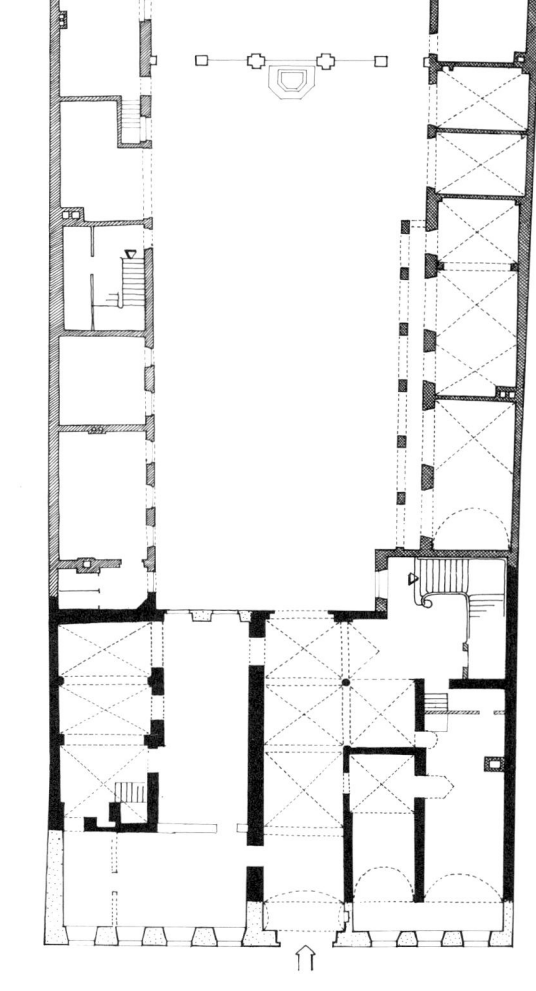

Räume. Leider ist der genaue Standort des Hauses in der Stadt noch nicht festgestellt (T 71 a mit 77 b).

Aus den erwähnten Unterlagen können allgemeinverbindliche Schlüsse abgeleitet werden. Die Hauptwohnräume der Familie liegen immer nach der Straße zu im 1. Obergeschoß. Der beherrschend große Wohnraum, die Familienstube, erhält eine besondere Note durch einen Flacherker mit breitem, mehrfach geteiltem Mittelfenster und schmalen seitlichen Fenstern. Ist die Breite des Hauses so gering, daß nur drei Fenster möglich sind, liegt der Erker in der Regel in der Mitte des Hauses, so daß zusätzlich zum Erkerfenster die Stube noch ein zweiflügliges Fenster erhält. Neben dem großen Wohnraum liegt wenigstens noch eine schmale einfenstrige Kammer, soweit seitlich nicht mehrere möglich

sind. Die Häuser MAXIMILIANSTRASSE 23 und 21 (C 1 + C 2) (Abb. 140, 147) sind für viele Art Beispiele der kleineren Lösung, die von LUDWIGSTRASSE 7 und 29/30 (D 211 und 174/175) Beispiele für die größeren Möglichkeiten. Die Küche liegt immer hofseitig und ist oft selbst in den Obergeschossen überwölbt. Die den Hof in der Tiefe ein- oder zweiseitig begleitenden seichten Bauten, die sog. Abseiten, soweit nicht noch für die engere Familie benötigt, weisen Gast- und Gesindezimmer auf. Das 2. Obergeschoß des Vorderhauses, das im Grundriß mit dem 1. Obergeschoß übereinstimmt, wird in den meisten Fällen die Wohnung für Familienangehörige gewesen sein. Das Rückgebäude war, wie angeführte Beispiele wiederholt zeigen, für Feste und zur Repräsentation ausersehen.

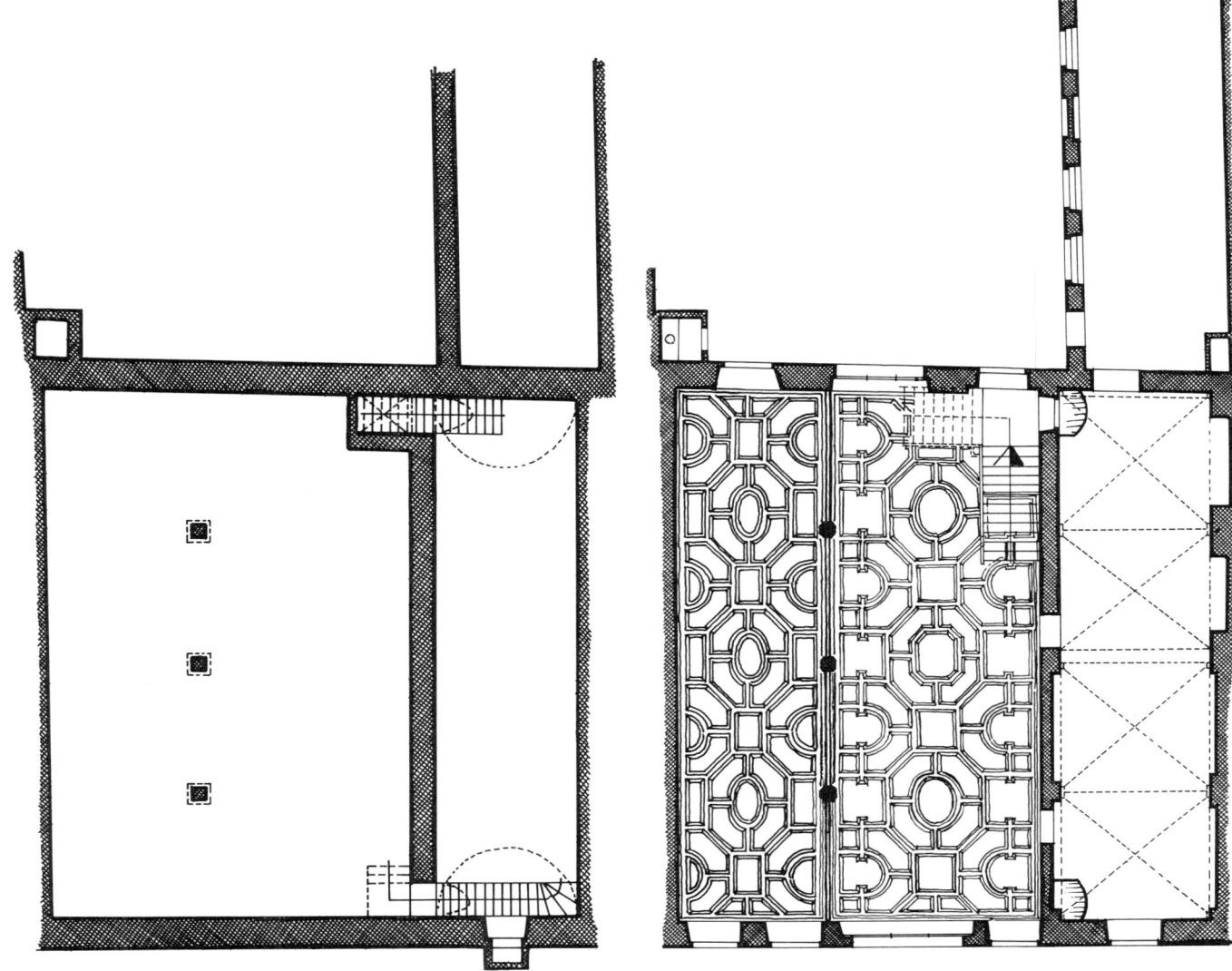

Abb. 143 Zeuggasse 5. Grundriß Keller. M 1:200.

Abb. 144 Zeuggasse 5. Grundriß Erdgeschoß. M 1:200.

Haus LUDWIGSTRASSE 7 (D 211) *(Abb. 148)* stellt jedoch das gesamte 2. Obergeschoß für Fest- und Prunkräume zur Verfügung. Dort, wo größere Rückgebäude möglichst noch mit Anschluß an einen Garten ausgebaut sind, liegen diese der Geselligkeit und der Repräsentation dienenden Gemächer durch den Hof getrennt und über Galerien und Loggien an den Abseiten vorbeiführend zu ihnen. Im Kapitel über „Garten und Gartenhäuser" sind einige Anordnungen dieser Art genauer betrachtet. Furtenbach schildert in seiner in Augsburg 1641 erschienenen Entwurfslehre „Architectura privata" im Bürgerhaus Kunstkammern und Waffenkammern. Die mit reichem Deckenschmuck versehenen langen Räume in den Abseiten wie ANNASTRASSE 12 (D 220) und PHILIPPINE WELSERSTRASSE 26 (D 284) *(Abb. 149)* neben dem Maximilianmuseum und dessen eigene Abseiten können für solche Zwecke genutzt worden sein. Die Raumbilder des Hauses eines Augsburger Kupferstechers, die oben erwähnt sind, können bei gründlicher Einsicht in die Grundrisse der verschiedenen ausgewählten Beispiele in diese übertragen werden, da trotz wechselnder Hausgröße ähnlich Raumproportionen immer wiederkehren.

Nach der Entwurfslehre von Furtenbach waren Ausstellungs-, Schatz-, Kunst- und Rüstkammern Bestandteile im Raumprogramm einflußreicher Bürgerhäuser.

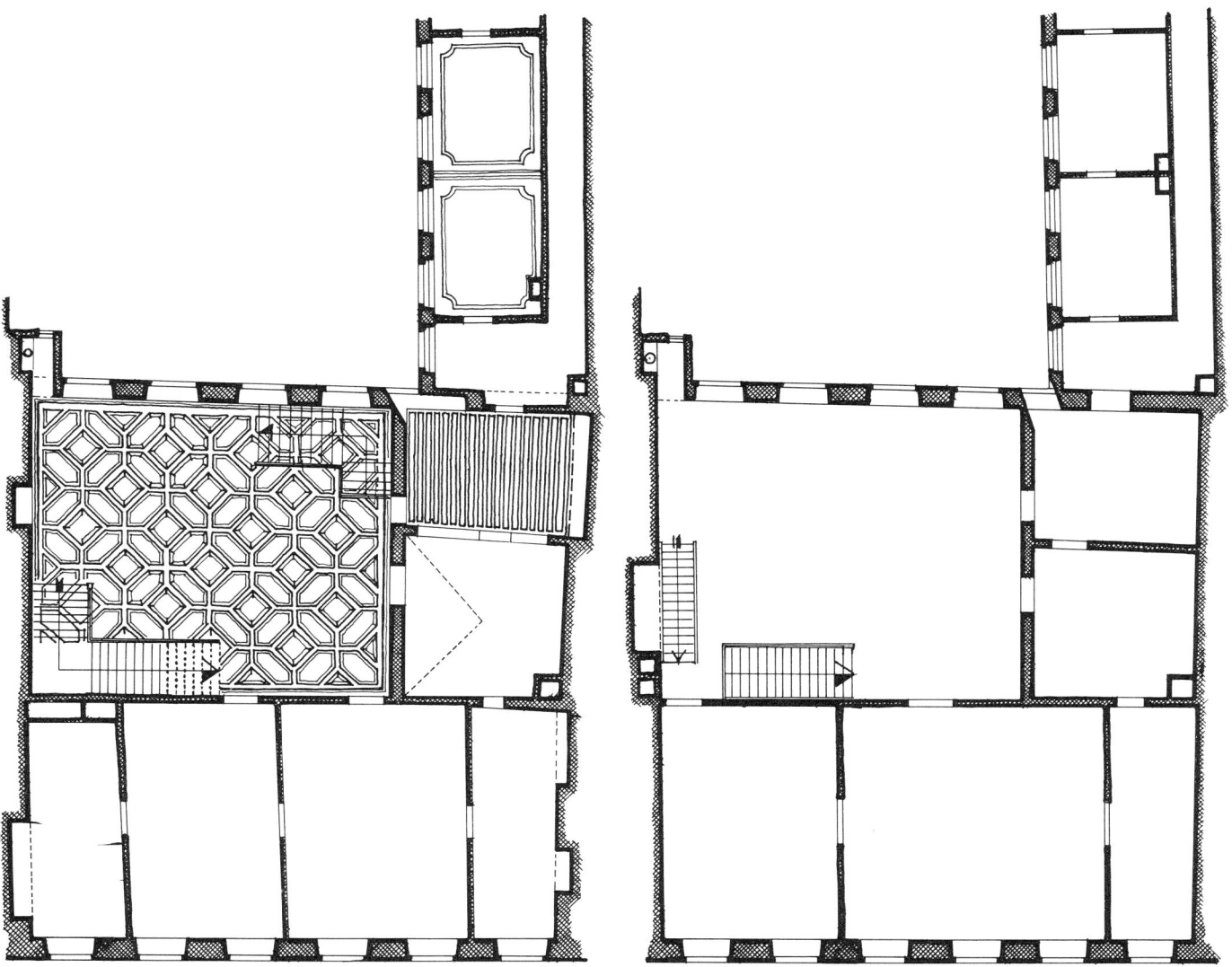

Abb. 145   Zeuggasse 5. Grundriß 1. Obergeschoß. M 1:200.

Abb. 146   Zeuggasse 5. Grundriß 2. Obergeschoß. M 1:200.

In seinem Entwurfsmodell sind sie im obersten Geschoß des Hauses vorgeschlagen. Daß solche Schauräume enger mit dem Wohnbereich verbunden sein können, zeigt überzeugend Anlage und Ausstattung von Haus PHILIPPINE WELSERSTRASSE 26 (D 284). Hier liegen sie am Verbindungsgang der offenen Galerie, die vom Wohnbereich an der Straße zu den Festgemächern führt; bei ANNASTRASSE 12 (D 220) bilden sie in flurartiger Form selbst die Wegführung. Die reiche schmückende Gestaltung dieser Räume, die in Stuck und Fresken im meist älteren Hausbestand Formen des 18. Jahrhunderts aufweist, läßt den Schluß zu, daß mit dem Aufblühen des hohen künstlerischen Handwerks in Gold- und Silberarbeit, Ziselier- und Plattnerarbeit, in Uhren- und Instrumentenbau sowie im Kupferstich dieser Zeit eine neue Raumforderung erwuchs.

Für Augsburg und sein Bürgerhaus wird jedoch oft zu bemerken sein, daß die Freiheit der inneren Hausgestaltung selbst dort bald gesucht wird, wo äußerlich der Anschein stilgeforderter Symmetrie noch gewahrt ist. MAXIMILIANSTRASSE 51, Haus Dr. Roeck (A 19) ist hier ein gutes Beispiel *(Abb. 85, 86)*.

Das Anwesen MAXIMILIANSTRASSE 21 *(Abb. 140 und 147)* (C 2) ist nur wenig über 8 Meter breit und ist dabei ohne Zweifel unter die Häuser des gehobenen Kaufmannsstandes einzureihen, nachdem es schon 1390

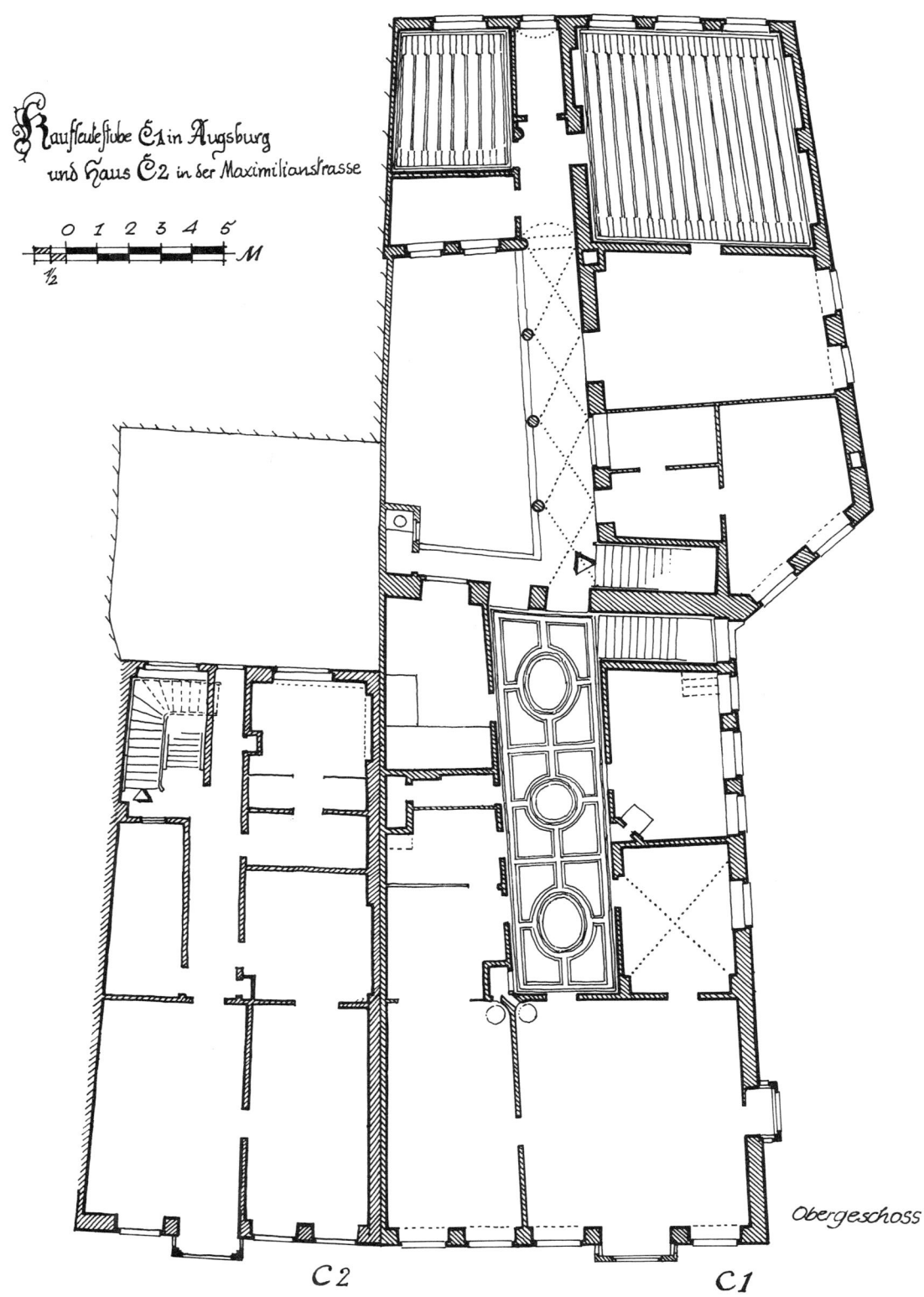

Abb. 147 Maximilianstraße 21 und 23. Grundriß Obergeschoß. M 1:200.

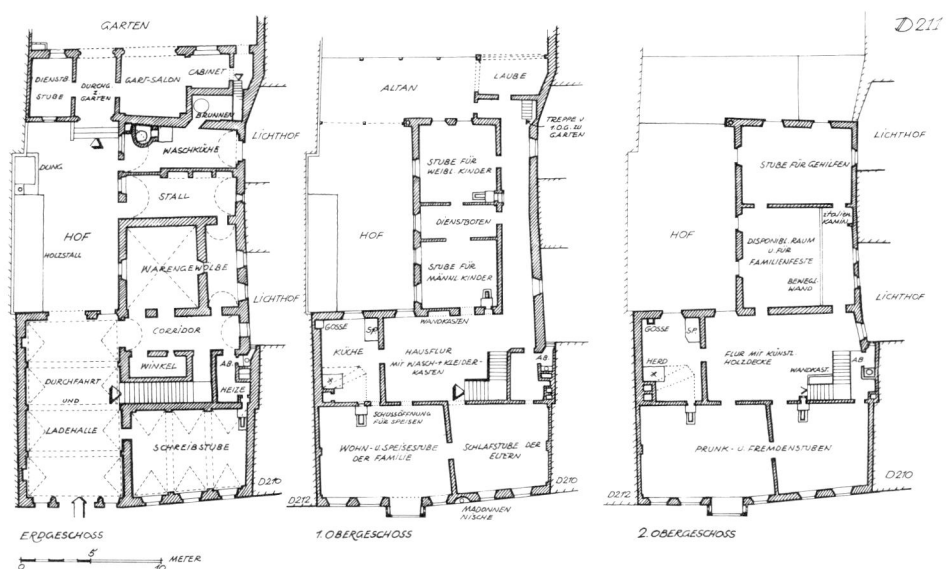

Abb. 148 Ludwigstraße 7. Grundrisse. M 1:400.

Jakob Fugger als Besitzer hat und erst 1498 durch Verkauf in andere Hände übergeht. Vergleicht man Raumanordnungen und -formen in diesen ähnlichen Maßbereichen trotz verschiedener gesellschaftlicher Rangordnung der jeweiligen Bewohner, so ist erkennbar, daß im Wohnbereich der Familie in den Obergeschossen keine wesentlichen Unterschiede bestehen. Die straßenseitige Wohnstube mit Flacherker, breitem Frontfenster und einem seitlichen Fenster, sowie mit weiterem Frontfenster für die an die Stube anschließende einfenstrige Kammer, die fensterlose oder zum Hof schauende, oft gewölbte Küche, ein schmaler Hausgang mit seitlich an ihm liegenden, nicht oder nur über die Hausreihen belichteten Kammern, wiederholen sich bei diesen maßlichen Bindungen nur mit geringen Veränderungen.

Ein Unterschied besteht wesentlich im Erdgeschoß. Während der Kaufmann das Erdgeschoß bei größerer Höhe mit möglichst weiten, lichten Gewölben, mit Tor und Durchfahrt zum Hof, mit sichtbetonter Treppe ausstatten läßt und schließlich in Abseiten und Rückgebäude weitere Warengewölbe und Wirtschaftsräume anordnet, weist das Handwerkerhaus demgegenüber nur kleinen Laden, Werkstatt und dazugehörige Nebengelasse auf. Meist wird das Haus nur durch ein Tor für Handkarren oder nur durch eine Haustür erschlossen. Der Hof ist klein und nur mit erdgeschossigen Nebenbauten für Waschküche, Holzlege und Geräte versehen. Die vier Häuser am ELIAS-HOLL-PLATZ sprechen für diese Gruppe *(Abb. 91, Faltt. 1)*.

Abb. 149 Philippine Welserstraße 26. Schnitt und Querschnitt. M 1:200.

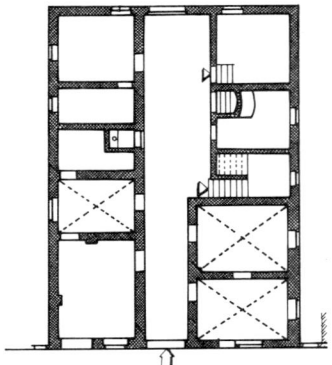

Abb. 150   Vorderer Lech 3. Grundriß Erdgeschoß. M 1:400.

Für die Augsburger Bürgerhäuser aller Gattungen ist eine einheitliche Gesamtwirkung in Hausform, in der Auffassung des Innenausbaues und Anwendung der Einzelteile spürbar.

Selbst Barock und Klassizismus haben trotz Aufkommens gänzlich fremder Gedanken gegenüber den Auffassungen der Renaissance und besonders ihrer Frühzeit, welche an der Loslösung von mittelalterlichen Vorstellungen entscheidend in Augsburg beteiligt war, mindestens in dem inneren Aufbau der Bürgerhäuser wenig verändert. Im Färberhaus HINTERER LECH 27 (A 607) besteht ein Wohnhaus in der Formensprache des Barock. Im inneren Ausbau, Anordnung der Räume und Durchbildung von Einzelheiten wie Fenster und Treppe bleibt es seiner Aufgabe und Funktion verpflichtet ohne stilfordernde Bindung an Axialität und Symmetrie. Selbst der Erker bleibt seitenverschoben, um seine Aufgabe, den Blick in die entgegenkommende Gasse zu ermöglichen, erfüllen zu können *(Abb. 96–98)*.

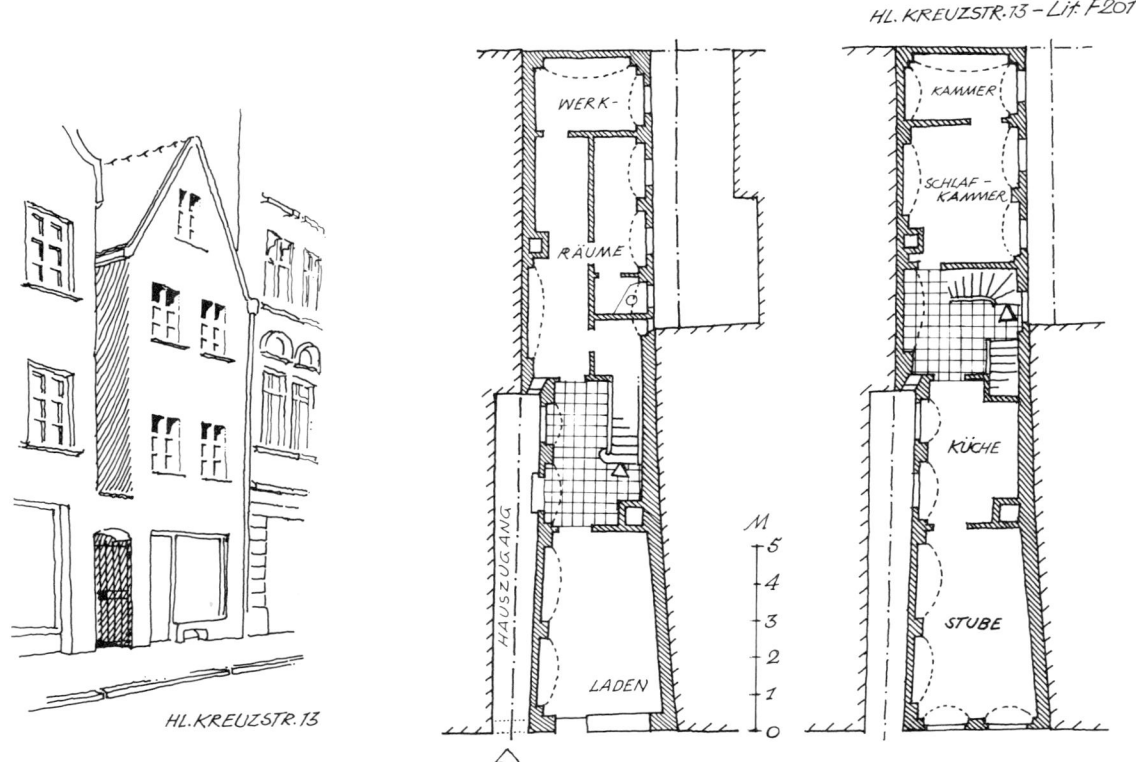

Abb. 151   Heilig Kreuzstraße 13. Fassade und Grundrisse. M 1:200.

Die besonderen Formen der Färberhäuser haben, da sie zahlreich waren, bis in die Gegenwart den Lechvierteln und der Jakobervorstadt ein eigenes Gesicht gegeben. Bei größeren Hausbreiten und dreigeteilte Grundrisse mit Mittelflur oder Mitteltenne und jeweils seitlicher Anordnung von Laden mit Nebenraum und gegenüber mit Werkstatt bekannt. Die Treppe liegt dann hofseitig am Ende des Mittelteils oder in Hausmitte und führt in den oberen Geschossen wieder auf einen Mittelgang. Räumliche Gestaltungsmöglichkeiten sind bei dieser Lösung gering. Wird der Mittelteil jedoch so groß, daß die Bezeichnung „Tenne" gerechtfertigt ist, so entsteht ein Raum, der in Erdgeschoß und in den Obergeschossen zu einem räumlichen Mittelpunkt werden kann. Es ist die Frage, inwieweit die Vorstellung von dem im südlichen Bereich Augsburgs um Schwabmünchen und in den sog. „Stauden" heimischen „Mittertennhaus" hier mitgestaltend war. Die kleinere Ausführung zeigt der Grundriß von VORDERER LECH 3 (A 481) *(Abb. 150)* im Haus eines „Lederers". Im gepflegten dreigeschossigen Wohnhaus aus dem Jahre 1780, im Nachbarhaus Nr. 5 (A 480), findet sich eine reichere Ausführung, die große Ausführung ist das von Johann Holl erbaute BEIM MÄRZENBAD 11 (C 340) mit „gewölbter Tenne". Daß der kleine Handwerker aus engster Bedrängung durch die Nachbarn, bei schmalster Hausbreite von hier nur 4 m, sich noch ein menschenwürdiges und sogar räumlich ansprechendes und gewerblich nutzbares Heim zu gestalten fähig war, verdeutlicht HEILIG KREUZSTRASSE 13 (F 201) *(Abb. 151)*. Die Grundstückgröße ist etwa 4,50 × 18,5 m, das Haus selbst 4,00 × 18,50 m, so daß bei wechselnd einseitigem Anbau an den Nachbarn nur ein unbekannter Reihenstreifen von 50 cm übrigbleibt. Durch Hinzunahme von 50 cm der Nachbarreihe wird ein tiefer Zugang zur rückliegenden Haustür unter voller Nutzung der Hausbreite für den Laden ermöglicht.

Eine entsprechende Lösung bei größerer Hausbreite mit der Reihe als Hauszugang weisen HEILIG KREUZSTRASSE 12 und FRAUENTORSTRASSE 30 *(Abb. 152)*, das Geburtshaus von Leopold Mozart, auf.

Abb. 152 Frauentorstraße 30. Fassade und Grundrisse. Heilig Kreuzstraße 12. Grundrisse. M 1:200.

Abb. 153 Kirchgasse 5. Ansichten. M 1:200.

EINZELNE BAUTEILE

Lage, Anordnung und Führung der Treppe bestimmen entscheidend die innere Erschließung des Hauses und damit die Gestaltung des Grundrisses. Im Kleinbürgerhaus sind es dabei vor allem vier Arten der Treppenführung, die sich wesentlich voneinander unterscheiden und zahlreich feststellbar sind. In allen Fällen erhalten die Treppen ganz oder zumindest an einigen Stellen Licht durch Fenster in der Außenwand des Hauses. Ausgesprochene Innentreppen ohne Berührung mit einer Außenwand sind nicht vorhanden. So ergeben sich:

a) Die äußere, offene, später verschalte Holztreppe, die an der Außenwand des Hauses vom Hof aus zugänglich hochzieht und zu den Obergeschossen führt *(Abb. 153)*. An der Wohnungstür der Obergeschosse liegt nur ein kleines Stockwerkspodest der weiterführenden Treppe. Sind mehrere Wohnungen auf einem Geschoß, so übernimmt ein Holzlaubengang die Verteilung zu den Wohnungstüren. Bei mehreren Geschossen wechselt der Lauf ins Innere, führt zum obersten Geschoß ins Dach *(Abb. 154)*. Diese Treppenart bevorzugt das Kleinbürgerhaus des Handwerkers, für den das Erdgeschoß besonders kostbar ist, da er es bei kleinem Grundstück für Werkstatt und Verkauf mit Nebenräumen benötigt und es nicht mit Raum für die Treppe belasten kann (siehe PFLADERGASSE 10) (C 314). Stark verbreitet ist sie auch am Zinslehenwohnhaus *(Abb. 110, 115, 116, 154)*.

b) Die in der Mitte des 16. Jahrhunderts zahlreich auftretende, im Innern des Hauses mit verschiedenen Wendungen durchziehende Treppe, die einläufig, von einem Stockwerkspodest aus, die Wohnungstüren erschließt. Die Hauseingangstüre liegt dabei oft seitlich des Hauses, und über einen schmalen Gang und die Treppe wird erst allmählich die Hausmitte erreicht. So bei PEUTINGERSTRASSE 1 (D 90), beim MÄRZENBAD 15 (A 342) *(Abb. 105)* von Hans Holl.

c) Die ebenfalls in Zinslehenhäusern häufige, quer durch das Haus führende, geradläufig, zwischen zwei Innenmauern geschlossene Treppe *(Abb. 54)*. Sie beginnt kurz hinter der Hauseingangstür oft nur mit kleinem Antritt, geht in geradem Lauf zum Obergeschoß mit Podest vor einer links und rechts abgehenden Wohnungstür, zieht in gerader Richtung weiter zum nächsthöhergelegenen Geschoß, wo sie vor einem Fenster der dem Eingang gegenüberliegenden Außenwand endet. Sie teilt somit das Haus in zwei Hälften. Über ihr liegend oder in Querrichtung verläuft dann die Dachbodentreppe.

d) Als eine sehr frühe und damit vierte Art muß noch die gemauerte Wendeltreppe genannt werden, die in alten Hauskernen noch anzutreffen ist. Nach der

Holl'schen Hauschronik erfolgten Umbauten in günstigere Treppenformen zahlreich um 1600.

Eine Treppenform, die in allen Bereichen des Bauens in Augsburg heimisch ist, im Handwerkerhaus, im Zinshaus, beim Haus des begüterten Bürgers wie des großen Handelsherrn ebenso wie am Bau bürgerlicher Repräsentation, ist die zweiläufige Podesttreppe, die heute als die übliche Miethaustreppe gilt. Die überkommenen Beispiele weichen von ihr in der Lage im Haus ab, indem sie nicht als selbstverständiges Treppenhaus ohne Beziehung zu einem beherrschenden Zugangsraum bestehen, sondern fast ohne Ausnahme seitlich an einen bestimmenden Mittelflur oder eine großräumige Eingangshalle, an die „Haustenne", angeschlossen ist und von ihr ausgeht. Als Zeugen in der oben genannten Stufenfolge können gelten VORDERER LECH 3 (A 481) als Haus eines Lederers, SCHLEIFERGÄSSCHEN 6 (C 373) als Zinshaus, VORDERER LECH 5 (A 480) und MAXIMILIANSTRASSE 42 (B 14) als gehobene Bürgerhäuser, das FUGGERHAUS am HEUMARKT als Haus des Großhandelsherrn und das Rathaus von Elias Holl als Zeuge bürgerlicher Repräsentation.

Mit dem Vordringen des Steinbaues auch für die Errichtung von Innenmauern und mit der daraus verbundenen Notwendigkeit, nun auch diese übereinander zu errichten, war das Bestreben verbunden, die Gleichheit der Geschoßgrundrisse zu erreichen. Das auf einheitlicher Grundfläche sich aufbauende Treppengefüge, wie es ähnlich bei dem Wendeltreppenturm gegeben war, bringt verbessert die zwei- und mehrläufige Podesttreppe und setzte sich deshalb entscheidend durch. Bei all den bisher angewandten Treppenformen war die raumbeeinflussende, architektonische Wirkung vor allem auf den das Haus betretenden Betrachter nicht vorhanden. Dort, wo der Treppenantritt unmittelbar in der Eingangstenne endet und dabei noch dem Eintretenden gegenüber an der Rückseite dieser Halle liegt, war auch bei den besprochenen bescheidenen Lösungen eine bestimmende Raumwirkung durch die Treppenführung angesprochen. Die Hallen von JESUITENGASSE 16 *(Abb. 155)* (F 408) und 20 (F 404) *(Abb. 156)* beweisen, daß sogar durch die gedrängte Wendeltreppe, wenn der Antritt günstig liegt und den Blick auf den Lauf freigibt, gute Einblicke sich ergeben. So kann das Bedürfnis den dargebotenen Raum durchschreiten und die Treppe besteigen zu wollen, zu einem bestimmten Erlebnis eines Hauses werden *(Abb. 157, 158)*.

Die folgerichtigste Durchführung über alle Geschosse hinweg zeigt ein FUGGERHAUS ZEUGGASSE 5 (B 204) *(Abb. 58, 59)*. Dort sind die Treppenläufe wechselnd in die Raumecken der Geschosse gesetzt, so daß die Geschoßhallen diagonal durchschritten werden müssen. Die zahlreichen Beispiele in Grundrissen, Schnitten und Raumbildern geben eine Fülle an geistig verwandten Lö-

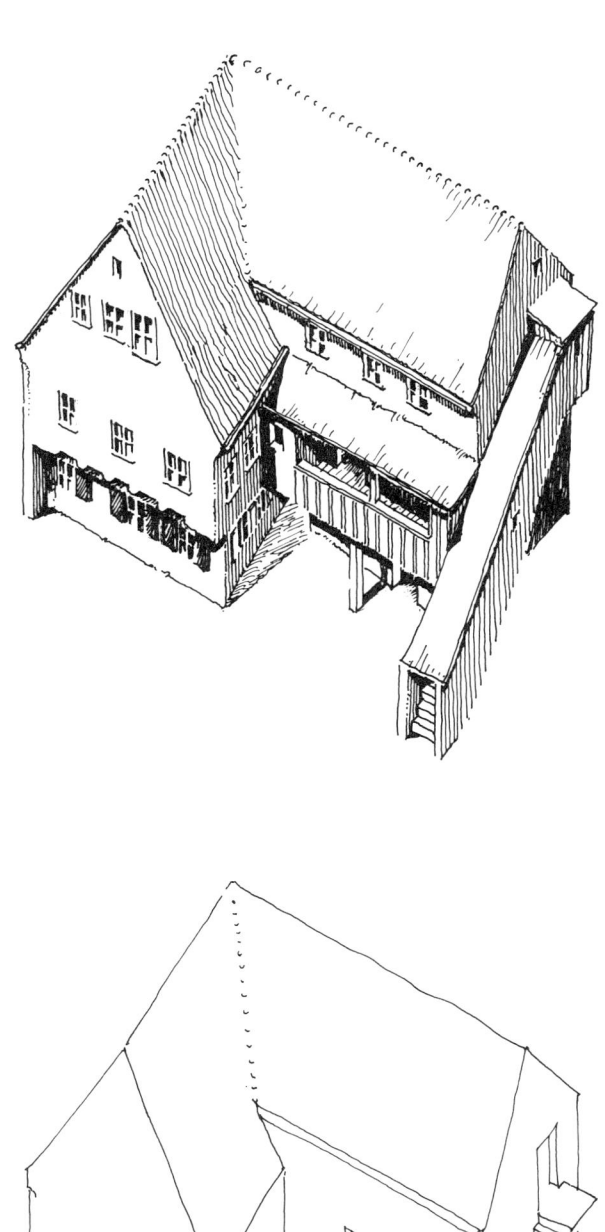

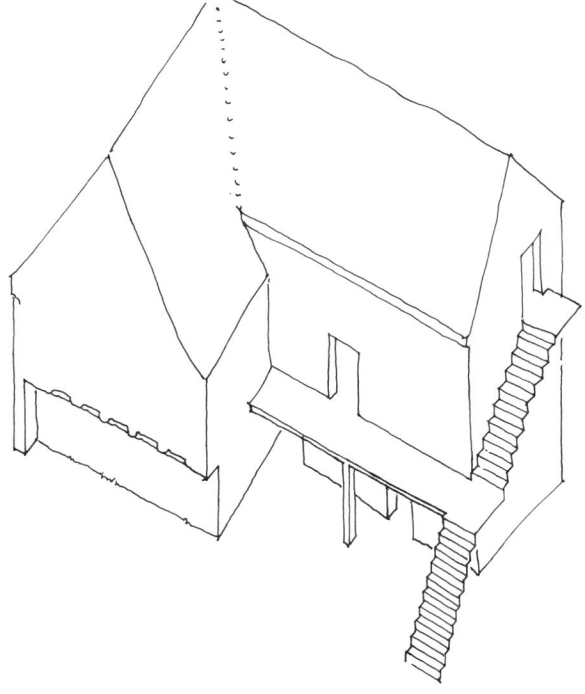

Abb. 154 Zwerchgasse 16. Aufsicht und Skizze mit freigelegter Treppe.

Abb. 155 Jesuitengasse 16. Grundrisse. M 1:200.

sungen. In den meisten Fällen stößt der Antrittslauf weit in den Raum und stellt damit die Treppe in den Blickpunkt. Ob der Weitergang der Steigung nun sichtbar oder hinter einer Vermauerung erfolgt, ist weniger wichtig. Die Renaissance hat in der Weiterführung den Zug hinter Wangenmauern bevorzugt. Die frei schwingende gewendelte Podesttreppe haben Barock und Rokoko geliebt. Das Augsburger Bürgerhaus weiß um jede Lösung mit ihren Varianten *(Abb. 159)*. Für das Haus gehobenen Ranges sind drei Arten zahlreicher vorhanden:

1. Die Treppe mit sichtbarem Antritt oder geradem Antrittslauf. Die Ausbildung des Antrittspfostens, die Ausführung von Handlauf mit plastischem Profil und Balustern in Holz oder die Geländergestaltung in geschmiedetem Eisen durch Farbe oder Messing bereichert, betonen Wert und Zeitgeschmack.

2. Die seitlich neben der Einfahrtstenne liegende meist dreiläufige Podesttreppe, die sich zum Geschoß mit Antritt und gemeinsamem Austritt öffnet und somit in den Läufen und den beiden Podesten ein Ganzes bildet. Sie steht so neben den Geschoßfluren und bildet mit den das meist offene Treppenauge fassenden Pfeilern oder Säulen ein eigenwilliges Architekturgerüst. Dort, wo wie im

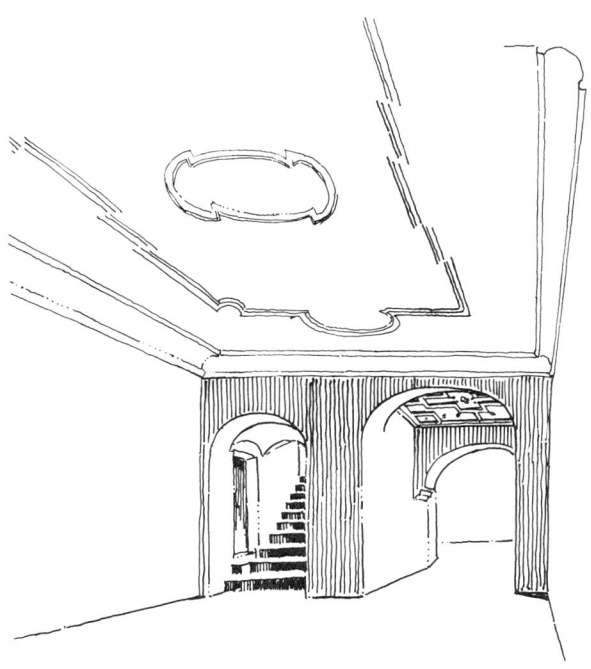

Abb. 156   Jesuitengasse 20. Halle.

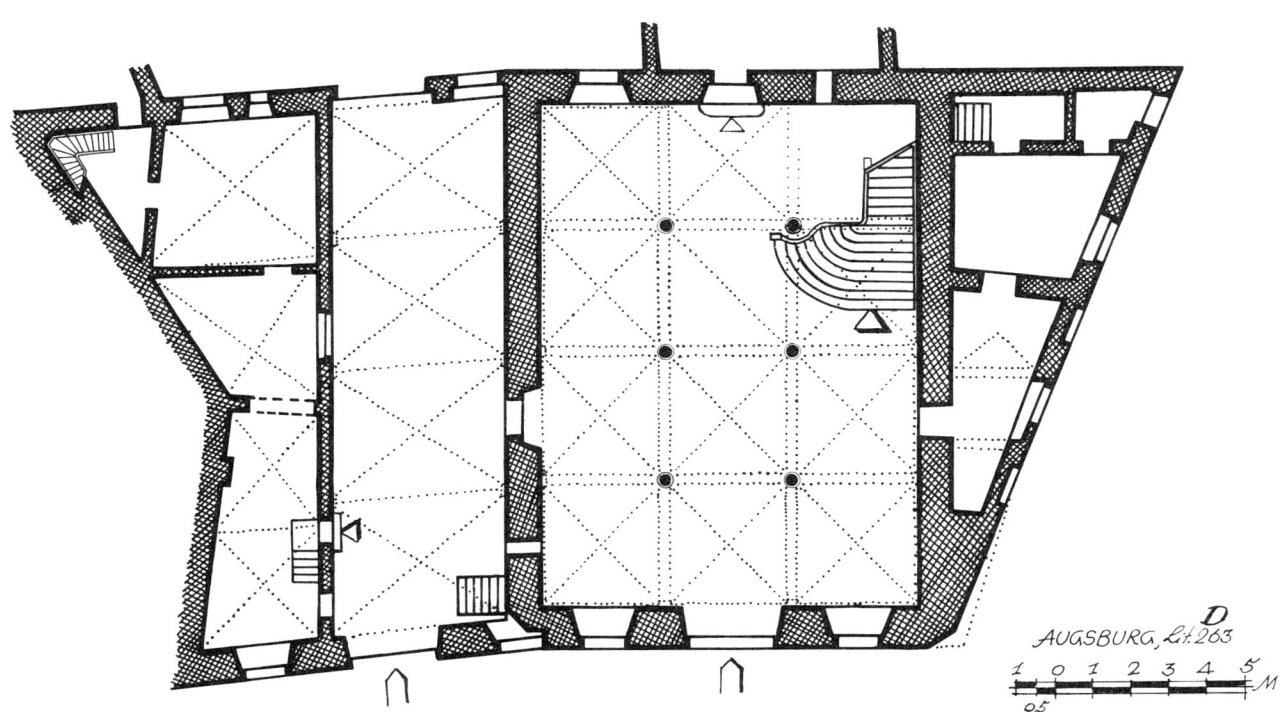

Abb. 157   Philippine Welserstraße 28. Grundriß. M 1:200.

125

Abb. 158 Obstmarkt 6. Gewölbte Halle mit Treppe.

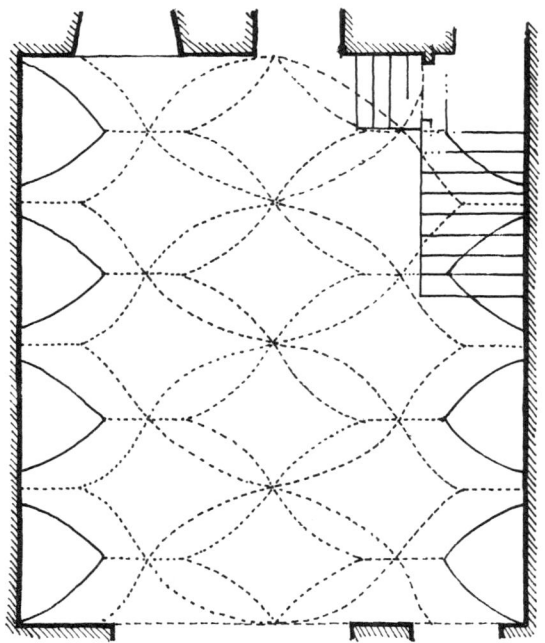

SCHNURBEINHAUS LUDWIGSTRASSE 15 (D 189) *(Abb. 160)* dieser Treppenturm dann durch Kuppel und aufgesetzte Laterne bekrönt wird, ist ein hoher Grad der Gestaltung erreicht. Die freie Lösung mit offenem Treppenauge, wobei dann neben Geländer und Handlauf auch noch die Wangen profiliert schmückend hinzutreten und in der Höhe ein Deckengewölbe den freien Treppenraum abschließt, ist die stilbedingte Weiterentwicklung. Zu einer reinen Prunktreppe kommt es im Bürgerhaus nicht und selbst in Bauanlagen von Schloßcharakter, wie dem Schaezlerpalais oder dem von Münch'schen Palais am MARTIN-LUTHER-PLATZ 5 (B 258) *(Abb. 161)*, ist der bürgerhausmäßige Maßstab nicht überzogen.

3. Eine den Mittelpunkt des Hauses bildende Treppenanlage mit geräumigem Podestflur, von dem aus alle Haupträume des Geschosses betreten werden. In reinster Ausprägung zeigt sie das Dr. Roeck-Haus (A 19). Der freie, schwingende Treppenlauf bestimmt hier durch weite Ausrundungen der Mauern, die zu ihm und von ihm wegführen, den inneren Bewegungsrhythmus der ganzen Hausanlage. Bei HEILIG KREUZSTRASSE

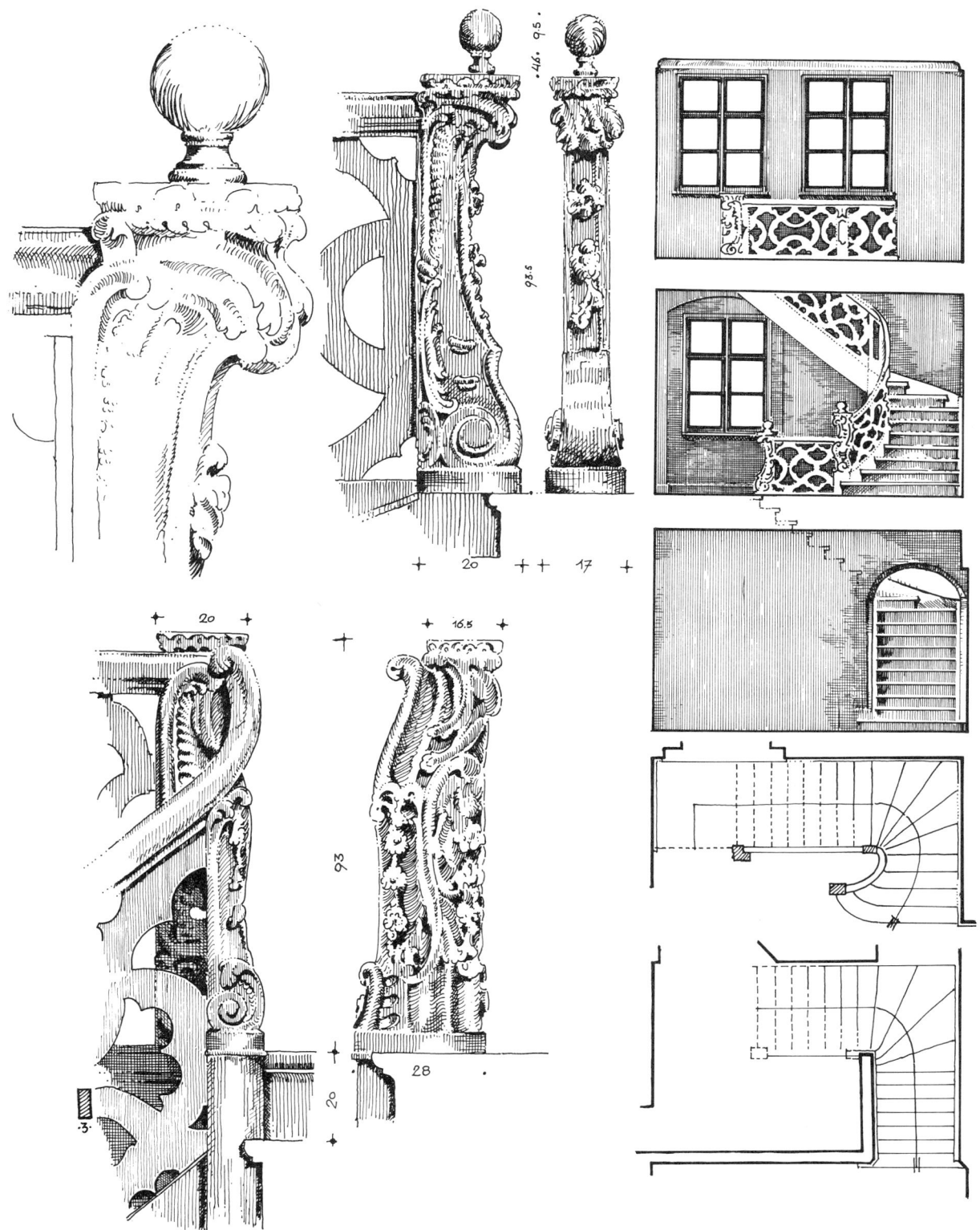

Abb. 159   Steingasse 1. Treppe, Geländer. Details.

26 (F 372) ist die Treppe noch stärker in den Mittelpunkt des Hauses gestellt und bestimmt die innere Erscheinung des klassizistischen Landschlößchens.

Wie stark die Renaissance die Wirkung der Treppenanlage auch im Bürgerhaus mittlerer Größe als hausbestimmendes Element zu nutzen verstand, dies verdeutlicht die Bildfolge des Hauses eines Augsburger Kupferstechers aus dem Archiv des Germanischen Nationalmuseums Nürnberg (T 71 b, 74 a). Die Einzeldurchbildung der Treppenglieder steht in vollem Einklang mit der Gesamtinnengestaltung des Hauses in Türen, Fenstern, Deckenausbildung, Wandverkleidung und im Mobiliar (Abb. 163). In den Einzelheiten und in der Haus- und Treppenanlage entspricht ihm Haus OBSTMARKT 3 (D 70). Hier steht die Treppe als Gelenk zwischen Haupt- und Nebenbau. In meisterhafter, handwerklicher Durchbildung und mit Geschick winden sich Wangen und Geländer mit geschnitzten Balustern in weicher Anpassung an die räumlichen Gegebenheiten in die Höhe. Da über die Treppe das Tageslicht in den Flur gelangt, entstehen durch ihre Ausbildung reizvolle Licht- und Schattenwirkungen. Für die Auswertung raumgestaltender Möglichkeiten mit Hilfe der Treppe geben die Häuser der Geistlichkeit in den PFAFFENGÄSSCHEN in verschiedenen Abwandlungen zahlreiche Anregung. Daß sie aufgenommen wurde, beweisen die vielen Pfarrhöfe im Ausstrahlungsbereich Augsburgs, hier der Diözese Augsburg, die deutlich in Maßstab und Einzeldurchbildung den Einfluß erkennen lassen. In diesem Sinne ist im Hausinnern die Treppe entscheidend und mit ihr die Flurausbildung, welche die Vergleiche herausfordern.

Der Baustoff im Treppenbau hat sich im Laufe der Entwicklung im Bauen und mit der Veränderung der

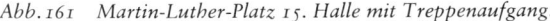

Abb. 160 Ludwigstraße 15 (Schnurbeinhaus). Schnitt. M 1:200.

Abb. 161 Martin-Luther-Platz 15. Halle mit Treppenaufgang.

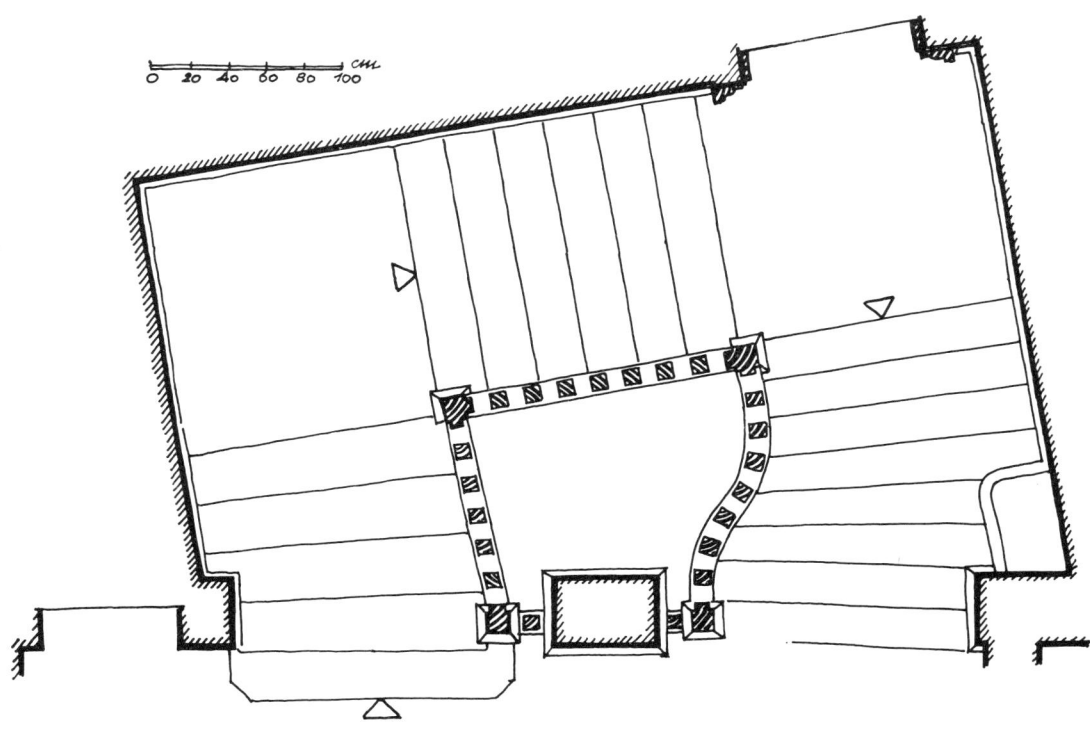

Abb. 162   Obstmarkt 7. Treppenperspektive und Grundriß. M 1:400.

wirtschaftlichen Möglichkeiten mit dem ausgehenden Mittelalter stets gewandelt. Die noch feststellbaren Wendeltreppen aus dem Mittelalter waren aus Sandstein oder Ziegel gewölbt. Ob die in GEISSGÄSSCHEN 3 (A 514) noch vorgefundene Holzwendeltreppe im Zinshaus als Relikt für früher übliche Treppen oder als Einzelerscheinung zu werten ist, kann nicht festgestellt werden. Im gesamten kleinbürgerlichen Bauen ist die geradläufige Holztreppe vorherrschend *(Abb. 138, 164, 165)*. Im gehobenen Bürgerhaus ist bis zum Barock die mit steigenden gemauerten Tonnen aus Ziegeln hergestellte Podesttreppe üblich gewesen. Sie führte die Läufe geschlossen beidseitig zwischen den Treppenmauern oder bei offenem Pfeilerauge nach der Innenseite mit steigenden Wangenbogen, wie dies das klassizistische Treppenhaus LUDWIGSTRASSE 15 (D 189), dem SCHNURBEINHAUS, noch um 1800 zeigt. Der Wunsch nach breiten, freischwingenden Treppen war im Barock nur durch Holz zu erfüllen. So waren die Lösungen im Schaezlerpalais, im Dr. Roeckhaus, im Haus Dr. Höhmann und ähnliche dieser Art möglich.

Umbauten raumbeengender Gewölbe des frühen Mittelalters, wie sie in MAXIMILIANSTRASSE 48 (B 17) *(Abb. 141, 142)* noch bestehen, erscheinen um 1600 wiederholt in Bauberichten. Das Verschmelzen zweier

Abb. 163   Wintergasse 7. Treppenperspektive.

Abb. 164   Maximilianstraße 44. Treppenperspektive.
Abb. 165   Maximilianstraße 42. Treppenportal.

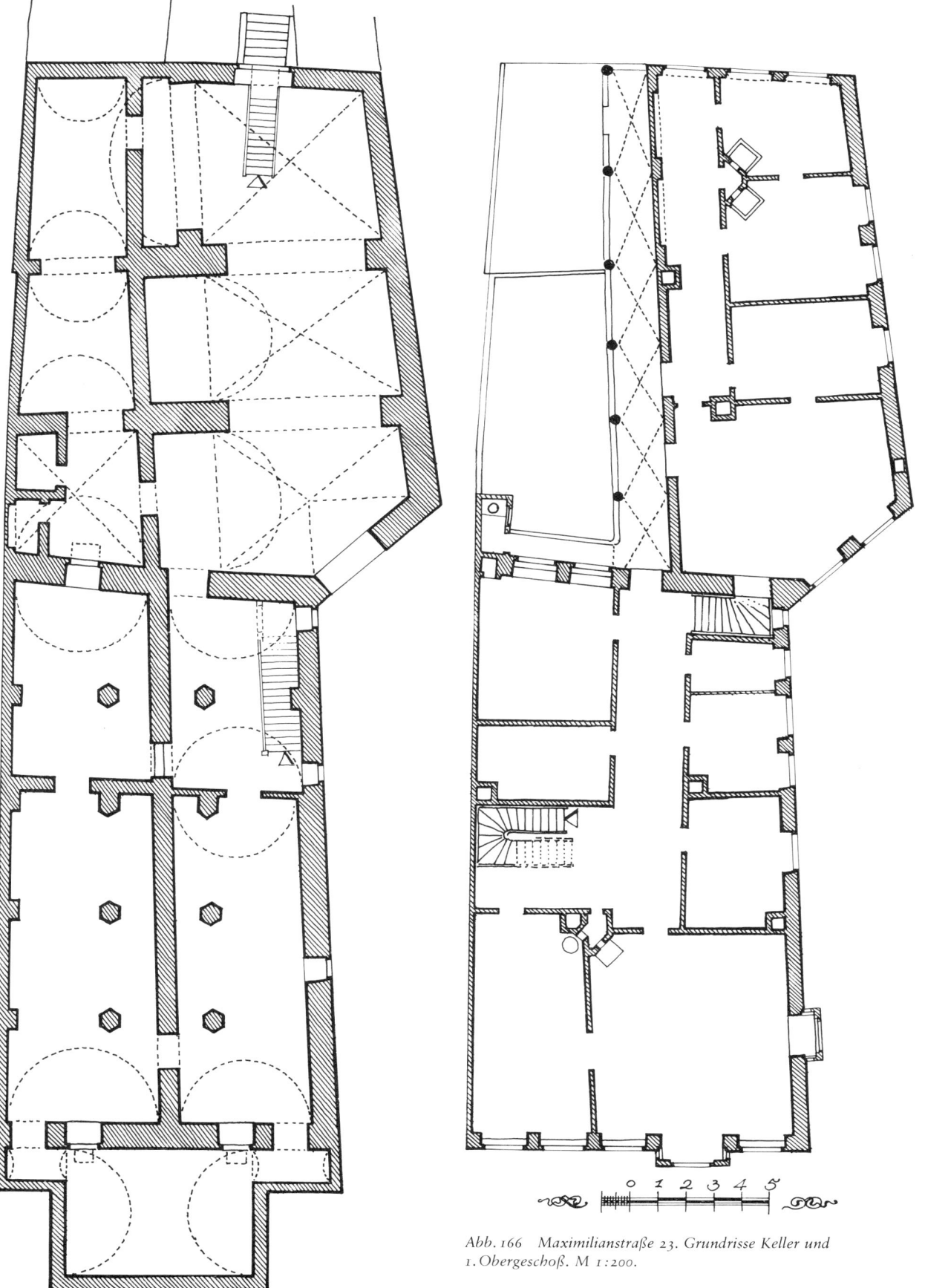

Abb. 166 Maximilianstraße 23. Grundrisse Keller und 1. Obergeschoß. M 1:200.

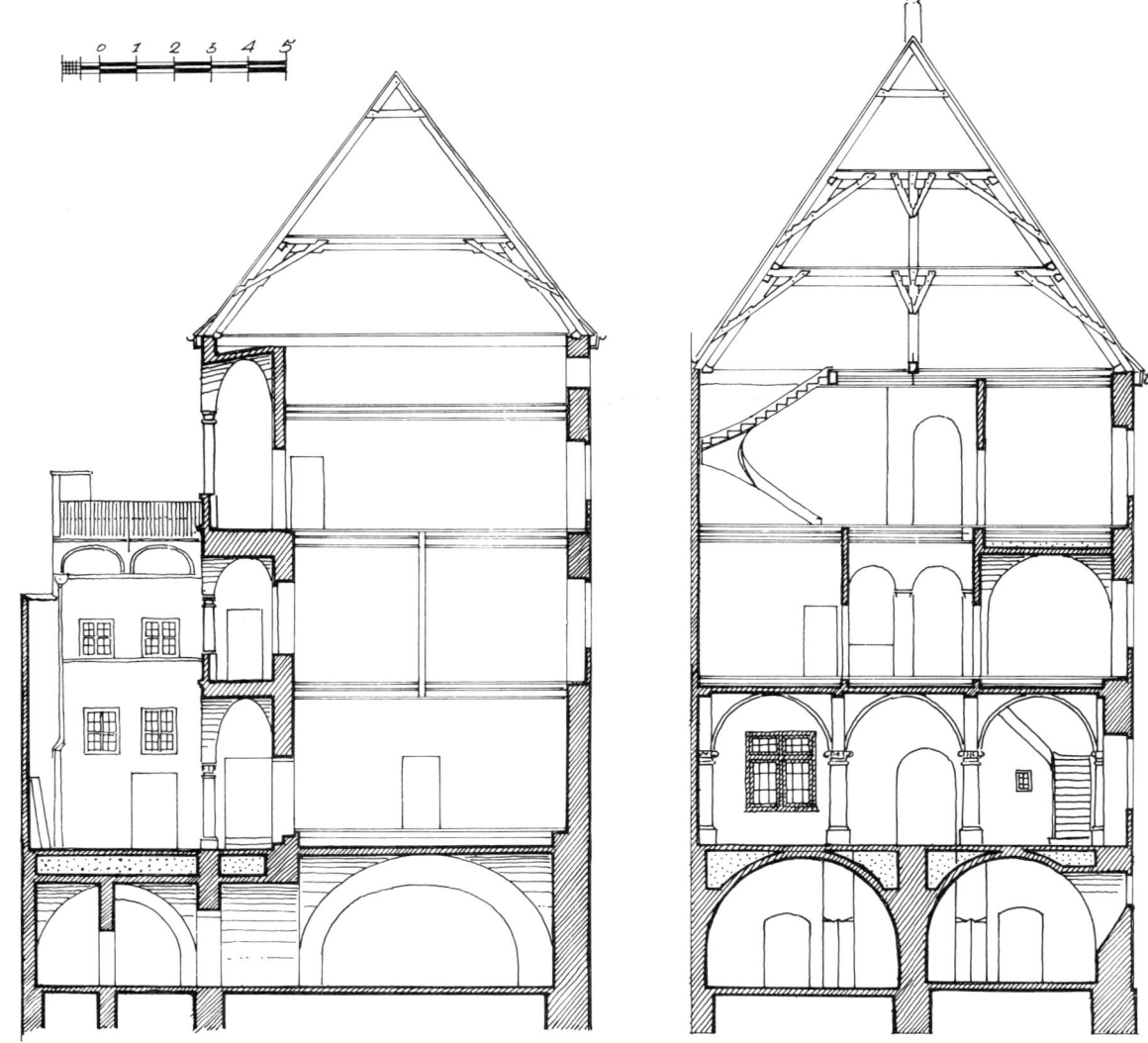

Abb. 167   Maximilianstraße 23. Querschnitte. M 1:200.

getrennter nachbarlicher Hauskerne unter Erhaltung der Keller und der Erdgeschosse mit Wölbung ist bei dem vereinigten Haus MAXIMILIANSTRASSE 48 noch erkennbar. Die Zeichnung nach dem Plan von Seld um 1521 zeigt noch zwei durch eine Gasse getrennte Häuser. Auch im Grundriß sind sie einwandfrei feststellbar. In die Hauptstraßenflucht ist eine gemeinsame Hausfassade vorhangartig vorgesetzt. Schon bei Kilian, etwa hundert Jahre nach Seld ist eine solche Bereinigung vorgenommen. Die heute noch bestehende Ausführung scheint aus dem Spätbarock zu stammen *(Abb. 142)*.

Der Schnitt von MAXIMILIANSTRASSE 23 (C 1) läßt im Keller *(Abb. 166, 167)* die schweren alten Gewölbepfeiler erkennen und daneben unter Durchstoßen der alten Kellergewölbe, die neuen schlanken Stützen für ein leichtes, luftiges Kreuzhallengewölbe mit drei Jochen. Die Wölbtechnik der Spätgotik zeigt sich am FUGGERHAUS AM RINDERMARKT MIT ANNASTRASSE 19 (D 280/254) im Formenreichtum von Kreuz- und Sterngewölben in Sandsteinrippentechnik, in einer Vollendung, die im privaten Bauen in diesem Ausmaß in Augsburg nirgendwo Ähnliches wiederbringt *(Abb. 55, 168–170)*. Die Hallen dienen rein dem Warenverkehr mit Ausstellung und Vertrieb. Wo Gewölbe zu großen konstruktiven Maueraufwand beanspruchten, zog man starke Holzbalkendecken auf schlanken Säulen dem Gewölbe vor. Diese, auch höhensparende Lösung bringt das FUGGERHAUS AN DER ZEUGGASSE 5 (B 204) *(Abb. 143–146)*, wo

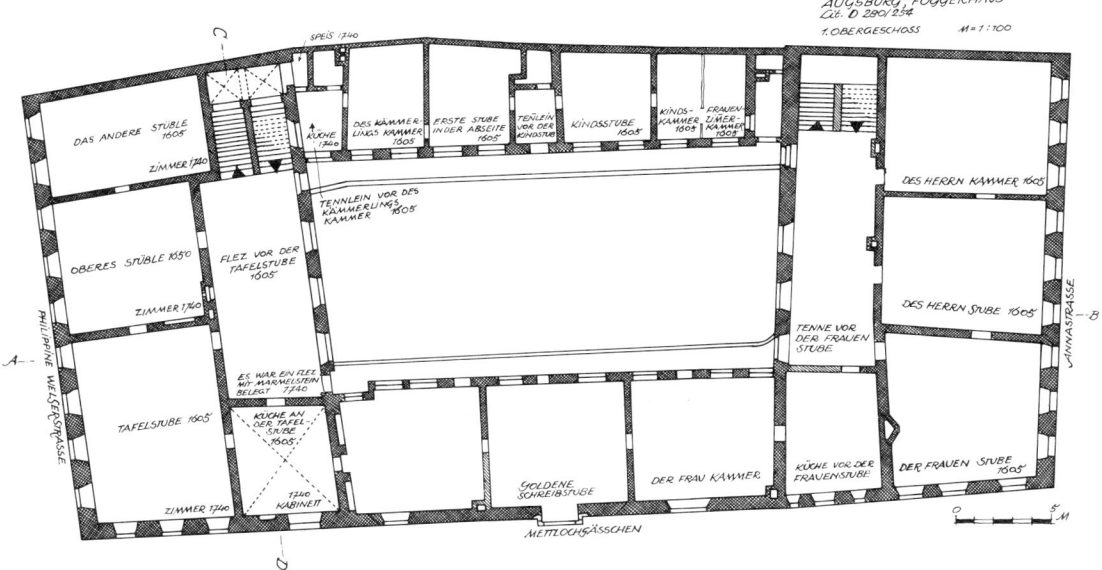

Abb. 168 Annastraße 19. Grundriß 1.Obergeschoß. M 1:400.

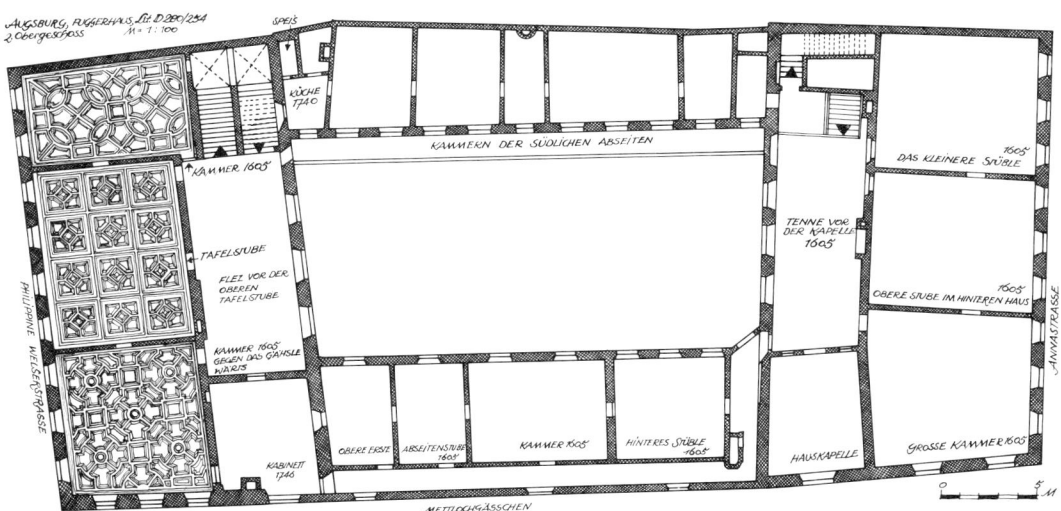

Abb. 169 Annastraße 19. Grundriß 2. Obergeschoß. M 1:400.

von den drei Jochen zwei eine Holzdecke haben und nur das dritte Joch, wohl aus Sicherheitsgründen, als Schreibstube überwölbt ist.

Das Bedürfnis nach möglichst großem Nutzraum hält die Erdgeschoßhallen von Einbauten weitgehend frei und selbst die Treppen sind dort, wo in der Anlage und Durchbildung der Einzelheiten auf eine Repräsentation Bedacht genommen ist, in eine raumsparende Ecke oder neben die Halle verwiesen.

Beim Kleinbürgerhaus wie beim Patrizierhaus wurden Keller gebaut, selbst in wassergefährdeten Stadtteilen.

Die einfachste Möglichkeit, Vorräte kühl zu lagern, zeigt die FUGGEREI. Eine nur wenige Stufen tiefe ausgemauerte Grube im Flur, mit einer Holzfalle abgedeckt, ermöglichte die Lagerung kleiner Vorratsmengen. Eine wesentliche Verbesserung bedeuten begehbare Kellerräume, die eine Querlüftung besitzen. Durch die Querlüftung ist auch die Lebensdauer der mit Bohlen bedeckten Holzbalkendecke des Erdgeschoßfußbodens gewährleistet. In den wassergefährdeten tiefergelegenen Stadtteilen versuchte man, durch hochgelegene Keller, deren Fußböden nur wenig höher lagen als der normale

133

Abb. 170 Annastraße 19. Querschnitte. M 1:400.

Wasserstand der Lechkanäle, brauchbare Vorratskeller zu schaffen. Das Erdgeschoß war somit ebenfalls hochgelegt, etwa 1,20 bis 1,50 m über Straßenniveau. Aus Gründen der Höhenersparnis wurde wiederum die Holzbalkendecke gewählt, sie blieb unverkleidet, ohne Fehlboden, nur mit Bohlen abgedeckt, um Luftzutritt zu erzielen *(Abb. 56)*. Auch der hofseitige Wohntrakt in VORDERER LECH 22 (A 498) zeigte diese Bauart *(Abb. 178)*. Die zahlreichen Weber, in GEORGENSTRASSE und PFÄRRLE bevorzugt angesiedelt, betrieben ihr Gewerbe meist in gegen das Gassenniveau um mehrere Stufen vertieften bis fast kellerartigen Räumen, da hier die nötige gleichbleibende Luftfeuchtigkeit gesichert war *(T 46a, 36, 79a; Abb. 94)*.

Augsburg bietet reichlich Beispiele, daß in solchen tiefgelegenen Räumen, auf die man nicht voll den Namen Keller anwenden kann, nicht nur Weber, sondern auch andere Kleinhandwerker auch wohl als Nachbewohner, wie z. B. Schuster, Töpfer, Schmiede, der Kleinhandel und selbst Goldschmiede ihr Brot verdienten. Gewölbte Kellerdecken sind im Kleinbürgerhaus selten. Sie sind wohl nur da notwendig geworden, wo in solchen Räumen mit offenem Feuer gearbeitet wurde. GEISSGÄSSCHEN 7 (A 511) hat im vertieften Erdgeschoß Teilüberwölbung.

Im Haus des Kaufmanns und Patriziers waren die Keller gewölbt. Häuser von besonders großer Flächenausdehnung sind oft nur teilweise unterkellert. Die zahlreichen schmalen und tiefen Hausstellen hatten einen durchlaufenden oder zweigeteilten tiefen Keller mit Tonnengewölbe und höherliegendem Kämpfer. An Hanglagen liegen mehrere Keller gewölbt übereinander. Wölbkeller erfordern große Höhen, wenn gerade Stellflächen erstrebt werden; der Wölbansatz muß dann als hoher Kämpfer hochgelegt werden. In verhältnismäßig niedrigen Kellern wird dieses Problem durch seitliche, weit ausladende Stichkappen gelöst, die die gewünschten geraden Wandflächen entstehen lassen. Die in Erdgeschossen sichtbare Weiterentwicklung der tonnenüberwölbten Räume mit trennenden Zwischenwänden und Kreuzgewölbe mit Pfeilern wirkt sich auf die Keller nicht mehr aus. So werden z. B. die noch zweischiffigen Kellergewölbe von den Pfeilern einer später darüber errichteten dreischiffigen Kreuzgewölbehalle durchstoßen, wie in MAXIMILIANSTRASSE 23 (C 1) *(Abb. 167)*.

Die Zugänge zu den Kellern erfolgten durch Kellerfallen oder schräg an die Hauswand gelehnte Kellerhälse, obwohl letztere mehrfach durch Bauordnungen eingeschränkt wurden. Wo die Häuser jedoch im Erdgeschoß eine Einfahrt oder Durchfahrt besaßen, erfolgte der Zugang von der Erdgeschoßhalle oder der Durchfahrt, mitunter auch vom Hof aus.

Tief- und Geheimkeller, wie in OBSTMARKT 1 (D 68/69) *(Abb. 171–173)* nur durch eine Falle im Fußboden eines Kellerraumes erreichbar, sind nicht nur an Hanglage, sondern auch im ebenen Gelände anzutreffen.

Verbindungen zu Nachbarkellern sind vielfach festzustellen. Es ist anzunehmen, daß sie als Fluchtwege in Kriegszeiten angelegt waren.

Die ein- oder zweiflügelige Haustür mit vorgelegter Antrittstufe zu dem über dem Bürgersteig höherliegenden Flur findet man fast nur bei dem klein- und mittelbürgerlichen Haus. Das Großbürgerhaus kennt fast ohne Ausnahme nur das Einfahrtstor, das in die Halle führt, von welcher man in die seitlich davon liegenden Warengewölbe, in die Schreibstube und zum Treppenhaus gelangt. Sind je nach Grundstücksbeschaffenheit Hof und Rückgebäude möglich, so wird die Halle, die in der Hauschronik der Familie Holl noch als „Tenne" bezeichnet wird, zur Durchfahrt. Der hohe Nutzungswert der Erdgeschoßfläche hat den Luxus eines gesonderten Zugangsflures mit Haustüre von der Straße her nicht erlaubt. Als Ausnahmen seien genannt das WELSERHAUS, KAROLINENSTRASSE 21 (D 44) und HOHER WEG 8 (C 44).

Bei ersterem *(Abb. 60)* liegen Haustür und Hausflur, der über die Treppe am Ende des Ganges direkt zum Obergeschoß führt, ohne wesentliche Wirtschafts- und Handelsräume zu erschließen, an der KAROLINENSTRASSE, die Hofeinfahrt an der KARLSTRASSE. Als Eckhaus sind allerdings andere Möglichkeiten gegeben als beim eingebauten Reihenhaus, das die Norm gebildet hat. Bei HOHER WEG 8 (C 44) *(Abb. 174)* handelt es sich um ein im Kern spätmittelalterliches Haus, bei dem der gewaltige Hauskörper fast das gesamte Grundstück bedeckt und nur geringe Hoffläche übrigläßt. Als wohl ursprünglicher Adelssitz hatte das Haus andere Aufgaben zu erfüllen als die, welche an ein reines Handelshaus gestellt wurden.

Das Tor hat für den reinen Personendurchgang, wenn der Warenverkehr beendet war, in einem Flügel oder zwischen beiden Torflügeln, eine Schlupftür. Sicher war auch die Möglichkeit einer leichteren Überwachung nur eines Hauszuganges der Grund für die meist gewählte gemeinsame Lösung. Die zur Erhellung der Halle notwendigen Lichtquellen waren bei Tür und Tor in der früheren Zeit bis zur Spätrenaissance in der Mauer liegende kleinere, vergitterte Fenster seitlich, über oder beidseitig, diagonal über den Kämpfern der Torbogen liegende Oberlichter. Beispiele hierfür sind das Maximiliansmuseum PHILIPPINE WELSERSTRASSE 24 (D 283) *(Faltt. 3)* und Haus MAUERBERG 10 (C 126) *(Abb. 77)*. Vergitterte Oberlichtfenster im Bereich der Tür selbst über dem Kämpferholz von Tür oder Tor erscheinen erst in der Spätrenaissance und bleiben in Barock, Rokoko und Klassizismus bis in die Gegenwart sogar beherrschend.

Eine Erfindung der letzten Jahrzehnte ist der Türstock. Tür- und Torflügel schlug in früherer Zeit nur in den glatt verputzten Mauerfalz. Die weitausgreifenden, geschmiedeten Bänder saßen auf in der Mauer verankerten Stützkloben. In der straßenseitigen Erscheinung von Tür und Tor ist, nach den überkommenen Zeugen zu schließen, das schmückende Element bestimmend, gegenüber dem schützenden und abschließenden Element. Beispiele der Spätgotik zeigen in der Mauerumrahmung, die zu dieser Zeit vielfach noch aus Sandstein gebildet war, Freude am schmückenden Ornament, an einfach rahmenden und sich verschlingenden Profilen und bewegten Umrißformen *(Faltt. 3)*. Das gotische FUGGERHAUS an der PHILIPPINE WELSER-/ANNASTRASSE 19, eine Tür in der Durchfahrt des FUGGERHAUSES an der MAXIMILIANSTRASSE, eine mit Eselsrücken abschließende Hoftür HOHER WEG 8 sind noch erhalten und ein Hoftor OBSTMARKT 1 (D 68/69) *(T 94 a)*. Nach zeitgenössischen Abbildungen kann man annehmen, daß die Erscheinung des beweglichen Flügels vordem derber und kraftvoller war gegenüber den in gefälligen Ornamenten und Profilen sich überbietenden Formgebungen der späteren Zeiten. Die Früherscheinung gibt die kleine Einlaßtür, wohl für nächtlichen Einlaß, von GROTTENAU 2 (D 191) als Holzbohlenflügel mit einem durch ein Bandeisen gesicherten Auslug und Almosenfenster *(T 95 a)*. Ein Bild vom kreuz und quer gesicherten, mit Eisenbändern beschlagenen Türflügel *(T 95 b)* ist in LUDWIGSTRASSE 5 (D 212) gezeigt, durch den ein Warengewölbe verschlossen war.

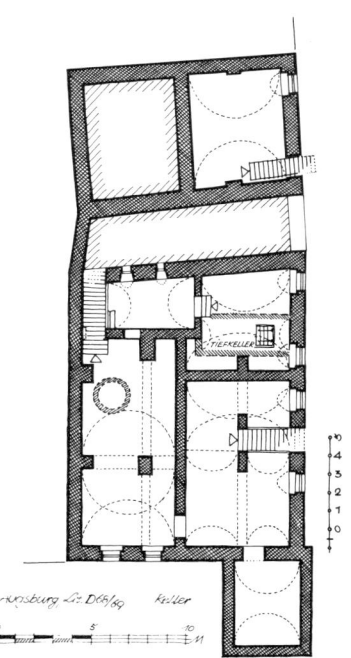

Abb. 171 Obstmarkt 1. Grundriß Kellergeschoß. M 1:400.

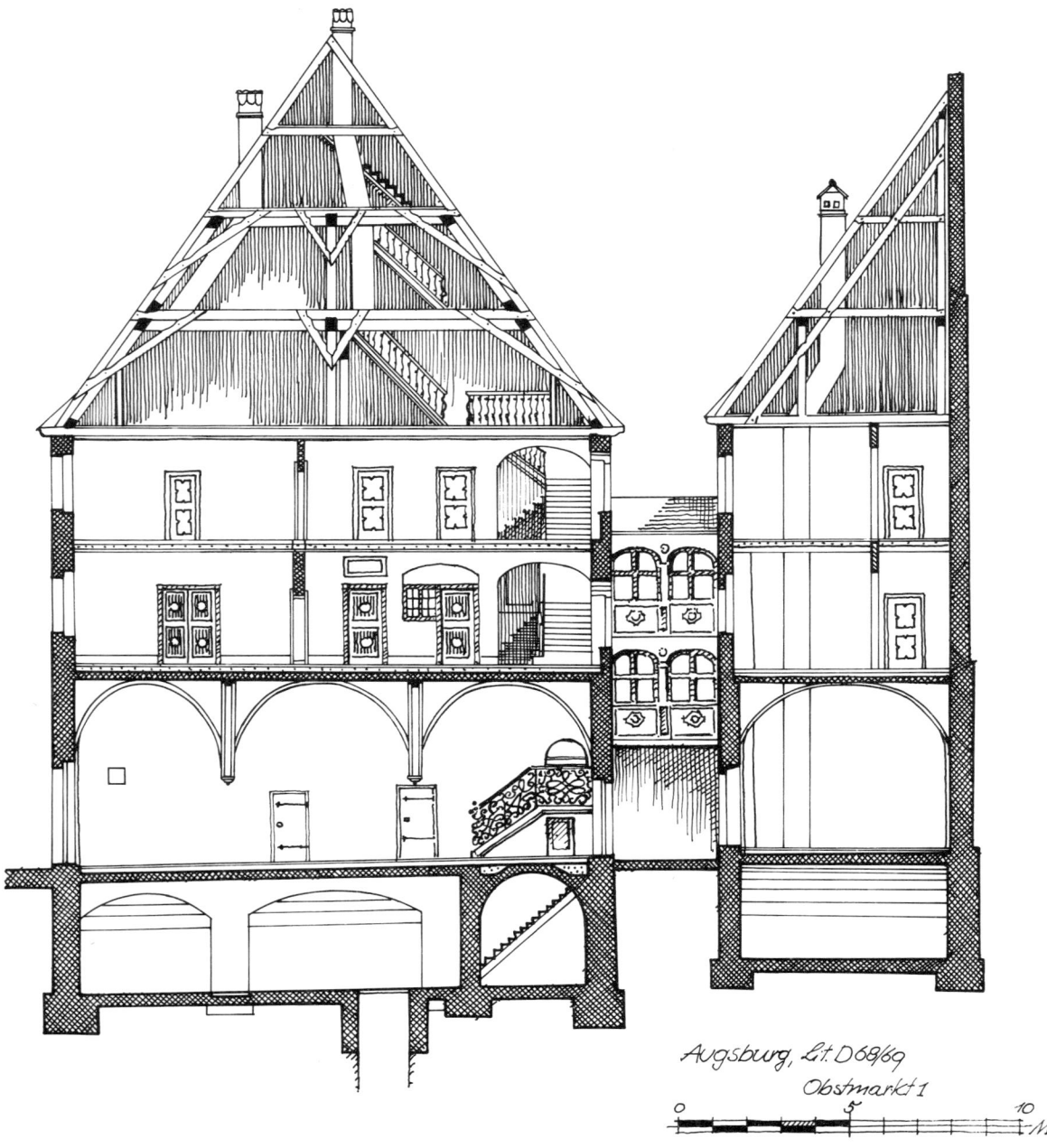

Abb. 172 Obstmarkt 1. Querschnitt. M 1:200.

Die bestimmende Fensterform war das Stockfenster. Der kräftige Stockrahmen, unterstützt durch ein feststehendes, senkrechtes Mittelstück und bei höheren Fenstern auch noch durch waagerechten Kämpfer, erzeugt eine tektonische Wirkung, die das Fenster nicht als Loch in der Hauswand erscheinen läßt. Erreicht wird diese Erscheinung durch eine Mauerbündigkeit mit einem Rücksprung gegen die Putzflucht von 1 bis 2 cm. Diese zimmermannsmäßige Stockführung reicht oft nahe an die Wirkung von Steingewände und Steinsprossen in Werksteingebieten heran. Das Profil ist quadratisch etwa 80 zu 80 bis 100 zu 100 mm mit innerem und

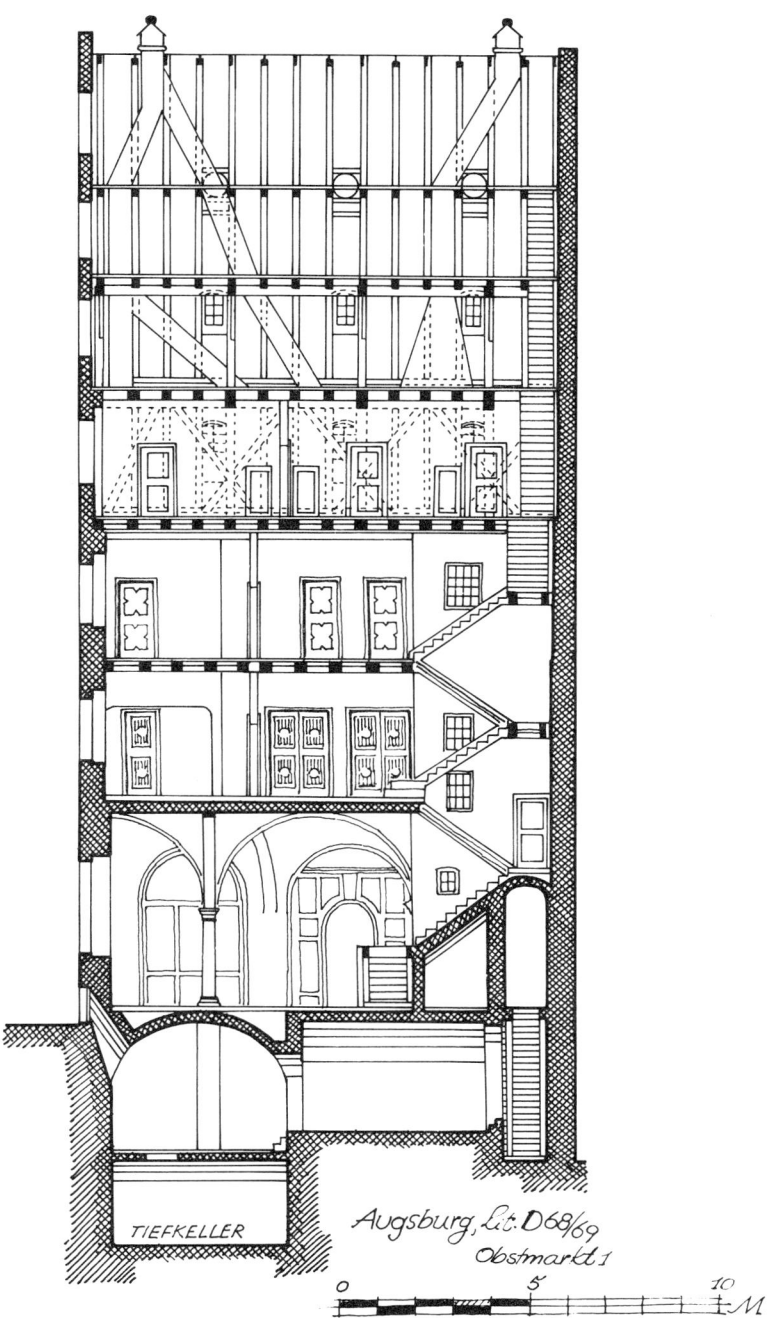

Abb. 173 Obstmarkt 1. Längsschnitt. M 1 : 200.

äußerem Falz für Innenrahmen und äußeren Laden. Erdgeschossige vergitterte Fenster tragen die Gitterstäbe durch den Stock gesteckt zwischen Fenster und Laden. Obergeschoßfenster benutzen den äußeren Falz mitunter zur Aufnahme nach außen schlagender Winterfenster. In Barock und Klassizismus wird beim stilgebundenen reicheren Haus das Obergeschoßfenster als Stock und auch als Zargenfenster tiefer zurückversetzt. Die äußere Putzumrahmung erhielt dann meist einen Putzfalz, in den ein gesonderter Blendrahmen mit nach außen schlagenden Flügeln mit Haken an den Fensterstock angehängt wurde. Diese, die Straßenwand aufhel-

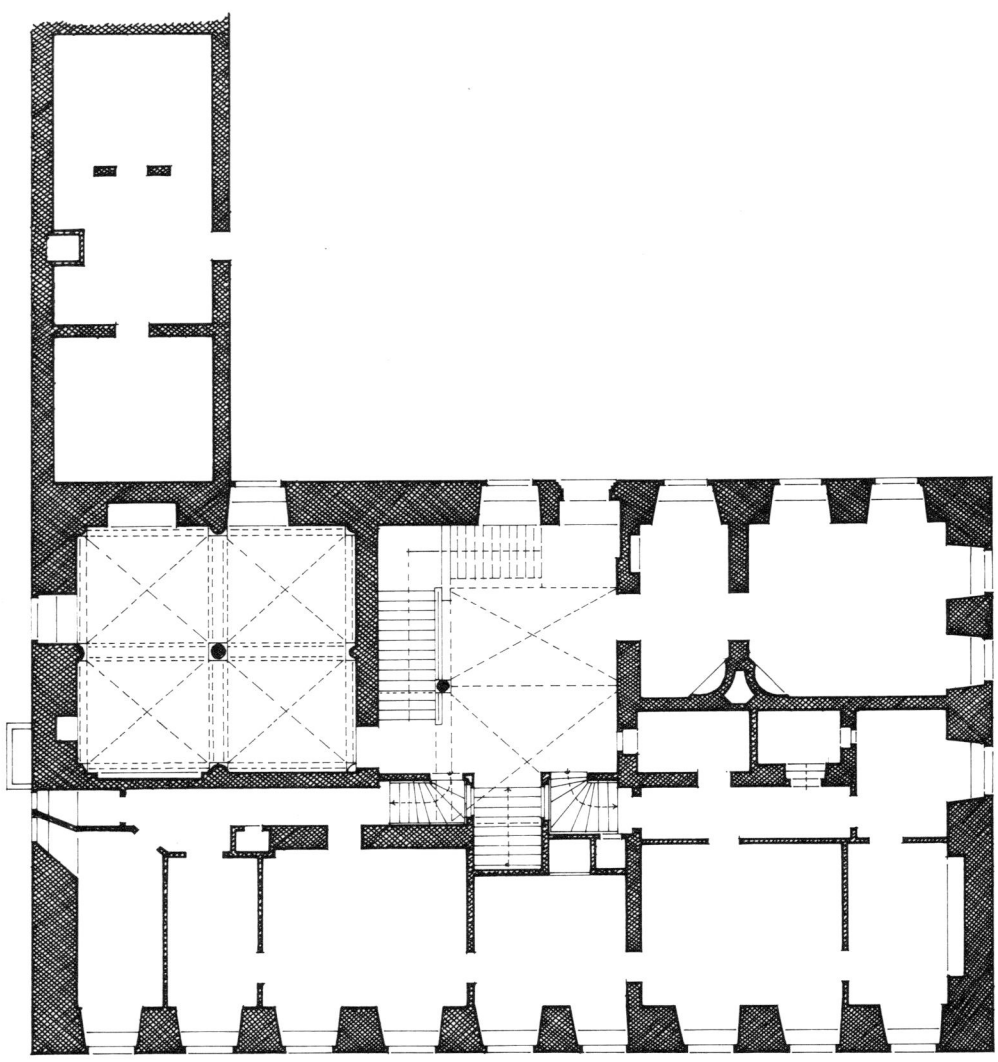

Abb. 174 Karolinenstraße 34. Grundriß Erdgeschoß. M 1:200.

lende Spiegelwirkung der vor der Putzflucht liegenden Glasflächen, war auch in Augsburg wirksam. Alte Straßenbilder der Städte österreichischen Kulturraumes kennen sie noch heute. In Augsburg verschwinden die Zeugen dieser baulichen Gepflogenheit. Das kleine, drehbare Guckfenster, das im Bauernhaus als kleines Schiebefenster noch angetroffen wird, ist nur in wenigen Resten noch nachweisbar.

INNENHÖFE

Für die Anlage und Gestaltung der Innenhöfe scheint die siedlungsgeschichtliche Entwicklung in Augsburg entscheidend beteiligt gewesen zu sein. So ist auffallend, daß aus dem Mittelalter kaum geschlossene Hofanlagen vorhanden sind, mit mehrgeschossigen, umlaufenden Galerien und Laubengängen, wie sie im Habsburger

Herrschaftsbereich, im Steinbau von Schlesien, im Donau- und Alpenraum bis Südtirol heimisch waren. Der Seld-Plan kann in dieser Frage Aufschluß geben, indem er zeigt, daß eine geschlossene Hofbebauung nur an einigen Stellen überhaupt vorhanden war, nämlich nur an der Ostseite der MAXIMILIANSTRASSE, südlich am ULRICHSPLATZ beginnend und am MORITZPLATZ endend. Außerdem hatten diese Anlagen einige größere Patriziatssitze an Straßenecken, wie IMHOFHAUS, HÖCHSTETTERHAUS, KESSELMARKT 1, WELSERHAUS, KAROLINENSTRASSE 21, FUGGERHAUS am RINDERMARKT und Ecke GROTTENAU 2/HEILIG KREUZERGASSE (D 191). Sonst zeigt Seld nur einfache Hauskörper ohne nennenswerte Anbauten. Die bei Kilian gezeigten, heute noch feststellbaren Rückgebäude mit verbindenden Abseiten sind erst nach dem Mittelalter entstanden *(Abb. 175)*.

Die die Augsburger Bürgerhäuser in ihrer Mehrzahl kennzeichnenden Innenhöfe sind Wirtschaftshöfe und nicht aus irgendeiner architektonischen Zielvorstellung geplante Wohnhöfe. Die sie rahmenden Hoffronten gehören zu Gebäudeteilen mit verschiedenen Aufgaben im Funktionsbereich von Gewerbe und Wohnen des Handelsherrn. Bei sehr vielen dieser Höfe in engster Bebauung, wie an der KAROLINENSTRASSE, kommt keine Hofraumwirkung zustande; dort, wo diese jedoch genügende Breite haben, entstehen durch Wechsel im Baumaterial und der Architekturglieder der Abseiten gegenüber Vorder- und eventuell auch Rückgebäude erfreuliche baukünstlerische Akzente *(Abb. 176)*. Hier sind es die teils offenen, teils verglasten Galerien, oft mehrgeschossig, die als Zugänge zu den hofseitigen Wirtschafts-, Gesinde- und Gästeräumen des Hauses führen und mitunter auch die Übergänge zum Rückgebäude bilden. Die einfachere Ausführung in Holz, offen mit Balustergeländer, wie ANNASTRASSE 2 (D 215) *(Abb. 65; T 109)* oder mit verschalter Brüstung, wie am FINDELHAUS (A 445) *(T 104)* mit Verglasung, bilden die bescheideneren Lösungen. Die Unterstützung der die Balkenköpfe abschließenden Holzrahmen durch die mit Schnitzwerk versehenen Eichensäulen ist in dieser Lösung die letzte und einzige ihrer Art, zugleich mit den Schiebefenstern und der Butzenscheibenverglasung. Größerer Hofflächennutzung dient die Unterstützung der Abseitengalerien durch gemauerte Kragkappen, die im FUGGERHAUS ANNASTRASSE 19 (D 280/254) *(Abb. 170)* noch mit Natursteinrippen gebildet, sonst nur in Ziegelschichten vorkragend gemauert sind *(T 114b)*. Eine wesentliche Bereicherung waren im Augsburg des 16. Jahrhunderts die gemauerten Arkadengänge mit Pfeilern oder toskanischen Säulen *(T 106 a, b)*. Anregung hierzu mag das FUGGERHAUS am WEINMARKT, bevorzugt durch den Damenhof, gegeben haben. In ihm besitzt Augsburg eine einzigartige Hofanlage, rein für Wohnen und Geselligkeit geeignet. Ein hufeisenförmi-

Abb. 175 Maximilianstraße 58. Fassade der Abseite. M 1:200.

Abb. 176 Annastraße 12. Hof, Blick auf das Vorderhaus.

Abb. 177   Vorderer Lech 22 (Holbeinhaus). Flur im Erdgeschoß und Lageplan.

Abb. 178   Vorderer Lech 22. Hof und Lageplan.

ger Säulenumgang, die Decken mit Holzkassetten, schließt zweigeschossig an den mächtigen Vorderbau an. Über den Arkaden sind in ruhiger Fensterfolge und größerer Wandfläche, welche Fresken von Hans Burgkmair getragen haben, Wohngemächer mit Blick auf den Innenhof. Als Dachabschluß darüber läuft eine Rundsäulengalerie als Gitterbrüstung aus Terrakotta. Die vier Höfe des FUGGERHAUSES am WEINMARKT, ein Großkomplex, der durch Zusammenkauf mehrerer Anwesen allmählich zu einer Einheit geworden war, sind in den Einzelheiten maßstäblich aneinander angeglichen. Sie tragen in der Rangstufe als großer Wirtschaftshof, Durchgangshof, großer Herrenhof mit Schloßhofstimmung und Damenhof, als intimer Wohnhof, jeweils persönliches Gesicht. Eine geschlossene, burghofartige Wirkung haben die Höfe des HÖCHSTETTERHAUSES, KESSELMARKT 1 *(T 108)* und auch GROTTENAU 2 (D 191). Das IMHOFHAUS, das äußerlich wehrhaft wirkt, verrät nach einer Handzeichnung von Maria Girl *(T 105a)* vor dem Abbruch 1863 eher das Bild eines sonnigen ländlichen Schloßhofes. Neben den wenigen ausgeprägten erwähnten Einzelerscheinungen stehen und standen mit geringen baulichen Abwandlungen wechselnd die anfangs besprochenen Abseitenhöfe. An zwei Bauten des Johann Holl erscheinen kleine Hofloggien vor jeweils einem Zwischenflur mit einer Mittelsäule und zwei flachen Korbbogen. Das Auffallende dabei ist die kraftvolle, handwerkliche Vermauerung und die ebenso derbplastische Verzierung der gemauerten Brüstungen. Es sind Profilierungen, wie sie bei Elias Holl an den Stadt- und Wassertürmen erscheinen. Beide Höfe, WINTERGASSE 1 (A 8) *(T 112 b)* und OBSTMARKT 1 (D 68/69) *(T 112 a)* wurden von Hans Holl umgebaut und nach der Beschreibung in der Holl'schen Hauschronik ist anzunehmen, daß Elias Holl an der Herstellung der Profilmodelle beteiligt war. So schreibt Joh. Holl 1582 über OBSTMARKT 1 „dem alten Herrn Grein das Eckhaus am Obstmarkt (1), ein herrlich schön groß Haus, von Grund aufgebaut samt einer Abseithen und hinter Haus im Höfle..." und über WINTERGASSE 1 schreibt Elias Holl: „... zwey schöne gewölbte Gäng halb in Tag heraus künstlich gewölbt; seynd beide Gäng obeinander mit eisen Geländer und mit weißem Marmorstein gepflastert *(Abb. 177, 178)*. So seynd auch gemeldte zwey Gäng sammt deren Decken darob unter der Altana, welche mit Kupfer gedeckt, alles mit zierl. Modelwerk gemacht..." Das sprechendste Zeugnis der Abseiten- und damit entscheidend der Innenhofarchitektur dürfte wohl die Abseite des Hauses MAXIMILIANSTRASSE 58 (B 28) sein *(Abb. 175)*. Das Haus entstammt der Hochblüte der Steinarchitektur in der Frührenaissance.

BAUSTOFFE

Augsburg war in der Wahl seiner Baustoffe weitgehend von den geologischen Gegebenheiten seiner Umgebung abhängig. Als Baustoff für Wand und Gewölbedecke stand nur der Lehm der Lößlehmterrasse neben Kies und Sand der Flüsse bzw. der eiszeitlichen Schotterablagerungen zur Verfügung. Zahlreiche Ziegeleien beuteten und beuten heute noch die großen Lehmvorräte in der Nähe Augsburgs aus, so daß seit dem späten Mittelalter der Ziegel der beherrschende Baustoff Augsburgs wurde.

Der Kalkbedarf wurde durch Brennen von aufgelesenen Kalkkieseln aus Lech und Wertach gedeckt, da der Augsburger Raum über keine nahen, größeren Kalkvorkommen verfügt. Das früheste Mittelalter brannte Kalk aus den für römische Bauten verwendeten Kalksteinen, die durch die Römer aus dem Jura-Donauraum nach Augsburg gebracht worden waren. Höherwertiger Mörtelkalk wurde aus Tirol über Füssen-Lechbruck lechabwärts nach Augsburg geflößt. Für Freskomalerei wurde, wie erwähnt, der dafür besonders geeignete Dolomitkalk vom Schlern bei Bozen eingeführt. Kalk, Kohle und auch Holz waren die wichtigsten Floßgüter aus Tirol nach Augsburg. Holz, dort reichlich vorhanden, wurde durch Flößen in seiner Güte verbessert, schnell und müheloser befördert, als auf den Landstraßen, ohne die Behinderungen durch Brücken- und Hoheitszölle aus dem östlichen Bayern und der westlichen Markgrafschaft Burgau, somit habsburgischem Gebiet, das bis an die Westtore der Stadt reichte.

Naturstein, der als Werkstein hätte verarbeitet werden können, fehlt im Nahbereich Augsburgs völlig. Daher wurde er nur ganz selten und nur für besondere Bauten verwendet. Der in Augsburg verbaute Sandstein, vornehmlich im gotischen Kirchenbau, selten im bürgerlichen Bauen angewandt, stammt aus der Gegend von Lechbruck, wie Flößerrechnungen erkennen lassen. Tuff aus dem Weilheimer Raum (Polling, Huglfing) war noch am meisten verbreitet und fand vor allem bei Fundamenten und bei Wasserbauten schon seit der Römerzeit Verwendung.

Bei bürgerlichen Bauten erscheint Werkstein in Form von Sandstein und Kalkstein nur vereinzelt für Außentreppen, Portale, Säulen, Erkerkonsolen und Schmuckglieder. Auch der Ziegel war im Mittelalter kostbar; aus Sparsamkeitsgründen sind nicht selten Erdgeschoßmauern bei einer Stärke von zwei Augsburger Werkschuh aus zwei halbsteinstarken Backsteinschalen, verbunden durch wenige Binder, und einem Zwischenraumverguß aus Kies und Kalkmörtel errichtet worden. Das Ziegelformat ist nicht stets dasselbe geblieben. Im Laufe der Jahrhunderte hat es sich allmählich verändert und kann dadurch dem Sachkundigen einen wichtigen Hinweis für die Datierung mittelalterlicher Wohnbauten geben. Walter Groos hat für die Zeit um 1200 eine Steindicke von 8 cm ermittelt, für die Zeit um 1300 7,5–8 cm, um 1350: 7 cm, um 1400: 6,5 cm; im 15. und 16. Jahrhundert kommt dann eine große Zahl von verschiedenen Steinformaten nebeneinander vor. Für Gewölbe wurde ein anderes Steinformat gewählt als für Mauern; für Gewölberippen, Gewände, Bogenanfänge, Maßwerk und Gesimse dienten Formsteine. Nach der Augsburger Bauordnung von 1740 sollte ein Mauerstein 15 Zoll des Augsburger Werkschuhs in der Länge betragen, in der Breite $7^{1}/_{2}$ Zoll und in der Dicke 3 Zoll. Somit ergaben sich, da ein Augsburger Werkschuh von 12 Zoll etwa 29,2 cm entsprach, eine Steinlänge von 36,45 cm, eine Steinbreite von 18,2 cm und eine Dicke von 7,5 cm. Zum Mauern von Gewölben wurden kleinere sog. Riegelsteine verwendet, mit 12 Zoll Länge, 6 Zoll Breite und 3 Zoll Dicke (= 29,2/14,6/7,5).

Die Vermauerung von Außen- und Innenmauern ist im Mittelalter vollfugig, wobei die Lagerfuge mit Kellenstrich die Kante des oberen Steins unterschnitt und die Kante des unteren Steins bündig abschloß. Auf diese Weise wurde das Gefüge der Backsteinmauer gut sichtbar. Als Verputz diente ein Schlämmputz. Die Profile bestehen aus gebrannten Ziegeln, wie man heute noch in einigen Höfen feststellen kann, so im Anwesen MAXIMILIANSTRASSE 81 (A 34) und IM SACK 3 a (G 240). Wo die Straßenfassaden in den verschiedenen Zeiten dem veränderten Geschmack angepaßt wurden, geschah die Anbringung von Gesimsen, Lisenen, Pilastern und Schmuckgliedern in Stuck.

Als Dachdeckungsstoff herrschte im frühen Mittelalter nicht der Dachziegel, sondern die Holzschindel und in geringerem Maße auch das Stroh vor. Unter dem Eindruck der immer wiederkehrenden großen Stadtbrände, die in den holzgedeckten Dächern reiche Nahrung fanden und den Brand auf die Nachbarhäuser überspringen ließen, versuchte die Stadtverwaltung am Ausgang des Mittelalters in wiederholten Anläufen, das Holzdach zu verbieten und das Ziegeldach zwingend vorzuschreiben. Eine praktische Handhabe bot sich vor allem bei Neubauten und Aufstockungen. Nach einem großen Brand wurden im Jahre 1404 Stroh und Holzschindeln als Dachdeckung generell verboten. Eine Bauordnung vom Jahre 1489 legt fest, daß die Nachbarn an ein Ziegeldach kein hölzernes Dach bauen dürfen und daß bei Aufstockungen ein Ziegeldach oder ein eingefangenes Schindeldach errichtet werden muß. Bei einem eingefangenen Schindeldach sind die begrenzenden Mauern über die Dachhaut hochgezogen, um das Überspringen des Feuers zu verhindern. Die wiederholten Verordnungen zeigen, wie zäh sich das ohne Zweifel billigere Schindeldach gehalten und erst ganz allmählich dem Ziegeldach Platz gemacht hat. Auch Blei und Kupfer waren als Dachdeckungsstoff für Bauten besonderen Aufwandes bekannt.

An Dachziegelformen waren die heute sog. Biberschwänze verbreitet, die in Augsburg früher „Blatten" genannt wurden, ferner Hohlziegel, die sog. Mönch-Nonnen-Ziegel, in Augsburg früher unter dem Namen „Haggen und Preiß" geläufig, und schließlich, wenn auch seltener, die Pfannen, früher als „geschweiftes Dachzeug" bezeichnet. Für die „Blatten" gibt die Augsburger Bauordnung von 1740 genaue Maße an, ebenso für die Entfernung der Dachlatten voneinander und für deren Stärke.

BAUVORSCHRIFTEN

Die rasche städtische Entwicklung Augsburgs im Mittelalter machte auch bald entsprechende Bauordnungen nötig, um den nachbarlichen Frieden zu sichern und für Feuerschutz und Hygiene zu sorgen. Schon das Stadtrecht vom Jahre 1276 enthält einige Einzelbestimmungen; eigentliche Bauordnungen sind dann aus den Jahren 1386, 1391, 1404, 1447, 1489, 1516, 1545 und 1619 bekannt. Im Jahre 1740 faßte der Augsburger Ratsgelehrte Johann Georg Morell die vielen Einzelverordnungen der früheren Jahre zu einer geschlossenen Bauordnung zusammen, die auch im Druck erschien.

Seit dem Augsburger Religionsfrieden, also etwa seit 1555, hatten zwei, später vier, vom Inneren Rat jeweils auf zwei Jahre gewählte „Bauherren" die Oberaufsicht über die Werkhöfe und die Befestigungsanlagen. Ihnen unterstanden vier „geschworene Werkmeister", die paritätisch der evangelischen und katholischen Konfession angehörten. Fachlich setzten sie sich aus einem Brunnenmeister, einem Maurermeister, einem Steinmetz und einem Zimmermeister zusammen. Diesem Gremium, das jeden Mittwoch tagte, mußten die bauwilligen Augsburger Bürger ihre Baugesuche vorlegen, unter Angabe des Baubeginns und unter Vorlage von Grundriß, Ansicht und Schnitt. Ein geschworener Werkmeister erschien dann am Bauplatz und wachte darüber, daß die Rechte der Nachbarn nicht geschmälert wurden (Benutzung der Mauern des Nachbarn zur Balkenauflage, Zubauen der Fenster des Nachbarn usw.). Bei Neubauten mußte zum Haus des Nachbarn ein Mindestabstand von zwei Augsburger Werkschuhen eingehalten werden.

Durch die Bauordnungen wurde insbesondere der der gesamten Bürgerschaft gehörende Straßenraum vor Einbauten und Beeinträchtigungen durch einzelne Privatleute geschützt. Schon 1391 wurde untersagt, an Neubauten einen „Überschutz" (vorkragendes Geschoß) zu bauen. Wie heute noch erhaltene Bauten zeigen, hatte diese Verordnung offenbar wenig Wirkung. Haus-, Hof- und Kellertüren durften nicht nach der Straße aufgehen, Eck-, Tür- oder Torsteine nicht stärker als 14 Zoll sein und die Stufen vor den Haustüren nicht weiter als eine ³/₄ Elle in die Straße hineinragen. Weiter gab es detaillierte Vorschriften für die Kaufläden und ihre Öffnung auf die Straße, für die Stände fliegender Händler usw.

Auch die in Augsburg so zahlreichen Erker waren durch Vorschriften in ihren Ausmaßen eingegrenzt. Das ziegelgedeckte Dach verbreitet sich, durch die Verordnungen gegen Feuergefahr veranlaßt. Die Empfehlung „Neidbauten" und „solche, die den Nachbarn ärgern" zu unterlassen, mag dazu geführt haben, daß im bürgerlichen Bauen Augsburgs eine maßstäbliche Einheit selbst im Bauen der reichsten Schicht festzustellen ist.

ÖFFENTLICHE VERSORGUNGSANLAGEN

Die Abführung der Tagwasser erfolgte in der Weise, daß zunächst ohne Rinne das Wasser frei in die Reihe tropfte, von dort auf die Straße floß und versickerte, zumal die Straßen vor Einführung eines Pflasters nur bekiest waren. Küchenabwässer wurden ebenfalls in die Reihen geschüttet. Die Sammlung der Fäkalien erfolgte in gemauerten Gruben oder hölzernen Fässern. Nach der Bauordnung von 1740 mußten diese „mindestens 3 Werkschuh vom Nachbar wegrücken". Allseitig mußten sie außen mit einer Lehmschicht umgeben werden. Abwasserkanäle scheinen jedoch schon im 13. Jahrhundert bekannt gewesen zu sein. So wird vom Mettlochkanal berichtet, daß dort ein Abwässerkanal die KAROLINENSTRASSE kreuzte und die westlichen Anwesen dieser Straße entwässerte. Weiter wird von einem Kanal berichtet, der beim Bäckerhaus „ein unrein Wasser" bis in den Hunoldsgraben leitete (Groos). Die Nähe der Lechkanäle war für die Ableitung aus der höher liegenden Stadt günstig. In einem Protokoll von 1843 wird von einem Solnhoferstein in der MAXIMILIANSTRASSE (B 15) berichtet, der die Inschrift trug: „Fossa olim latrinae apta te (MDCCXXI)". Wo Regenwasser in Rinnen floß, wurden die Dächer mit „Nusten und Traufen" versehen. Bei Giebelstellung der Gebäude zur Straße wurde auf die Brandmauer eine hölzerne „Nust" gelegt, die (nach B.O. 7140) „mindestens 6 Schuh (1.78 m) in Tag" hinausragen mußte. Als Kupfer an die Stelle von Holzrinnen trat, wurden diese ausladenden Wasserspeier durch Eisenstangen konsolartig unterstützt. Die Stiche des 18. Jahrhunderts zeigen diese Anordnung. Das dem Haus angefügte Abfallrohr mit Rinnenkessel in Kupfer ist eine Weiterentwicklung der nachfolgenden Zeit.

Für die auf der Hochterrasse liegenden Stadtteile war die Wasserversorgung für die Bürgerhäuser schwieriger als für die an den Lechkanälen oder in der Jakoberstadt gelegenen Stadtbereiche. Hier lag der Wasserspiegel 10–13 m tief, dort waren Wasserentnahmen unmittelbar aus Quellbächen, wie z. B. aus dem Lauterlech, möglich; im Hause, im Keller, oder im Hof konnte ein privater Schöpfbrunnen eingebaut werden. Noch 1750 hatte jedes zweite Anwesen einen privaten Schöpfbrunnen. Daneben bestanden um diese Zeit 95 öffentliche Schöpf- und Pumpbrunnen auf Straßen und Plätzen. Der Kilian-Plan von 1636 zeigt, daß diese öffentlichen Brunnen stark das Straßenbild beherrschen. Nach der Untersuchung und Aufzeichnung von Walter Groos sind sie regelmäßig über das ganze Stadtgebiet verteilt. Unter dem Druck einer Verdichtung der Besiedlung, die hervorgerufen war durch Einbeziehung abzubrechender, außenliegender Vororte und durch Ansiedlung dieser Bevölkerungsteile im nun endgültig bestimmten Mauerbereich, war der Rat gezwungen, zentrale Wassersammel- und Pumpanlagen zu errichten. Die Vertiefung der Stadtgräben an der Befestigung hatte manche natürliche Wasserader abgeschnitten und Grundwasserabsenkungen verursacht. Der erste Versuch, 1412 eine Wasserzuführung mit eisernen Rohren über ein Pumpwerk am Schwibbogen zur oberen Stadt anzulegen, mißlang. Nachdem der Werkmeister Johannes Felber 1416 mit hölzernen Röhren aus Lärche, Kiefer und Fichte, den sog. „Deicheln", die technische Lösung gefunden hatte, floß „Röhrwasser" in die sieben öffentlichen Brunnen am KITZENMARKT, auf dem ULRICHSPLATZ, an der SCHRANNE, beim WEBERHAUS, am PERLACH, an der KAROLINENSTRASSE und am ANNAPLATZ. Die Wasserversorgung zu vervollkommnen, durch Fassung neuer Quellen, Errichtung und Erhöhung zu Wassertürmen und Einrichtung von neuen Wasserpumpen war eine wichtige Aufgabe der Stadtwerkmeister und Brunnenmeister. Sie haben Vorbildliches geleistet und bis 1879 ihre Anlagen betrieben. Um 1750 war die Sekundenleistung der Brunnenwerke bei 70 Litern für 640 Hausanschlüsse und 50 öffentliche Röhrbrunnen. Nicht zuletzt verdankt die Gartenkunst in Augsburg der vorbildlichen Wasserversorgung ihre besondere Bedeutung und ermöglichte die Einrichtung spielerischer Wasseranlagen, wie sie in den Abbildungen Augsburger Hausgärten vornehmlich des 18. Jahrhunderts zahlreich erscheinen. Bis zum Jahre 1412 waren nach dem Bericht von

Gasser „... (in) Augsburg die Gassen allein mit Kies beschüttet und mit Gras überwachsen... In diesem Jahr ließ jedoch der Bürger Hans Querlich vor seinem Kaufmannshaus am Kesselmarkt einen Fußpfad... zuerst mit Kieselsteinen nach der Reihe besetzen und mit zwischengestreutem Sand gleichsam als ein Estrich stampfen...". Diese Anregung machte sich der Rat der Stadt zunutze und empfahl den Bürgern diese Maßnahme. Nach Stettens Bericht wurde nach und nach sogar auf „obrigkeitliche Kosten" gepflastert. Auch in der Frage der Beleuchtung wird erstmals aus dem Jahre 1786 berichtet, wobei die Hausbesitzer der JUDENGASSE (heutige KARLSTRASSE) für ihre Gasse diese Beleuchtung einrichteten.

Augsburg, L.H. F372
Das Gartenpalais sog. "Fuggerschlößchen" in der Hl. Kreuzstraße
Wohnhaus der Mme Hortense mit ihrem Sohn Napoleon III.

Robert Haud

HÄUSERVERZEICHNIS

Äußeres Pfaffengäßchen: T 32 b
Äußeres Pfaffengäßchen 23 (E 189): 108; Abb. 135, 136
Alte Gasse 10 (F 340): T 68 c
Am Brunnenlech 15/19 (A 356/357): T 43 a
Am Brunnenlech 33 (A 364): T 94 b
Am Eser 17 (A 284): Abb. 40
Am Pfaffenkeller: T 32 a
Am Roten Tor 1 (Brunnenmeisterhaus) (A 302): T 93 a
Am Sparrenlech 3 (G 260): 41
Annastraße: T 50 c
Annastraße 2 (D 215) (Peterhaus, gegen 1418): 53 ff., 107, 139; Abb. 9, 61–65; T 96 b, 97, 98 c, 100, 109
Annastraße 5 (D 262): Abb. 29
Annastraße 12 (D 220) (ab 16., 17. Jh.): 22, 58, 64 ff., 107, 116, 117; Abb. 78, 79, 176; T 122 b
Annastraße 16 (D 222): T 87 b
Annastraße 19 (D 280/254) (Fuggerhaus am Rindermarkt, 1490/95, 1944 zerstört, neu aufgebaut): 132, 135, 139; Abb. 55, 168–170; T 16 a, 81 b, 85 b
Bäckergasse 16 (A 152): 73, 76, 78; Abb. 95
Beckenhaus: 43
Bei der Jakobskirche 5 (H 33): T 60 c
Beim Märzenbad 11 (C 340) (gegen 2. Hälfte 16. Jh.): 121
Beim Märzenbad 15 (C 342): 84, 122; Abb. 105
Bei St. Max 5 (H 252): T 53 b
Bei St. Ursula 8 (A 543): T 114 a
Elias-Holl-Platz (C 319–322): 72, 76, 119; Abb. 91
Findelgäßchen 6 (A 445) (Findelhaus): 139; T 104
Frauentor (Fuggerhaus): 28; Abb. 18
Frauentorstraße 4 (C 56): 50; Abb. 21
Frauentorstraße 5 (D 109): T 111 b
Frauentorstraße 21 (F 7) (3. Viertel 18. Jh., Kern älter): 36
Frauentorstraße 30 (E 15) (Mozarthaus, Anf. 18. Jh.): 26, 30, 121; Abb. 27, 152; T 46 b
Frauentorstraße 46 (E 25): Abb. 33
Fünftes Quergäßchen 2 (H 368): T 68 d
Fuggerei (G 17/18/19) (1516–1525): 28, 44, 47 f., 50, 89, 96 ff., 100, 101, 103, 110, 133; Abb. 125, 126 a, b; T 33 a, b, 34 a, b, 35, 78 a
Gänsbühl: T 30 a, b
Gänsbühl 1 (H 119): Abb. 39
Gallusberg (E 125/127/128): 28
Gallusplatz 5 (E 129): T 37 a
Geißgäßchen 3 (A 514/515) (Anf. 16., 17. Jh.): 91, 130; Abb. 121, 122

Geißgäßchen 5 (A 513): 91
Geißgäßchen 7 (A 511): 134
Georgenstraße 3 (F 32): T 46 a
Grottenau 2 (D 191) (von Rad'sches Haus, vor 1500): 55, 56 ff., 135, 139, 140; Abb. 69–71; T 54, 86 a, 95 a
Heilig Kreuzstraße: T 22 a, b
Heilig Kreuzstraße 12 (F 389): 121; Abb. 152
Heilig Kreuzstraße 13 (F 201): 25 f., 47, 121; Abb. 17, 151
Heilig Kreuzstraße 17 (F 203): 33, 43; Abb. 48
Heilig Kreuzstraße 26 (F 372): 126, 128
Herrenhäuser (E 32–48) (gegen 1530): 98, 100; Abb. 126 a, b
Heumarkt (Fuggerhaus): 68, 123
Hinterer Lech 27 (A 607) (gegen 1780): 73, 79, 81, 120; Abb. 96–98
Hoher Weg 8 (C 44): 28, 135; T 105
Hummelhaus (gegen 1560 erwähnt): 111
Hunoldsgraben 34 (A 90): Abb. 36
Hunoldsgraben 42 (A 86): T 45 b
Hunoldsgraben 54 (A 80): 93; Abb. 123
Im Sack 3 (G 241): 107
Im Sack 3 a (G 240): 26, 70 f., 109, 142; Abb. 89
Im Thäle 7 (D 156): 105; Abb. 131
Im Thäle 19 (D 151): T 43 b
Im Thäle 21 (D 150): Abb. 41; T 43 b
Inneres Pfaffengäßchen 1 (C 52): T 121 a
Inneres Pfaffengäßchen 12 (C 72): 105; Abb. 130; T 120 b
Jakoberstraße (Brauerei Stötter): 30
Jakoberstraße 49 (H 41) (1. Viertel 17. Jh.): 38, 44; Abb. 38, 92, 93; T 48 b
Jakobsplatz 2 (G 26): 36
Jesuitengasse 16 (F 408) (16., 17. Jh.): 123; Abb. 155
Jesuitengasse 20 (F 404) (17. Jh.): 123; Abb. 156
Jesuitengasse 30 (F 398): T 56 b
Johannisgasse 4 (D 96): T 52 b
Judenberg 9 (C 280): Abb. 51
Judenberg 12 (A 93): 33; Abb. 31; T 53 a
Kapuzinergasse 10 (B 143): T 66
Kapuzinergasse 16 (B 146) (Elias-Holl-Haus): 43; Abb. 46
Kapuzinergasse 24 (B 151): T 42 b
Karmelitengasse 1 (E 4): T 42 a
Karmelitengasse 9 (E 161) (Cotta- oder v. Wolff'sches Haus, 2. Viertel 18. Jh.): 39, 68
Karmelitenmauer 3 (E 172): T 68 b
Karolinenstraße: T 20 b

Karolinenstraße 2 (C 18) (Bäckerzunfthaus): T 20 b, 24 a, 29 b
Karolinenstraße 5 (D 36): T 61 b
Karolinenstraße 15 (D 41): 58
Karolinenstraße 21 (D 44/45) (Welserhaus, 16., 17. Jh.): 30, 45, 52, 110, 135, 139; Abb. 60; T 58, 98 d
Karolinenstraße 29 (D 67): T 115 b
Karolinenstraße 34 (C 44) (14. Jh.): 19, 52; Abb. 174
Karolinenstraße 37/39 (D 85/86): 36
Karolinenstraße 48 (C 53): T 45 a
Karolinenstraße 50 (C 54): 107, 108; Abb. 21; T 45 a, 120 a
Kesselmarkt 1 (D 160) (Höchstetterhaus, vor 1500, 16. Jh.): 33, 35, 55 f., 110, 139, 140; Abb. 34, 66–68; T 14 b, 15 b, 49, 108
Kesselmarkt 3 (D 159) (Martinsstift): 41, 44; Abb. 28; T 44 a
Kesselmarkt 5 (D 159): 32; Abb. 28; T 44 a
Kirchgasse 5 (A 225): 85; Abb. 108, 153
Kirchgasse 8 (A 245/246): 51; Abb. 57, 111–113
Kirchgasse 26 (A 266): T 52 a
Kleine Grottenau 1 (D 210): T 61 a
Kleine Grottenau 5 (D 208): T 106 b
Kohlergasse: T 22 b
Kohlergasse 4 (F 397): T 56 a
Kohlergasse 18 (F 388): T 51 d
Kustosgäßchen 5 (C 84/85) (gegen 16. Jh.): 31, 106; Abb. 132
Lange Gasse 7 (F 227) (gegen 1600): 43; Abb. 43; T 41 b
Langes Sachsengäßchen 26 (H 182): T 55 b
Lochgäßchen 10 (G 160): T 84 c
Ludwigsplatz 1 (D 15): 113; T 65 b
Ludwigsplatz 3 (D 16/17): Abb. 50
Ludwigstraße 1 (D 214): T 88 b
Ludwigstraße 5 (D 212): 135; T 95 b
Ludwigstraße 7 (D 211): 107, 113, 115, 116; Abb. 14, 148
Ludwigstraße 10 (D 164): 43
Ludwigstraße 15 (D 189) (Schnurbeinhaus, siehe Theaterstraße 4): 44, 66 f., 113, 126, 130; Abb. 80–82, 160; T 87 a, 101, 102 a, b, 113
Ludwigstraße 28/30 (D 151/174/175) (gegen 1590, Umbau gegen 1728): 67 f., 108, 115; Abb. 47, 83, 84; T 21 b
Martin-Luther-Platz 5 (B 258) (1766/67): 32, 39, 71 f., 126; Abb. 52, 90, 161; T 83
Mauerberg: T 26 a
Mauerberg 10 (C 126) (1554/55): 26, 30, 43, 60, 135; Abb. 19, 42, 77

Mauerberg 16a (A 254) (16. Jh.): 43, 84; Abb. 45, 54
Mausgäßchen 6 (G 122): 31
Maximiliansplatz 1 (A 39): T 93 b
Maximiliansplatz 4 (B 36): T 111 a
Maximiliansplatz 6 (B 37): T 48 a
Maximiliansplatz 8 (B 38): T 10 a
Maximiliansplatz 14 (B 41): Abb. 138
Maximiliansplatz 17 (A 111/112): Abb. 15, 133; T 80 b, 91 a, 96 a
Maximilianstraße: T 11 b, 13 a
Maximilianstraße 8 (A 8): 52
Maximilianstraße 15 (C 5) (teilw. Anf. 13. Jh.): 29 f., 47, 110; Abb. 13, 25
Maximilianstraße 18 (D 2): Abb. 49
Maximilianstraße 19 (C 3): Abb. 44
Maximilianstraße 21 (C 2) (Fuggerhaus, vor 1390): 30, 43, 113, 115, 117, 135; Abb. 13, 44, 140, 147; T 60 a, b
Maximilianstraße 23 (C 1): 115, 132, 134; Abb. 13, 44, 56, 140, 147, 167
Maximilianstraße 36 (B 10) (Fuggerhaus, teilw. älter als 1512–1515) 33; T 11 b
Maximilianstraße 37 (A 7): Abb. 16
Maximilianstraße 38 (B 11) (Weinmarkt, gegen 1512–1515): T 106 a
Maximilianstraße 39 (A 8) (1598/99): 97; Abb. 16; T 112 b
Maximilianstraße 42 (B 14) (Hotel drei Mohren, 1723): 32, 39, 123; Abb. 165
Maximilianstraße 44 (B 15): Abb. 164
Maximilianstraße 46 (B 16) (Schaezlerpalais, 1765–67): 32, 38, 39, 108, 130
Maximilianstraße 48 (B 17) (Kern 16., 17. Jh., Fassade 3. Viertel 18. Jh.): 130, 132; Abb. 20, 141, 142; T 103 a, b
Maximilianstraße 51 (A 19) (Dr. Roeck-Haus, 1768/70, siehe Wintergasse 14): 32, 39, 68, 70 f., 117, 126, 130; Abb. 16, 85–88; T 91 b, 92 a, b
Maximilianstraße 58 (B 28) (Kern 16., 17. Jh., Fassade etwa 1765): 141; Abb. 175; T 110
Maximilianstraße 59 (A 23): T 62
Maximilianstraße 65 (A 26): T 87 c
Maximilianstraße 66 (B 32): T 85 a
Maximilianstraße 79 (A 33/40): T 105 b
Maximilianstraße 81 (A 34): 58, 142; T 114 b
Maximilianstraße 85 (A 35): T 82 b
Metzgplatz 2 (C 253) (Schaurhaus): 113; Abb. 137; T 64 a, b
Mittlerer Graben 2 (H 1): T 67, 98 b

Mittlerer Lech 37 (A 572/89): 81, 93; Abb. 100–103; T 50 a
Mittlerer Lech 50 (A 536): T 39 b
Mittleres Kreuz: T 25 a
Mittleres Pfaffengäßchen: 28, T 31 b
Moritzplatz 4 (B 265): 32, 39
Oberer Graben 49 (G 307/308): T 41 a
Obstmarkt (Moschelhaus): 113
Obstmarkt 1 (D 68/69) (Zunfthaus der Zimmerleute, 1582): 113, 134, 135, 141; Abb. 171–173; T 24 b, 94 a, 98 a, 99 a, b, 112 a
Obstmarkt 2 (D 83) (Imhofhaus, gegen 1509, 1863 abgebr.): 139, 140
Obstmarkt 3 (D 70): 113, 128; T 89 b
Obstmarkt 6 (D 102): Abb. 158
Obstmarkt 7 (D 72): Abb. 162
Obstmarkt 8 (D 101): T 65 a
Obstmarkt 15 (D 158): T 88 a
Peter Kötzergasse 13 (A 232): 85; Abb. 109
Peutingerstraße 1 (D 90) (16., 17. Jh.): 19, 84, 122; Abb. 106
Peutingerstraße 12/10 (D 136/137): Abb. 129
Peutingerstraße 20 (D 132): 105; Abb. 22, 128
Pfladergasse 2 (C 318): T 50 b, 51 a
Pfladergasse 10 (C 314): 73, 75, 122; Abb. 94, 134; T 79 b, 80 a, 84 a
Philippine Welserstraße: T 16 a, 20 a, 21 a
Philippine Welserstraße 3 (D 18): T 115 a
Philippine Welserstraße 14 (D 278): T 63 a, b
Philippine Welserstraße 21 (D 33): 30
Philippine Welserstraße 24 (D 283) (Maximilianmuseum, 1544/46): 30, 32, 37, 43, 58 ff., 63, 113, 135; Abb. 74–76; T 59 a, b
Philippine Welserstraße 25/26 (D 284): 58, 116, 117; Abb. 72, 73, 149; T 81 a, 107
Philippine Welserstraße 28 (B 263): 32, 41, 97; Abb. 157; T 44 b, 86 b
Pilgerhausgasse: T 37 d
Pilgerhausgasse 5 (H 387): T 47 a
Rugendaspavillon (Oberblatterwall): 108; T 123
Sauren Greinswinkel: Abb. 114, 118, 120
Sauren Greinswinkel 10 (A 254): 30, 41, 84; Abb. 24; T 37 c
Schleifergäßchen 6 (C 373): 123
Schlossermauer: 101 ff.; Abb. 127; T 36 b

Schlossermauer 43/47 (A 643/641): T 43 c
Schmiedberg: 30; T 36 a
Schmiedgasse: 101 ff.; Abb. 127 a
Schmiedgasse 15 (C 213): 33; T 51 c
Schwalbeneck 2 (C 35): 38; Abb. 30; T 55 a
Spenglergäßchen 12 (C 102/103): 93 f.; Abb. 124; T 51 b
Spitalgasse 6 (A 207): 28
Steingasse: T 20 a
Steingasse 1 (D 272): Abb. 159
Steingasse 2/4 (D 34/35/36): 36
Stephansplatz 2 (E 175): Abb. 32
Stephansplatz 5 (E 150): 30, 41; Abb. 26; T 37 b
Stephansplatz 8 (E 139): T 37 b
Theaterstraße 4 (D 196) (siehe Ludwigstraße 15): 66
Turmgäßchen 1 (H 62): 78 f.
Ulrichsplatz (B 38): 38
Unteres Kreuz: T 25 b
Vorderer Lech: T 38 a
Vorderer Lech 3 (A 480/481): 121, 123; Abb. 150
Vorderer Lech 4 (A 483): T 93 c
Vorderer Lech 5 (A 480): 79 f., 81, 121, 123; Abb. 99
Vorderer Lech 8 (A 485): 22; T 122 a
Vorderer Lech 12 (A 487): 41, 51
Vorderer Lech 18 (A 492/493) (1. Hälfte 18. Jh., Kern älter): 79, 81, 83; Abb. 53, 104
Vorderer Lech 20 (A 494): T 38 b
Vorderer Lech 22 (A 498): 134; Abb. 177, 178
Vorderer Lech 47 (A 451/453): 22
Weiße Gasse 11 (C 333): T 38 a
Werbhausgasse 2 (A 328): 85; Abb. 107
Wertachbruckertorstraße 6 (F 103): T 39
Wintergasse 1 (A 9): 141
Wintergasse 7 (A 12): Abb. 163; T 45 b
Wintergasse 14 (A 20): 68, 70 f.; Abb. 16
Zeuggasse 5 (B 204) (Fuggerhaus): 52, 113, 123, 132; Abb. 58, 59, 139, 143–146; T 68 a, 89 a
Zeugplatz 9 (B 207): 32, 44
Zwerchgasse 9–13 (A 161–163): T 84 b
Zwerchgasse: Abb. 114, 118, 120
Zwerchgasse 9 (A 193/194): 47, 89, 96; Abb. 115–117 a, b
Zwerchgasse 11 (A 192): 47, 89, 96; Abb. 115–117 a, b
Zwerchgasse 16 (A 186): 30, 85, 122; Abb. 110, 154

PHOTONACHWEIS (Tafeln)

W. Seitz: 1a; 10b; 11a,b; 13a; 14b; 15a,b; 18a,b; R. Pfaud: 1b; 14a; 37c; 50b; 51a,b,c,d; 52a; 53a; 84b; 87c; 91b; 92a,b; 93a,b; 103b; 105b; 106a; 114b; Stadtbildstelle: 2; 19a,b; 20a,b; 21a,b; 22a,b; 23a,b; 24a,b; 25a,b; 26a,b; 27a,b; 28a,b,c; 29a,b; 30a,b; 31a,b; 32a,b; 34a,b; 35; 36a,b; 37a,b,d; 38a,b; 40a,b; 41a,b; 42a,b; 43a,b,c; 44a; 45a,b; 46a,b,c; 47a,b; 48a,b; 49; 50a,c; 52b; 53b; 54; 55a,b; 56a,b; 57a,b; 58; 59a,b; 60a,b,c; 63a,b; 64a,b; 65a,b; 66; 67; 68a,b; 79a,b; 80a,b; 81a,b; 82a,b; 83; 84a,c; 85a,b; 86a,b; 87a,b; 88a,b; 89a,b; 90a,b; 91a; 93c; 94a,b; 95a,b; 96a,b; 97; 98a,b; 99a,b; 101; 102a,b; 103a; 106b; 107–110; 111a,b; 112a,b; 113; 123; 124; Städtische Kunstsammlungen Augsburg: 3; 4; 5; 6; 7; 8; 12a,b; 69a; 70b; 105a; Vermessungsamt Augsburg: 9; Germanisches Nationalmuseum Nürnberg: 10a; 13b; 62; 71a,b; 72a,b; 73a,b; 74a,b; 75a,b; 76a,b; 77a,b; Kunsthaus Bessler: 16a,b; 116–119; Bauschule Augsburg: 104; Buchhandlung M. Seitz: 17a,b; Dr. Weidenbacher: 33a,b; Ed. Denzel: 39a; 44b; 61a,b; 68c,d; 98b,c,d; 115a,b; 120a,b; 121a,b; 122a,b; Erdmannsdorfer: 39b; 114a; Bayrisches Nationalmuseum München: 69b; Schlosser Verwaltung Sünching, Bayr. Vers. Kammer: 70a; Fam. Peter: 100; Helmut Müller, Augsburg: 78a, 78b

ABKÜRZUNGEN

Abb.   Abbildungen
Faltt.   Falttafel
T   Tafel
Lit.   Literaverzeichnis als frühere Hausbezeichnung in Augsburg, die bis zum 31. März 1938 gültig war und erst seither durch neue Hausnummern und Straßenbezeichnungen ersetzt wurde. Das Verzeichnis umfaßt die Buchstaben A bis H.

Sämtliche Abbildungen stammen vom Verfasser.

LITERATURNACHWEIS

Albrecht, Ingeborg, Elias Holl, Stil und Werk des „Maurmaisters" und der Augsburger Malerarchitekten Heintz und Kager. Münchner Jahrbuch der bildenden Kunst 1937/XII

Ausst. Kat., Augsburger Barock, Augsburg 1968

Ausst. Kat., Elias Holl und seine Zeit, Augsburg 1946

Baum, J., Die Bauwerke des Elias Holl. Studien zur deutschen Kunstgeschichte, Heft 93. Straßburg 1908

Baur-Heinhold, Margarete, Süddeutsche Fassadenmalerei vom Mittelalter bis zur Gegenwart. München 1952

Bobinger, Maximilian, Alt Augsburger Kompaßmacher. Augsburg 1966

Breuer, Tilman, Die Stadt Augsburg. Kurzinventar des Bayerischen Landesamtes für Denkmalpflege. München 1958

Büchner-Suchland, Irmgard, Hans Hieber, ein Augsburger Baumeister der Renaissance. Kurzinventar des Bayerischen Landesamtes für Denkmalpflege. München 1962

Buff, A., Augsburg in der Renaissance-Zeit. Bamberg 1893

Christoffel, Ulrich, Renaissance in Augsburg, Festschrift Augusta 955–1955

Christoffel, Ulrich, Augsburg, berühmte Kunststätten. Bd. 79, 1927

Dirr, Pius, Stätten der Kultur, Augsburg, Bd. 20. Leipzig s. d.

von Doblhoff, Raimund, Zum Wiederaufbau einiger nichtöffentlicher historischer Bauten in Augsburg (Fuggerhaus, Neuer Bau, Fuggerei), in: Wiederaufbau und Tradition. hg. Sonderveröffentlichung des Historischen Vereins für Schwaben, Augsburg 1951, S. 127–156

Eberlein, H., Augsburg. Berlin 1939

Egg, Erich, Von Augsburg nach Verona. Innsbruck 1962

Eibner, Alexander, Über Bewürfe für Freskomalerei unter Bezug auf Alt-Augsburger Arbeiten, Moderne Bauformen. Stuttgart 1927

Furttenbach, Josef, Architektura civilis. Ulm 1626

Furttenbach, Josef, Architektura Universalis. Ulm 1632

Furttenbach, Josef, Architektura recreationis. Ulm 1640

Furttenbach, Josef, Architektura privata. Augsburg 1641

Furttenbach, Josef, Mannhaften Kunstspiegel. Augsburg 1663

Furttenbach, Josef, Garten-Palästlin-Gebäw. Augsburg 1667

Götzger, Heinrich, Augsburg, ein Beitrag zum Wiederaufbau zerstörter Altstädte. München 1948

Goldmann, Nicolai, „Vollständige Anweisung zu der Zivil-Baukunst" vermehrt von Leonhard Christian Sturm. Braunschweig 1699

Groos, Walter, Mittelalterliches Mauerwerk in Augsburg. 17. Bericht der Naturforschenden Gesellschaft. Augsburg 1964

Groos, Walter, Augsburg im 13. Jahrhundert. 17. Bericht der Naturforschenden Gesellschaft. Augsburg 1964

Groos, Walter, Beiträge zur Topographie Alt-Augsburgs. 21. Bericht der Naturforschenden Gesellschaft. Augsburg 1967

Groos, Walter, Beiträge zur Frühgeschichte Augsburgs. 28. Bericht der Naturforschenden Gesellschaft. Augsburg 1973

Hämmerle, Albert, Vierteljahreshefte zur Kunst und Geschichte Augsburgs. 1. Jg. 36, 2. Jg. 36/37, 3. Jg. 37/38, 4. Jg. 47/48

Haertel, Volker, Die Augsburger Weberunruhen 1784–1794 und die Struktur der Weberschaft Ende des 18. Jahrhunderts. Zeitschrift des Historischen Vereins für Schwaben, 64./65. Bd. Augsburg 1971

Hartig, Michael, Augsburgs Kunst. Augsburg 1922

Hausladen, Eugen, Das Augsburger Bürgerhaus im 17. und 18. Jahrhundert. Dissertation München 1926

Heer, Friedrich, Augsburger Bürgertum im Aufstieg Augsburgs zur Weltstadt. Festschrift Augusta 955–1955

Herzog, Erich, Die Ottonische Stadt. Festschrift Augusta 955–1955

Herzog, Erich, Werden und Form der Mittelalterlichen Stadt. Festschrift Augusta 955–1955

Kiehsling, Rolf, Bürgerliche Gesellschaft und Kirche in Augsburg im Spätmittelalter. Augsburg

Lenk, Leonhard, Augsburger Bürgertum im Späthumanismus und Frühbarock. Augsburg

Lieb, Norbert, Augsburger Baukunst der Renaissancezeit. Festschrift Augusta 955–1955

Lieb, Norbert, Die Fugger und die Kunst im Zeitalter der Spätgotik und frühen Renaissance. München 1952

Lieb, Norbert, Die Fugger und die Kunst im Zeitalter der hohen Renaissance. München 1958

Pfaud, Robert, Baufibel für Mittel- und Nordschwaben. München 1944

Riehl, Berthold, Augsburg. Berühmte Kunststätten Nr. 22. Leipzig 1903

Schürer, Oskar, Augsburg. Burg bei Magdeburg 1934

Steiger, Hugo, Geschichte der Stadt Augsburg. München 1941

von Stetten, Paul der Jüngere, Kunst-Gewerbe- und Handwerksgeschichte der Reichstadt Augsburg. Augsburg bey Heinrich Stage 1779 und 1781

Schmidt, Wilhelm, Die Verwendung des Natursteins in Augsburg. 3. Bericht der Naturforschenden Gesellschaft. Augsburg 1950

von Thiersch, Friedrich, Augsburger Fassadenmalereien. Süddeutsche Bauzeitung 1902/XII

Weidenbacher, Josef, Die Fuggerei in Augsburg. Diss. 1926

Zorn, Wolfgang, Augsburg, Geschichte einer deutschen Stadt. München 1972

TAFELN

a Augsburg von Osten gesehen, nach J. F. Saur um 1750, verlegt bei G. B. Probst. Im Vordergrund der Lech.

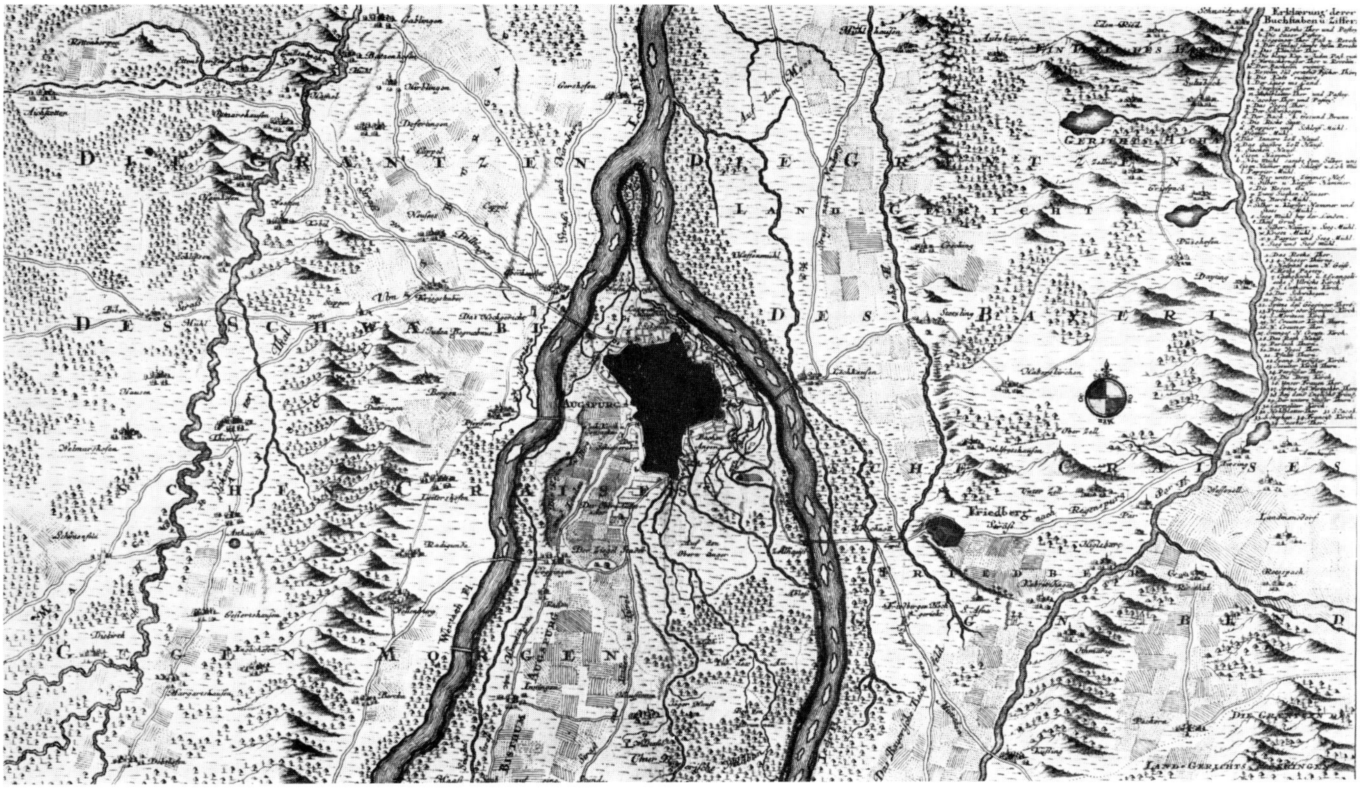

b Umgebungskarte von Matthäus Seutter, verlegt bei Tobias Lotter. Lage der Stadt am Zusammenfluß von Lech und Wertach. Südöstlich die „baierische Stadt" Friedberg.

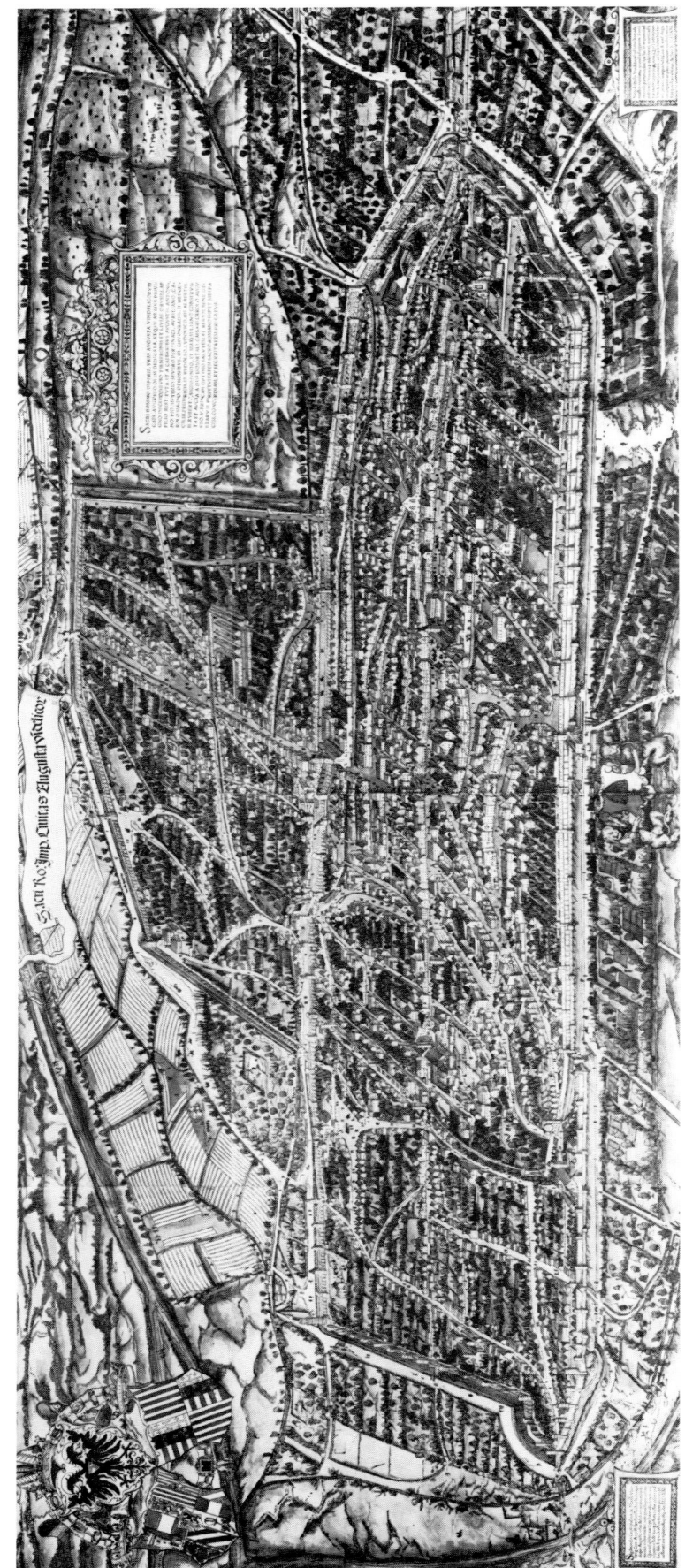

Stadtansicht auf Augsburg von Westen nach Osten von Jörg Seld (1521). Am oberen Bildrand der Lech.

Stadtansicht auf Augsburg von Osten nach Westen von „Hannß Rogel" (1563).

Stadtansicht auf Augsburg von Osten nach Westen von Wolfgang Kilian (1626). In der rechten unteren Bildecke der Lech.

Ausschnitt aus dem Kilianplan: Südostecke der Stadt mit St. Ulrich vor dem Roten Tor, Heilig Geist Spital und Bäckergasse.

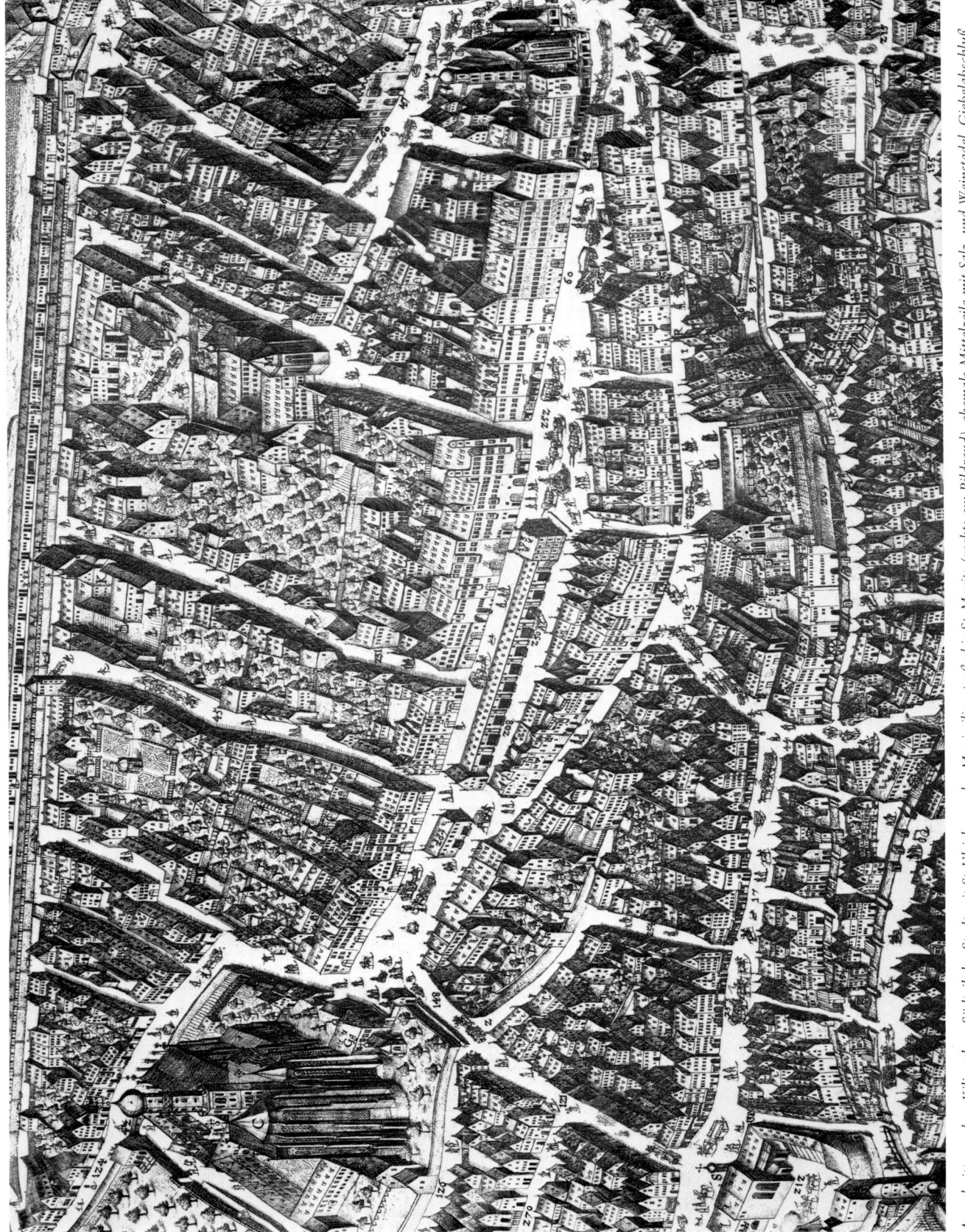

Ausschnitt aus dem Kilianplan: Südteil der Stadt mit St. Ulrich von der Maximilianstraße bis St. Moritz (rechts am Bildrand), ehemals Mittelzeile mit Salz- und Weinstadel, Giebelabschluß mit Siegelhaus. Nördlich bis St. Moritz der Weinmarkt mit Fuggerhäusern und abschließend das Tanzhaus. Untere Bildhälfte mit Bäckergasse-Predigerberg-Dominikanergasse-Wintergasse. Oberhalb die Lechkanäle-Hunoldsgraben-Vorderer und Mittlerer Lech. Obere Bildhälfte St. Katharinenkirche und Kloster, rechts Zeughaus von Elias Holl.

T6

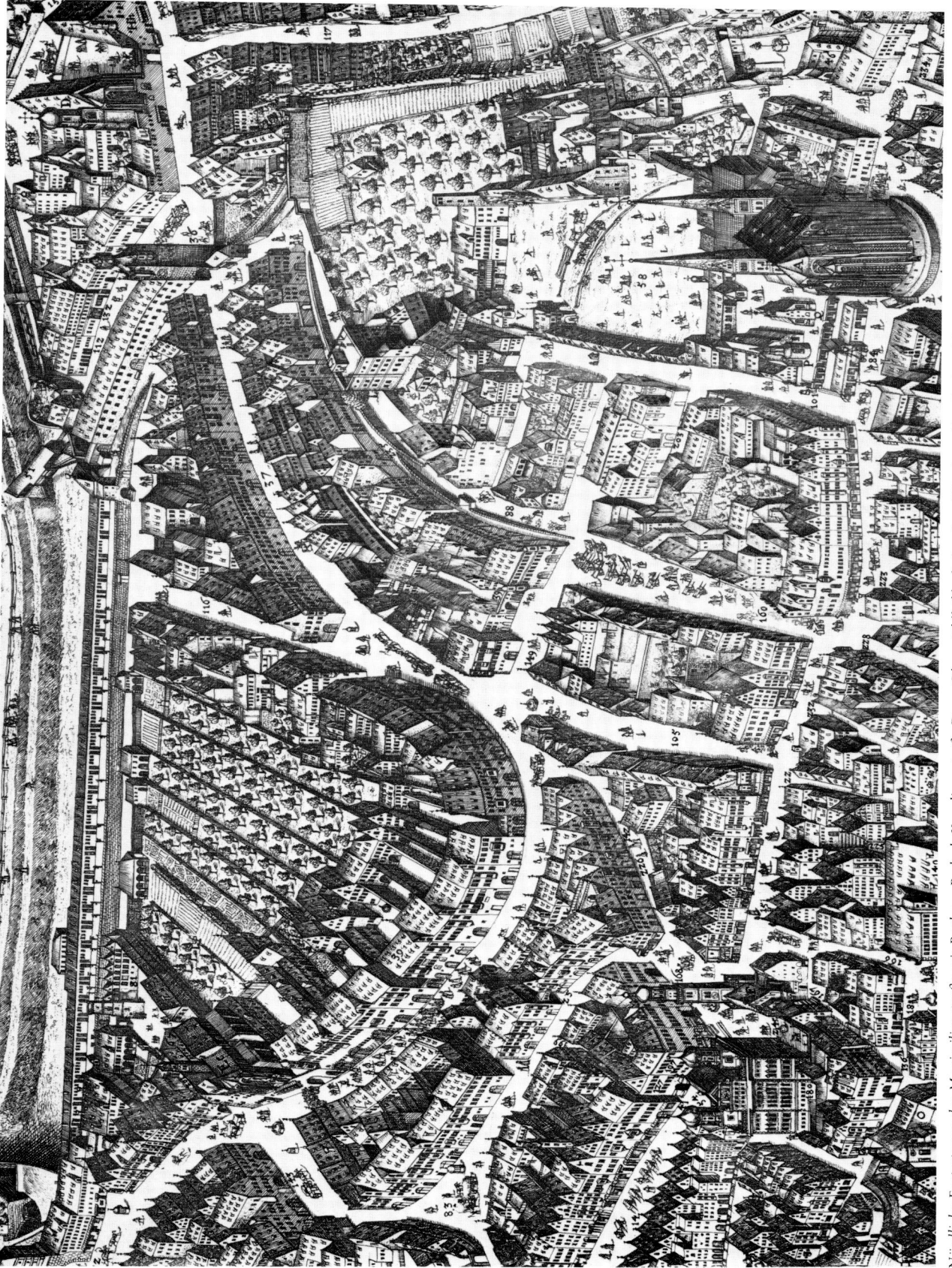

Nördliche Fortsetzung der Maximilianstraße mit Rathaus-Perlach-Karolinenstraße-Dom. Obere Bildhälfte links oben Gögginger Tor-St. Annakloster-Annastraße-Ludwigstraße (Hl. Kreutzergasse)-Hl. Kreuztor und Kloster Hl. Kreuz mit Kirchen (katholisch und evangelisch). Straßenzug vom Göggingen Tor bis Hl. Kreuz als wichtige Hauptstraße schwingend. Straßenknotenpunkt am Kesselmarkt mit Höchstetterhaus. Verbindung von St. Anna zum Rathaus die Philippine-Welser-Straße. Dom mit Fronhof und bischöflicher Residenz, links davon am Hohen Weg Königshof mit Königsturm.

T 7

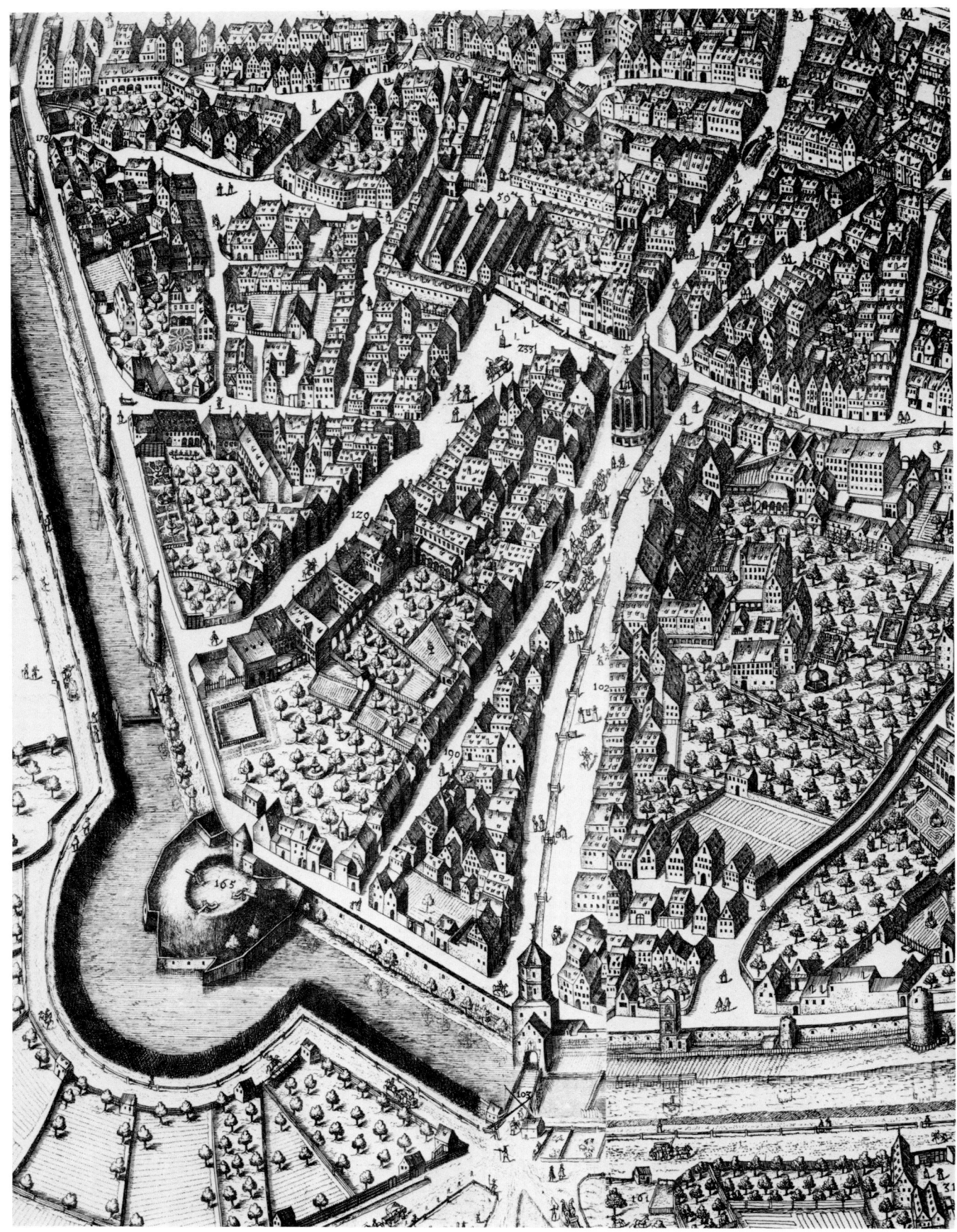

Ausschnitt. Jakobervorstadt mit Jakobertor (unten), Jakoberstraße mit Jakoberkirche (schräg links oben), die Fuggerei am Saumarkt (Lauterlech noch offen).

T 8

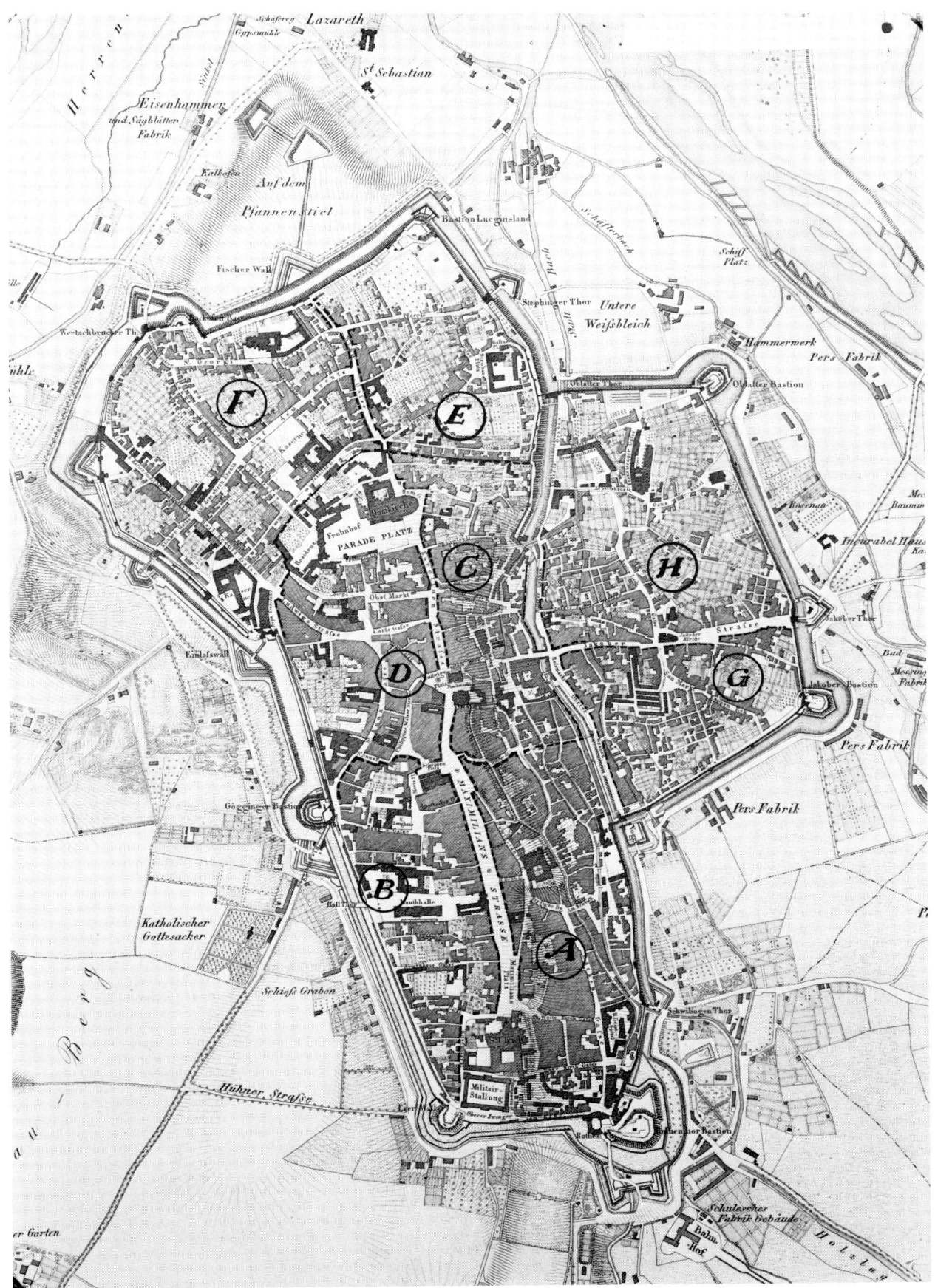

Vermessungsplan von 1839. Die Stadtumwallung noch erhalten. Das Industriezeitalter zeichnet sich ab durch den ersten Bahnhof nach München 1835 und die ersten Fabriken in Ost/Südost.

a Platz vor St. Ulrich. Blick nach Norden mit Perlach und Rathaus im Hintergrund. Der Giebel mit Sonnenuhr ist der Südabschluß des Salzstadels. Links noch ein kleines Haus mit Überschutz vor dem reichbewegten Giebel von B 38. Lavierte Federzeichnung von Karl Remshard (1678–1735).

Prospect gegen S. Ulrich.   Prospectus versus Ecclesiam S. Udalrici.
1. Das Siegelhauß. 2. Herrn Sulzers sche Hauß. 3. Herrn Graf von Castelli Hauß. 4. Die Cron. 5. S. Ulrich.   1. Domus Sigmatoria. 2. Habitatio Dñi Sulzeri Patricij. 3. Comitis de Castelli. 4. Hospitium ad Coronam auream. 5. Ecclesia S. Udalrici.

Carolus Remshard ad vivum del. et sculp.   Cum Privil. Sac. Cas. Maj.   Ieremias Wolff excud. Aug. Vin.

b Die Gegenseite mit nördlichem Abschluß des Salzstadels durch das Siegelhaus mit dem Herkulesbrunnen. Stich nach Remshard.

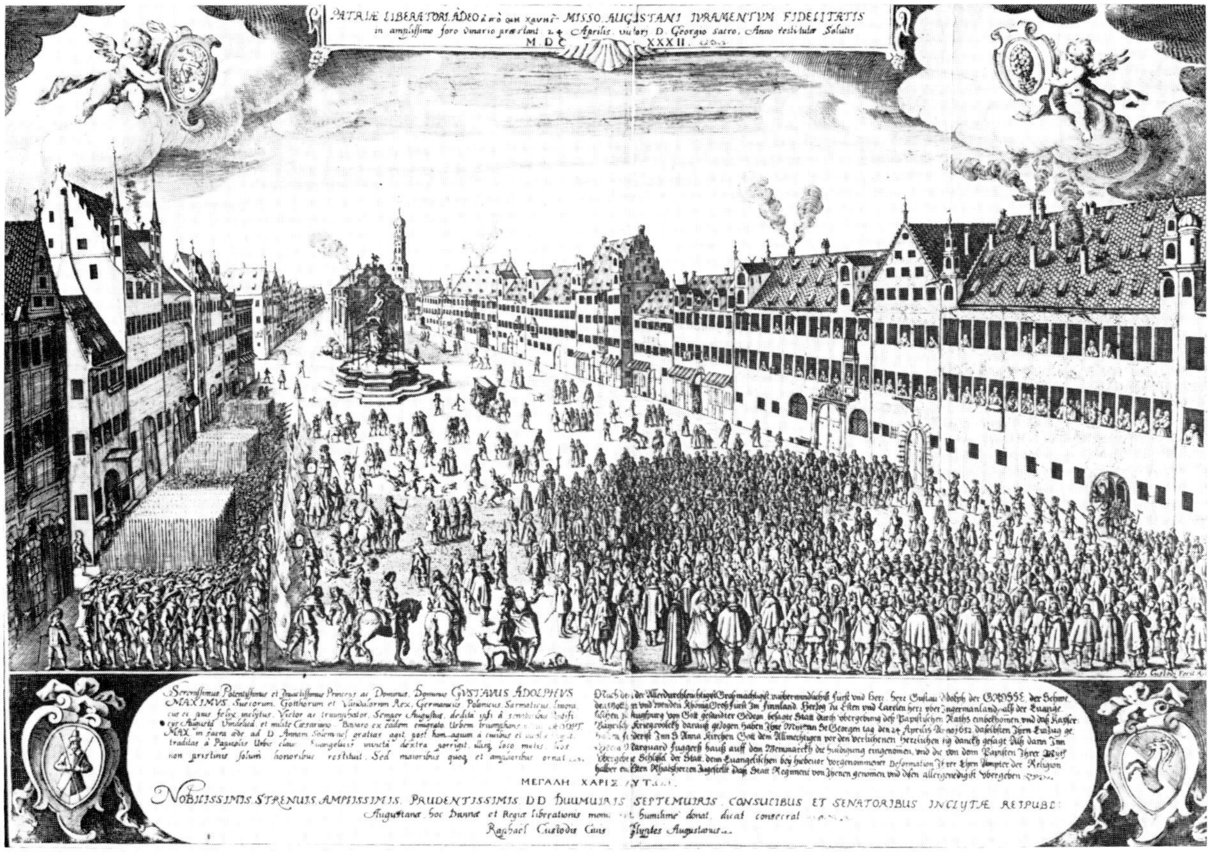

a Blick auf die Stadt mit nördlichem Standpunkt, rechts
die Fuggerhäuser am Weinmarkt (1632). Kupferstich von
Raphael Costos (1590 bis 1651).

b Der Weinmarkt (heutige Maximilianstraße zwischen
Herkules- und Merkurbrunnen) am 23. April 1566 anläßlich
der Belehnung August von Sachsens durch Maximilian II. Links
das Fuggerhaus, der Giebel des gotischen Tanzhauses als
Raumabschluß. Straßenbild noch in vollem Reichtum an
Giebelbekrönungen und aufgesetzten Dachtürmchen.

a Platz vor dem Rathaus, dies hier vorgerückt. Barfüßerkirche im Hintergrund, davor Fischmarkt mit Brunnen. Links Hausinneres mit warenanbietenden Marktleuten. Öl auf Leinwand von Heinrich Vogtherr d. J. um 1541.

b Schlittenfahrt vor gotischem dreigiebeligen Rathaus. Radierung von Wilhelm Zimmermann (1566–1630). Giebelgereihte Bürgerhäuser.

a   Der „Brodmarkt". Untere Maximilianstraße mit Rathaus und Perlach. Giebel- und Traufenhäuser wechselnd, Läden mit vorgeklappten Ladentischen, noch eingeschossige Erker. Stich nach Remshard.

b   Die heutige Karolinenstraße von Schmiedberg bis Perlach. Links klein- und mittelbürgerliche Läden, Gasthöfe, Giebel- und Traufenhäuser. Rechts meist Patrizierhäuser. Lavierte Federzeichnung von Karl Remshard.

a Das Eggenberger, dann von Imhoffsche Haus am Obstmarkt mit Zinnen und Eckturm (erbaut 1509), das Schwalbeneck mit den Eckerkern, der hohe Giebel des Kellerhauses und Blick auf den Hohen Weg vom Dom. Stahlstich von 1830 von G. A. Müller.

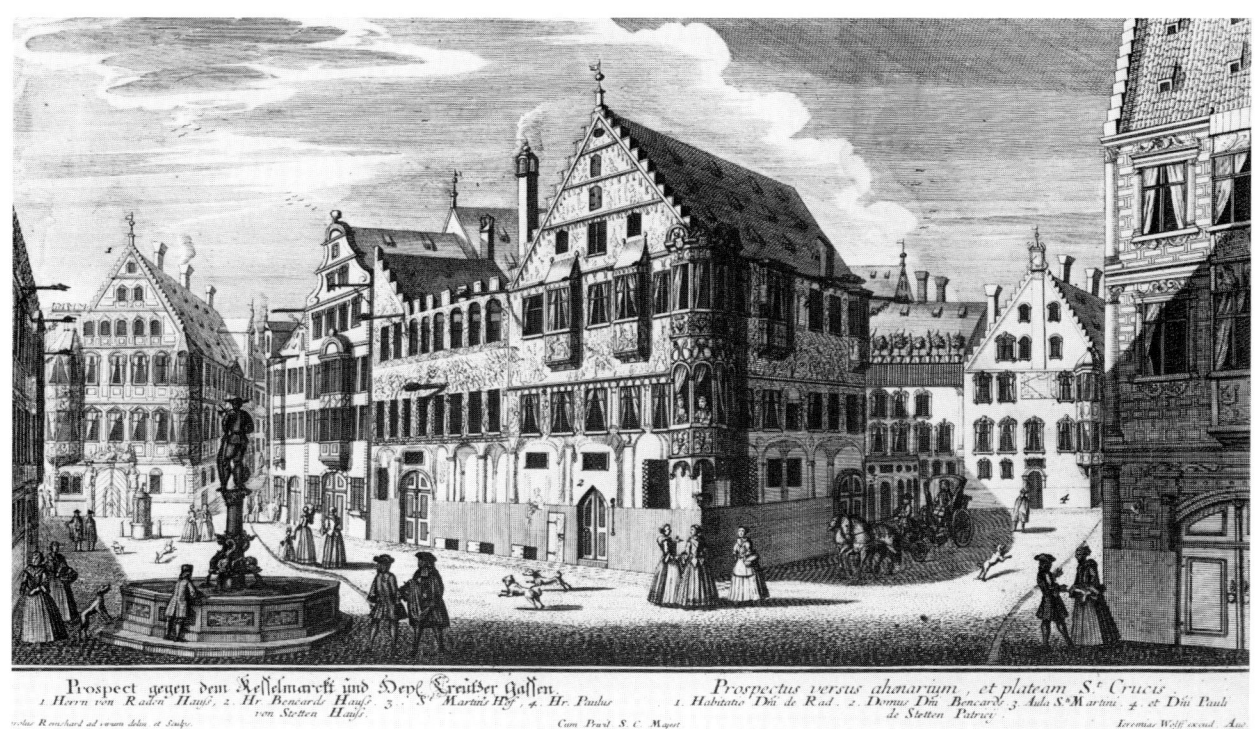

b Das Höchstetterhaus (D 160) am Kesselmarkt mit gotischem Eckerker am Treffpunkt von vier Gassen. Folge von Eckerkern am von Steffenschen Haus und am Schönefelder Hof weisen zur Bischofs(-dom)stadt. Die Eckerker links, am von Radschen Haus, weisen zu Altem Einlaß und Hl. Kreuzertor. Stich nach Remshard.

St. Anna-Gassen biß zu dem Bogen
a Das Collegium Evang: el: oder Alumneum.

Vicus ad S. Annæ Templum usque ad sic dictam Porticū S. Testudinem.
a. Evangelicum Collegium S. Alumneum.

a Die St. Annagasse vom Am Bogen aus mit Blick gegen Süden zum Gögginger Tor und St. Annaturm im Hintergrund. Patrizierhäuser ohne Verkaufsläden zur Straße.

St. Anna Gassen unterhalb deß so genandten Bogens, biß zu der Heil: Creuzer Gassen.

Vicus Sᵗ Annæ infra Porticum. S. Testudinem usque ad Plateam Sᵗ Crucis.

b Blick in die Gegenrichtung nach Norden, mit Höchstetterhaus und dessen Erker im Hintergrund. Nur wenige Verkaufsläden.

Der alte Heumarckt.
a. *Das Armen Hauß.*

Vetus Forum Foenarum.
a. *Ptochotropheum.*

a Straßenraum mit Patrizierhäusern am Heumarkt (Philippine-Welser-Straße), rechts Philippine Welsers Geburtshaus. Nur wenige Verkaufsläden. Hoher Giebel (Mitte links), das Fuggerhaus am Rindermarkt. Röhrbrunnen in Gitterkasten. Stich nach Remshard.

Prospect gegen dem Baarfüsser Thor.
1. *Die Metz.* 2. *Huberisches Hauß.* 3. *Baarfüsser-Thurn.* 4. *Baarfüsser-Kirchen.*

Prospectus versus portam discalceatorum.
1. *Domus lanionum.* 2. *Domus Huberiana.* 3. *Turris portae discalceatorum.* 4. *Ecclesia ejusde'nominis.*

b Giebelhäuser von Mittel- und Kleingewerbetreibenden am Übergang zur Handwerkerstadt mit zahlreichen Verkaufsläden. Im Hintergrund das Barfüßertor. Stich nach Remshard.

T 16

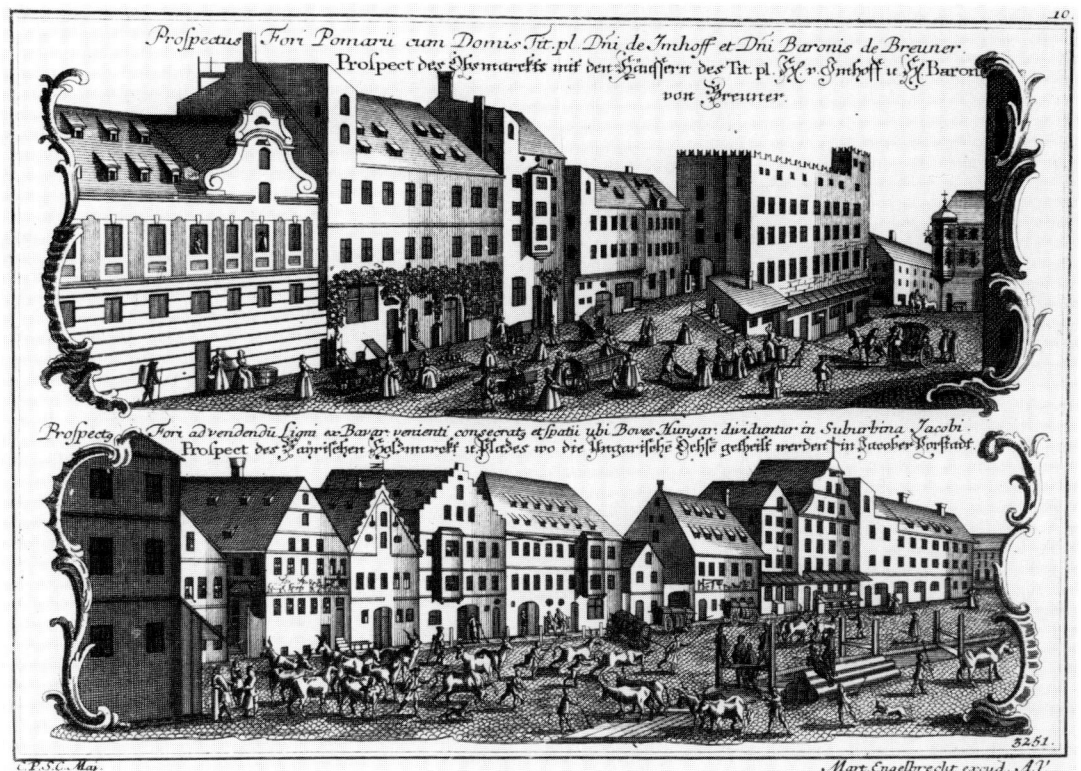

a Die eher schematisch gezeichneten Stiche von Martin Engelbrecht (1684–1758) zeigen die Vielfalt der Hausformen an Straßenfronten, für die zeitentsprechende, vergleichende Abbildungen fehlen. Oben: Obstmarkt mit zinnenbekröntem Imhof/Eggenberger Haus, Eckerker am Schmiedberg. Unten: Südseite der Jakoberstraße mit Jakobertor links, „Baierischer Holzmarkt" mit Auftrieb von ungarischen Ochsen.

b Oben: Nordseite des Mittleren Kreuzes, links die Lange Gasse. Unten: Ostseite der Maximilianstraße (Weinmarkt), rechts Predigerberg.

a Wandlung des Straßenbildes zwischen Dom und Frauentor. Nach Grimm (1683) noch mittelalterliche Hausformen und Frührenaissance.

b Der Obere Graben vom Vogeltor mit Blick nach Norden zu Barfüßertor und -kirche. Links die Ostseite der Handwerkerzeile der Schlossermauer, rechts vorwiegend mittelbürgerliche Giebelhäuser mit zahlreichen Flacherkern.

a Die Maximilianstraße gegen Süden gesehen mit Merkurbrunnen. Hier früher Standort des Tanzhauses, Herkulesbrunnen, St. Ulrich. Links Einmündung der in früher Besiedlung, schon aus der Römerzeit, wichtigen Einfallstraße Dominikaner-/Wintergasse. Um 1900.

b Gegenblick nach Norden mit Rathaus und Perlach. Erkerhaus mit plastischem Schmuck (C 2), frühes Fuggerhaus (Geburtshaus Jakob Fuggers des Reichen), das Haus mit Überschutz rechts ist das Wohnhaus von Jörg Seld (Seldplan).

a Augustusbrunnen mit Blick in die Philippine-Welser-Straße und in die Steingasse. Bürgerhäuser des Barock und des Klassizismus. Rechts der Neue Bau von Elias Holl.

b Blick vom Augustusbrunnen gegen Norden in die Karolinenstraße mit Bäckerzunfthaus von Elias Holl rechts (C 18) und drei Bürgerhäusern (C 19–C 24).

a Philippine-Welser-Straße, Am Bogen, mit zart profiliertem Dreifenster-Erkerhaus Augsburger Prägung.

b In zurückhaltender Flächengliederung zwei Traufhausfronten mit breiten Flacherkern von Johann Holl an der Ludwigstraße (D 174/175).

a Traufhausfronten hinter dem Hl. Kreuztor an der Hl. Kreuzstraße (F 381/380/378/377) Nr. 14/12/10/8. Links Einmündung der Kohlergasse.

b Fortsetzung dieser Straßenwand mit Gegenblick, rechts die Kohlergasse, davor Thorbrau und F 376, 375, 374 (Hl. Kreuzstraße Nr. 16, 18, 20).

a Hohe schmale Dreifensterhäuser, jedoch noch ohne Flacherker, da wohl noch vor 1500 erbaut (vgl. Seldplan), Steingasse als „Durchhäuser" zur Karlstraße.

b Hausfronten der Steingassenhäuser an der Karlsgasse Nr. 19 und 17 (D 51/52/53). Das Eckhaus heute das sog. Schellerhaus.

a Bürgerhäuser mit Zunfthaus der Bäcker von Elias Holl am Perlachberg. Aufbau der Pilaster nach klassischer Ordnung dorisch-ionisch-korinthisch.

b Eckhaus Obstmarkt/Karolinenstraße (D 68/69), ehemals Bürgerhaus von Johann Holl 1562 für Herrn Greiner erbaut. Zwei Häuser vereinigt. Ruhige Trauffrontenausbildung mit erdgeschossiger Bogenausbildung und Breitlagerung in den Obergeschossen durch Fenster und Breitflacherker. Malerei klassizistisch.

a Nordseite des Mittleren Kreuz mit Häusern von Handwerkern und Gewerbetreibenden, breite Hausfronten, kaum Giebel.

b Am Unteren Kreuz, in der Straßenkurve klare, einfache Giebellösungen.

a Oben: die hochliegenden Häuser am Mauerberg, noch innerhalb der Domstadt. Unten: die Häuser der Reichsstadt am Mauerbad.

b Gegenblick gegen Westen zur Domstadt.

a Der angerartig gestaffelte Straßenraum am Jakobertor. An der Einmündung der Rosengasse zwei spätgotische, später barockisierte Giebel mit platzbestimmender Wirkung.

b Gegenstaffelung der Hauskörper vor der St. Jakobskirche.

a Der Sparrenlech an den Rückfronten der Wohnhäuser mit die Gassen verbindendem Fußgängersteg.

b, c Zweites und fünftes Quergäßchen in dem vom Sparrenlech durchflossenen engen Wohnteil der Jakobervorstadt Im Elend.

a Mit Wohnhaus überbaute Rathaussteige vom Perlachberg zum Fischmarkt nördlich des Rathauses.

b Gegenblick zum Perlachberg mit Bäckerzunfthaus im Hintergrund.

a Kleinbürger-Zinshäuser Am Gänsbühl (H 267–270).

b Mittelalterliche Steinhäuser Am Gänsbühl (H 253 und H 118).

b Häuser der Geistlichkeit in der Domstadt am Mittleren Pfaffengäßchen hinter Gartenmauern.

a Enge Bebauung an der Kohlergasse mit Blick gegen die katholische Hl. Kreuzkirche.

a Am Pfaffenkeller, ein Domherrnhof mit großem Stall und Stadel hinter Tor und hoher Mauer.

b Dichte Bebauung durch Bürgerhäuser rechts am Äußeren Pfaffengäßchen, links Häuser der Geistlichkeit mit kleinen Gärten.

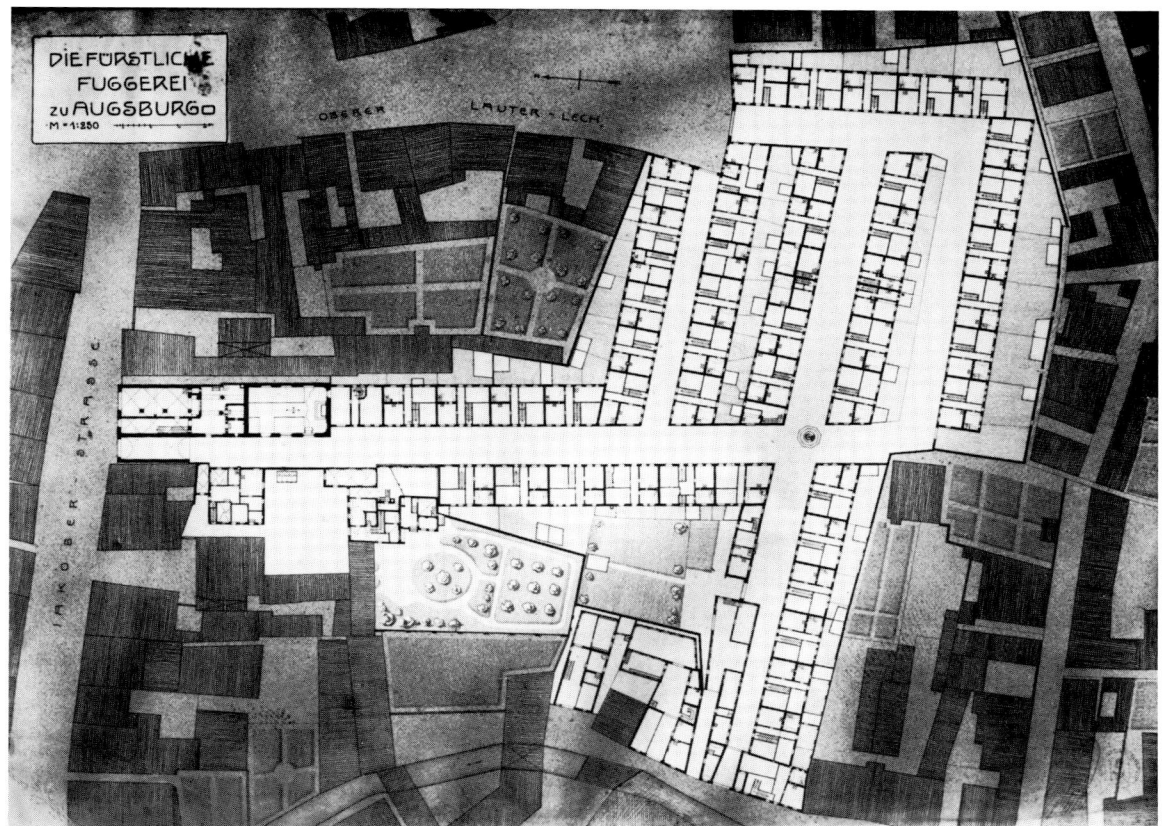

a Gesamtgrundrißanlage der Fuggerei.

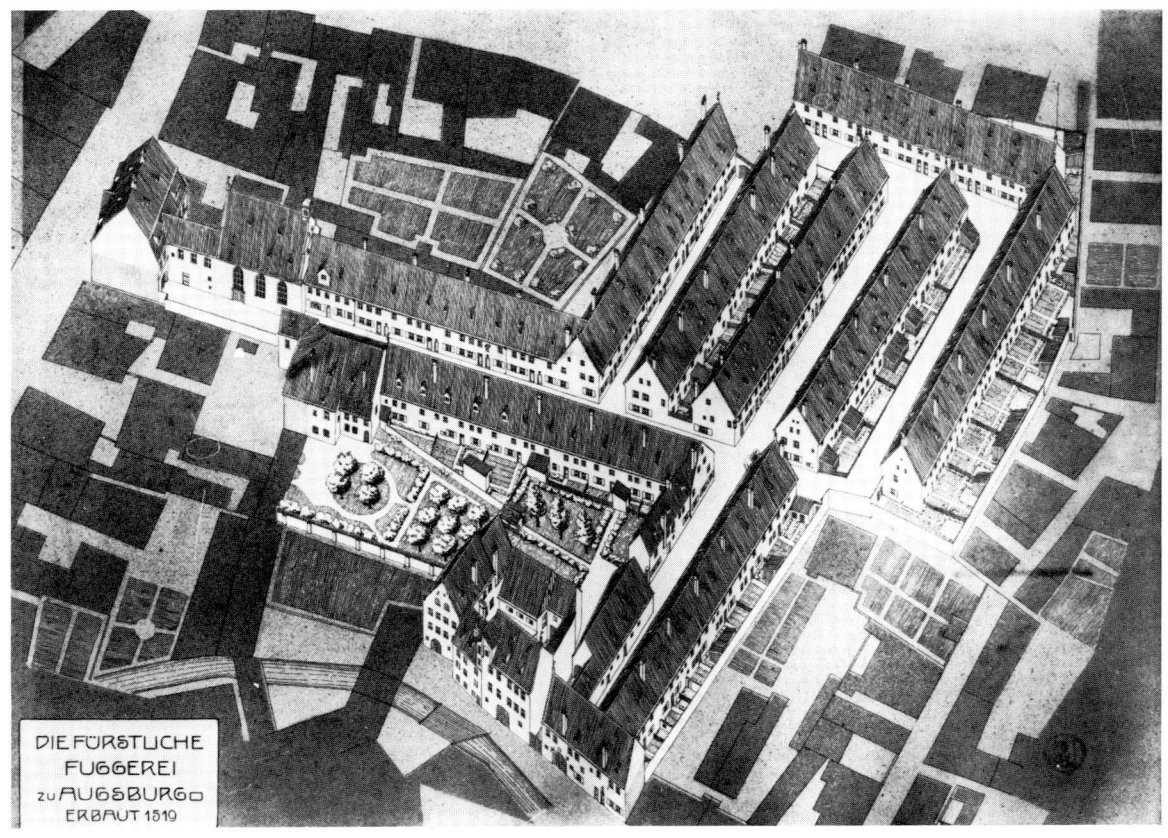

b Vogelschaubild der Fuggerei nach Dr. Weidenbacher.

a Blick in die Herrengasse der Fuggerei mit der starken Giebelwirkung von vier Schlußgiebeln der Hauszeilen am Siedlungsmittelpunkt.

b Platz vor der Fuggerei mit zwei Toren und dem Neptunbrunnen am Saumarkt.

Fuggerei. Die Häuserzeilen enden mit Treppengiebeln (in dieser Form wiederhergestellt). Am Treffpunkt von vier Siedlungsstraßen Brunnen mit Platzwirkung.

a, b Häuser mit vorkragendem Geschoß (Überschutz) am Schmiedberg und an der Schlossermauer.

a Letzte vergangene Hausform mit Schopfwalmdach (E 129) bei St. Gallus.

b Haus mit Überschutz (E 150) und mit Eckerker (E 139) am Stephansplatz.

c Am Sauren Greinswinkel (A 254) reizvolle Platzbildung.

d An der Pilgerhausgasse.

a Färberhäuser am Vorderen Lech. Weiße Gasse 11 (C 333). Blick zum Märzenbad.

b Vorderer Lech 20 (A 494). Wohnhaus des Bildhauers Gregor Erhard und vorn links das seines Zeitgenossen Hans Holbein d. Ä. und seines Sohnes Hans Holbein Geburtshaus (1498–1543).

b Mittlerer Lech (A 536).

a Wertachbruckertorstraße 6 (F 103), wahrscheinlich Malzdarre einer Brauerei, mit Holzaufbau.

a Steiler Giebel des Hauses von Jakob Hübner, dem Schmetterlingsforscher, der es von 1796 bis zu seinem Tode 1826 bewohnte. Etwa 10 000 Kupferstiche seiner Schmetterlinge entstanden hier.

b Langes Lochgäßchen (G 228). Vor dem Auftreten ausgeprägter Stilformen ist der glatte oder in Gesimsen gegliederte Dreiecksgiebel im Straßenbild als Raumelement wirksam.

a Oberer Graben 49 (G 308/7). Einfache, klare Giebelausbildungen bei breit gelagertem Hausgrund.

b Bestdurchgebildeter Giebel in Aufbau und Gliederung und mit breitem Stubenerker an Lange Gasse 7 (F 227), von Hans Holl erbaut.

a Ecke Frauentorstraße/Karmelitengasse (E 4).

b Kapuzinergasse 24 (B 151). Ausgeprägt das Obergeschoß als reines Wohngeschoß, Erker an der Wohnstube.

a   Brunnenlech 15 mit 19 (A 356/357/356 1/1). Hier sind mehrere Anwesen vereinigt.

b   Kraftvoller Dreifenstergiebel am kleinen Haus Im Thäle 21 (D 150). Im Thäle 19 (D 151) wurde mit Palastarchitektur ein neuer Maßstab gesetzt.

c   Bei St. Ursula (A 641/643). Im Barock auch in der Handwerkerstadt größere Hausbreiten, der Erker ist nicht mehr an die Stube gebunden und wird selten.

a Kesselmarkt 5 und 3 (D 159), das Martinsstift. Zurückhaltende Flächenbehandlung der Bauten Andreas Schneidmanns (1698–1759).

b Philippine-Welser-Straße 28 (B 263). Schneidmanns bedeutender Umbau (1738), ursprünglich erbaut von Hans Holl (vor 1600). Bauherr Philipp Hainhofer.

a Karolinenstraße 48 (C 53) und 50 (C 54). Barock und Klassizismus verdrängen die noch bei Grimm (1683) gezeichneten Giebelhäuser.

b Vom Hunoldsgraben aus hoher Aufbau der Ostseite der Häuser der Oberstadt an der Wintergasse 7 (A 12), rechts das Haus Hunoldsgraben 42 (A 86).

a Georgenstraße 3, Ecke „Herrenhäuser" (F 32). Das ehemalige Haus eines Webers mit Webstube im Kellerraum an der Hausecke. Haustreppe als Beischlag zum hochliegenden Erdgeschoß.

b Ein typisches Dreifenster-Erkerhaus ist das Geburtshaus Leopold Mozarts Frauentorstraße 30 (E 15). Hauszugang von der seitlichen Reihe aus.

c Enge Gassen am Ostabfall zu den Lechkanälen.

a Pilgerhausgasse 5 (H 387). Steiler Dreiecksgiebel mit gemauerten Firstaufsätzen.

b Firstaufsatz aus Terrakotta am Kappeneck.

a Maximiliansplatz 6 (B 37). Schwingende Giebelformen, gemauert und verputzt. Portalatlanten sind spätere Zutat, die Rustika lief bis zum Tor durch.

b Jakoberstraße 49 (H 41). Derbere Abwandlung am Dreifenster-Erkerhaus mit kräftigem Architekturgerüst von 1620.

Die Folge von vier Eckerkern am Kesselmarkt von Höchstetterhaus (D 160), von Stetten-Haus (D 158) und Schönfelderhof (D 96) begleiten den Weg zur Domstadt von der Durchgangstraße St. Anna-/Hl. Kreuzergasse abzweigend.

a   Mittlerer Lech 37 (A 572/89). Dreigeschossiger Eckerker von Hans Holl. Giebelaufbau einhüftig bis zu sechs Geschossen. Färber- und Tuchmacherhaus.

b   Erkerhaus in der Pfladergasse (C 318) am Schnittpunkt von vier Gassen. Ähnliche plastische Gliederung wie Mittlerer Lech 37, mit spätgotischem Kielbogen (Eselsrücken).

c   Ein- und zweigeschossige Erker an der Annastraße.

a Blick von der Pfladergasse gegen Kloster St. Maria Stern, im Hintergrund die Stadtmetzg von Elias Holl.

b Erkerfuß am Spenglergäßchen 12 (C 102).

c Erkerfuß auf dem Rain/Schmiedgasse 15 (C 213).

d Erkerfuß an der Kohlergasse 18 (F 388).

a, b Kirchgasse 26 (A 266) und Johannisgasse 4 (D 96). Durch Abwinklung des Giebelfußes ist tektonisch ein besserer Dachanschluß möglich.

a Judenberg 12 (A 93). Das stumpfe Hauseck wird durch Polygonaleckerker weich übereck geführt.

b An zwei bedeutenden Straßengabeln der Jakobervorstadt breit umgreifende Eckerker am Gänsbühl „bei St. Max" 5 (H 252).

Die beiden Eckerker von Grottenau 2 (D 191) sind stark wirkend in der Straßengabelung Hl. Kreuzergasse/Grottenau. Blendgiebel vermittelt zwischen den verschiedenhohen Seitenfronten.

b Eingeschossiger breiter Eckerker Langes Sachsengäßchen 26 (H 182) mit gutem Dach- und Giebelwandanschluß.

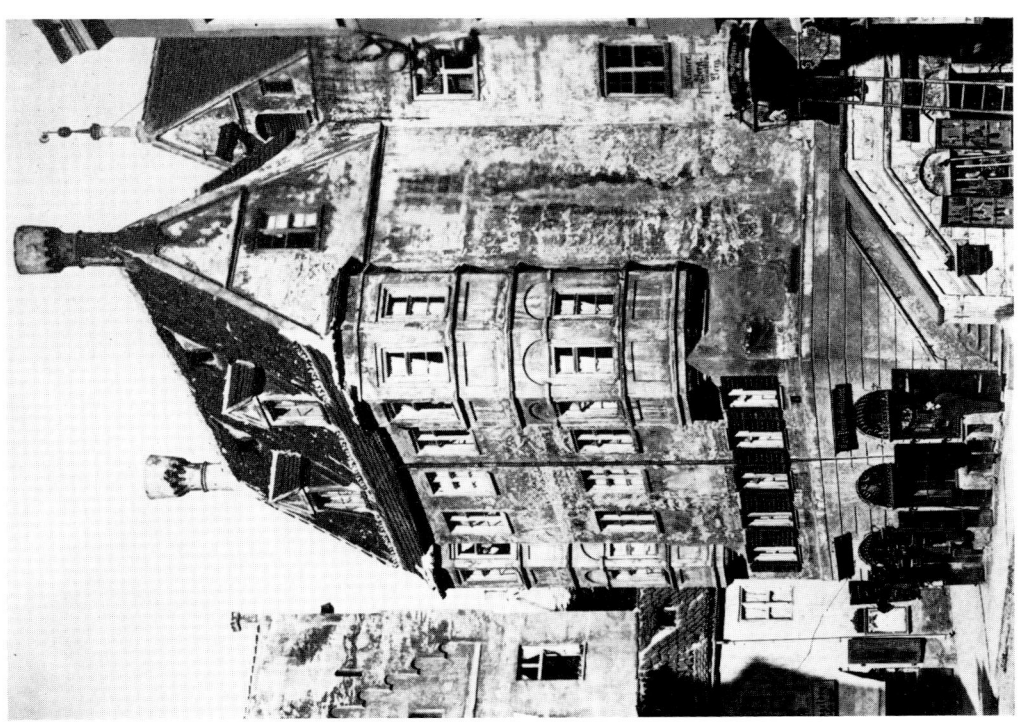

a Doppelerker am turmartigen Eckhaus am Schwalbeneck (C 35). Erkereckschräge ist genau bündig mit Hauseckkante. Venezianische Kaminköpfe.

a, b Zwei Eckerker als Abschluß der alten Gasse, wo diese an der Bischofsmauer totläuft. Ecke Kohlergasse 4 (F 397) und Ecke Jesuitengasse 30 (F 398).

b Gotischer engeschossiger Flacherker des Fuggerhauses am Mettlochgäßchen in der Verbindung des Hausteils an Annastraße und Philippine-Welser-Straße.

a Schlichte Wohnhäuser am Brunnenlech mit engeschossigem (frühen) Flacherker.

Erker der Frührenaissance am Welserhaus (D 44), Karolinenstraße 21. Einziges Schmuckmotiv durch Putzflachplastik und Gesimse am sonst schlichten Haus.

a   Breite Flacherker mit Putzornamenten am Patrizierhaus D 283, heute Maximilianmuseum. Erbaut 1544–1546. Das Dreifenster-Erkermotiv seitlich als gesonderte Gruppe gesetzt. Die anschließenden barocken Häuser sind im Kern mittelalterlich.

b   Detail der Erkerbrüstung in Putztechnik.

T 59

a Flacherker mit reichem plastischem Schmuck am ersten Fuggerhaus Maximilianstraße 21 (C 2).

b Älterer Hauskern, Umbau durch Johann und Elias Holl. Plastikdetails vor der Restaurierung.

c Kraftvoll gegliederter Flacherker bei der Jakobskirche 5 (H 33), Brauerei Stötter.

a Kleine Grottenau 1
(D 210), Ansicht von der
Ludwigstraße.

b Zarter Putzauftrag des
flächegliedernden Stucks mit
weicher Schattenwirkung
Karolinenstraße 5 (D 36).

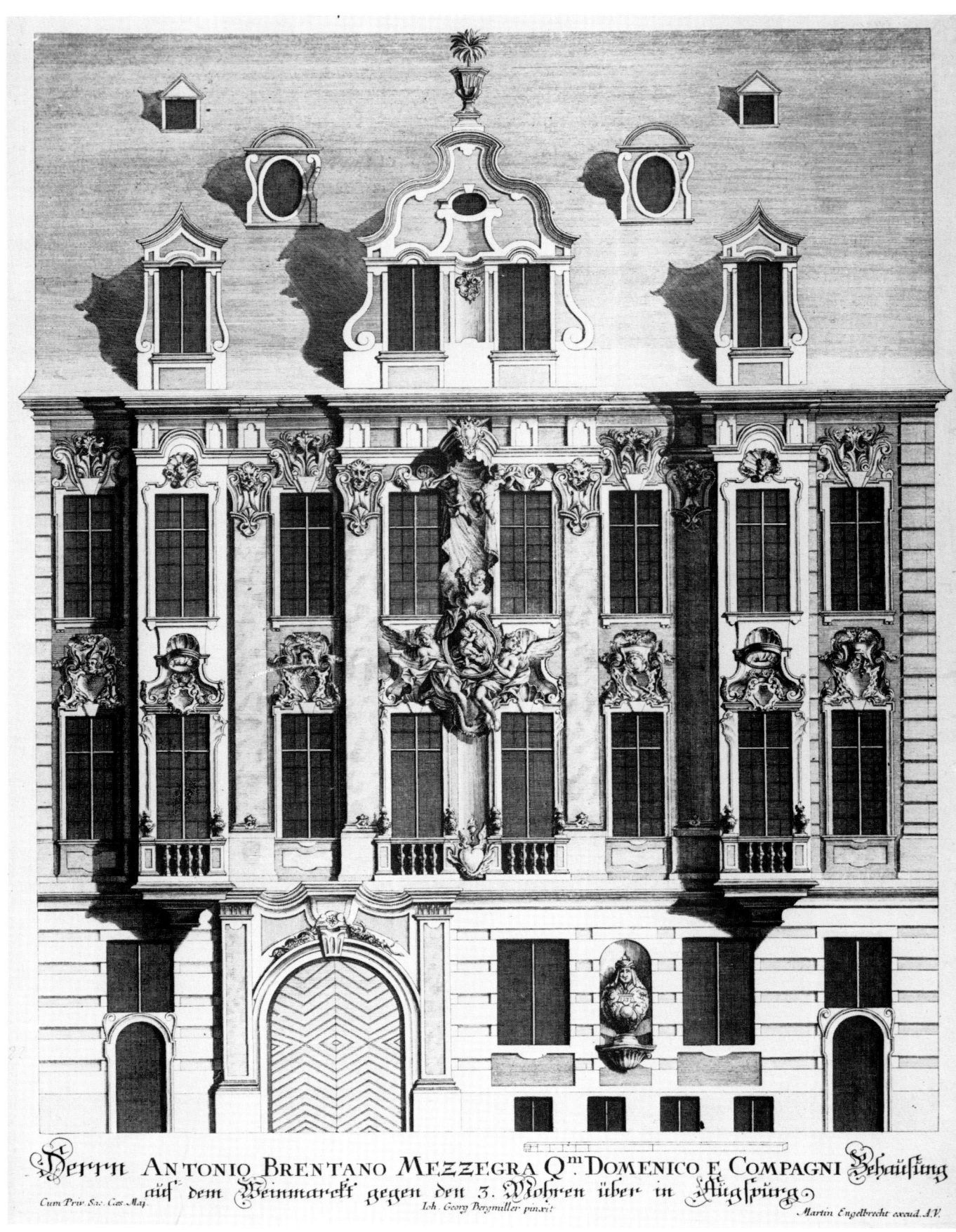

Fassadenmalerei Maximilianstraße 59 (A 23). Bemalung durch Joh. Georg Bergmiller d. Ä. (1688–1762).

a Hummelhaus, Philippine-Welser-Straße 14 (D 278) mit Fresken von Giulio Licinio, 1560 gemalt im Auftrag des Besitzers Hans Rehlinger. Typische Traufenhausausbildung der Augsburger Frührenaissance.

b Detail des Mittelstücks der Fassadenmalerei.

a Das Schaurhaus am Metzgplatz (C 253), ein nur etwa 5 m tiefes, die Platzwand bildendes Haus. Malerei von 1760 des Joh. Bapt. Bergmiller (1724–1785).

b Detail der Mittelgruppe.

a Obstmarkt 8 (D 101), Moschelhaus, 1965 sinnlos abgebrochen. Malerei von Joseph Christ, 2. Hälfte 18. Jahrhundert.

b Ludwigsplatz 1 (D 15), Vogelhaus. Kriegszerstört, links Börsengebäude, rechts klassizistisches Bürgerhaus.

Kapuzinergasse 10 (B 143), Kathanhaus. Malerei um 1760 von Ludwig Magnus Hotter, restauriert 1955.

Röschhaus, Ecke Jakoberstraße/Mittlerer Graben (H 1). Malerei der 2. Hälfte 18. Jahrhundert. Fensterumrahmungen und Medaillons.

a Madonnenbild in stukkiertem Medaillon Zeuggasse 5 (B 204).

b Madonnenbild in Wandnische Karmelitenmauer 3 (E 172).

c Madonnenbild in Ecknische Alte Gasse 10 (F 340).

d Madonnenplastik in Wandmuschel Fünftes Quergäßchen 2 (H 368).

a Saal im gotischen Tanzhaus beim Geschlechtertanz. Hohe schmale Fenster des Obergeschoßfachwerks. Holzbohlendecke als Flachtonne. Ausblick auf die Giebel- und Turmhäuser der Stadt um 1500.

b Gotische Zunftstube aus dem Weberhaus, heute im Bayerischen Nationalmuseum in München.

a Festlicher Raum mit Augsburger Patriziern (ihre Wappen schmücken den Schemel rechts). Ausschnitt aus einem Monatsbild aus Schloß Sünching. Augsburger Meister des späten 16. Jahrhunderts. Holzkassettendecke, Wandbrunnen, Kachelofen.

b In der bescheidenen Ausstattung verwandt der Einblick in einen bürgerlichen Raum mit wareanbietenden Marktleuten. Ausschnitt aus Tafelbild 3b von Heinrich Vogtherr d. J. um 1541. Sparsame Möblierung, schmucklose Wände, Wandbrunnen.

a Aus einer Bildreihe „Wohnhaus eines Augsburger Kupferstechers". Hausgarten mit Abseite. Giebel der Nachbarhäuser mit für Augsburg kennzeichnenden Ellipsenfenstern.

b Flur des Erdgeschosses mit Podesttreppe und Balustergeländer. Ausgang zum Garten.

a Vorratskeller mit querlaufenden Tonnengewölben zwischen korbbogenförmigen Gurtbogen. Mäusesichere Aufhängung von Käse- und Fettkübeln. Vergitterte Lüftungsöffnung im Gewölbescheitel.

b Erdgeschossige Waschküche mit Ausgang zum Gartenhof. Zwei Waschkessel mit Rauchfang, Faßbinder an der Arbeit.

a Die Küche mit offenem Herd und großem Rauchfang. Geschirr- und Bordbretter für Teller und Gefäße begleiten die Wände.

b Die Vorratskammer zeigt die verschiedenartigsten Aufbewahrungsmöglichkeiten und Geräte.

a Flur im 1. Obergeschoß mit gleichartiger Weiterführung der Treppe zum 2. Obergeschoß.

b Wäsche- und Kleiderkammer mit geräumigen Renaissanceschränken. Stuckdecke, Fenster mit Auslugöffnungen.

a Die Wohnstube der Familie. Ausstattung wohl Mitte des 17. Jahrhunderts nach den baulichen Einzelheiten von Fenstern und Türen zu schließen. Holzdecke mit Längsfeldern.

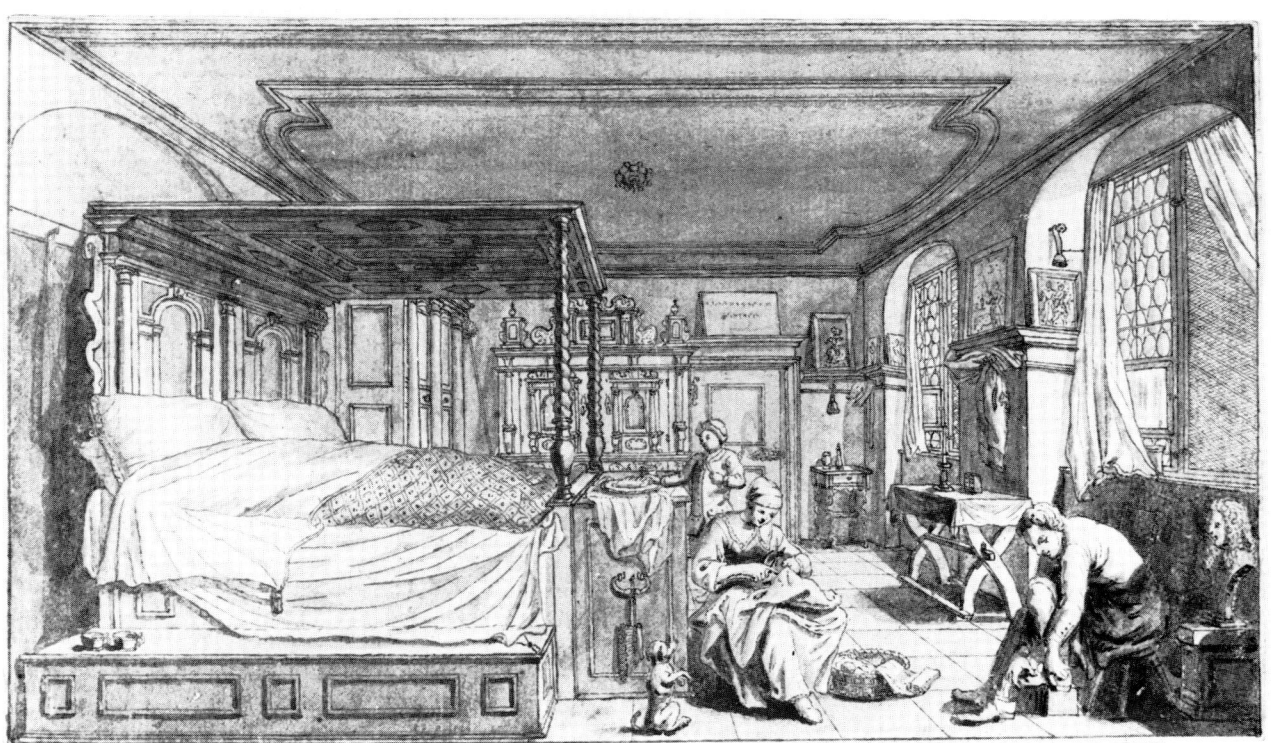

b Elternschlafzimmer. Renaissancemöbel, Stuckdecke.

T 75

a Zwei Arbeitsstuben der Kupferstecher mit Arbeitstischen vor Sonnenblenden. Einheitlich reiche Profilierung aller baulichen Einzelheiten. Kassettendecke in Holz. Der Ofen mit Jahreszahl 1735 ist jünger als die Gesamtanlage und die innere Ausstattung.

b Zweite Arbeitsstube mit Holzdecke in Querfeldern.

a Mägdekammer mit Treppe zum Dachboden.

b Dachbodenraum.

a Küche in einer Wohnung der Fuggerei. Tonnengewölbe, Durchreiche zur Wohnstube.

b Wohnstube mit Holzbalkendecke. Ofen von der Küche aus beheizt, Speisendurchreiche von der Küche.

a Handwerkerhaus Pfladergasse 10 (C 314). Werkstätte eines Goldschmieds im vertieften Erdgeschoß.

b Pfladergasse 10 (C 314). Im erhöhten Erdgeschoß die Wohnstube.

a Pfladergasse 10 (C 314). Schlafstube im Obergeschoß mit Eisenofen.

b Maxplatz 17 (A 112). Dachkammer mit Renaissancemalerei, Rankenwerk.

a Philippine-Welser-Straße 26 (D 284). Stuckdecke mit Fresko des kleinen Cabinet in der Abseite des 1. Obergeschosses.

b Fuggerhaus (D 280/254) am ehemaligen Rindermarkt/St. Annagasse. Reiche Holzkassettendecke.

a Maximilianstraße 85 (A 35), Montgelashaus, heutiger Besitzer Walter Stiermann, durch ihn restauriert. Renaissancestuck der Treppenuntersichten, Lauf zum 1. Obergeschoß.

b Maximilianstraße 85 (A 35). Lauf zum 2. Obergeschoß.

Martin-Luther-Platz 5 (B 258), von Münchsches Palais von Baumeister Stumpe aus Jauer (1708–1777). Haustreppe.

a Pfladergasse 10 (C 314). Hölzerne Außentreppe.

b Zwerchgasse 9–13 (A 161–163). Hölzerne Außentreppe und Holzgalerie im Wohnhof.

c Lachgäßchen 10 (G 160). Gemauerte gedeckte Außentreppe.

a Maxstraße 66 (B 32). Treppenhalle und Hofdurchfahrt (Haustenne).

b Ehemaliges Fuggerhaus (D 280/254). Gotisches Treppenhaus.

a Grottenau 2 (D 191), Haustenne. Nur hier verputzte Balkendecke (früher wohl Holz sichtbar). Die übrigen Erdgeschoßräume sind mauerwerküberwölbt.

b Philippine-Welser-Straße 28 (B 263), hohe dreischiffige Halle. Ehemalige Besitzer Melchior Hainhofer, von Köpf, von Halder. Heute Industrie- und Handelskammer. Ausbau durch Johann Holl 1578, Treppenhaus durch Andreas Schneidmann 1738/39.

a   Pfeilerumstandenes Treppenauge ist in Augsburg häufig nachweisbar. Hier im Schnurbeinhaus Ludwigstraße 15 (D 189).

b   Säulenumstandenes Treppenauge Annastraße 16 (D 222).

c   Säulenumstandenes Treppenauge im Haus der Familie Goßner Maximilianstraße 65 (A 26).

a Obstmarkt 15 (D 158). Erdgeschoßhalle mit Treppe und Hofeinfahrt im von Stettenschen Haus.

b Ludwigstraße 1 (D 214). Treppenhalle ohne Durchfahrt, heute Ladeneinbau der Parfümerie Nägele.

a Zeuggasse 5 (B 204), ehemals im Besitz der Familie Fugger. Erdgeschoßhalle mit Stuckdecke. Die linke Wand später eingemauert, Säule stand als Mittelsäule frei im zweijochigen Raum.

b Obstmarkt 3 (D 70). Treppenantritt.

b Zeuggasse 5 (B 204). Der Flur im Obergeschoß mit Holzkassettendecke.

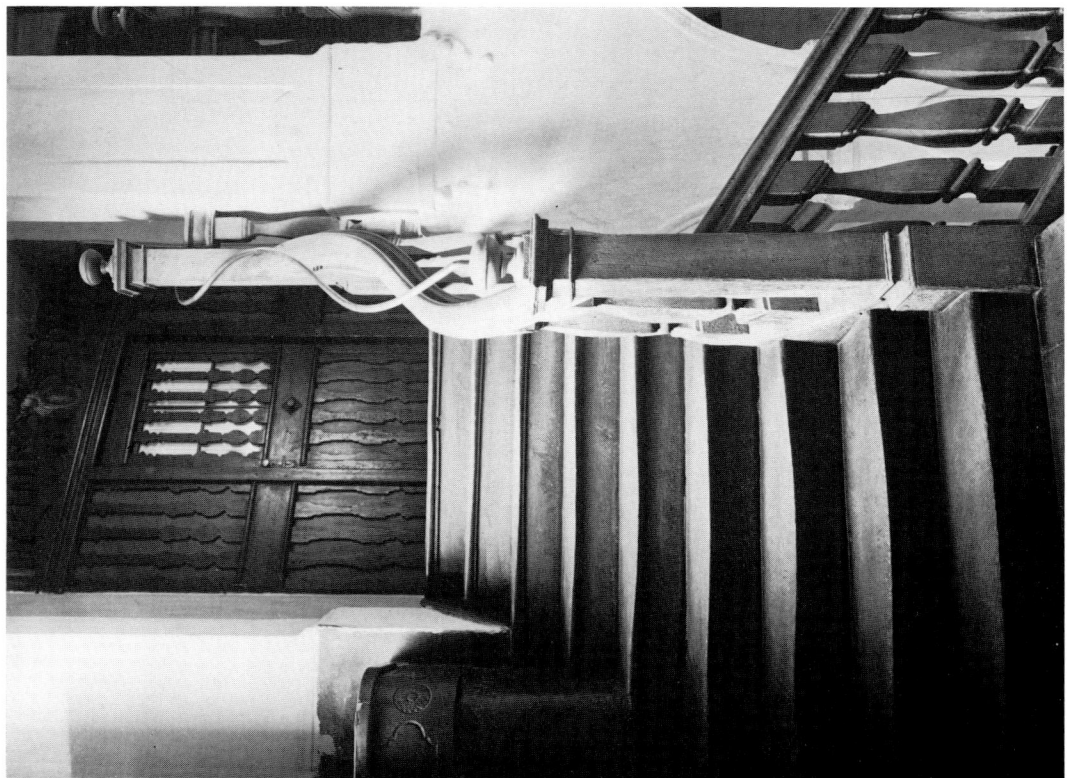

a Obstmarkt 3 (D 70). Zum Dachgeschoß gewundene Weiterführung der Treppe bei einheitlicher Ausbildung der kraftvollen Geländerbaluster. Wohnungsabschlußwand ein gesägtes Bohlengitter, ortsübliche Ausführung.

b Maximilianstraße 51 (A 19), Besitzer Dr. med. Roeck. Erbaut 1768 von Joh. Martin Bentenrieder. Die Haustür und der weich ausgerundete Flur.

a Maximiliansplatz 17 (A 111). Treppensäule.

a, b Maximilianstraße 51 (A 19). Breit ausholender, einladender Treppenantritt, leicht schwingende Treppenläufe. Die Decke des Treppenraumes trägt ein Fresko von Vitus Felix Rigel (1769), Jakobs Traum von der Himmelsleiter.

a   Brunnenmeisterhaus (A 302) am Roten Tor. Treppe.

b   Maximiliansplatz 1 (Motzethaus. A 39). Treppengitter.

c   Vorderer Lech 4 (Gignoux-Haus. A 483). Rokokoanfänger.

a   Obstmarkt 1 (D 68/69). Spätgotische Haustorumrahmung.

b   Brunnenlech 33 (A 364). Barocke Haustür mit Vortreppe.

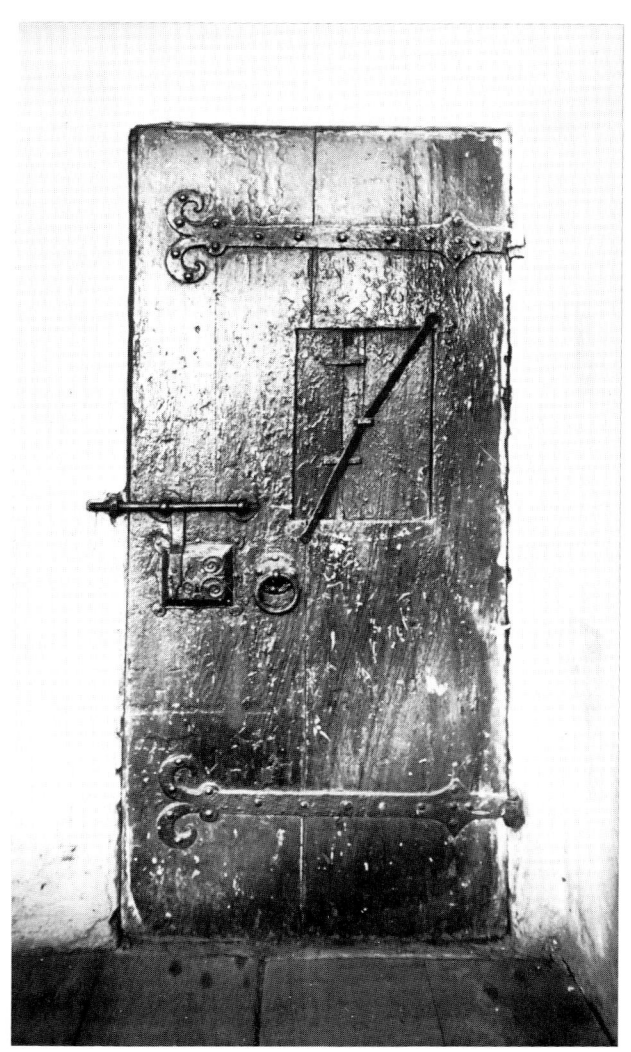

a Grottenau 2 (D 191), mit Almosenladen. Nebentür.

b Ludwigstraße 5 (D 212). Eisenbeschlagene, mit Bandeisen gesicherte Tür zum Warengewölbe.

a Maxplatz 17 (A 111). Innentür im Gartensaal (ev. Wendel Dietrich zuzuschreiben).

b Annastraße 2 (D 215), Peterhaus. Innentür im 1. Obergeschoß, Rückgebäude.

Annastraße 2 (D 215). Flurtüren (Renaissance).

a Obstmarkt 1 (D 68/69). Flurtüren (Empire).

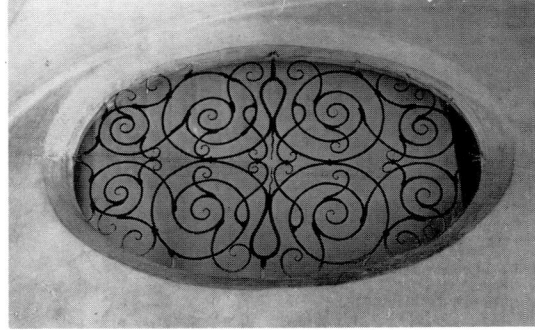

b Mittlerer Graben 2 (H 1). Vergittertes Erdgeschoßfenster mit zwei Lüftungsdrehflügeln, Stockfenster.

c, d Annastraße 2 und Karolinenstraße 21 (D 45). Als Oberlichtfenster sind ellipsenförmige Ochsenaugen seit der Renaissance beliebt.

a, b Obstmarkt 1 (D 68/69). Empire-Öfen aus Ton auf Gußeisenkasten.

Annastraße 2 (D 215), Feststube. Renaissancekamin in Sandstein mit Fresko in Graumalerei, Jörg Breu zugeschrieben. Thema: Der römische Konsul Marius Curius Dentatus empfängt den samnitischen Gesandten im Lager beim Rübenkochen.

Ludwigstraße 15 (D 189), Schnurbeinhaus. Klassizistischer Kamin.

a   Ludwigstraße 15. Renaissancekamin von 1551 in der Feststube im Rückgebäude.

b   Ludwigstraße 15. Renaissance-Wandbrunnen in Salzburger Marmor.

Maxplatz 14 (B 41). Blickachse vom Eingangstor über die Halle (Tenne) durch Hoftor, Hof, Gartenabschlußgitter, Garten zum Gartenhaus an der rückwärts begrenzenden Mauer.

b *Maximilianstraße 48. Abschlußgitter mit Hofbrunnen.*

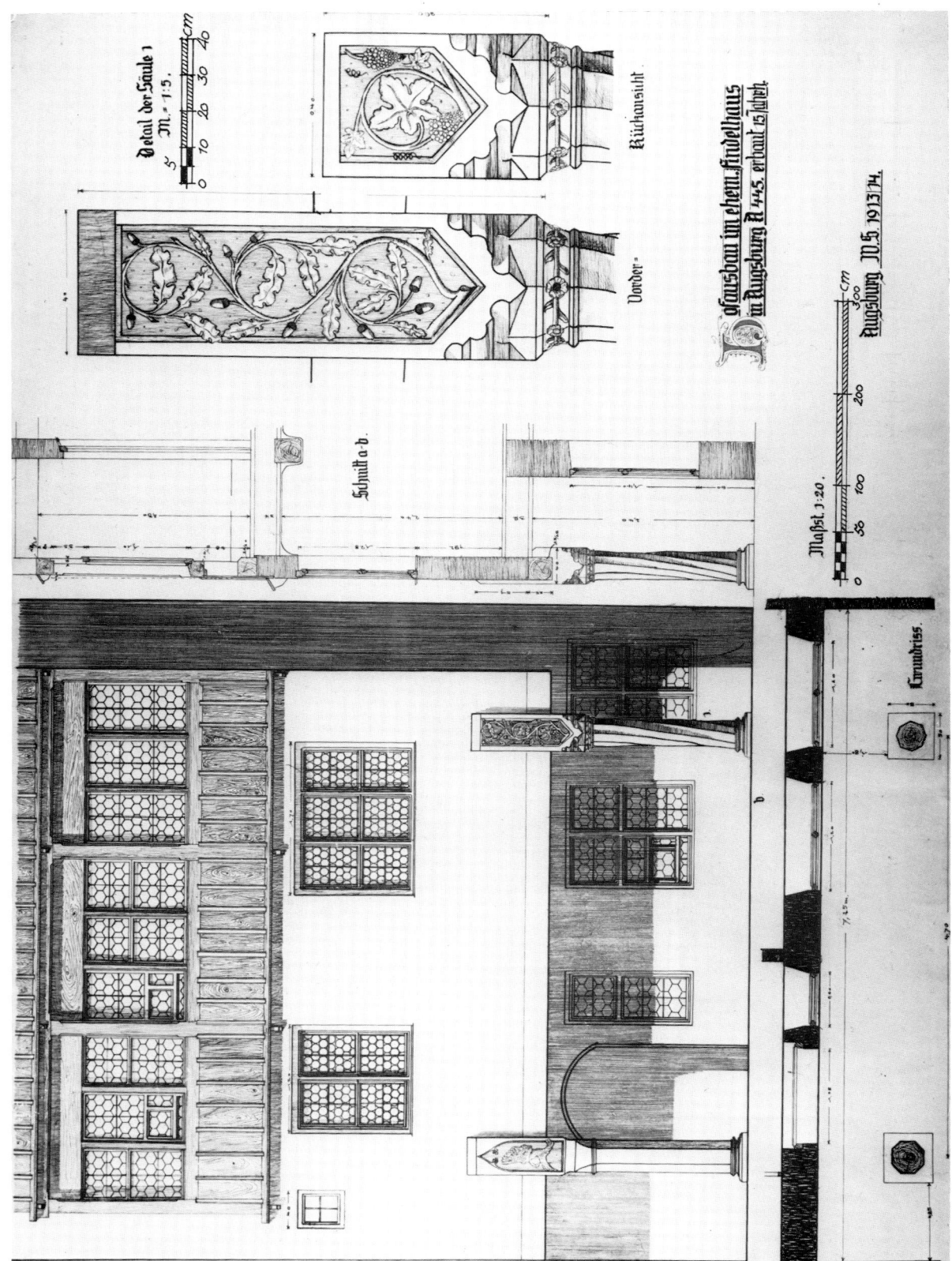

Findelgäßchen 6 (A 445), ehemaliges Findelhaus. Hofwand aus dem 15. Jahrhundert. Profilierte, geschnitzte Eichenstützen.

b Maximilianstraße 79 (A 33/40). Arkadenhof, Umbau durch Elias Holl.

a Innenhof im ehemaligen Imhofhaus am Hohen Weg nach Zeichnung von Maria Girl.

a   Maximilianstraße 38 (B 11), am Weinmarkt. Arkadengang am großen Wirtschaftshof mit Renaissancefresken.

b   Kleine Grottenau 5 (D 206). Arkadenhof.

Philippine-Welser-Straße 26 (D 284). Hof mit Abseitengalerie (ursprünglich nicht verglast), Renaissancetor und Aufzugsgiebel von Elias Holl.

Kesselmarkt 1 (D 160), Höchstetterhaus. Innenhof.

Annastraße 2 (D 215). Hölzerner Abseitengang.

Maximilianstraße 58.(B 28). Renaissance-Abseite am jüngeren barocken Vorderhaus, Loggien früher unverglast.

a Maximilianplatz 4 (B 36). Hof.

b Frauentorstraße 5 (D 109), ehemalige Domprobstei. Innenhof.

a Obstmarkt 1 (D 68/69). Innenhofloggien von Johann Holl und Elias Holl.

b Maximilianstraße 39 (A 8). Innenhofloggien, ursprünglich offen, von Vater und Sohn Holl.

Ludwigstraße 15 (D 189), Schnurbeinhaus. Innenhof mit Treppenhauskuppel.

a Kleiner Innenhof bei St. Ursula 8 (A 543).

b und c Maximilianstraße 81 (A 34). Hof mit gemauerten Kragbalkonen und Holzgeländer.

a Philippine-Welser-Straße 3 (D 18), Buchhandlung Himmer. Hofbrunnen.

b Karolinenstraße 29 (D 67). Hofbrunnen.

Der von Garbensche Garten am Maximiliansplatz. Im Hintergrund Kloster und Kirche St. Ulrich mit Einblick in den sog. Kitzenmarkt. Stich von Remshard.

Prospect des Köpffischen Garten in der Stadt Augspurg an dem Hundsgraben.
1. Der Zwölfer Kirch-Thurn 2. Der Ursuliner Kirch-Thurn.
C. Remshart sculp.

La Vue du Jardin de Monsieur Kopf dans la Ville d'Augsbourg, près du fossé des chiens.
1. La Tour de l'Eglise S. Jaques 2. la Tour de l'Eglise des Ursulines.
cum P. S. C. Maj
Mart. Engelbrecht exc.

Der Köpffische Garten am Hunoldsgraben mit Blick auf die Rückfronten-Westseite der Häuser am Vorderen Lech. Links Haus mit Treppengiebel, heute Blaues Krügle. Nach Remshard.

T 117

Garten des Apothekers Joh. Balthasar Michel mit Blick gegen Süden auf die Nord-Rückseiten der Häuser an der Jesuitengasse. Stich von Remshard.

Garten des Münzmeisters Holeissen am Katzenstadel mit Blick nach Osten auf die West-Rückfronten der Häuser an der Langen Gasse. Stich von Remshard.

#
a   Hoher Weg 14 (C 54). Gartenpavillon.

b   Gartenpavillon bei St. Barbara (C 72).

a Karolinenstraße 50 (C 54). Gartenpavillon.   *b* Gartenpavillon vor dem Oblatterwall.

a   Vorderer Lech 8 (A 485). Rokokogitter am Blauen Krügle, Gignoux 1780.

b   Annastraße 12 (D 220). Renaissance-Brunnengitter.

Unterer Graben 22. Rugendas'scher Pavillon am Oblatterwall.

Gartenhaus am Vogeltor.

Abwicklung der Maximilianstraße nach Westen. M 1:400.

Armenhausgasse

Fuggerhaus →

Elias-Holl-Platz M 1:400.

AUGSBURG, Bürgerhäuser an

PFLADERGASSE.

FALTTAFEL 1

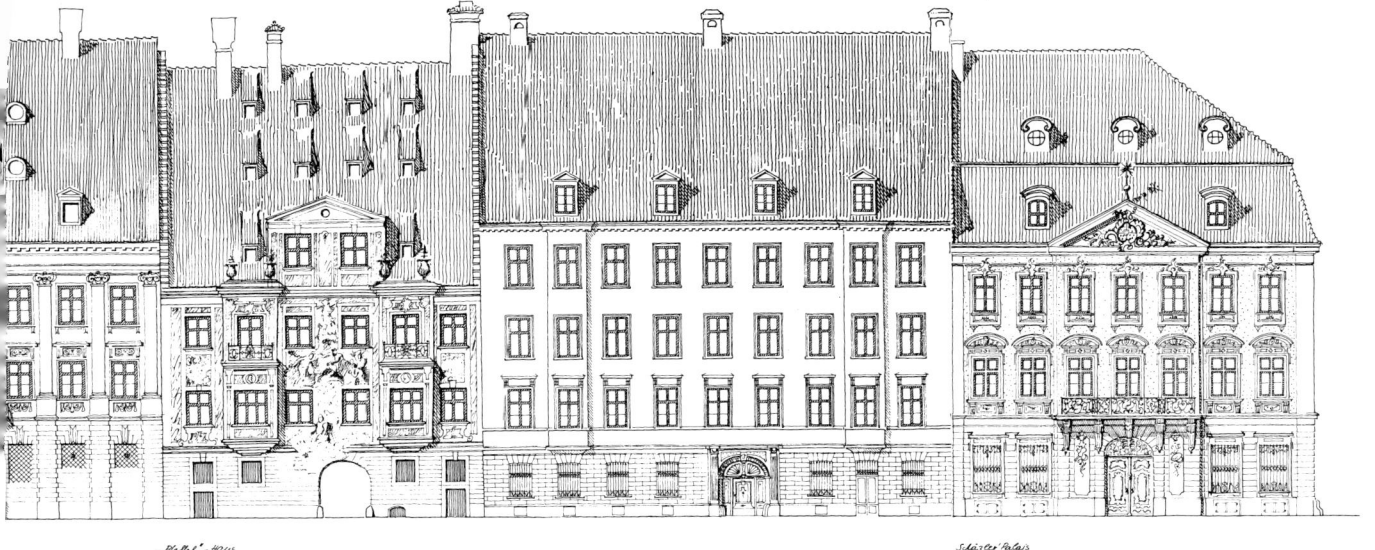

„Pfaffel"-Haus Schürger Palais

Mit Lageplan.

HUNOLDSGRABEN

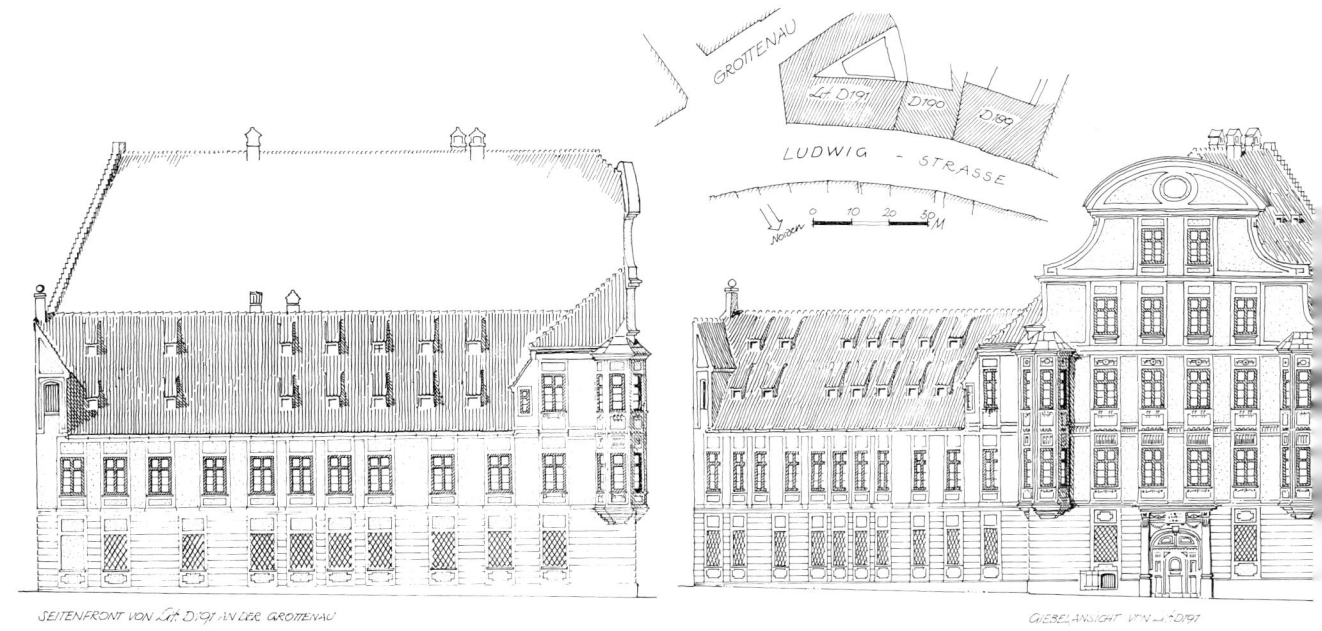

Grottenau und Ludwigstraße. Fassadenabwicklung der Häuser D 191, 190, 189. M 1:400.

Abwicklung der Annastraße nach Osten. M 1:400.

FALTTAFEL 2

0 2 4 6 8 10 METER

Westseite der Philippine-Welserstraße. M 1:400.

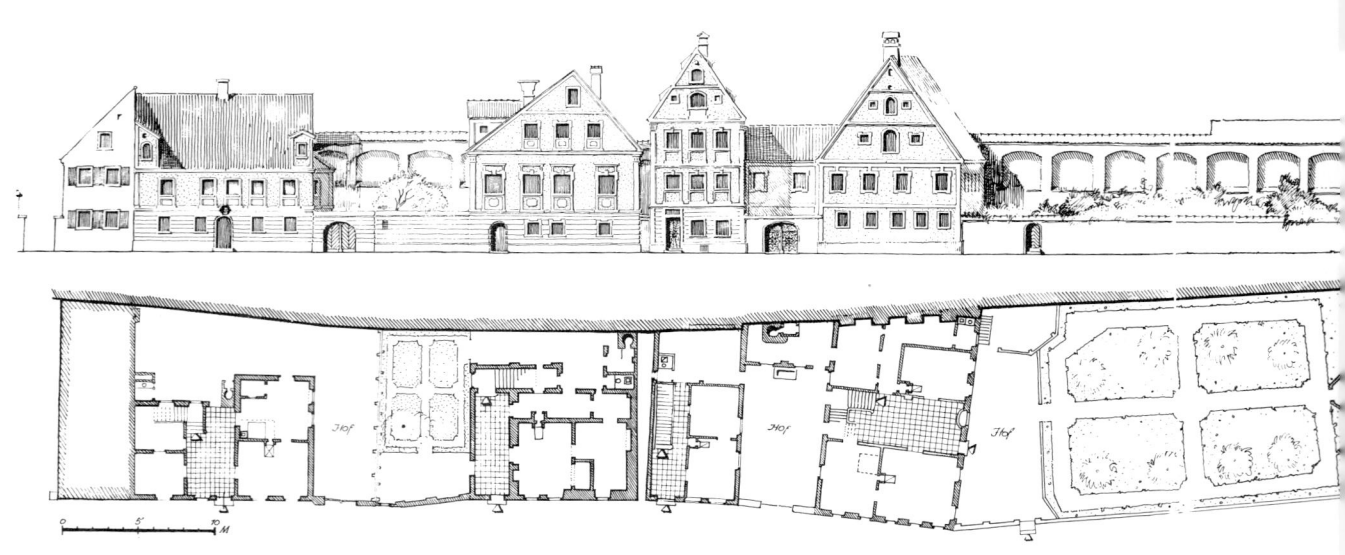

Straßenabwicklung Mittleres Pfaffengäßchen mit Grundrissen. M 1:400.

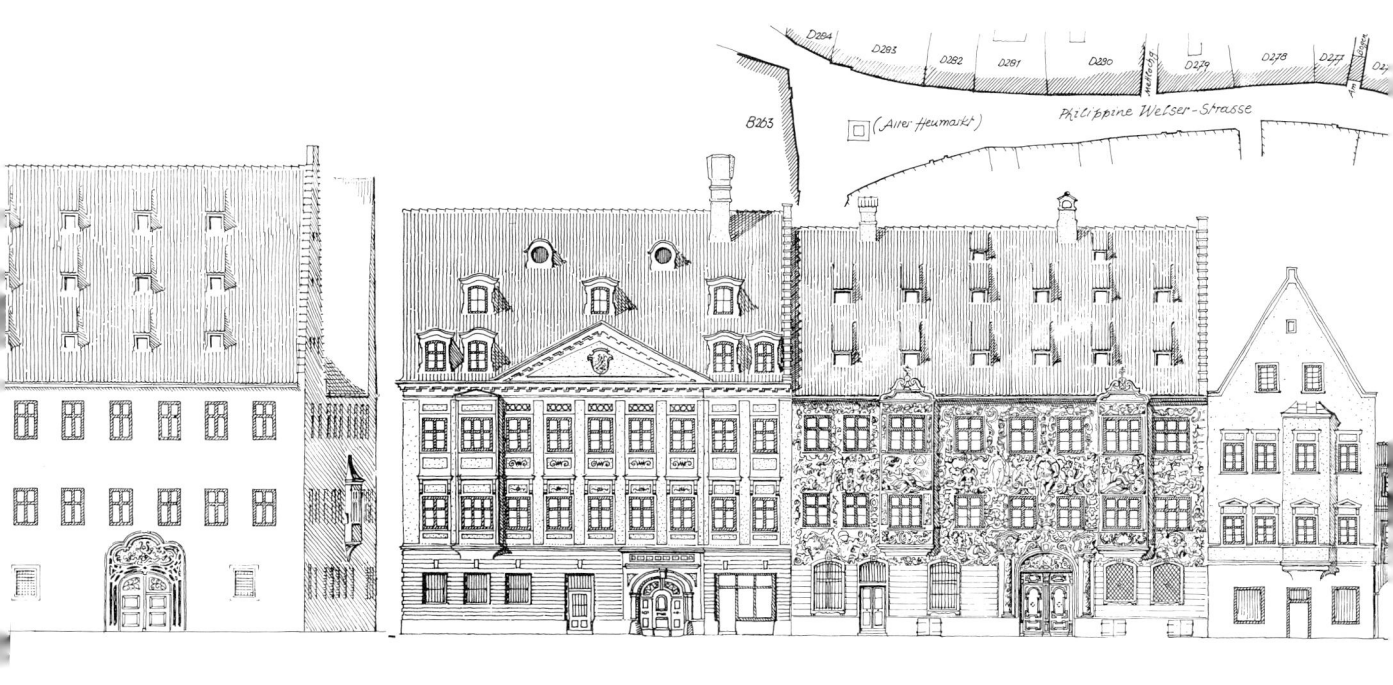
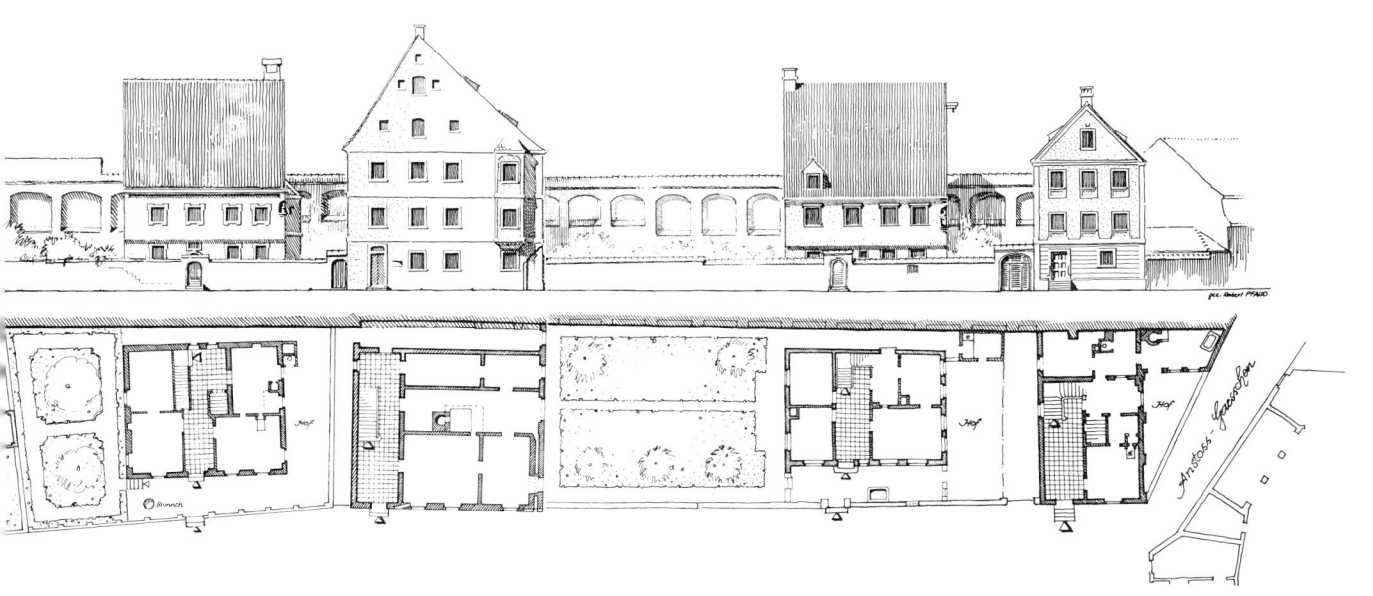

FALTTAFEL 3

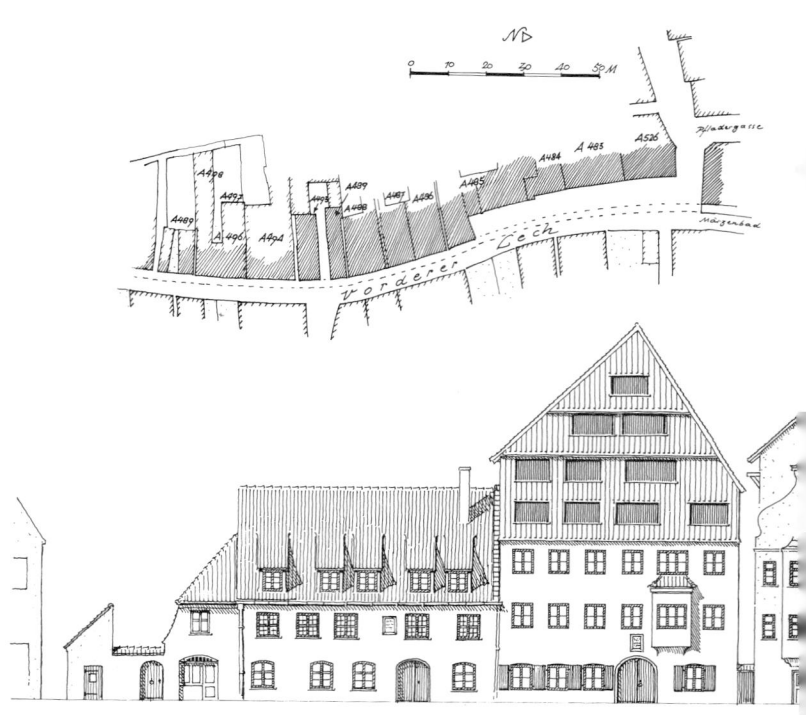

Straßenabwicklung Vorderer Lech nach Westen. M 1:400.

Schnitte und Ansichten von Wint

Westliche Hausfronten am „Vorderen Lech" in AUGSBURG

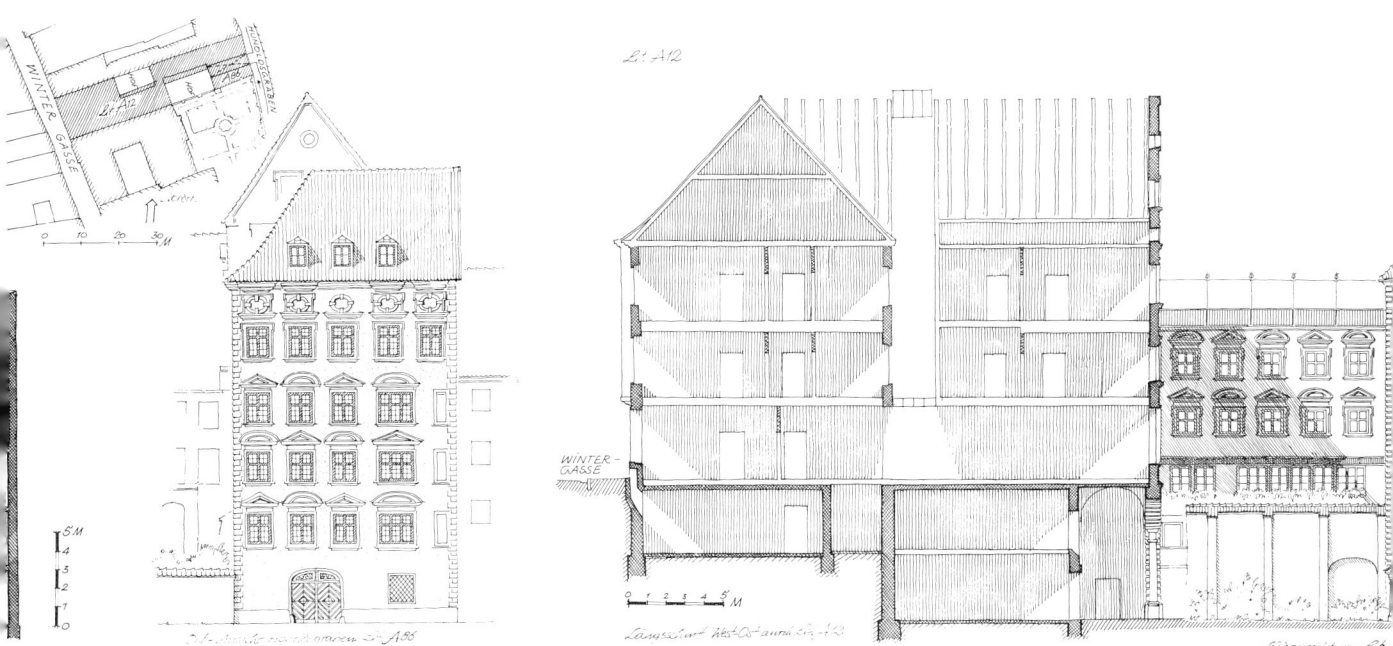

rgasse 7 und Hunoldsgraben 42. M 1:400. Mit Lageplan.

FALTTAFEL 4